ABITUR 2016

Original-Prüfungsaufgaben mit Lösungen

Chemie

Hessen

2010–2015

STARK

9. ergänzte Auflage
www.stark-verlag.de

Inhalt

Jeweils im Herbst erscheinen die neuen Abiturprüfungsaufgaben mit Lösungen.

Autor

Dr. Dietmar Scherr: Lösungen zu den Abituraufgaben für den Grund- und Leistungskurs

Vorwort

Liebe Schülerin, lieber Schüler,

das vorliegende Buch ermöglicht es Ihnen, sich optimal auf das **Landesabitur 2016** in Hessen im Fach Chemie vorzubereiten.

Im Abschnitt „**Hinweise und Tipps für die Abiturprüfung im Fach Chemie**" bieten wir Ihnen ausführliche Hinweise zum **Ablauf und den Anforderungen der schriftlichen Prüfung** in Hessen. Zusätzlich werden die Anforderungsbereiche der Abiturprüfung genau erläutert und die Unterteilung der Prüfungsaufgaben in Reproduktions-, Transfer- und problemlösende Aufgaben an Beispielen erklärt.

Der Hauptteil des Buches enthält die offiziellen, vom hessischen Kultusministerium gestellten **Abitur-Prüfungsaufgaben** der Jahre **2010 bis 2015 für den Grund- und den Leistungskurs**.
Zu jeder Aufgabe sind von unserem Autor vorgeschlagene und vollständig ausformulierte Lösungen hinzugefügt. Die grau gerauteten Bearbeitungshinweise bieten Ihnen wertvolle Tipps zum Lösungsansatz und wichtige Zusatzinformationen.

Sollten nach Erscheinen dieses Bandes noch wichtige Änderungen in der Abitur-Prüfung 2016 vom Kultusministerium bekannt gegeben werden, finden Sie aktuelle Informationen dazu im Internet unter *www.stark-verlag.de/pruefung-aktuell*.

Viel Erfolg wünschen Ihnen Verlag und Autor!

Stichwortverzeichnis

Periodensystem der Elemente

Atommasse — 1,008; **H** — Symbol des Elements; Wasserstoff — Name des Elements; Ordnungszahl — 1; 2,2 — Elektronegativität (Pauling)

Nebengruppenelemente

	Hauptgruppen I	Hauptgruppen II											Hauptgruppen III	IV	V	VI	VII	VIII
1	1,008 **H** Wasserstoff 1 2,1																	4,0 **He** Helium 2 –
2	6,941 **Li** Lithium 3 1,0	9,01 **Be** Beryllium 4 1,5											10,81 **B** Bor 5 2,0	12,01 **C** Kohlenstoff 6 2,5	14,00 **N** Stickstoff 7 3,0	16,00 **O** Sauerstoff 8 3,5	19,00 **F** Fluor 9 4,0	20,18 **Ne** Neon 10 –
3	22,98 **Na** Natrium 11 0,9	24,30 **Mg** Magnesium 12 1,2											26,98 **Al** Aluminium 13 1,5	28,09 **Si** Silicium 14 1,8	30,97 **P** Phosphor 15 2,1	32,07 **S** Schwefel 16 2,5	35,45 **Cl** Chlor 17 3,0	39,95 **Ar** Argon 18 –
4	39,10 **K** Kalium 19 0,8	40,08 **Ca** Calcium 20 1,0	44,96 **Sc** Scandium 21 1,3	47,88 **Ti** Titan 22 1,5	50,94 **V** Vanadium 23 1,6	52,00 **Cr** Chrom 24 1,6	54,94 **Mn** Mangan 25 1,5	55,85 **Fe** Eisen 26 1,8	58,94 **Co** Cobalt 27 1,8	58,69 **Ni** Nickel 28 1,8	63,55 **Cu** Kupfer 29 1,9	65,39 **Zn** Zink 30 1,6	69,72 **Ga** Gallium 31 1,6	72,61 **Ge** Germanium 32 1,8	74,92 **As** Arsen 33 2,0	78,96 **Se** Selen 34 2,4	79,90 **Br** Brom 35 2,8	83,80 **Kr** Krypton 36 –
5	85,47 **Rb** Rubidium 37 0,8	87,62 **Sr** Strontium 38 1,0	88,91 **Y** Yttrium 39 1,3	91,22 **Zr** Zirconium 40 1,4	92,91 **Nb** Niob 41 1,6	95,94 **Mo** Molybdän 42 1,8	98,91 **Tc** Technetium 43 1,9	101,07 **Ru** Ruthenium 44 2,2	102,91 **Rh** Rhodium 45 2,2	106,42 **Pd** Palladium 46 2,2	107,87 **Ag** Silber 47 1,9	112,41 **Cd** Cadmium 48 1,7	114,82 **In** Indium 49 1,7	118,71 **Sn** Zinn 50 1,8	121,76 **Sb** Antimon 51 1,9	127,60 **Te** Tellur 52 2,1	126,90 **I** Iod 53 2,5	131,29 **Xe** Xenon 54 –
6	132,91 **Cs** Cäsium 55 0,7	137,33 **Ba** Barium 56 0,9	Lanthanide 57–71	178,49 **Hf** Hafnium 72 1,3	180,95 **Ta** Tantal 73 1,5	183,85 **W** Wolfram 74 1,6	186,21 **Re** Rhenium 75 1,9	190,2 **Os** Osmium 76 2,2	192,22 **Ir** Iridium 77 2,2	195,08 **Pt** Platin 78 2,2	196,97 **Au** Gold 79 2,4	200,59 **Hg** Quecksilber 80 1,9	204,38 **Tl** Thallium 81 1,8	207,2 **Pb** Blei 82 1,8	208,98 **Bi** Bismut 83 1,9	(208,98) **Po** Polonium 84 2,0	(209,99) **At** Astat 85 2,2	(222,02) **Rn** Radon 86 –
7	(223) **Fr** Francium 87 0,7	(226,03) **Ra** Radium 88 0,9	Actinide 89–103	(261) **Rf** Rutherfordium 104	(262) **Db** Dubnium 105	(263) **Sg** Seaborgium 106	(262) **Bh** Bohrium 107	(265) **Hs** Hassium 108	(269) **Mt** Meitnerium 109	(271) **Ds** Darmstadtium 110	(272) **Rg** Roentgenium 111							

Namen der Hauptgruppen:

- I Alkalimetalle
- II Erdalkalimetalle
- III Erdmetalle
- IV Kohlenstoffgruppe
- V Stickstoffgruppe
- VI Chalkogene
- VII Halogene
- VIII Edelgase

Hinweise und Tipps zum Landesabitur

1 Ablauf der Prüfung

Die Abiturprüfung in Hessen findet als Zentralabitur statt, d. h. die Aufgaben für die schriftliche Prüfung werden vom Hessischen Kultusministerium zentral gestellt und sind für alle Abiturienten verbindlich. Alle Schülerinnen und Schüler an den Gymnasien Hessens schreiben diese Prüfung jeweils an demselben Tag.

Aufbau der Prüfungsaufgaben

Landesweit werden im Grundkursfach und Leistungskursfach Chemie jedem Gymnasium am Prüfungstag dieselben drei Teilaufgaben, von denen zwei bearbeitet werden müssen, vorgelegt. Eine der drei Aufgaben steht also zur Wahl und kann von der Schülerin oder dem Schüler weggestrichen werden.
Die Ihnen vorgelegten Prüfungsaufgaben bestehen aus mehreren Teilaufgaben. Die Teilaufgaben bestehen sowohl aus Anteilen, die auszuwertende Materialvorgaben enthalten und Texterläuterungen erforderlich machen, als auch aus Anteilen, die keine oder wenig Materialvorgaben enthalten und in erster Linie mithilfe von chemischen Gleichungen o. ä. zu lösen sind. Außerdem sind alle Aufgaben in einen Kontext eingebettet. Eine Bearbeitung ist weitgehend unabhängig voneinander möglich. Die Aufgaben können mehrere der unten aufgeführten Kursthemen enthalten, die miteinander vernetzt sein können.

Dauer der Prüfung und zugelassene Hilfsmittel

In der Abiturprüfung stehen Ihnen 45 Minuten Einlese- und Auswahlzeit und zusätzlich zur Bearbeitung im **Leistungskurs 240 Minuten** und im **Grundkurs 180 Minuten** zur Verfügung.

Als **Hilfsmittel** werden während der Abiturarbeit zugelassen:
- Wörterbuch zur deutschen Rechtschreibung
- Das der Prüfungsaufgabe beigefügte Periodensystem der Elemente
- Eingeführter Taschenrechner (bei grafikfähigen Rechnern und Computeralgebrasystemen ist ein Reset durchzuführen).

2 Inhalte und Aufbau der Prüfungsaufgaben

In den Handreichungen zum Lehrplan des Kultusministeriums in Hessen werden die verbindlichen reproduktiven Inhalte des Grund- und Leistungskurses für das bevorstehende Abitur konkretisiert. Darüber hinaus werden vorausgesetzte Inhalte aus der Einführungsphase genannt. Für die Prüfung müssen folgende Inhalte aus der Qualifikationsphase in Form von reproduzierbarem Wissen zur Verfügung stehen (die *kursiv* gesetzten Inhalte gelten nur für den *Leistungskurs*).

Redoxreaktionen	
Der Redoxbegriff	Oxidation, Reduktion, Redoxreaktionen
Redoxreaktionen in fester Phase	Donor-Akzeptor-Prinzip
Oxidationszahlen	Aufnahme/Abgabe von Elektronen, Aufstellen von Redoxgleichungen
Redoxreaktionen in wässriger Lösung	Reaktionen zwischen Metall/Metallionen, Nichtmetall/ Nichtmetallionen, Redoxreihe
Elektrochemische Spannungsquellen	Primär- und Sekundärelemente, Galvanische Zellen (Daniell-Element, Zink/Braunstein- oder Zink/Luft- oder Zink-Brom-Element, Brennstoffzellen), Bleiakkumulator (Autobatterie), Entsorgung und Recycling von Batterien und Akkumulatoren
Elektrolysen	Redoxvorgänge, Chloralkalielektrolyse, Galvanisieren
Einführung in die Kohlenstoffchemie	
Eigenschaften von Kohlenstoffverbindungen	Begriffsbestimmung, Eigenschaften und Zusammensetzung ausgewählter organischer Verbindungen
Summenformel	qualitative Elementaranalyse: Nachweis von C, H, Hal, O und N, quantitative Elementaranalyse nach Liebig, Berechnung der Verhältnisformel, Bestimmung der molaren Masse
Gesättigte Kohlenwasserstoffe	Alkane und Cycloalkane, Homologe Reihe und Stoffeigenschaften der Alkane, van der Waals-Kräfte, Tetraedermodell, Valenzstrichformel und räumliche Struktur, Isomerie, Nomenklaturregeln, chemische Reaktionen: Verbrennung und Halogenierung, Mechanismus der radikalischen Substitution
Halogenalkane	Nomenklatur, polare Elektronenpaarbindung, Eigenschaften und Nachweisreaktionen
Alkohole	homologe Reihe und Stoffeigenschaften, Nomenklatur, alkoholische Gärung, Wasserstoffbrückenbindungen, primäre, sekundäre und tertiäre Alkohole, Isomerie, Chemische Reaktionen: Verbrennung und unvollständige Oxidation (Oxidationsmittel: CuO, $Cr_2O_7^{2-}$, MnO_4^-, Nachweis der org. Reaktionsprodukte), Anwendung von Oxidationszahlen, *Mechanismus der nucleophilen Substitution, Differenzierung nach S_N1 und S_N2*

ungesättigte Kohlenwasserstoffe	Ethen, Ethin, Herstellung durch Eliminierung, homologe Reihe und Stoffeigenschaften, Nomenklatur, räumliche Struktur, Isomerie, chemische Reaktionen: Reaktionstyp und Mechanismus der elektrophilen Addition (A_E) von Halogenen und Halogenwasserstoffen, Nachweis der C–C-Mehrfachbindung (Addition von Brom), *Einfluss des positiven und negativen induktiven Effektes auf die Addition*
Kohlenstoffchemie I: Kohlenstoffverbindungen und funktionelle Gruppen	
Carbonylverbindungen	Strukturmerkmale der Aldehydgruppe, Nachweis der reduzierenden Wirkung der Aldehydgruppe durch die FEHLING'sche Probe, *Additionsreaktionen (Hydratisierung, Acetalspaltung)* Ketone, *Bindungsverhältnisse der Keto-Gruppe.*
Alkansäuren und ihre Derivate	homologe Reihe, Acidität, positiver und negativer induktiver Effekt, Esterbildung und -verseifung, Mechanismus der alkalischen Hydrolyse, Struktureller Aufbau der Hydroxy- und Aminosäuren, *Spiegelbildisomerie (Milchsäure, Weinsäure, FISCHER-Projektion)*
Aromatische Kohlenwasserstoffe	Benzol: Eigenschaften, aromatische Struktur, Mesomeriemodell (kein Orbitalmodell), *elektrophile Substitution: Mechanismus der Halogenierung, Nitrierung, positive und negative mesomere Effekte, Mechanismus der Zweitsubstitution, dirigierende Wirkung des Erstsubstituenten; homologe Reihe des Benzens: Phenol, Anilin, Toluol; vereinfachtes Orbitalmodell in Hinblick auf π- und σ-Bindungen, Hybridisierung*
Technisch und biologisch wichtige Kohlenstoffverbindungen	
Fette	Bau, Eigenschaften, alkalische Hydrolyse von Fetten, *Bestimmung der Iodzahl, Verseifungszahl*
Kohlenhydrate	Mono-, Di- und Polysaccharide, Eigenschaften, HAWORTH-FISCHER-Projektion, Glucose, Fructose, Maltose, Saccharose, *Lactose*, Stärke, Cellulose, Nachweisreaktionen: FEHLING'sche Probe, Iod-Stärke-Reaktion, *optische Aktivität: Anomere, Enantiomere, Diastereomere, Racemat, relative Konfiguration*
Aminosäuren, Peptide, Polypeptide	Zwitterionenstruktur, Eigenschaften, Vorkommen und Bedeutung, Nachweisreaktion: Biuret-Reaktion, *Xanthoprotein-Reaktion,* Hydrolyse von Peptiden, *IEP*
Synthetische Makromoleküle	Aufbau von Makromolekülen, Synthesereaktionen von PE, PVC, Polystyrol, Polyester, Polyamide, PU, Mechanismus der radikalischen Polymerisation
Identifizierung von Kohlenstoffverbindungen	*Analyseverfahren zur Ermittlung der Summenformel und der Konstitutionsformel: Massenspektrometrie; IR-Spektroskopie*
Das chemische Gleichgewicht	
Enthalpie, Entropie	*Energieformen, Standardbildungs- und Reaktionsenthalpie, Berechnung von ΔH^0-Werten*

Geschwindigkeit chemischer Reaktionen	*Einfluss verschiedener Faktoren, Aktivierungsenergie und Katalyse, Landoltsche Zeitreaktion*
Chemisches Gleichgewicht	Iod-Wasserstoff-Gleichgewicht, Ester-Gleichgewicht, Carbonat-Hydrogencarbonat-Gleichgewicht, Fotometrie, Analysemethoden zum Nachweis von Halogenidionen, Sulfationen und Carbonationen
Redoxgleichgewichte	*Quantitative Betrachtung von Redoxgleichgewichten Nernst-Gleichung*
Massenwirkungsgesetz	Bildung und saure Verseifung eines Esters
Prinzip des kleinsten Zwangs	Beeinflussung der Lage von Gleichgewichten durch Druck, Temperatur und Konzentration, Haber-Bosch-Gleichgewicht, Boudouard-Gleichgewicht am Beispiel des Hochofenprozesses
Anwendung des Massenwirkungsgesetzes	Säure- und Basenstärke (pK_S und pK_B), Ionenprodukt des Wassers, Berechnung von pH-Werten starker und schwacher Säuren mithilfe von pK_S-Werten, allgemeines Prinzip der Säure-Base-Indikatoren, *Titration jeweils einer schwachen und einer starken einprotonigen Säure, Interpretation von Titrationkurven*

3 Leistungsanforderungen

3.1 Inhaltsbezogene Anforderungen

Der Anteil der Aufgaben mit größerer Komplexität und Offenheit nimmt stufenweise zu. Nach wie vor wird als Basiswissen für die Abiturprüfung ein guter Überblick über die vom Lehrplan geforderten thematischen Schwerpunkte der Kurshalbjahre Q1, Q2 und Q3 vorausgesetzt. Der hauptsächliche Anspruch der Prüfungsaufgaben liegt jedoch nicht im Wiedergeben von lückenlosem Detailwissen, sondern in der Anwendung des von Ihnen erworbenen Fachwissens. Es soll überprüft werden, ob Sie Strukturen und Inhalte bisher unbekannter chemischer Sachverhalte erfassen können, diese dann mit dem eigenen Wissen zu verknüpfen vermögen und schließlich zu angemessenen Lösungen kommen. Die unbekannten Inhalte werden Ihnen als Materialien (z. B. in Form von Einführungstexten, Versuchsbeschreibungen, Diagrammen, Kurven, Abbildungen, Strukturausschnitten, Tabellen oder Skizzen) zur Prüfungsaufgabe vorgelegt. Diese Fähigkeiten, die über die Wiedergabe des reinen, angelernten Wissens hinausgehen, werden als **Kompetenzen** bezeichnet.

3.2 Methodenbezogene Anforderungen

Neben den inhaltlichen Kompetenzen wird in den Aufgaben auch Ihre Fähigkeit geprüft, fachtypische Methoden zur Bearbeitung und Lösung von Problemstellungen angemessen einzusetzen. Dazu gehören:

- **Erarbeiten und Vergleichen mehrerer Lösungswege**,
- **Darstellung von Zusammenhängen** zwischen Erscheinungen im Alltag und den fachwissenschaftlichen Grundlagen,

- **Aufstellen von Hypothesen** und Ableiten von experimentell überprüfbaren Folgerungen,
- **Beurteilen von Texten, Aussagen, Experimenten** nach selbst gewählten Kriterien,
- **Interpretieren chemischer Reaktionen** auf der Teilchenebene sowie Anwenden geeigneter Modelle (zur Beschreibung und Erklärung chemischer Sachverhalte),
- **Anwenden mathematischer Verfahren** und Hilfsmittel zur Lösung chemischer Problemstellungen.

3.3 Aufgabenstruktur und Aufgabentypen

Eine Prüfungsaufgabe besteht aus Teilaufgaben, die untereinander in Beziehung stehen und der Aufgabenthematik untergeordnet sind. Die **Struktur der Aufgabe** ist so angelegt, dass kein Lösungsweg zwingend vorgezeichnet ist. Zu Beginn der Aufgabe werden in einzelnen Materialien zusätzliche Informationen zur Aufgabenthematik bereitgestellt. Danach folgen die Aufgabenstellung und eventuell notwendige Zusatzinformationen. Aus der Aufgabenstellung der einzelnen Teilaufgaben selbst gehen Art und Umfang der geforderten Leistung hervor (siehe Abschnitt 4).

Im Fach Chemie herrschen folgende **Aufgabentypen** vor:

- **Materialbezogene Aufgaben**: Sie erhalten zusammen mit der Aufgabenstellung Materialien, die Sie auswerten sollen, etwa Strukturformeln, Texte oder Grafiken. Mithilfe der darin enthaltenen Informationen und der Ihnen bereits bekannten chemischen Sachverhalte können Sie die Aufgabe lösen.
- **Berechnungen**: Hier geht es um die Anwendung chemischer Gesetze (z. B. Massenwirkungsgesetz) und Rechenverfahren (z. B. zur Bestimmung von pH-Werten).

blemstellung wird von Ihnen verlangt, Ihre chemischen Fachkenntnisse zur Lösung dieses Problems anzuwenden.

- **Aufgaben zur chemischen Zeichensprache**: Dieser Aufgabentyp umfasst die Darstellung von bekannten Strukturformeln, die Entwicklung von Strukturformeln neuer Moleküle und die Darstellung von Reaktionsgleichungen und -mechanismen.
- **Aufgaben zu ökonomisch-ökologischen Problemstellungen**: In diesem Aufgabentyp werden Sie zu einer strukturierten Darstellung der Konsequenzen von chemischen Reaktionen oder Abfällen auf die Umwelt aufgefordert. Auch ein Vergleich zweier Substanzen kann Gegenstand der Aufgabe sein, im Rahmen dessen Sie die Eignung dieser Verbindungen unter ökonomischen und ökologischen Gesichtspunkten beurteilen sollen.

3.4 Bewertung der Aufgaben

Den Einzelaufgaben sind verbindlich Bewertungseinheiten zugeordnet. Sie zeigen Ihnen das relative Gewicht der einzelnen Aufgabenabschnitte innerhalb einer Prüfungsaufgabe. Die Aufgaben sind jeweils im Grundkurs bis 2014 mit 30 Bewertungseinheiten (BE), im Leistungskurs bis 2015 mit 40 BE gewichtet, sodass im Grundkurs maximal 90 im Leistungskurs 120 BE erreichbar sind. Ab 2016 sind die Aufgaben sowohl im **Grund**- als auch im **Leistungskurs** jeweils mit **50 BE** gewichtet, sodass maximal 100 BE erreichbar sind.

Die Bewertung für die Notenpunkte erfolgt dann prozentual, wobei die Schwellen für einen Notenpunkt bei 20 %, für 5 Notenpunkte bei 46 %, für 11 Notenpunkte bei 76 % der BE liegen.
Somit ergibt sich folgende Umrechnungstabelle von Prozentwerten in Notenpunkte:

Notenpunkte	15	14	13	12	11	10	9	8	7	6	5	4	3	2	1
ab Prozent	96	91	86	81	76	71	66	61	56	51	46	41	34	27	< 20

Bei der Bewertung werden alle von Ihnen in der Reinschrift erarbeiteten Teillösungen berücksichtigt. Es kann durchaus sein, dass unübersichtliche Textstellen nicht in vollem Umfang gewertet werden. Es steht dem Korrektor frei, auch Entwürfe zur Bewertung heranzuziehen, wenn sie zusammenhängend konzipiert sind.

Ihre Ausführungen werden bewertet hinsichtlich ihrer

- **fachlichen Richtigkeit und Vollständigkeit** entsprechend den inhaltlichen und methodischen Anforderungen der Aufgabenstellung.
- **Qualität:** Hierzu gehören u. a. das Erfassen der Aufgabe, die Genauigkeit der Kenntnisse und Einsichten, die Sicherheit in der Beherrschung der Methoden und der Fachsprache, Stimmigkeit und Differenziertheit der Aussage, die Herausarbeitung des Wesentlichen, das Anspruchsniveau der Problemerfassung, die Fähigkeit zur kritischen Würdigung der Bedingtheit und Problematik eigener und fremder Auffassungen sowie die Differenziertheit und Adäquatheit Ihres Urteils.
- **Quantität**, also dem Umfang Ihrer Kenntnisse, der Breite Ihrer Argumentationsbasis und der Vielfalt der Aspekte und Bezüge.
- **Kommunikations- und Darstellungsfähigkeit:** Damit ist Ihre Fähigkeit gemeint, die Aufgabenstellung korrekt zu erfassen und sich in einer angemessenen Weise verständlich zu machen. Wichtige Kriterien sind dabei die Klarheit und Eindeutigkeit sowie die logische Gliederung Ihrer Aussagen.
- **äußeren Form:** Darin gehen die Lesbarkeit Ihrer Schrift, die übersichtliche Gestaltung (durch Absätze, Aufzählungszeichen, Unterstreichungen, Leerzeilen usw.) und die sprachliche Richtigkeit (Grammatik, Rechtschreibung, Zeichensetzung) ein. Gehäufte Verstöße können auch hier zu einem Abzug von Punkten führen.

4 Anforderungsbereiche und Operatoren

Die Prüfungsaufgaben im Fach Chemie kann man drei **Anforderungsbereichen** zuordnen, die ein unterschiedliches Maß an Selbstständigkeit und Abstraktionsvermögen bei der Bearbeitung erfordern. Alle drei Bereiche werden in Abfragen, Tests und Klausuren sowie den Abituraufgaben berücksichtigt.
Nicht immer lassen sich die drei Anforderungsbereiche scharf gegeneinander abgrenzen. Auch kann die zur Beantwortung einer Prüfungsaufgabe erforderliche Leistung nicht in jedem Fall eindeutig einem bestimmten Bereich zugeordnet werden. Trotzdem ist es für Sie hilfreich, diese Anforderungsbereiche zu kennen, da Sie hierdurch leichter nachvollziehen können, wie die Verteilung der Bewertungseinheiten und die unterschiedliche Gewichtung der (Teil-)Aufgaben zustande kommen.

- **Anforderungsbereich I:** Inhalte und Fakten reproduzieren

Von **Reproduktion** spricht man, wenn erlerntes Wissen wiedergegeben oder eine erworbene Fertigkeit in einem bekannten Zusammenhang gezeigt werden soll. Dabei kann es sich um einen theoretischen Sachverhalt oder um ein im Praktikum eingeübtes Vorgehen handeln. Schätzen Sie die Bedeutung des „nur" Gelernten nicht gering ein. Dieses Grundlagenwissen ist die Basis für die Lösung von Aufgaben, die den beiden im Folgenden dargestellten Anforderungsbereichen zuzuordnen sind.

- **Anforderungsbereich II:** Zusammenhänge und Strukturen erkennen und darstellen
  Höhere Anforderungen als die der reinen Reproduktion stellt eine Prüfungsaufgabe, die **Reorganisation** bzw. eine **Transferleistung** von Ihnen verlangt. In der Regel geht damit auch eine höhere Bewertung einher. Eine Prüfungsaufgabe ist dieser zweiten Anforderungsebene zuzuordnen, wenn ein bekannter Sachverhalt, etwa das typische Reaktionsverhalten einer Verbindungsklasse, auf andere chemische Verbindungen übertragen („transferiert"), richtig benannt und in diesen neuen Zusammenhang ein- und zugeordnet („reorganisiert") werden soll. Auch die selbstständige Übertragung von Grafiken oder Versuchsaufbauten in die korrekte Fachsprache („Verbalisierung") gehört zu diesem Anforderungsbereich.
- **Anforderungsbereich III:** Probleme lösen und Meinungen vertreten
  Am anspruchsvollsten sind Fragen, die problemlösendes Denken verlangen. Häufig erfordern solche Aufgaben, dass Sie Kenntnisse aus mehreren Themengebieten auswählen, anwenden und abwandeln können. Oft gibt es verschiedene Lösungsmöglichkeiten, die Sie darstellen und die dem Problem bestangepasste Variante auswählen sollen. Hier ist Ihre Kreativität gefragt, das „Abarbeiten" der Aufgabenstellung nach einem vorgefertigten Schema reicht nicht aus.

Einen wichtigen Hinweis auf den jeweiligen Anforderungsbereich erhalten Sie durch den **Operator**, mit dem die Aufgabe gestellt wird. Darunter versteht man Schlüsselbegriffe, die sicherstellen sollen, dass alle Schüler und Lehrer unter einer bestimmten Aufgabenstellung das gleiche verstehen. In der folgenden, nach den Anforderungsbereichen geordneten Auflistung wird erläutert, welche Begriffe dies sind und welche Erwartungen damit verbunden sind.

Operator	**Bedeutung**	**Bereic h**	**Aufgabe**
angeben, nennen	Sachverhalte, Begriffe oder Daten ohne Erläuterungen, Begründungen und Lösungswege aufzählen	I	GK 2014-5/3.1 LK 2014-1/1.2
benennen, beschriften	Elemente, Sachverhalte, Begriffe oder Daten mit einer kennzeichnenden Aufschrift, Nummer oder Namensangabe versehen	I–II	GK 2012-5/3.2 LK 2014-4/2.1
berechnen	Durch Rechenoperationen zu einem Ergebnis gelangen und die Rechenschritte dokumentieren	I–II	LK 2011-1/1.1 GK 2012-7/4.4

beschreiben	Aussagen, Sachverhalte, Strukturen o. Ä. in eigenen Worten strukturiert und fachsprachlich wiedergeben	I–II	GK 2011-4/2.5 LK 2012-3/2.1 LK 2014-7/3.5
skizzieren	Eine grafische Darstellung so anfertigen, dass die wesentlichen Eigenschaften deutlich werden	I–II	–
überführen	Eine Darstellung in eine andere Darstellungsform bringen	I–II	–
zeichnen	Eine hinreichend exakte grafische Darstellung anfertigen	I–II	GK 2010-4/3.1 LK 2014-7/3.4
zusammen-fassen	Das Wesentliche in strukturierter und komprimierter Form unter Verwendung der Fachsprache herausstellen	I–II	–
abschätzen	Durch begründete Überlegungen Größenordnungen physikalischer Größen angeben	II–III	–
analysieren	Eine konkrete Materialgrundlage untersuchen, einzelne Elemente identifizieren, Beziehungen zwischen Elementen erfassen und zusammenhängend darstellen	II–III	–
anwenden	Einen bekannten Sachverhalt/eine bekannte Methode auf eine neue Problemstellung beziehen	II	–
auswerten	Daten, Einzelergebnisse oder sonstige Sachverhalte zu einer abschließenden Gesamtaussage zusammenführen	II	–
begründen	Einen Sachverhalt oder eine Aussage argumentativ auf Gesetzmäßigkeiten oder kausale Zusammenhänge zurückführen	II–III	LK 2011-1/1.2 LK 2012-2/1.5
bestimmen, ermitteln	Einen Zusammenhang oder einen möglichen Lösungsweg aufzeigen und das Ergebnis formulieren	II	LK 2015-7/3.3
darstellen	Sachverhalte o. Ä. strukturiert fachsprachlich oder grafisch wiedergeben und Bezüge sowie Zusammenhänge aufzeigen	II	–
deuten	Phänomene, Strukturen, Sachverhalte oder Ergebnisse auf Erklärungsmöglichkeiten untersuchen und diese gegeneinander abwägen und auf das ursprüngliche Problem beziehen	II–III	GK 2014-1/1.3
entscheiden	Bei Alternativen sich begründet und eindeutig auf eine Möglichkeit festlegen	II	GK 2011-5/3.3
entwerfen	Herstellen und Gestalten eines Systems von Elementen unter vorgegebener Zielsetzung	II	–

entwickeln	Sachverhalte und Methoden zielgerichtet in einen Zusammenhang bringen; eine Hypothese, eine Skizze oder ein Modell weiterführen und ausbauen	II–III	LK 2012-9/4.4 GK 2013-10/4.5 GK 2015-5/2.4 LK 2015-2/1.4
erklären	Sachverhalte o. Ä. unter Verwendung der Fachsprache auf fachliche Grundprinzipien oder kausale Zusammenhänge zurückführen	II–III	LK 2011-2/1.4 LK 2014-9/4.1
erläutern	Sachverhalte o. Ä. so darlegen und veranschaulichen, dass sie verständlich werden	II	GK 2011-5/3.1 LK 2012-8/4.1
formulieren	Eine Fragestellung, eine Strukturformel, eine Reaktionsgleichung oder einen Reaktionsmechanismus notieren	II	GK 2011-1/1.2 LK 2012-1/1.2
herleiten	Einen Sachverhalt oder ein Ergebnis aus gegebenen Daten oder Gesetzmäßigkeiten entwickeln	II–III	–
implementieren	Algorithmen und Datenstrukturen in einer Programmiersprache aufschreiben	II–III	–
modellieren	Zu einem Ausschnitt der Realität ein fachliches Modell anfertigen	II–III	–
ordnen, einordnen, zuordnen	Sachverhalte begründet in einen genannten Zusammenhang stellen	II	GK 2014-5/3.1 LK 2014-9/4.4
prüfen	Sachverhalte, Aussagen oder Ergebnisse an Gesetzmäßigkeiten messen, verifizieren oder Widersprüche aufdecken	II–III	–
untersuchen	Sachverhalte unter bestimmten Aspekten betrachten	II–III	–
vergleichen, gegenüberstellen	Nach vorgegebenen/selbst gewählten Gesichtspunkten Gemeinsamkeiten, Ähnlichkeiten und Unterschiede ermitteln und darstellen	II–III	GK 2010-1/1.3 GK 2012-1/1.1
zeigen, bestätigen	Einen Sachverhalt oder eine Behauptung unter Verwendung gültiger Schlussregeln oder Berechnungen auf bekannte, gültige Aussagen zurückführen	II–III	LK 2012-1/1.1 GK 2014-7/4.2 LK 2015-4/2.2
beurteilen	Zu einem Sachverhalt/einer Aussage unter Verwendung von Fachwissen und Fachmethoden eine begründete Einschätzung geben	III	LK 2012-7/3.5
beweisen	Im mathematischen Sinn zeigen, dass eine Behauptung/Aussage richtig ist, z.B. unter Verwendung bekannter mathematischer Sätze, logischer Schlüsse und Äquivalenzumformungen	III	–

diskutieren, erörtern	Zu einer Aussage, Problemstellung oder These eine Argumentation entwickeln, die zu einer begründeten Bewertung führt	III	LK 2013-10/ 4.2
Stellung nehmen	Wie Operator „beurteilen“, aber zusätzlich die eigenen Maßstäbe darlegen und begründen	III	–

Die bei den Aufgaben angegebenen Bewertungseinheiten lassen sich auf die drei Anforderungsbereiche so verteilen, dass der Anforderungsbereich I mit 30 %, der Anforderungsbereich II mit 50 % und der Anforderungsbereich III mit 20 % vertreten sind. So ergibt sich ab dem Abitur 2016 folgende Verteilung der BE:

Anforderungsbereich	**I**	**II**	**III**	**Σ**
GK und LK	15	25	10	50

5 Methodische Hinweise und allgemeine Tipps zur schriftlichen Prüfung

Um eine Prüfungsaufgabe effizient und erfolgreich zu bearbeiten, ist ein strukturiertes, sorgfältiges Vorgehen unumgänglich. Im folgenden Lösungsplan sind die hierfür wichtigen Arbeitsschritte erläutert. Darüber hinaus finden Sie wertvolle Tipps zur Materialienanalyse. Die abschließende Auflistung häufig anzutreffender Fehlertypen hilft Ihnen, Leichtsinnsfehler zu vermeiden.

5.1 Lösungsplan zur Bearbeitung der Aufgaben

Stellen Sie sicher, dass Sie nur die Abituraufgaben bearbeiten, die zur ausgewählten Gesamtaufgabe gehören. Streichen Sie deshalb alle Seiten der nicht zur Bearbeitung bestimmten Fragenkomplexe durch. Folgende Einzelschritte sind bei der Bearbeitung der Aufgaben zu beachten:

- **Lesen der Gesamtaufgabe**
  Es ist sinnvoll, dass Sie sich zunächst einen Überblick über die in den Prüfungsaufgaben angesprochenen unterschiedlichen Themengebiete der Chemie verschaffen: Für die weitere Bearbeitung setzen Sie sich einen Zeitplan, damit Ihnen nicht am Ende die Zeit für die letzte Aufgabe oder das Korrekturlesen fehlt. Fangen Sie dann mit der Bearbeitung der für Sie am besten geeigneten Teilaufgabe an. Dabei kann Ihnen ein systematisches Vorgehen entsprechend der nachfolgend dargestellten Schritte das Erarbeiten der zu den Anforderungen jeder Teilaufgabe passenden Lösung erleichtern.
- **Analysieren der Teilaufgaben**
  In den meisten Fällen gibt ein kurzer Informationstext eine Einführung in die zu bearbeitenden Sachverhalte. Manchmal sind in diesem Text auch wichtige Informationen zur Lösung der Aufgabe „versteckt“. Nachdem Sie sich ein Bild von der Thematik der Aufgabe gemacht haben, sollten Sie sich gezielt mit den einzelnen Arbeitsaufträgen auseinandersetzen:
  – Unterstreichen Sie die Arbeitsanweisungen/Operatoren.

- Verdeutlichen Sie in der Fragestellung und in den Einführungstexten Informationen, die für den zu bearbeitenden Sachverhalt wichtig sein könnten, durch Randbemerkungen und/oder optische Hervorhebungen.
- Markieren Sie wichtige Begriffe, die den zu bearbeitenden Sachverhalt betreffen.

- **Darstellen der Ergebnisse**
  - Verfahren Sie bei der Beantwortung nach dem Prinzip: vom Allgemeinen zum Detail.
  - Behalten Sie auch bei der Auseinandersetzung mit dem Detail immer den Gesamtzusammenhang im Auge.
  - Stellen Sie die Ergebnisse logisch und nach erkennbaren Ordnungsprinzipien zusammen.
  - Konzentrieren Sie Ihre Aussagen auf das Thema und vermeiden Sie weitschweifige Ausarbeitungen. Dadurch geht der rote Faden verloren!
  - Beschreiben Sie bei der Auswertung von Grafiken oder Tabellen zunächst kurz die wiedergegebenen Inhalte und erklären Sie diese erst danach.
  - Stellen Sie komplexe Sachverhalte, wenn angebracht, grafisch dar (Skizzen, Schaubilder, Fließdiagramme etc.).
  - Berücksichtigen Sie bei der Ausformulierung Ihrer Antworten immer die vorgegebenen Operatoren, damit Sie die Lösung im Sinne der Aufgabenstellung erstellen. Sie sollten z. B. beim Operator „nennen/angeben" keine weiteren Erklärungen geben, dies wäre auch nicht im Sinne einer sinnvollen Zeiteinteilung bei der Prüfung.
  - Achten Sie auf sprachlich korrekte Formulierungen und eine klare, verständliche Ausdrucksweise. Alle Antworten sollten Sie, sofern es nicht ausdrücklich anders verlangt ist (z. B. die Lösung der Aufgabe in Form einer Tabelle oder Skizze), durchgehend in vollständigen Sätzen formulieren. Kurze Sätze sind besser als ineinander verschachtelte.
  - Verwenden Sie sorgfältig die Fachsprache. Fachbegriffe müssen nur bei ausdrücklicher Aufforderung umschrieben werden (oder wenn Sie bei deren Verwendung unsicher sind).
  - Schreiben Sie verwendete Abkürzungen, sofern es sich nicht um Standardabkürzungen wie PE, PS, VB-Modell o. ä. handelt, zumindest einmal aus (z. B. RG = Reagenzglas). Ungebräuchliche Abkürzungen gelten als Rechtschreibfehler.
  - Achten Sie auf eine angemessene äußere Form Ihrer Ausführungen (lesbare Schrift, eine übersichtliche Gestaltung durch das Einhalten eines Randes rechts und links, Absätze, Aufzählungszeichen, Unterstreichungen usw.). Sind Zeichnungen, Skizzen oder Tabellen anzufertigen, dann erstellen Sie diese sauber, übersichtlich und nicht zu klein. Sie sind grundsätzlich vollständig zu beschriften.
  - Beginnen Sie die Beantwortung der nächsten Frage auf einer neuen Seite oder lassen Sie zumindest mehrere Leerzeilen frei, sodass sie gegebenenfalls beim Überprüfen auf Vollständigkeit problemlos noch Ergänzungen einfügen können. Reicht in diesem Fall der Leerraum dennoch nicht für Ihre Nachträge, dann müssen Sie diese auf dem Zusatzblatt eindeutig unter Verwendung sinnvoller Symbole dem ersten Teil Ihrer Antwort zuordnen.

- **Überprüfen auf Vollständigkeit**
  - Kontrollieren Sie, ob Sie alle Bedingungen und Aspekte der Aufgabenstellung (unter Einbeziehung der einleitenden Informationen zu den Teilaufgaben) erfasst haben.
  - Prüfen Sie, ob alle wesentlichen Inhalte berücksichtigt wurden.
  - Überprüfen Sie, ob das vorgegebene Material sinnvoll und angemessen ausgewertet wurde.
  - Lesen Sie den Text noch einmal durch und berichtigen Sie eventuelle Fehler in der Grammatik, Rechtschreibung oder Zeichensetzung.
  - Zuletzt sollten Sie die Seiten vollständig durchnummerieren und auf jedes Einzelblatt Ihren Namen schreiben.

5.2 Tipps zur Analyse von Tabellen, Diagrammen und Abbildungen

Ein Bestandteil der Aufgabenstellungen im Fach Chemie kann auch die Analyse von Material in Form von Tabellen sowie Grafiken sein.

In **Tabellen** sind oft Daten aus chemischen Experimenten zusammengefasst. Eine andere Art der Präsentation von Zahlenmaterial sind **Diagramme**. Zur Auswertung einer Tabelle oder eines Diagramms dient ein Fragenkatalog, mit dem alle wesentlichen Aspekte erfasst werden können:

- Welche Größen sind in der Tabelle/dem Diagramm dargestellt? Achten Sie auf die Überschriften und den Begleittext.
- Welcher Diagrammtyp liegt vor (z. B. Säulendiagramm, Kreisdiagramm)?
- Welche Größen sind gegeneinander aufgetragen? Welche ist die unabhängige, welche die abhängige Größe?
- Was sind die Bezugsgrößen: Zahlenarten (absolute Zahlen, Prozentzahlen), Zahlenwerte (gerundet, geschätzt, vorläufig)?
- Welche Auffälligkeiten/Tendenzen sind zu erkennen?
- Welche Kategorien werden miteinander in Beziehung gesetzt (z. B. bei Tabellen in Kopfzeile, Spalten und Vorspalten)?
- Welche Hauptaussagen lassen sich formulieren (Trends/Tendenzen)?
- Welche Teilaussagen lassen sich treffen (Minima, Maxima, Zunahme, Abnahme, Stagnation, Zahlensprünge, Anomalien, Gleichmäßigkeiten und regelhafte Verläufe, unterschiedliche Phasen, Wechselbeziehungen zwischen verschiedenen Variablen/Merkmalen usw.)?
- Welcher Arbeitsauftrag ist mit dem Diagramm/der Tabelle verbunden? (Unabhängig davon sollten Sie Ihrer Lösung immer eine knappe Beschreibung der in der Tabelle oder der Darstellung enthaltenen Gegebenheiten im Rahmen der jeweiligen Fragestellungen voranstellen.)
- Welche Antwort gibt die Tabelle/das Diagramm auf die Fragestellung?
- Welche Aussagen werden durch die Daten nahegelegt?
- Welche neuen Fragen werden durch die Informationen der Tabelle/des Diagramms aufgeworfen?
- Was sind mögliche Ursachen für die der Tabelle/dem Diagramm entnommenen Sachverhalte?

Abbildungen in der Chemie zeigen meist entweder Strukturen (z. B. einen Formelausschnitt, Elektrolysezelle) oder Prozesse (z. B. Herstellung von Aluminium). Der erste Schritt Ihrer Lösung sollte auch hier immer darin bestehen, die bildlich dargestellte Information in Worte zu fassen („Untertitel" der Abbildung). Die weitere Analyse ist dann sehr stark von der Art der Abbildung und der damit verbundenen Fragestellung abhängig. Aber auch hier helfen einige Grundfragen weiter:

- Wie ist die Abbildung zustande gekommen? Ist es z. B. die Skizze zur Struktur von Eiweiß oder die schematische Darstellung eines Experiments? (Beachten Sie dabei auch den vorangestellten Text, die Bildunterschrift und die angegebene Quelle.)
- Was wissen Sie über die dargestellten Strukturen oder Abläufe? Welche Fachbegriffe können Sie zuordnen?
- Was sind die wichtigen Merkmale der dargestellten Objekte oder Sachverhalte? Vergleichen Sie Teilabbildungen miteinander. Formulieren Sie Kern- und Teilaussagen.
- Welche Arbeitsanweisung ist mit der Abbildung verknüpft? Sollen Sie z. B. die Abbildung zur Erläuterung eines Sachverhaltes verwenden oder wird von Ihnen eine Hypothese über den Ablauf des dargestellten Experiments erwartet?
- Welche für die Beantwortung der Fragestellung relevanten Informationen lassen sich aus den Darstellungen entnehmen und welche Fragen stellen sich?
- Welche Ursachen und Mechanismen könnten hinter den dargestellten Prozessen stecken? Wie sind auftretende Besonderheiten zu erklären?

5.3 Mögliche Formelschreibweisen

Alternativ zu den meist in der Schule gebräuchlichen Formelschreibweisen (Strukturformel nach Lewis, Halbstrukturformel) kann auch die Kurzschreibweise verwendet werden, die in der Wissenschaft die ursprünglichen Schreibweisen weitestgehend abgelöst hat. Die Enden der Bindungsstriche entsprechen dabei jeweils einem Kohlenstoffatom und der entsprechenden Anzahl an gebundenen Wasserstoffatomen. Alle nicht Kohlenstoff- oder Wasserstoffatome werden mit dem Elementsymbol ergänzt.

Beispiel: 2-Methylbutan

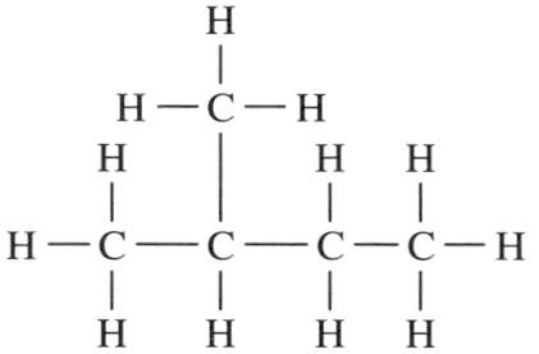

Strukturformel nach Lewis

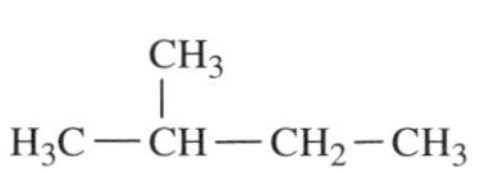

Halbstrukturformel

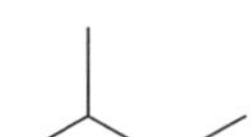

Kurzschreibweise

Weitere Beispiele:

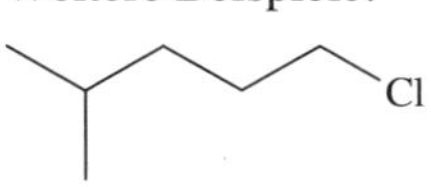

1-Chlor-4-methylpentan

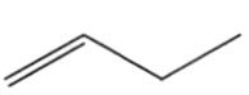

But-1-en

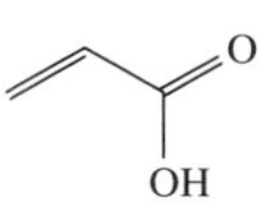

Propensäure

5.4 Häufig anzutreffende Fehlertypen im Fach Chemie

- **Reaktionsgleichungen:** Achten Sie genau darauf, dass die Reaktionsgleichungen ausgeglichen sind. Kontrollieren Sie die Anzahl der einzelnen Atomarten auf beiden Seiten der Gleichung und die Anzahl der Ladungen.
- **Valenzstrichformeln, Strukturformeln:** Überprüfen Sie die Anzahl der Bindungsstriche bzw. Valenzstriche. Dividieren Sie einfach die Gesamtzahl der Außenelektronen durch 2! Beachten Sie weiterhin die Anzahl der Bindungen, die von einem Atom ausgehen.
- **Stoffe und Teilchen unterscheiden:** Bei Erläuterungen und Darstellungen ist häufig nach Zusammenhängen zwischen der Stoffebene und der Teilchenebene gefragt. Es ist wichtig, dass Sie durch korrekten Ausdruck und durch Verwendung der Fachsprache die beiden Ebenen nicht vermischen.
  Beispiel:
  falsch: Calcium ist im Calciumchlorid zweifach positiv geladen.
  richtig: Calciumchlorid besteht aus zweifach positiv geladenen Calcium-Ionen und zwei einfach negativ geladenen Chlorid-Ionen.
- **Stöchiometrie, Rechnen mit Einheiten:** Grundsätzlich sind die Ergebnisse **mit Einheiten** anzugeben, ein fehlender aufgabenbezogener Antwortsatz führt sehr häufig zum Punktverlust. Nutzen Sie Teile der Aufgabenstellung zur korrekten Formulierung des Antwortsatzes. Beachten Sie die gesuchten Größen und prüfen Sie, ob die Einheiten passend dazu angegeben sind.
- **Notieren von offensichtlich falschen Ergebnissen:** Prüfen Sie, ob das Ergebnis Ihrer Rechnung die richtige Größenordnung besitzt. Diese lässt sich anhand der gegebenen Größen, die in die Rechnung eingehen, abschätzen. Bei offensichtlich falschen Ergebnissen, die Sie während der Prüfungszeit nicht mehr korrigieren können, sollten Sie unbedingt einen kurzen Hinweis geben, sodass Sie noch Bewertungspunkte „retten“ können – erst recht dann, wenn Sie vielleicht sogar die Fehlerquelle umreißen können.

Grundkurs Chemie (Hessen)
Abiturprüfung 2010

Aufgabe A

Schwefelverbindungen BE

Mit mehr als 5 Millionen Tonnen Jahresproduktion nimmt Schwefelsäure in Deutschland unter allen Chemikalien einen Spitzenplatz ein. In der Großtechnik wird dabei in einer Gleichgewichtsreaktion Schwefeldioxid mit Hilfe von Luftsauerstoff katalytisch zu Schwefeltrioxid oxidiert. Alle an der Reaktion beteiligten Substanzen befinden sich im gasförmigen Zustand. Die Reaktion ist exotherm.
Das Schwefeltrioxid wird anschließend zu Schwefelsäure umgesetzt.

1.1 Formulieren Sie die Reaktionsgleichung und das Massenwirkungsgesetz für die Reaktion von Schwefeldioxid mit Sauerstoff. 4

1.2 Erläutern Sie die Auswirkung einer Druckerhöhung auf die Ausbeute an Schwefeltrioxid.
Nennen Sie die zugrunde liegende Gesetzmäßigkeit. 7

1.3 Das nachstehende Material zeigt die Abhängigkeit des Schwefeldioxid/Schwefeltrioxid-Gleichgewichtes von der Temperatur.
Geben Sie die prozentualen Anteile der Reaktionspartner bei 600 °C und bei 800 °C an. Vergleichen und erklären Sie die Lage des Gleichgewichts bei den genannten Temperaturen. 8

1.4 Schwefeldioxid reagiert in wässriger Lösung mit Iod zu Schwefeltrioxid und Iodid-Ionen. Die entstehende Lösung hat einen pH-Wert, der kleiner als 7 ist.
Geben Sie die wesentlichen Oxidationszahlen an und zeigen Sie anhand der Elektronenübergänge, dass es sich um eine Redoxreaktion handelt.
Formulieren Sie die Gesamtgleichung. 8

1.5 Die in Aufgabe 1.4 entstandene Lösung hat einen pH-Wert von 2,74.
Berechnen Sie die H_3O^+-Ionenkonzentration dieser Lösung. 3

30

Material: Abhängigkeit des Schwefeldioxid/ Schwefeltrioxid-Gleichgewichts von der Temperatur

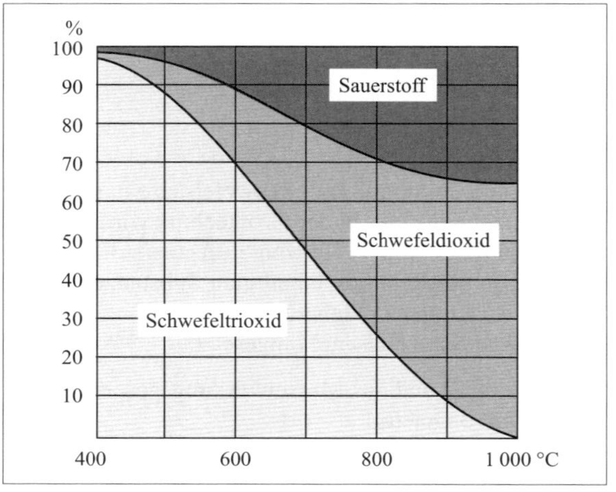

Quellen:
Fritz Goetze, Walter Fischer: Anorganische und allgemeine Chemie, Buchner Verlag, Bamberg 1984, S. 236 (Grafik verändert)

Aufgabe B

Synthese und Reaktionen von Alkoholen (Alkanolen) BE

Alkohole (Alkanole) lassen sich über einen zweistufigen Prozess synthetisieren. Organischer Ausgangsstoff ist ein Alkan, das im ersten Schritt zu einem Halogenalkan umgesetzt wird. Ausgehend von diesem Halogenalkan wird im folgenden Reaktionsschritt ein Alkanol hergestellt.
Alkanole mit zwei Hydroxylgruppen spielen in der Kunststoffchemie eine große Rolle. Beispielsweise kann Butan-1,4-diol (Material 1) mit Butan-1,4-diisocyanat (Material 2) als Reaktionspartner zu einem Kunststoff reagieren.
Die Ausgangsstoffe Butan-1,4-diol und Butan-1,4-diisocyanat können als Reaktionsklebstoff (Zweikomponentenkleber) zum hochfesten Verkleben von Papier verwendet werden. Dazu werden diese Bestandteile vermischt und das Gemisch auf einem ersten Papier verstrichen. Danach legt man ein zweites Papier darüber; nach ca. 30 Minuten Reaktionszeit ist der Klebevorgang abgeschlossen. Papier besteht im Wesentlichen aus Cellulose, einem Makromolekül aus β-D-Glucose, β -1,4-glycosidisch verknüpft.

2.1 Bei der Halogenalkansynthese reagiert Butan mit Chlor unter Einfluss von Licht; dabei erhält man ein Gemisch aus verschiedenen Halogenalkanen. Formulieren Sie den Mechanismus am Beispiel der Synthese von 2-Chlorbutan und benennen Sie ihn. 10

2.2 Aus dem gebildeten 2-Chlorbutan kann in einer weiteren Reaktion Butan-2-ol hergestellt werden.
Formulieren Sie in Strukturformeln eine Reaktionsgleichung für diese Synthese und benennen Sie den Reaktionsmechanismus.
Alternativ zu diesem Herstellungsweg kann man Butan-2-ol auch durch eine Additionsreaktion aus einem Alken und einem anorganischen Reaktionspartner erhalten.
Formulieren Sie die Reaktionsgleichung und verwenden sie für die organischen Substanzen Strukturformeln. 7

2.3 Formulieren Sie für die Reaktion von einem Molekül Butan-1,4-diol (Material 1) mit einem Molekül Butan-1,4-diisocyanat (Material 2) die Reaktionsgleichung in Strukturformeln.
Benennen Sie den Reaktionstyp und die funktionelle Gruppe im Produkt.
Zeichnen Sie einen Ausschnitt des linearen Polymeren aus Butan-1,4-diisocyanat und Butan-1,4-diol. 6

2.4 Zeichnen Sie die Haworth-Formel von β-D-Glucose und einen Ausschnitt aus einem Cellulosemolekül, der aus drei β-D-Glucosebausteinen besteht.
Erklären sie das Verkleben des Papiers durch den Reaktionsklebstoff aus Butan-1,4-diol und Butan-1,4-diisocyanat (weitere Wechselwirkungen sollen nicht betrachtet werden). 7

30

Material 1: Halbstrukturformel von Butan-1,4-diol

$HO-CH_2-CH_2-CH_2-CH_2-OH$

Material 2: Halbstrukturformel von Butan-1,4-diisocyanat

$OCN-CH_2-CH_2-CH_2-CH_2-NCO$

Quelle:
Heinz Wambach: Materialienhandbuch Kursunterricht Chemie, Band 5, Köln 1997, S. 85 ff.

Aufgabe C

Eigenschaften und Reaktionen von Aminosäuren BE

2-Aminopropansäure (Alanin) ist ein Baustein der Eiweiße, 1-Aminopropan dient als Zwischenprodukt bei chemischen Synthesen und Propansäure hat eine große Bedeutung in der Lebensmittelchemie.
Material 1 zeigt ausgewählte Eigenschaften dieser drei Substanzen.
Das Antioxidans Glutathion (Material 2) ist in unseren Körperzellen lebenswichtig. Es wird in der Leber hergestellt und dient unter anderem als Reservestoff für die Aminosäure Cystein. Aufgrund seiner positiven Wirkungen wird Glutathion auch als Nahrungsergänzungsmittel vermarktet und in Form von S-Acetylglutathion im Handel angeboten.

3.1 Zeichnen Sie die Strukturformeln von 1-Aminopropan und Propansäure. Von 2-Aminopropansäure existieren zwei verschiedene räumliche Isomere, die D- und die L-Form. Zeichnen Sie beide Isomere und beschreiben Sie den Unterschied. 6

3.2 Ordnen Sie den Stoffen 1-Aminopropan, Propansäure und 2-Aminopropansäure die in der Tabelle aufgeführten Aggregatzustände (bei Raumtemperatur) sowie die Siedetemperaturen zu. Begründen Sie Ihre Zuordnung. Erklären Sie die pH-Bereiche der drei wässrigen Lösungen mit Hilfe von Reaktionsgleichungen. 14

3.3 Erklären Sie den Aufbau von Glutathion und zeichnen Sie die Strukturformeln der drei darin enthaltenen Bausteine. 6

3.4 Das Nahrungsergänzungsmittel S-Acetylglutathion kann durch Umsetzung von Glutathion mit Ethansäure hergestellt werden. Die Reaktion findet an der SH-Gruppe des Glutathions unter Abspaltung von Wasser statt. Formulieren Sie die Reaktionsgleichung in Strukturformeln und benennen Sie den Reaktionstyp. 4

30

Material 1: Ausgewählte Eigenschaften von 2-Aminopropansäure (Alanin), 1-Aminopropan und Propansäure

Eigenschaft	Stoff A	Stoff B	Stoff C
Aggregatzustand bei Raumtemperatur	flüssig	fest (lässt sich nicht ohne Zersetzung schmelzen)	flüssig
Siedetemperatur	Die Siedetemperaturen der beiden flüssigen Stoffe betragen 48 °C bzw. 141 °C.		
pH-Wert der wässrigen Lösung	4–5	6–7	11–12

Material 2: Strukturformel des Glutathions

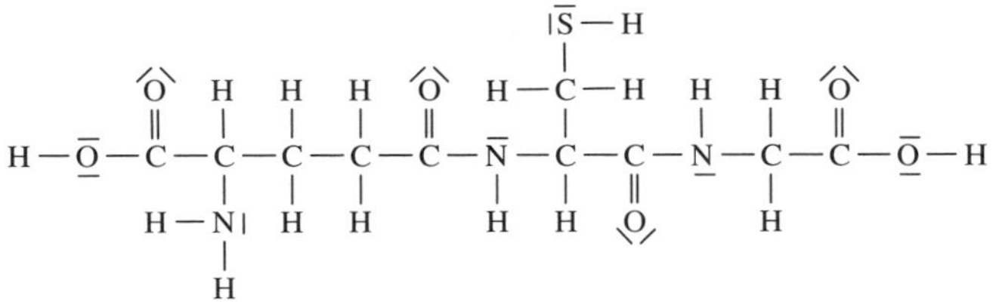

Quellen:
Horst Bayrhuber, Ulrich Kull: Linder Biologie, Arbeitsbuch, Hannover, 22. Aufl. 2006, S. 51
M. Tausch, M. von Wachtendonk: Chemie 2000+, Bamberg 2007, S. 384–385
http://www.gifte.de/chemikalien/n-propylamin.htm (abgerufen 14. 09. 2009; 10:05)
http://www.merck-chemicals.com/documents/sds/emd/deu/de/8006/800605.pdf
(abgerufen 14. 09. 2009; 10:06)
http://www.cysticus.de/glutathion.htm (abgerufen 14. 09. 2009; 10:07)
http://www.chemicalregister.com/S-Acetyl-L-glutathione/Suppliers/pid56541.htm
(abgerufen 14. 09. 2009; 10:08)

Aufgabe D

Synthese und Reaktionen von Propensäure — BE

Propensäure (Acrylsäure; Material 1) ist ein wichtiger Ausgangsstoff für die Herstellung vieler Kunststoffe, die als Lacke und Klebstoffe sowie in der Papier-, Textil- und Lederveredlung Anwendung finden. Acrylsäure lässt sich in der Gasphase durch direkte Oxidation von Propen mit Luftsauerstoff an einem Katalysator herstellen. Alternativ dazu kann bei der direkten Oxidation Propenal (Material 2) entstehen. Bei beiden Reaktionswegen entsteht jeweils auch Wasser als Reaktionsprodukt.

4.1 Nennen und beschreiben Sie eine Nachweisreaktion für Alkanale. Geben Sie die Formeln der Produkte dieser Nachweisreaktion an. — 5

4.2 Formulieren Sie für folgende Reaktionen die Reaktionsgleichungen:
a Reaktion von Propen mit Sauerstoff zu Propenal.
b Reaktion von Propen mit Sauerstsoff zu Acrylsäure
Geben Sie für beide Gleichungen die wesentlichen Oxidationszahlen an und zeigen Sie anhand der Elektronenübergänge, dass es sich um Redoxreaktionen handelt. — 11

4.3 Acrylsäure lässt sich säurekatalysiert sehr gut mit Methanol zu Acrylsäuremethylester umsetzen.
Formulieren Sie den Reaktionsmechanismus für diese Reaktion. — 7

4.4 Acrylsäuremethylester reagiert unter Einwirkung einer Startersubstanz, wie z. B. einem Peroxid (R–O–O–R) zu dem Kunststoff Polyacrylat (Polyacrylsäuremethylester), der unter anderem als Klebstoff verwendet wird. Formulieren Sie den Mechanismus dieser Polyreaktion und benennen Sie ihn. 7

30

Material 1: Formel von Propensäure (Acrylsäure)

$CH_2{=}CH{-}COOH$

Material 2: Formel von Propenal

$CH_2{=}CH{-}CHO$

Quellen:
Hans Beyer, Wolfgang Walter: Lehrbuch der Organischen Chemie, Stuttgart 2004, S. 253
J. Falbe, M. Regitz (Hrsg.): Römpp-Lexikon Chemie, Band 1, Stuttgart 9. Auflage, 1989, S. 42

Lösungsvorschläge

Aufgabe A

1.1 $2\,SO_2 + O_2 \rightleftharpoons 2\,SO_3$

Massenwirkungsgesetz

Da sich die Reaktion im Gleichgewicht befindet, müssen die Partialdrücke p aller an der Reaktion beteiligten Komponenten eingesetzt werden.

$$K = \frac{p^2_{SO_3}}{p^2_{SO_2} \cdot p_{O_2}}$$

1.2 Eine Druckerhöhung verschiebt das Gleichgewicht auf die Seite des Schwefeltrioxids und erhöht somit die Produktausbeute.
Das **Prinzip des geringsten Zwangs** von Le Chatelier und Braun besagt, dass ein Gleichgewicht bei Ausübung eines äußeren Zwangs versucht, diesem Zwang auszuweichen. Durch den äußeren Zwang einer Druckerhöhung verschiebt sich die Lage des Gleichgewichts immer auf die Seite mit den geringeren Volumenanteilen. Bei der Reaktion von Schwefeldioxid zu Schwefeltrioxid entstehen aus drei Volumenanteilen zwei Volumenanteile, sodass sich das Gleichgewicht auf die Produktseite verschiebt.

1.3 *Die prozentualen Anteile können dem Diagramm entnommen werden.*

Temperatur	Anteil SO_2 [%]	Anteil SO_3 [%]	Anteil O_2 [%]
600 °C	20	70	10
800 °C	45	25	30

Die Reaktion ist **exotherm**. Bei einer Temperaturerhöhung wird nach dem Prinzip des geringsten Zwangs die endotherme Reaktion begünstigt; das Gleichgewicht verschiebt sich auf die Seite der Edukte und die Ausbeute an SO_3 sinkt.

1.4

Oxidation: $\overset{+IV}{S}O_2 + H_2O \longrightarrow \overset{+VI}{S}O_3 + 2\,e^- + 2\,H^+$

Reduktion: $\overset{0}{I_2} + 2\,e^- \longrightarrow 2\,\overset{-I}{I^-}$

Gesamtreaktion: $SO_2 + I_2 + H_2O \longrightarrow SO_3 + 2\,I^- + 2\,H^+$

Der saure pH-Wert verweist auf die Bildung der starken Säuren Iodwasserstoffsäure oder Schwefelsäure.

Bei der Oxidation von Schwefeldioxid zu Schwefeltrioxid erhöht sich die Oxidationszahl von +IV auf +VI, es werden also 2 Elektronen abgegeben. Diese Elektronen werden von Iod aufgenommen, welches dadurch zu Iodid reduziert wird, wobei sich die Oxidationszahl von 0 auf –I erniedrigt.

1.5 Berechnung der Oxoniumionen-Konzentration

$pH = -\lg c_{H_3O^+}$

$c_{H_3O^+} = 10^{-pH} = 0{,}00182\ mol \cdot L^{-1} = 1{,}82 \cdot 10^{-3}\ mol \cdot L^{-1}$

Aufgabe B

2.1 Reaktion von Butan mit Chlor

Unter dem Einfluss von Licht wird das Chlor-Molekül homolytisch gespalten; es entstehen zwei Chlor-Radikale. Eines dieser Chlor-Radikale reagiert mit dem Butan unter Bildung von Wasserstoffchlorid und eines Butan-Radikals. Das Butan-Radikal kann nun im zweiten Schritt der Kettenreaktion Chlor-Moleküle ohne Licht spalten, wobei z. B. 2-Chlorbutan entsteht. Der Kettenabbruch erfolgt dann, wenn zwei Radikale aufeinandertreffen.

Es handelt sich um eine **radikalische Substitution** (S_R).

Startreaktion:

$Cl—Cl \longrightarrow 2\,Cl\cdot$

Kettenfortpflanzung:

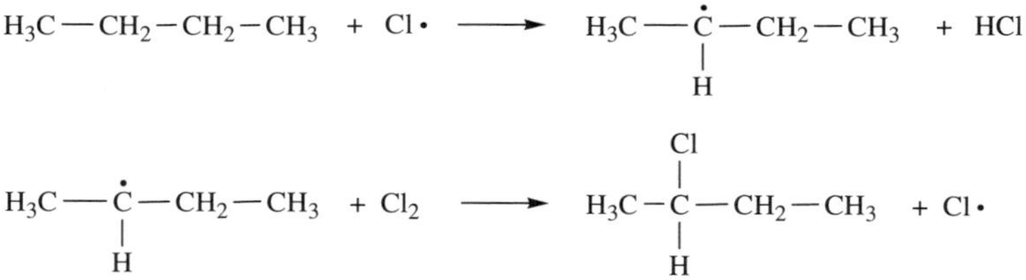

Kettenabbruch:

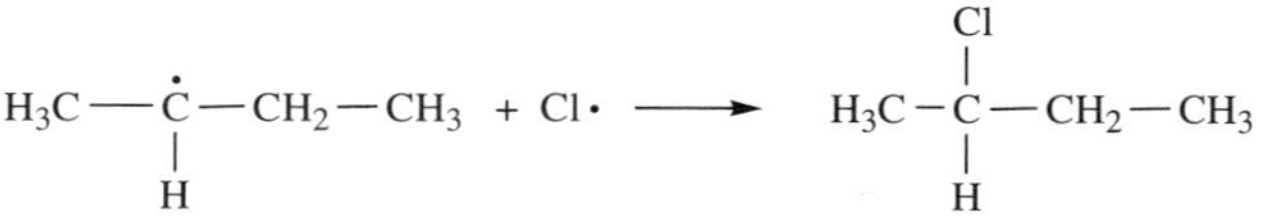

2.2 Reaktion von 2-Chlorbutan mit Natronlauge

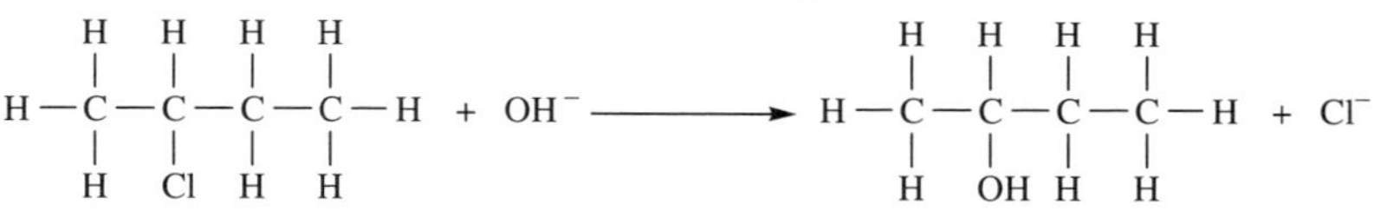

2-Chlorbutan Butan-2-ol

Bei dieser Reaktion handelt es sich um eine **nukleophile Substitutionsreaktion** (**S_N**).

Als Alken kommt hier nur But-1-en in Frage, an das Wasser in einer elektrophilen Additionsreaktion addiert. Da Wasser nur schwach elektrophil ist, läuft die Reaktion unter Säurekatalyse ab.

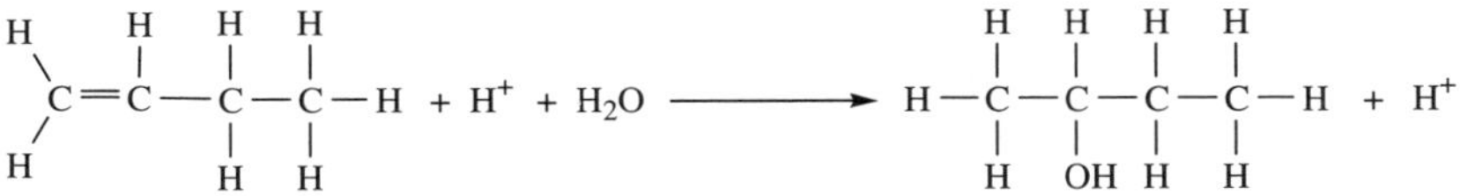

But-1-en | Butan-2-ol

2.3 **Reaktionsgleichung**

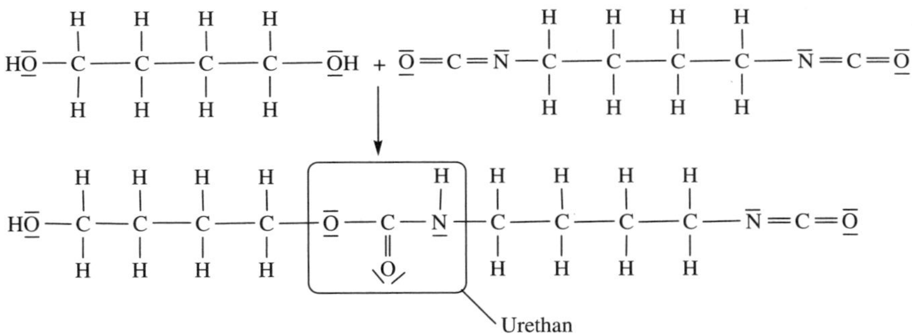

Es handelt sich um eine **Polyaddition**. Die entstehende funktionelle Gruppe heißt **Urethan**.

Strukturformelausschnitt des Polymers

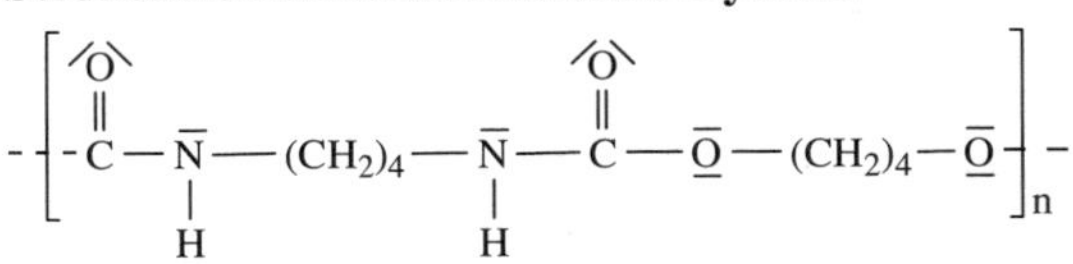

2.4

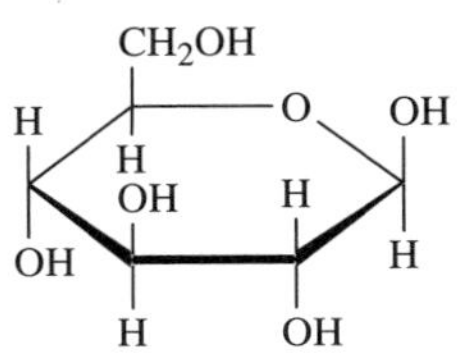

β-Glucose

Strukturausschnitt der Cellulose

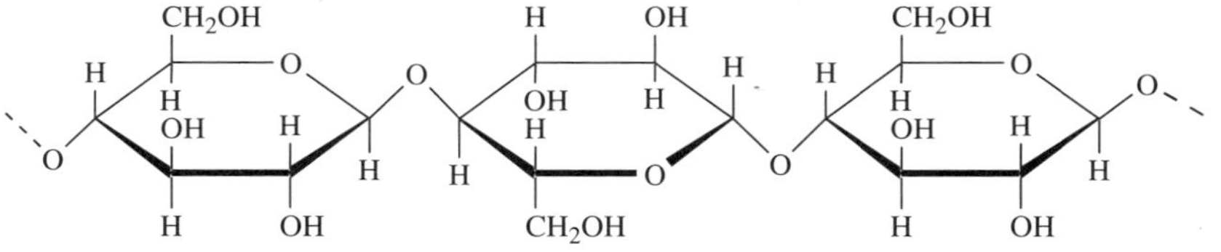

Sowohl Butan-1,4-diol als auch die Cellulose haben OH-Gruppen im Molekül. Die feste Verklebung mit dem Papier resultiert aus der Reaktion der Isocyanat-Gruppen mit den OH-Gruppen der Cellulose und des Butan-1,4-diols zu Urethanen, sodass zwischen dem sich bildenden Polyurethan und Cellulose feste Elektronenpaarbindungen gebildet werden. Es entsteht also eine Vernetzung des Polymers mit der Cellulose.

Aufgabe C

3.1 *Auch wenn es in der Aufgabenstellung nicht ausdrücklich erwähnt wird, sollte man bei den Strukturformeln alle freien Elektronenpaare einzeichnen.*

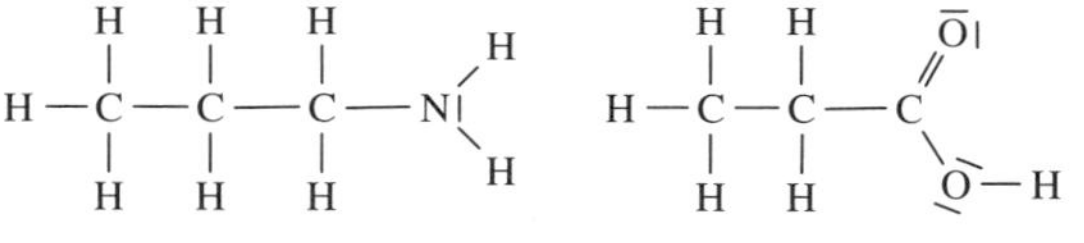

1-Aminopropan Propansäure

Das C2-Atom der 2-Aminopropansäure trägt 4 unterschiedliche Substituenten. Je nach Stellung der Aminogruppe an diesem asymmetrischen C*-Atom ergeben sich zwei unterschiedliche Isomere **(Enantiomere)**, die sich wie Bild und Spiegelbild verhalten. Befindet sich die Aminogruppe in der Fischer-Projektion auf der linken Seite, liegt die L-Form vor, befindet sie sich auf der rechten Seite, liegt die D-Form vor. Enantiomere unterscheiden sich weder in ihren chemischen noch in ihren physikalischen Eigenschaften, einzige Ausnahme ist ihre optische Aktivität, also die Fähigkeit, die Schwingungsebene des linear polarisierten Lichts zu drehen. Ein Enantiomer dreht die Schwingungsebene des Lichts nach rechts, das andere nach links.

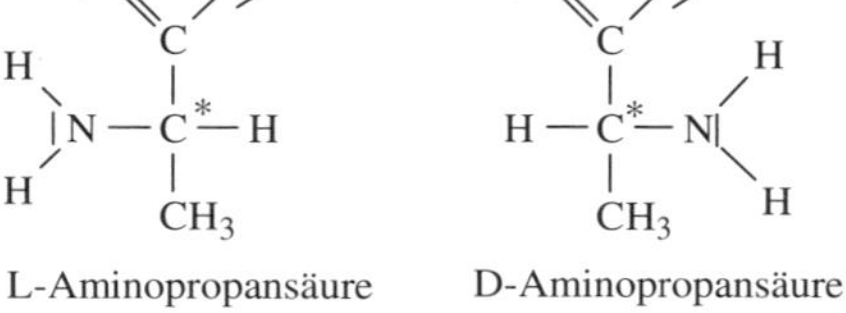

L-Aminopropansäure D-Aminopropansäure

3.2 **Stoffzuordnung**

Stoff A: Propansäure; Stoff B: Alanin; Stoff C: 1-Aminopropan

Da Alanin in der zwitterionischen Form vorliegt, wirken zwischen den Molekülen **starke ionische Wechselwirkungen**. Alanin ist daher, wie auch die anderen Aminosäuren, ein Feststoff.

Die Siedetemperaturen von Propansäure und 1-Aminopropan sind abhängig von den zwischenmolekularen Kräften. Hierbei spielen die Van-der-Waals-Kräfte nur eine untergeordnete Rolle, stärkere zwischenmolekulare Kräfte entstehen durch Wasserstoffbrücken zwischen den Aminogruppen im 1-Aminopropan und den Carboxylgruppen der Propansäure. Die Wasserstoffbrückenbindungen zwischen den Propansäure-Molekülen sind stärker, da die C – O-Bindungen in der Propansäure stärker polar sind. Propansäure siedet also bei 141 °C.

pH-Werte der wässrigen Lösungen

Propansäure reagiert gegenüber Wasser als schwache Säure. Der pH-Wert der wässrigen Lösung zeigt eine saure Lösung an.

$$C_3H_5{-}COOH + H_2O \rightleftharpoons H_3O^+ + C_3H_5{-}COO^-$$

Da Alanin überwiegend als Zwitterion vorliegt, erfolgt mit den Wasser-Molekülen kein Protonenaustausch. Die wässrige Lösung ist fast neutral.

1-Aminopropan ist eine relativ starke Base. Die Wasser-Moleküle übertragen daher unter Bildung von OH^--Ionen jeweils ein Proton auf 1-Aminopropan. Die wässrige Lösung reagiert basisch.

$$C_3H_7{-}NH_2 + H_2O \rightleftharpoons C_3H_7{-}NH_3^+ + OH^-$$

3.3 Glutathion ist ein **Tripeptid** und setzt sich aus drei Aminosäuren, die über **Peptidbindungen** verknüpft sind, zusammen.

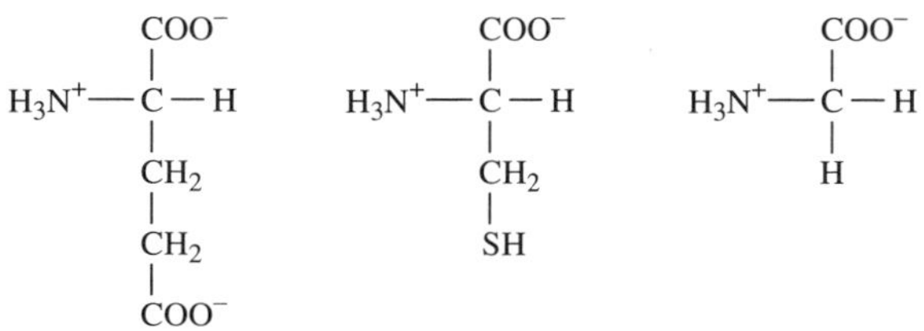

Im Glutathion knüpft die Carboxylgruppe des Seitenrests der ersten Aminosäure eine Peptidbindung zur nächsten Aminosäure.

3.4 Bei der Reaktion entsteht ein **Thioester**; es handelt sich um eine **Kondensationsreaktion.**

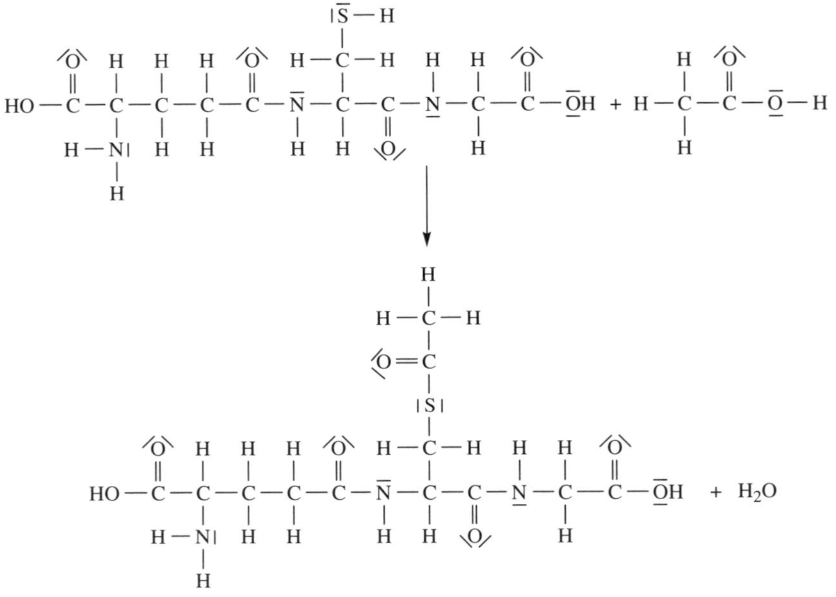

Aufgabe D

4.1 **Nachweisreaktion für Aldehyde**

Es muss nur eine der nachfolgenden Nachweisreaktionen beschrieben werden.

Fehling-Probe:
Das Fehling-Reagenz wird durch Mischen einer Kupfer(II)-sulfat-Lösung mit einer alkalischen Kaliumnatriumtartrat-Lösung hergestellt. Aufgrund der Komplexbildung (die Cu^{2+}-Kationen bilden mit den Tartrat-Anionen einen löslichen Komplex) nimmt die Lösung eine charakteristische dunkelblaue Farbe an. Nach der Zugabe des Aldehyds zum Fehling-Reagenz wird das Reaktionsgemisch erhitzt. Es entsteht zunächst ein gelber, dann ein ziegelroter Niederschlag. Die Cu^{2+}-Ionen werden zu Cu_2O (ziegelroter Niederschlag) reduziert, das Aldehyd wird zur Carbonsäure oxidiert.

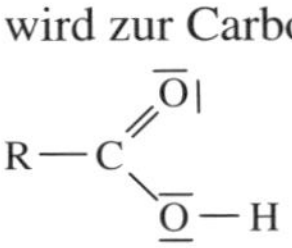

Carbonsäure

Tollens-Probe:
Das zu untersuchende Aldehyd wird zu einer ammoniakalischen Silbernitratlösung gegeben und das Reaktionsgemisch leicht erhitzt. An der Glaswand des Reaktionsgefäßes bildet sich ein Silberspiegel. Die Silber(I)-Ionen Ag^+ (als $[Ag(NH_3)_2]^+$) werden zu elementarem Silber reduziert, das Aldehyd wird zur Carbonsäure oxidiert.

4.2 Reaktion von Propen mit Sauerstoff zu Propenal bzw. Acrylsäure

Bei der Oxidation von Propen zu Propenal erhöht sich die Oxidationszahl von –III beim Methyl-C-Atom auf +I beim Carbonyl-C-Atom. Es werden also 4 Elektronen abgegeben, die von den Sauerstoff-Atomen aufgenommen werden, wobei sich ihre Oxidationszahl von 0 auf –II im Wasser- bzw. im Propenal-Molekül verringert.

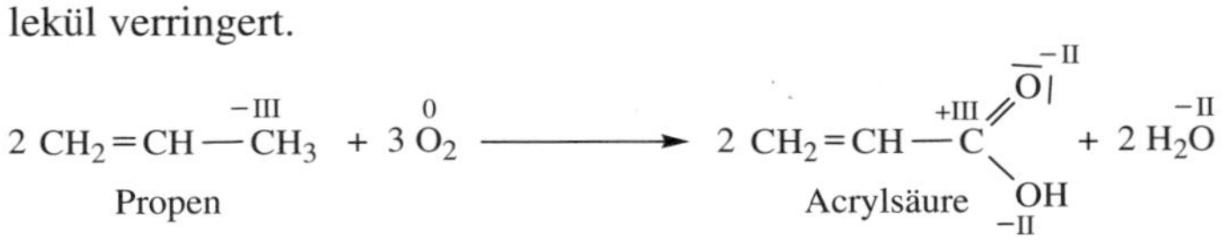

Bei der Oxidation von Propen zu Acrylsäure erhöht sich die Oxidationszahl von –III beim Methyl-C-Atom auf +III beim C-Atom der Carboxylgruppe. Die 6 Elektronen, die dabei abgegeben werden, werden von den Sauerstoff-Atomen aufgenommen, wobei sich ihre Oxidationszahl von 0 auf –II im Wasser- bzw. im Acrylsäure-Molekül verringert.

4.3 *Der erste Reaktionsschritt der Estersynthese ist eine säurekatalysierte nukleophile Additionsreaktion. Die OH-Gruppe des Alkohols addiert an das positiv polarisierte C-Atom der Carboxylgruppe. Es kommt zur Abspaltung eines Wasser-Moleküls (Kondensationsreaktion).*

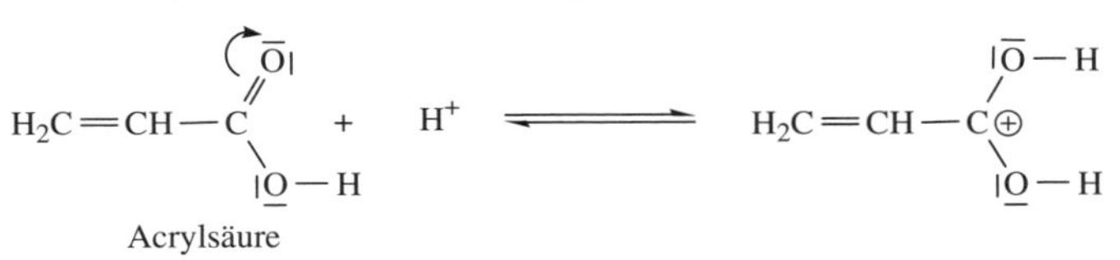

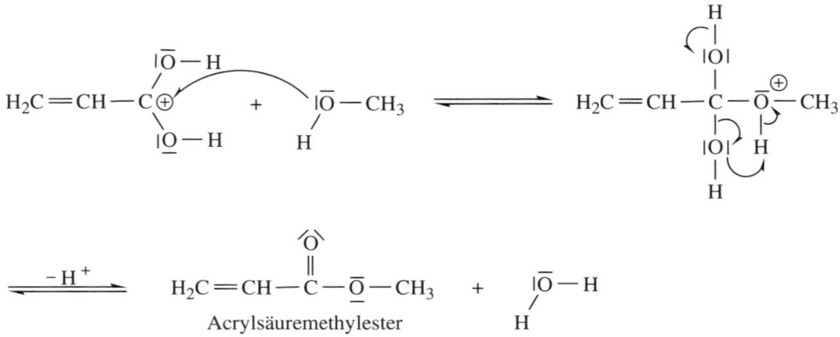

Acrylsäuremethylester

4.4 Bei der betrachteten Polyreaktion handelt es sich um eine **radikalische Polymerisation**.

Reaktionsmechanismus

Bildung eines Startradikals:

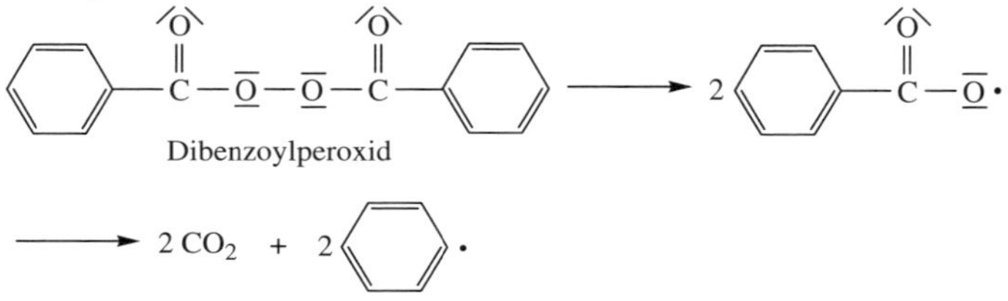

Dibenzoylperoxid

Kettenreaktion:

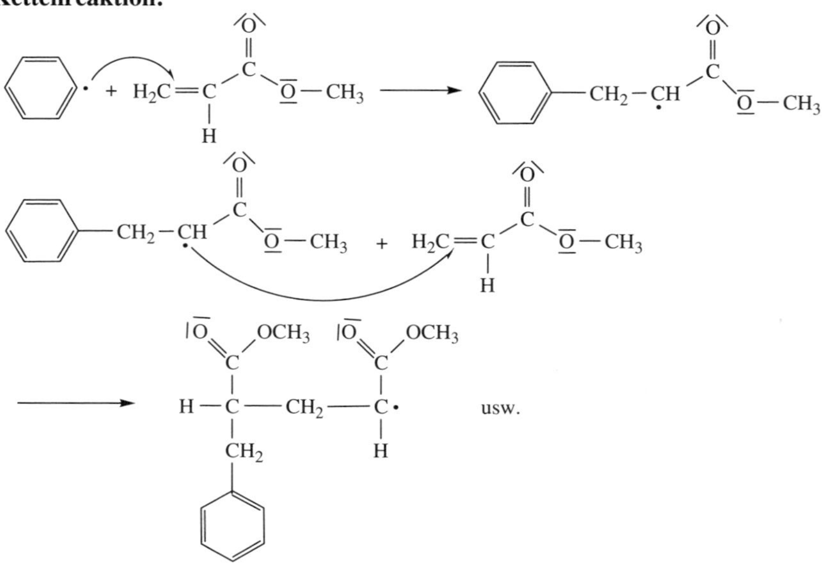

Kettenabbruch:

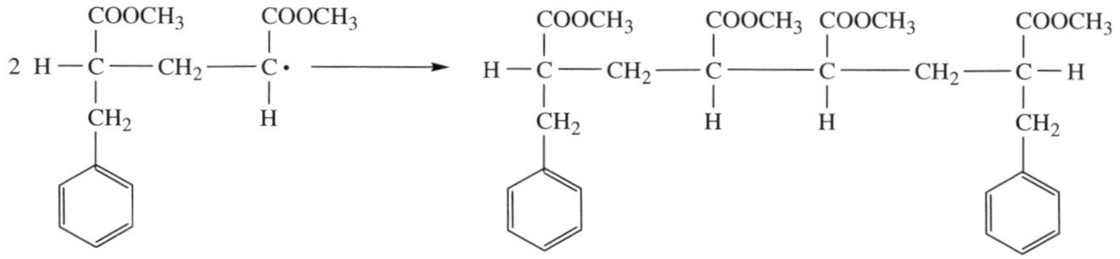

Die aus der Startersubstanz hervorgehenden Radikale greifen die Acrylsäuremethylester-Moleküle unter Ausbildung neuer Radikale an. Diese gebildeten Radikale greifen weitere Acrylsäuremethylester-Moleküle an, sodass sich die Polymerkette in einer Kettenreaktion immer weiter verlängert. Zum Kettenabbruch kommt es, wenn zwei Radikalketten zusammentreffen.

Leistungskurs Chemie (Hessen)
Abiturprüfung 2010

Aufgabe A

Halogenalkane – Herstellung und Reaktionen BE

Eine Möglichkeit zur Herstellung von Halogenalkanen ist die Umsetzung von Alkanen mit Halogenen unter Lichteinfluss. Halogenalkane werden u. a. als Lösungsmittel verwendet und dienen als Ausgangsstoffe für organische Synthesen.

1.1 Geben Sie die Strukturformeln für alle theoretisch möglichen Monosubstitutionsprodukte an, die bei der Chlorierung von 2-Methylbutan entstehen und benennen Sie diese. Formulieren Sie den vollständigen Reaktionsmechanismus für die Entstehung eines dieser Produkte und benennen Sie den Mechanismus. 10

1.2 Theoretisch lässt sich Methan sowohl mit Chlor als auch mit Iod nach dem gleichen Mechanismus umsetzen.
Formulieren Sie die beiden Schritte der Kettenfortpflanzung sowohl für eine Chlorierung als auch für eine Iodierung von Methan in Strukturformeln.
Material 1 beschreibt ein Verfahren zur Berechnung der Energiebilanz einer Reaktion bzw. eines Reaktionsschrittes.
Berechnen Sie jeweils für jeden einzelnen Teilschritt der Kettenfortpflanzungsreaktion mit Hilfe dieses Verfahrens die Energiebilanz ($\Delta_R H^0$).
Berechnen Sie dann die jeweilige Gesamtenergiebilanz und werten Sie die beiden Ergebnisse kurz aus. 11

1.3 Material 2 zeigt das Energiediagramm der Reaktion von Methan mit einem der beiden Halogene Chlor bzw. Iod. Erklären Sie Kurvenverlauf und Reaktionsmechanismus der Kettenfortpflanzung im Zusammenhang und begründen sie, welche der beiden Halogenierungen dargestellt ist. 7

1.4 In einem ersten Versuch wird 2-Brom-2-methylpropan mit einer wässrigen Lösung versetzt, die Chlorid-Ionen enthält. Dabei entstehen unter anderem zwei organische Reaktionsprodukte. In einem zweiten Versuch sind die Chlorid-Ionen in Methanol anstelle von Wasser gelöst. Dabei entstehen ebenfalls unter anderem zwei organische Reaktionsprodukte.
Benennen Sie den Reaktionsmechanismus. Geben Sie für beide Versuche die organischen Reaktionsprodukte in Strukturformeln an.
Formulieren Sie für den zweiten Versuch den Reaktionsmechanismus zur Entstehung beider organischer Reaktionsprodukte und begründen Sie den Reaktionsmechanismus. 12

40

Material 1: Verfahren zur Berechnung der Energiebilanz ($\Delta_R H^0$)

Die Energiebilanz ($\Delta_R H^0$) einer Reaktion bzw. eines Reaktionsschrittes lässt sich folgendermaßen durch den Vergleich der mittleren Bindungsenergien in den Ausgangsstoffen und in den Endprodukten abschätzen:

$$\Delta_R H^0 = \sum \text{mittlere Bindungsenergien aller gebrochenen Bindungen} - \sum \text{mittlere Bindungsenergien aller neu geknüpften Bindungen}$$

Bindung	mittlere Bindungsenergie [kJ · mol⁻¹]
H–H	435
C–C	347
C=C	619
C≡C	812
F–F	155
Cl–Cl	243
Br–Br	193
I–I	151
H–F	565
H–Cl	431
H–Br	364
H–I	297
C–H	440
C–F	460
C–Cl	356
C–Br	297
C–I	239

Die Werte für die Bindungen C–Halogen und C–H sind auf das Methan bezogen.

Material 2: Energiediagramm der Reaktion von Methan mit einem Halogen

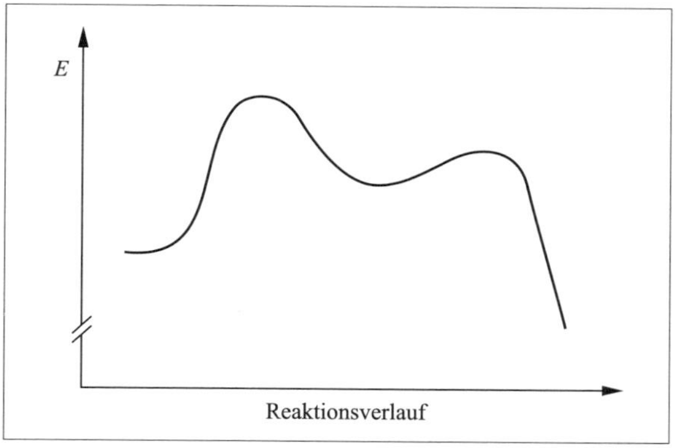

Quellen:
C. E. Mortimer, U. Müller: Chemie, Stuttgart 2007, S. 56
K. P. C. Vollhardt, N. E. Shore: Organische Chemie, Weinheim 2005, S. 104
FIZ Chemie Berlin; www.chemgapedia.de/vsengine/media/vsc/de/ch/12/oc/radikale/subst_mechanismus/chlormethan3b.gif
(abgerufen 16. 09. 2009; 11:15, verändert)

Aufgabe B

Stickstoffverbindungen BE

Stickstoffverbindungen wie z. B. Hydrazin ($NH_2{-}NH_2$) und seine Derivate werden u. a. als Raketentreibstoffe verwendet.
In modernen Triebwerken, wie in denen der Ariane 5, werden beispielsweise Hypergole eingesetzt. Diese Hypergole bestehen aus zwei Komponenten, einem Treibstoff (z. B. Monomethylhydrazin) und einem Oxidationsmittel (z. B. Distickstofftetraoxid, N_2O_4). Sobald diese beiden Komponenten in Kontakt kommen, zünden sie in einer spontanen Reaktion, die durch folgende Reaktionsgleichung beschrieben wird:

$$4\,CH_3{-}NH{-}NH_2 \;+\; 5\,N_2O_4 \longrightarrow 12\,H_2O \;+\; 9\,N_2 \;+\; 4\,CO_2$$

Für diese Reaktionsgleichung gilt: $\Delta_R H^0 = -4\,737{,}8$ kJ.

2.1 Berechnen Sie mit Hilfe von Material 1 die molare Standardbildungsenthalpie ($\Delta_f H_m^0$) für Monomethylhydrazin. Erklären Sie die Antriebswirkung des Raketentreibstoffs auch mit Bezug auf die Entropie. 10

2.2 Distickstofftetraoxid zerfällt in einer endothermen Reaktion zu Stickstoffdioxid. Zwischen diesen beiden Stoffen stellt sich ein chemisches Gleichgewicht ein.
Erläutern Sie, wie sich Distickstofftetraoxid als Komponente des Hypergols in möglichst hoher Konzentration erhalten lässt. 9

2.3 Material 2 zeigt die pK_B-Werte verschiedener Stickstoff-Verbindungen. Für Hydrazin lassen sich zwei pK_B-Werte ermitteln.
Erklären Sie die beiden pK_B-Werte des Hydrazins im Verhältnis zueinander.
Vergleichen Sie den pK_{B1}-Wert des Hydrazins, den pK_B-Wert von Hydroxylamin und den pK_B-Wert von Anilin miteinander. 10

2.4 Alkohole reagieren mit Aldehyden zu Halbacetalen. In einer analogen Reaktion lässt sich Hydrazin mit Ethanal zu einem Halbaminal umsetzen. Dieses Halbaminal ist nicht stabil und reagiert unter Säurekatalyse zu einem Imin (Material 3).
Entwickeln Sie ausgehend vom Hydrazin den Reaktionsmechanismus zur Bildung des Halbaminals, sowie den Reaktionsmechanismus zur Weiterreaktion zum Imin.
Benennen Sie die beiden Reaktionstypen. 11

40

Material 1: Molare Standardbildungsenthalpien

Formel	molare Standardbildungsenthalpie $\Delta_f H_m^0$ [$kJ \cdot mol^{-1}$]
C (s)	0
CO (g)	–111
CO_2 (g)	–393
H_2 (g)	0
H_2O (g)	–242
N_2 (g)	0
N_2H_4 (g)	+50,4
NO_2 (g)	+33
N_2O_4 (g)	+9
O_2 (g)	0

Material 2: pK_B-Werte verschiedener Stickstoff-Verbindungen

Verbindung	Formel	pK_B-Werte	
Hydrazin	$H_2N{-}NH_2$	pK_{B1} 6,07	pK_{B2} 9,05
Hydroxylamin	$H_2N{-}OH$	pK_B 7,98	
Anilin (Aminobenzol)	$H_2N{-}C_6H_5$	pK_B 9,4	

Material 3: Imin

$CH_3-CH=N-NH_2$

Quellen:
K. P. C. Vollhardt, N. E. Shore: Organische Chemie, Weinheim 2005, S. 879
http://www-pao.ksc.nasa.gov/kscpao/nasafact/count2.htm#hypergol (abgerufen 16. 09. 2009, 11:36)
www.unibw.de/lrt10/forschung/projekte/silane/diploma_thesis_Hidding-silanes.pdf
(abgerufen 07. 10. 2009, 12: 39)
www.ac.tugraz.at/lv/96778/gv_5hg.pdf (abgerufen 07. 10. 2009, 12:43)

Aufgabe C

Chemie rund um die Milch BE

In Deutschland werden durchschnittlich pro Kopf etwa 85 kg Frischmilcherzeugnisse im Jahr verbraucht – damit liegt das Land in der Weltspitze. Milchprodukte decken ein Viertel unseres täglichen Nahrungsbedarfs. Frische Kuhmilch enthält etwa 87,3 % Wasser, 4,6 % Kohlenhydrate, 3,9 % Fette, 3,2 % Proteine (unter anderem Casein), 0,7 % Mineralstoffe. Dazu kommen geringe Mengen von organischen Säuren, Vitaminen und Enzymen. Lässt man unbehandelte Milch über mehrere Tage stehen, so wird diese unter dem Einfluss von Bakterien sauer. Diese Milchsäuregärung spielt auch bei der Herstellung von Joghurt und anderen Milchprodukten eine wichtige Rolle.

3.1 In der Joghurtwerbung wird oft der Begriff „rechtsdrehende Milchsäure" verwendet. Dabei handelt es sich um die L-(+)-Milchsäure (2-Hydroxypropansäure).
Titriert man 50 mL saure Milch unter Verwendung von Natronlauge der Konzentration 0,1 mol · L^{-1}, so beträgt das bis zum Erreichen des Äquivalenzpunktes verbrauchte Volumen 42 mL.
Zeichnen Sie die Strukturformel der L-(+)-Milchsäure in der Fischer-Projektion und erläutern sie die Konfiguration des Moleküls sowie den Begriff „rechtsdrehend".
Berechnen Sie den pH-Wert der sauren Milch auf der Basis des pK_S-Wertes der Milchsäure ($pK_S = 3{,}86$); betrachten Sie dabei die Milchsäure als eine schwache Säure. Weitere Inhaltsstoffe der Milch sollen bei dieser Berechnung vernachlässigt werden. 12

3.2 Milchsäure ist der Ausgangsstoff für den Kunststoff Polymilchsäure, aus dem biologisch abbaubare Verpackungsmaterialien hergestellt werden.
Formulieren Sie den Mechanismus für die säurekatalysierte Reaktion von Milchsäure zu Polymilchsäure, wobei Sie sich auf die Darstellung der Verknüpfung zweier Moleküle beschränken. (Zur Vereinfachung können Sie unbeteiligte Reste durch R in geeigneter Form ersetzten). Geben Sie Stoffklasse des Reaktionsproduktes sowie den Reaktionstyp an.

Bei der Reaktion zweier Milchsäuremoleküle kann auch eine cyclische Verbindung entstehen. Stellen Sie hierfür die Reaktionsgleichung auf, verwenden Sie dabei für die organischen Verbindungen Strukturformeln mit bindenden und nichtbindenden Elektronenpaaren. 11

3.3 Casein ist ein bedeutendes Milchprotein, das in etwa aus 200 Aminosäuren aufgebaut ist. Ein Ausschnitt der Aminosäuresequenz lautet folgendermaßen:
– Glutamin – Lysin – Glutaminsäure – (Material 1).
Zeichnen Sie einen Strukturformelausschnitt, der der oben dargestellten Aminosäuresequenz entspricht. 6

3.4 Casein ist bei einem pH-Wert von 3,1 gut löslich. Erhöht man in einem Versuch den pH-Wert dieser Lösung schrittweise, so ist bei pH = 4,6 eine deutliche Trübung erkennbar und ein Niederschlag fällt aus. Bei pH = 9,5 ist beides wieder verschwunden.
Erklären Sie die Beobachtungen. 11

40

Material 1: Aminosäuren

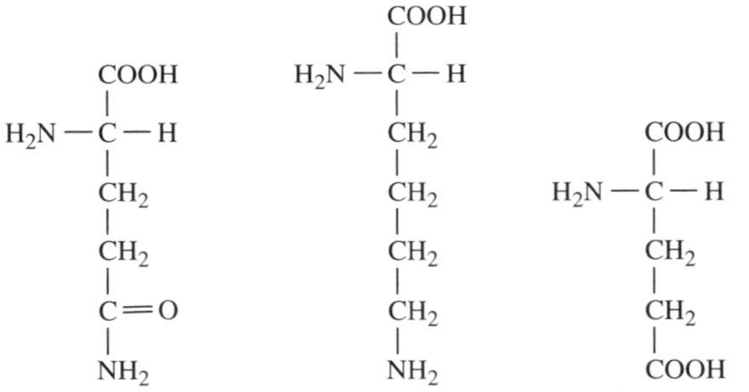

Glutamin Lysin Glutaminsäure

Quellen:
Hans Beyer, Wolfgang Walter: Lehrbuch der Organischen Chemie, Stuttgart 2004, S. 910
Gesellschaft Deutscher Chemiker (GDCh): Green Chemistry – Nachhaltigkeit in der Chemie, Weinheim 2003, S. 67 f.
M. Jäckel, K. T. Risch: Chemie heute – Sekundarbereich II, Lehrerband Teil 1 mit Kopiervorlagen, Hannover 1990, S. 218
H. Wambach, U. Hilgers (Hrsg.): Materialien-Handbuch Kursunterricht Chemie, Band 8, Köln 1994, S. 93 ff.
R. Wolff, E. Glaum: Förke/Wolff Chemie – Organische Chemie und Biochemie, Bonn 1984, S. 6/27
http://zeus.zeit.de/text/zeit-wissen/2006/01/milch.xml (abgerufen 16.09.2009; 11:50)

Aufgabe D

Reaktionen an Doppelbindungen BE

In der organischen Chemie treten Doppelbindungen beispielsweise zwischen Kohlenstoffatomen sowie zwischen Kohlenstoff- und Sauerstoffatom auf. Im ersten Fall kann dies ein Alken (z. B. But-1-en) sein, im zweiten Fall eine Carbonylverbindung (z. B. Ethanal). Die Stoffklassen mit C=C bzw. C=O-Doppelbindungen unterscheiden sich in ihrem Reaktionsverhalten.

4.1 Reagiert But-1-en mit dem Interhalogen Iodchlorid (ICl), so können vier verschiedene Produkte entstehen.
Geben Sie deren Strukturformeln unter Beachtung der räumlichen Verhältnisse an und erläutern Sie die bei diesem Beispiel auftretenden Isomeriearten. 10

4.2 Erläutern Sie für alle Bindungen im But-1-en-Molekül die Bindungsverhältnisse auf der Grundlage des Orbitalmodells.
Benennen und formulieren Sie den Reaktionsmechanismus für die Herstellung eines der Produkte aus der Reaktion von But-1-en mit Iodchlorid und erklären Sie diesen. 11

4.3 2,2,2-Trichlorethanal (Chloral) reagiert unter Wasseranlagerung in einer Gleichgewichtsreaktion zu Chloralhydrat (Material 1). Hierbei liegt das Gleichgewicht auf der Seite des Reaktionsprodukts. Im Vergleich dazu liegt bei der entsprechenden Reaktion von Ethanal mit Wasser das Gleichgewicht auf der Seite der Ausgangsstoffe.
Formulieren Sie den Reaktionsmechanismus für die Reaktion von Chloral mit Wasser zu Chloralhydrat.
Begründen sie im Hinblick auf die beiden oben genannten Reaktionen die unterschiedliche Lage des Gleichgewichts. 11

4.4 Kohlenstoff-Kohlenstoff-Doppelbindungen spielen bei der Herstellung von Kunststoffen eine wichtige Rolle.
Material 2 zeigt einen Strukturformelausschnitt aus einem Polymer, das aus unterschiedlichen Monomeren entstanden ist. Dagegen sind in Material 3 zwei Monomere dargestellt, die sich zu einem Polymer verknüpfen lassen.
Formulieren Sie die Strukturformeln der drei Monomere, die zur Herstellung des Polymeren in Material 2 verwendet wurden.
Formulieren sie einen Strukturformelausschnitt des Polymeren, in dem die beiden Monomere in Material 3 abwechselnd verknüpft wurden. 8

40

Material 1: Strukturformel von Chloralhydrat

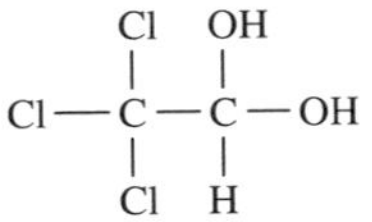

Material 2: Strukturformelausschnitt aus einem Polymer

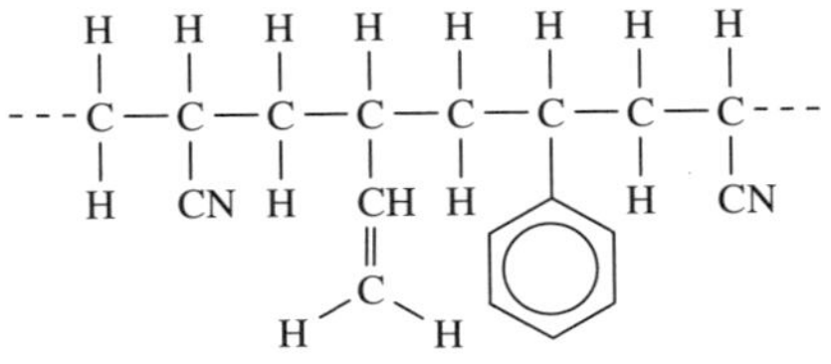

Material 3: Strukturformeln zweier Monomere

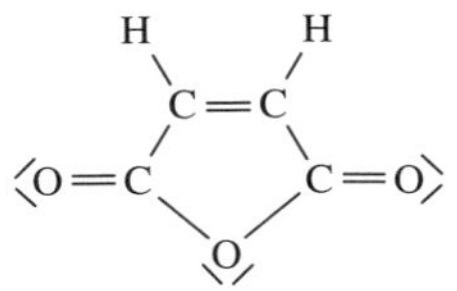

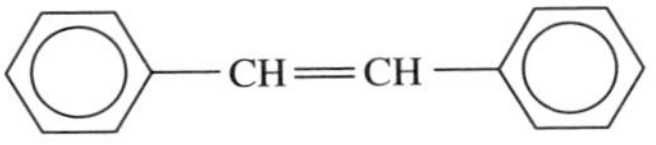

Quellen:
W. Asselborn, M. Jäckel, K. T. Risch: Chemie heute – Sekundarbereich II, Lehrerband mit Kopiervorlagen, Hannover 1998, S. 290
K. P. C. Vollhardt, N. E. Shore: Organische Chemie, Weinheim 2005, S. 187, 871
R. Wolff, E. Glaum: Flörke/Wolff Chemie – Spezielle chemische Arbeitsgebiete, Bonn 1984, S. 8/25

Lösungsvorschläge

Aufgabe A

1.1 *Anhand der Strukturformel von 2-Methylbutan werden alle möglichen Monosubstitutionsprodukte ermittelt.*

2-Methylbutan

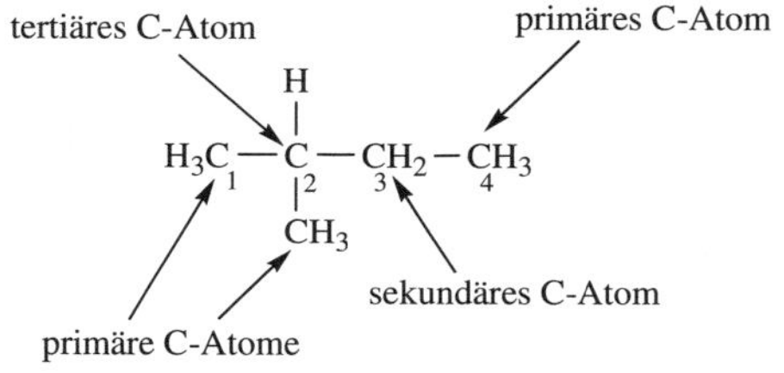

Im 2-Methylbutan-Molekül existieren drei **primäre** Kohlenstoff-Atome. Die Substitution der an ihnen gebundenen Wasserstoff-Atome liefert zwei isomere Monosubstitutionsprodukte, da es sich bei den am C2-Atom gebundenen Methylgruppen um zwei identische Methylgruppen handelt.

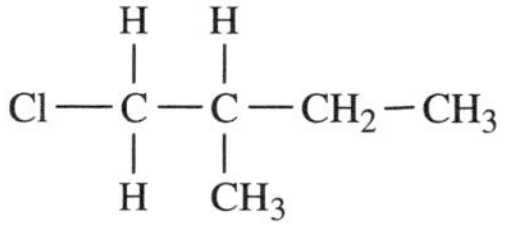

1-Chlor-2-methylbutan

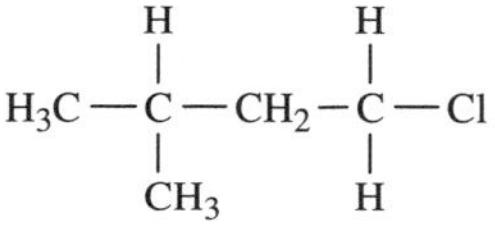

1-Chlor-3-methylbutan

Werden die Wasserstoff-Atome am **sekundären** und am **tertiären** Kohlenstoff-Atom gegen ein Chlor-Atom ersetzt, so erhält man zwei weitere isomere Monosubstitutionsprodukte.

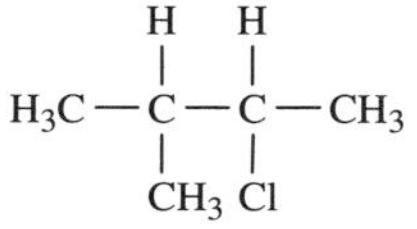

2-Chlor-3-methylbutan

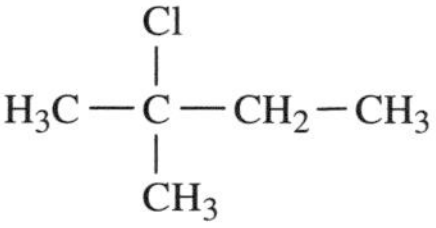

2-Chlor-2-methylbutan

Bei der Reaktion handelt es sich um eine lichtinduzierte **radikalische Substitution** (S_R).

Reaktionsmechanismus

Startreaktion:

Durch die Einwirkung von Licht wird das Chlor-Molekül homolytisch gespalten. Es entstehen zwei reaktive Chlor-Radikale mit je einem ungepaarten Elektron.

$$Cl{-}Cl \xrightarrow{\text{Licht}} 2\,Cl\cdot$$

Kettenreaktion:

Es bietet sich an, den Molekülteil, der nicht direkt an der Reaktion beteiligt ist, mit R abzukürzen, da man sich so viel Zeit und Zeichenarbeit sparen kann.

Das im Verlauf der Startreaktion gebildete Chlor-Radikal greift die C–H-Bindung an; es entsteht ein Alkylradikal und Chlorwasserstoff.

$$R{-}H + Cl\cdot \longrightarrow HCl + R\cdot$$

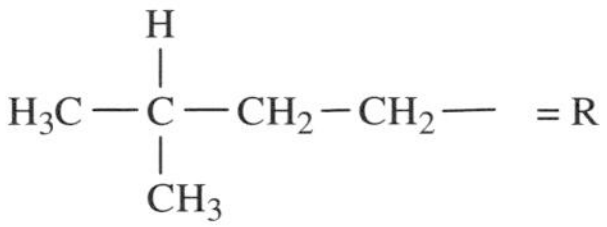

Das Alkylradikal spaltet Chlor-Moleküle homolytisch, wobei ein Chlor-Radikal und ein Halogenalkan entstehen. Diese beiden Schritte der Kettenreaktion laufen im weiteren Reaktionsverlauf immer wieder nacheinander ab.

$$R\cdot + Cl{-}Cl \longrightarrow R{-}Cl + Cl\cdot$$

Möglicher Kettenabbruch:

Die Kettenreaktion wird dann unterbrochen, wenn keine Radikale mehr zur Verfügung stehen, wie etwa durch Rekombination zweier Radikale.

$$R\cdot + \cdot R \longrightarrow R{-}R$$

oder

$$R\cdot + \cdot Cl \longrightarrow R{-}Cl$$

1.2 **Chlorierung von Methan (Kettenfortpflanzung):**

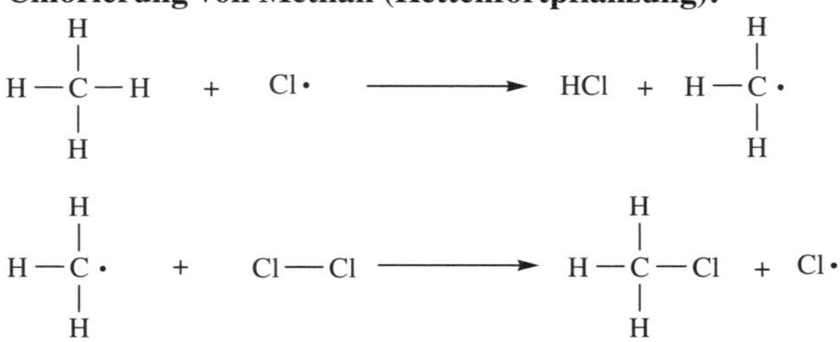

Iodierung von Methan (Kettenfortpflanzung):

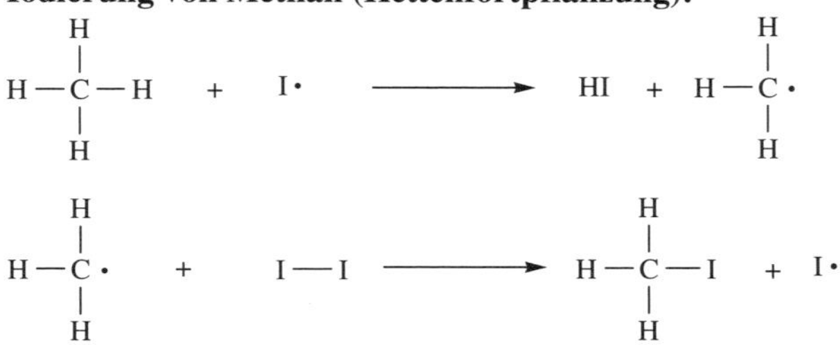

Energiebilanz der einzelnen Teilschritte

Chlorierung:

1. Schritt: C–H-Bindung wird gespalten, H–Cl-Bindung wird geknüpft.

$$\Delta_R H^0 = 440\ \text{kJ} \cdot \text{mol}^{-1} - 431\ \text{kJ} \cdot \text{mol}^{-1} = 9\ \text{kJ} \cdot \text{mol}^{-1}$$

2. Schritt: Cl–Cl-Bindung wird gespalten, C–Cl-Bindung wird geknüpft.

$$\Delta_R H^0 = 243\ \text{kJ} \cdot \text{mol}^{-1} - 356\ \text{kJ} \cdot \text{mol}^{-1} = -113\ \text{kJ} \cdot \text{mol}^{-1}$$

Iodierung:

1. Schritt: C–H-Bindung wird gespalten, H–I-Bindung wird geknüpft.

$$\Delta_R H^0 = 440\ \text{kJ} \cdot \text{mol}^{-1} - 297\ \text{kJ} \cdot \text{mol}^{-1} = +143\ \text{kJ} \cdot \text{mol}^{-1}$$

2. Schritt: I–I-Bindung wird gespalten, C–I-Bindung wird geknüpft.

$$\Delta_R H^0 = 151\ \text{kJ} \cdot \text{mol}^{-1} - 239\ \text{kJ} \cdot \text{mol}^{-1} = -88\ \text{kJ} \cdot \text{mol}^{-1}$$

Gesamtenergiebilanz

Chlorierung:

$\Delta_R H^0(\text{gesamt}) = 9\ \text{kJ} \cdot \text{mol}^{-1} + (-113)\ \text{kJ} \cdot \text{mol}^{-1} = -104\ \text{kJ} \cdot \text{mol}^{-1}$

Die Reaktion ist **exotherm**.

Iodierung:

$\Delta_R H^0(\text{gesamt}) = 143\ \text{kJ} \cdot \text{mol}^{-1} + (-88)\ \text{kJ} \cdot \text{mol}^{-1} = 55\ \text{kJ} \cdot \text{mol}^{-1}$

Die Reaktion ist **endotherm**.

1.3 *Die im Energiediagramm dargestellten Minima bzw. Maxima können den Edukten, Zwischenstufen und Produkten, die im Verlauf der Kettenfortpflanzung entstehen, zugeordnet werden.*

Um eine Reaktion zu starten, muss zunächst Energie hineingesteckt werden; es muss also ein Aktivierungsberg überwunden werden. Im Fall der betrachteten Halogenierung wird mit dieser Energie die C–H-Bindung unter Bildung des Methylradikals, einer reaktiven Zwischenstufe, gespalten. Das Methylradikal ist energiereicher als das Methan. Dieser erste Schritt der Kettenfortpflanzung ist daher endotherm.

Auch für den zweiten Schritt der Kettenfortpflanzung wird Aktivierungsenergie benötigt. Mithilfe dieser Energie wird die Halogen–Halogen-Bindung gespalten. Das Produkt dieses zweiten Schrittes der Halogenierung ist ein Halogenalkan. Das Halogenalkan ist energieärmer als das Methylradikal; diese Teilreaktion ist, wie auch die gesamte Kettenfortpflanzung, exotherm.

Da die Iodierung von Methan insgesamt endotherm verläuft, muss es sich um das Energiediagramm der Chlorierung von Methan handeln.

1.4 Den Versuchen liegen **nukleophile Substitutionsreaktionen (S_N1)** zugrunde.

Das Edukt 2-Brom-2-methylpropan ist ein tertiäres Alkylbromid und löst sich weder in Wasser noch in Methanol. Die ablaufenden Reaktionen sind daher nicht sehr erfolgreich, da sie nur an der Grenzfläche ablaufen können.

Im ersten Versuch können die Chlorid-Ionen oder auch die Wasser-Moleküle 2-Brom-2-methylpropan nukleophil angreifen.

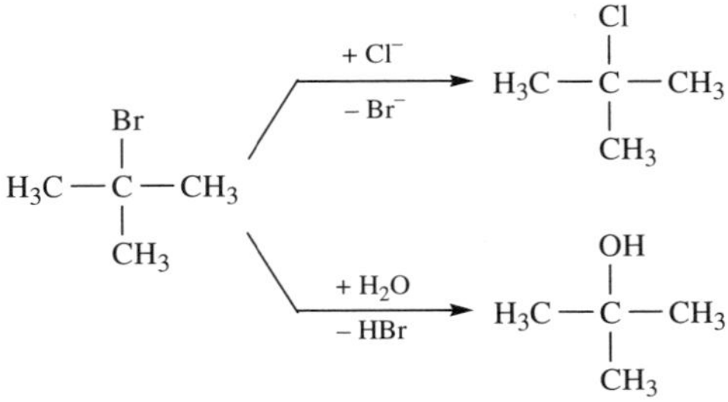

2-Chlor-2-methylpropan

2-Methylpropan-2-ol

Im zweiten Versuch wird 2-Brom-2-methylpropan von Chlorid-Ionen und Methanol-Molekülen nukleophil angegriffen.

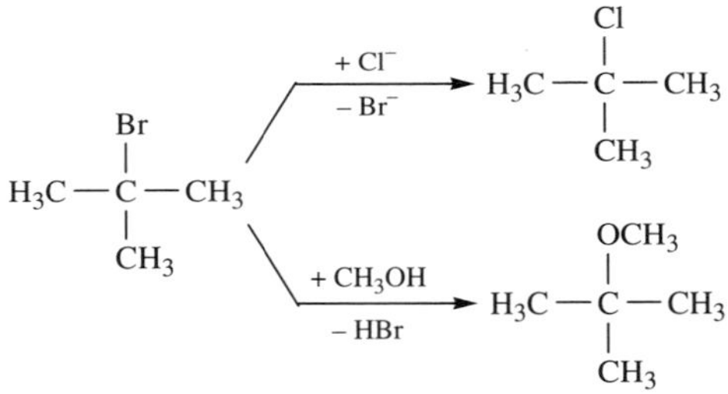

2-Chlor-2-methylpropan

tert-Butylmethylether

Reaktionsmechanismus

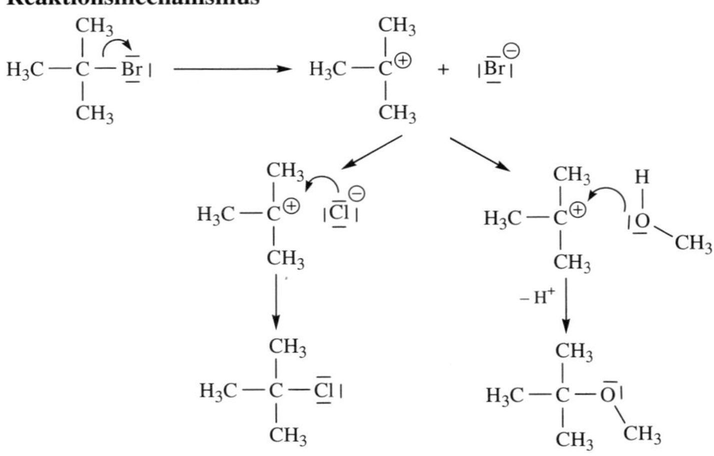

Die S_N1-Reaktion wird gegenüber der S_N2-Reaktion bevorzugt, da sie über die Bildung stabiler **tertiärer Carbenium-Ionen** verläuft. Durch den +I-Effekt der drei Methylgruppen wird die positive Ladung am tertiären C-Atom gut kompensiert, was die hohe Stabilität dieser Ionen erklärt.

Die Bildung des Carbenium-Ions ist der geschwindigkeitsbestimmende Schritt der gesamten Reaktion. Die Reaktionsgeschwindigkeit hängt als nur von der Bildung dieses Kations ab.

Aufgabe B

2.1 *Die Reaktionsenthalpie $\Delta_R H^0$ ergibt sich aus der Differenz der molaren Standardbildungsenthalpien $\Delta_f H_m^0$ der Produkte und der Edukte unter Berücksichtigung der molaren Umsätze.*

$$\Delta_R H^0 = 12\,\text{mol} \cdot \Delta_f H_m^0(H_2O) + 9\,\text{mol} \cdot \Delta_f H_m^0(N_2) + 4\,\text{mol} \cdot \Delta_f H_m^0(CO_2) - (4\,\text{mol} \cdot \Delta_f H_m^0(N_2H_3CH_3) + 5\,\text{mol} \cdot \Delta_f H_m^0(N_2O_4))$$

$$\Delta_R H^0 = 12\,\text{mol} \cdot (-242\,\text{kJ} \cdot \text{mol}^{-1}) + 9\,\text{mol} \cdot 0\,\text{kJ} \cdot \text{mol}^{-1} + 4\,\text{mol} \cdot (-393\,\text{kJ} \cdot \text{mol}^{-1}) -4\,\text{mol} \cdot \Delta_f H_m^0(N_2H_3CH_3) - 5\,\text{mol} \cdot 9\,\text{kJ} \cdot \text{mol}^{-1}$$

$$\Delta_R H^0 = -4521\,\text{kJ} - 4\,\text{mol} \cdot \Delta_f H_m^0(N_2H_3CH_3)$$

$$\Delta_f H_m^0(N_2H_3CH_3) = \frac{-4521\,\text{kJ} + 4737{,}8\,\text{kJ}}{4} = 54{,}2\,\text{kJ}$$

Die Antriebswirkung ist mit der Entstehung zahlreicher gasförmiger Produkte aus den beiden Edukten zu begründen. Die Entropie nimmt daher im Verlauf der Reaktion zu. Insgesamt handelt es sich bei dieser Reaktion gemäß der Gibbs-Helmholtz-Gleichung um eine stark exergonische Reaktion ($\Delta G < 0$), da es sich um eine exotherme Reaktion mit **Entropiezunahme** handelt. Wird Materie (gasförmige Reaktionsprodukte) rasch nach hinten ausgestoßen, so wird der ausstoßende Körper aufgrund der Impulserhaltung in die Gegenrichtung beschleunigt.

2.2 *Bei dieser Aufgabe soll mithilfe des Prinzips vom geringsten Zwang (Le Chatelier und Braun) argumentiert werden.*

$$N_2O_{4\,(g)} \rightleftharpoons 2\,NO_{2\,(g)}$$

Da die Hinreaktion zu NO_2 endotherm verläuft, muss es sich bei der Rückreaktion um eine exotherme Reaktion handeln. Eine **Temperaturerniedrigung** verlagert daher das Gleichgewicht in Richtung N_2O_4. Auch durch **Druckerhöhung** kann das Gleichgewicht auf die Seite von N_2O_4 verschoben werden, da sich hierbei das Volumen verringert.

2.3 *Der pK_B einer Substanz gibt Auskunft über deren Basenstärke. Je kleiner der pK_B-Wert, umso stärker basisch reagiert die Substanz.*

Hydrazin reagiert gegenüber Wasser als Base und nimmt ein Proton auf.

$$NH_2—NH_2 + H_2O \rightleftharpoons NH_2—NH_3^+ + OH^-$$

Durch die zweite Aminogruppe kann das Molekül noch ein weiteres Proton aufnehmen. Das Bestreben zur Aufnahme dieses zweiten Protons ist aber deutlich geringer ($pK_{B2} > pK_{B1}$), da die beim ersten Protonenübertrag entstandene positive Ladung vom nichtbindenden Elektronenpaar Elektronendichte abzieht. Das nichtbindende Elektronenpaar am Stickstoff ist für die Protonenaufnahme daher weniger verfügbar.

Laut Aufgabenstellung sollen die pK_B-Werte der genannten Substanzen miteinander verglichen werden. Es genügt in diesem Fall allerdings nicht, lediglich die Zahlenwerte miteinander zu vergleichen. Es müssen zusätzlich entsprechende Erklärungen gegeben werden, auch wenn der verwendete Oparator darauf nicht eindeutig hinweist.

Die Basenstärke der drei Verbindungen nimmt in folgender Richtung zu:

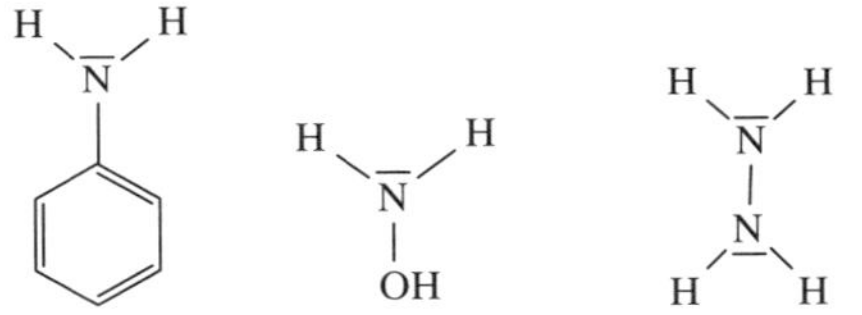

Anilin Hydroxylamin Hydrazin

Im Hydroxylamin wird durch den –I-Effekt des benachbarten Hydroxylsauerstoff-Atoms die Elektronendichte am freien Elektronenpaar des Stickstoff-Atoms verringert. Dies erklärt die gegenüber Hydrazin geringere Basenstärke des Hydroxylamins.
Die Basenstärke des Anilins ist noch geringer, da sich das freie Elektronenpaar am Stickstoff-Atom an der Mesomerie des Benzolrings beteiligen kann.

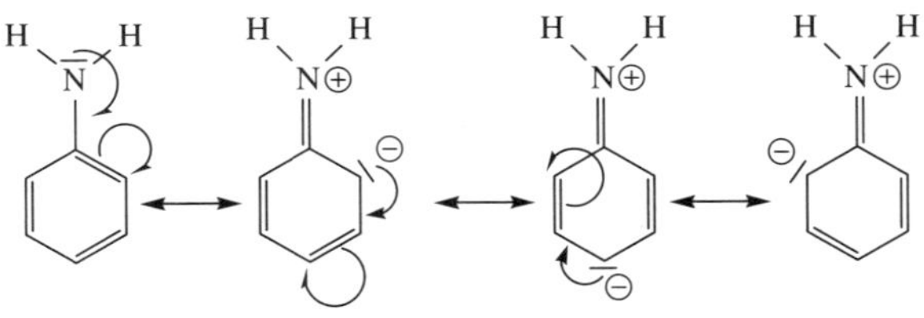

2.4 Bei der Reaktion zum Halbaminal handelt es sich um eine **nukleophile Addition** (A_N).

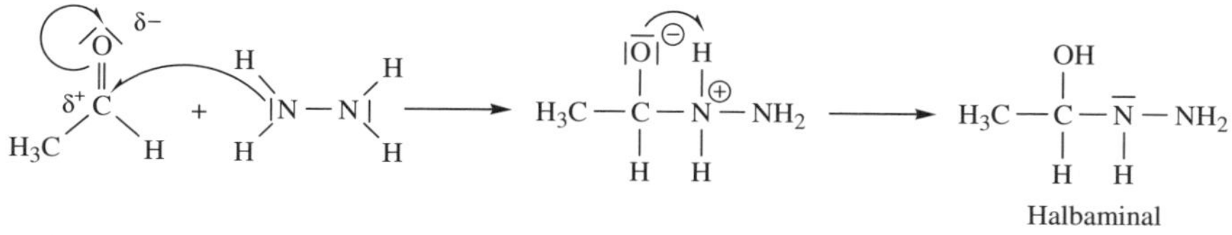

Im zweiten Reaktionsschritt kommt es aufgrund von Säurekatalyse zur Protonierung der OH-Gruppe und anschließender Wasserabspaltung **(Eliminierung, Dehydratisierung)**. Es entsteht das Imin.

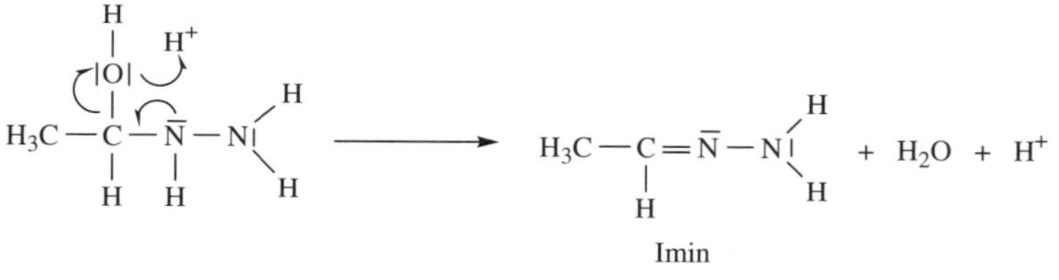

Aufgabe C

3.1 *In der Fischerprojektion wird das höchstoxidierte C-Atom (Carboxyl-C-Atom) nach oben gestellt. Am C2-Atom sind vier verschiedene Substituenten gebunden; das C2-Atom ist somit asymmetrisch, d. h. ein chirales Zentrum (*).*

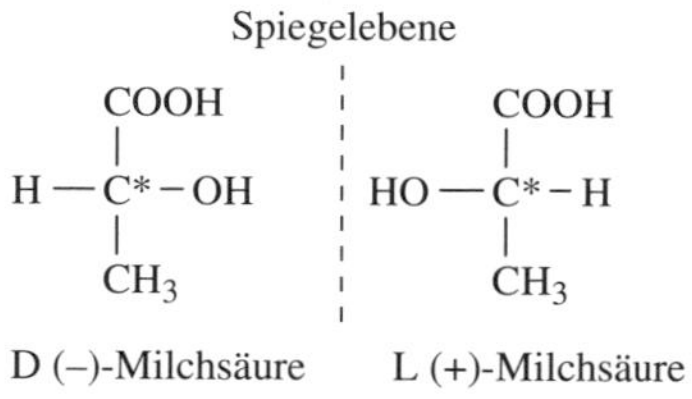

Besitzt ein Molekül ein asymmetrisches C-Atom, ergeben sich zwei **Konfigurationsisomere (Enantiomere)**, die sich wie Bild und Spiegelbild verhalten. Enantiomere unterscheiden sich weder in ihrem chemischen Verhalten, noch in ihren physikalischen Eigenschaften voneinander, einzige Ausnahme ist ihre **optische Aktivität**, also die Fähigkeit, die Schwingungsebene linear polarisierten Lichts zu drehen.
Befindet sich die OH-Gruppe in der Fischerprojektion auf der rechten Seite, so spricht man von D-Milchsäure, befindet sie sich auf der linken Seite, so handelt es sich um L-Milchsäure. Das (–)-Zeichen bedeutet, dass die Schwingungsebene des linear polarisierten Lichts nach links gedreht wird, das (+)-Zeichen, dass sie nach rechts gedreht wird.

Bestimmung des pH-Wertes der Milchsäure

$$c_{\text{Milchsäure}} \cdot V_{\text{Milchsäure}} = c_{\text{Lauge}} \cdot V_{\text{Lauge}}$$

$$c_{\text{Milchsäure}} = \frac{c_{\text{Lauge}} \cdot V_{\text{Lauge}}}{V_{\text{Milchsäure}}} = \frac{0{,}1\,\text{mol} \cdot \text{L}^{-1} \cdot 0{,}042\,\text{L}}{0{,}05\,\text{L}} = 0{,}084\,\text{mol} \cdot \text{L}^{-1}$$

pH-Wert-Berechnung einer schwachen Säure

$$\text{pH} = \frac{1}{2} \cdot (\text{pK}_\text{S} - \lg c_{\text{Milchsäure}}) = \frac{1}{2} \cdot (3{,}86 - \lg 0{,}084) = 2{,}47$$

3.2 **Reaktionsmechanismus**

Bei dieser Polymerisationsreaktion greift die Hydroxylgruppe eines Milchsäure-Moleküls das Carboxyl-C-Atom eines weiteren Milchsäure-Moleküls unter Abspaltung von Wasser an.

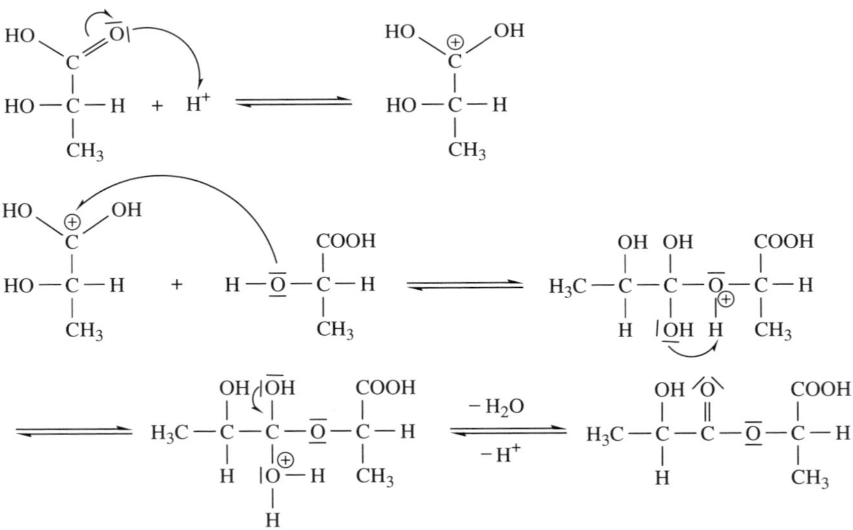

Es handelt sich bei dieser Reaktion um eine **Estersynthese** bzw. eine **Polykondensationsreaktion**. Das Produkt gehört der Stoffklasse der **Polyester** an.

Reaktionsgleichung für die Bildung eines cyclischen Dimers

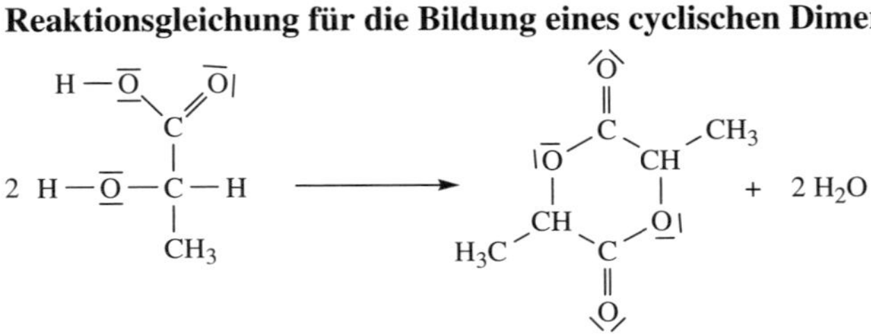

3.3 *Auch wenn es aus der Aufgabenstellung nicht eindeutig hervorgeht, sollten die nichtbindenden Elektronenpaare dennoch beim Strukturformelausschnitt berücksichtigt werden.*

Strukturformelausschnitt

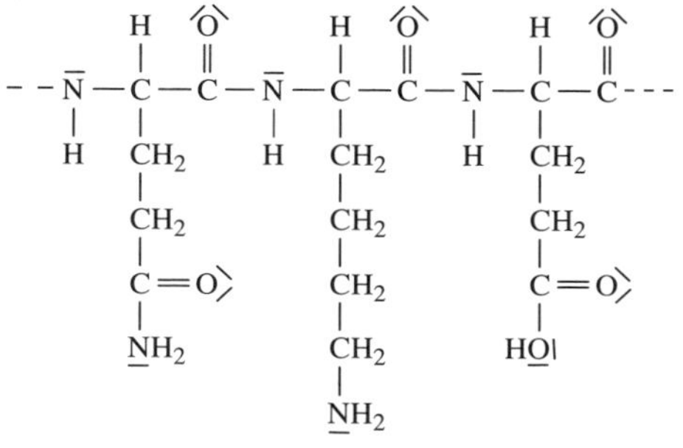

3.4 Die elektrische Ladung eines Proteins hängt von der Protonierung bzw. der Deprotonierung der Seitenreste ab, da die Carboxyl- bzw. die α-Aminogruppe unter Ausbildung von Peptidbindungen miteinander reagiert haben. Diese Protolysegleichgewichte finden bei verschiedenen pH-Werten statt.
Bei einem bestimmten pH-Wert, welcher von Protein zu Protein variiert, heben sich die Ladungen der Seitenreste auf, das Protein ist nach außen hin elektrisch neutral. Dieser pH-Wert wird als **isoelektrischer Punkt** (pH (IEP)) bezeichnet. Die Proteine liegen am pH (IEP) als Zwitterionen vor und sind bei diesem pH-Wert am schlechtesten löslich. Im Sauren (pH = 3,1) liegt Casein weitgehend als Kation, im Basischen (pH = 9,5) hingegen als Anion vor, was eine bessere Löslichkeit bewirkt. Der pH (IEP) von Casein liegt offensichtlich bei 4,6.

Die γ-Carboxylgruppe der Glutaminsäure wird erst ab pH < 5,3 (pKs = 4,3) protoniert, während die ε-Aminogruppe des Lysins bei pH > 9,5 (pKs = 10,5) deprotoniert wird. Daher liegt ein hypothetisches Protein, welches nur aus diesen beiden Aminosäuren aufgebaut ist, in einem pH- Bereich zwischen 6 und 9 weitgehend als Zwitterion vor. Oberhalb von pH 9,5 wird es zum Anion, unterhalb von pH 5,3 wird es zunehmend zum Kation, da jetzt die γ-Carboxylgruppe protoniert wird.

Aufgabe D

4.1 Das Interhalogen addiert an die Doppelbindung von But-1-en. Dabei können zwei **Konstitutionsisomere** (Strukturisomere) entstehen, bei denen die Halogen-Atome an unterschiedliche C-Atome gebunden sind.

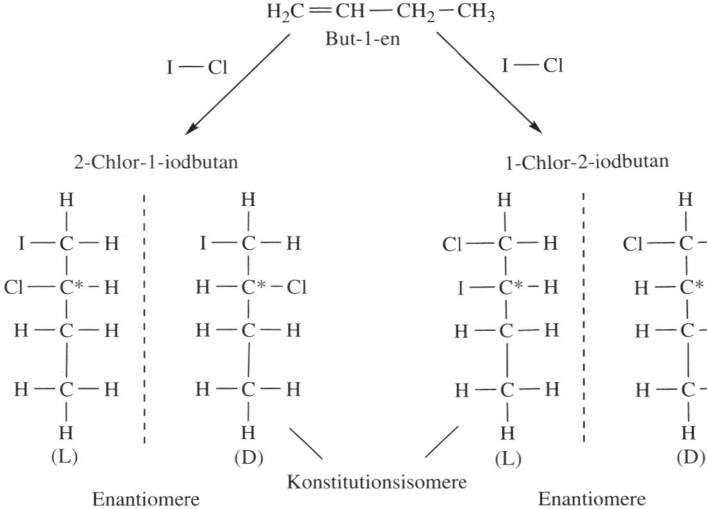

In jedem dieser beiden Konstitutionsisomere gibt es ein **chirales C-Atom** (*) mit vier unterschiedlichen Substituenten. Von den Konstitutionsisomeren gibt es daher jeweils zwei **Enantiomere**, die sich wie Bild und Spiegelbild zueinander verhalten.

4.2

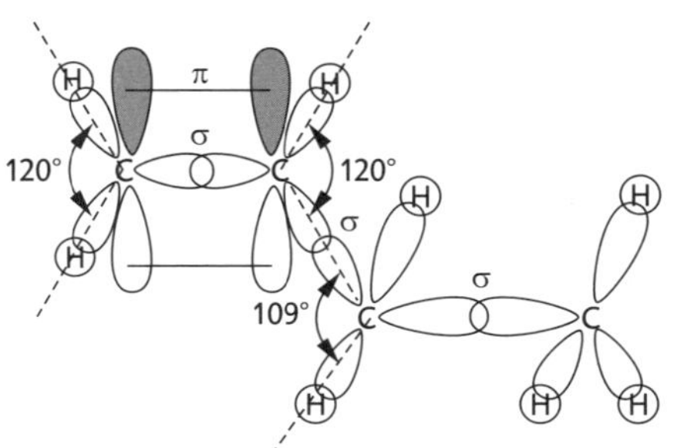

Die Kohlenstoff-Atome C1 und C2 sind sp^2-hybridisiert, C3 und C4 sind sp^3-hybridisiert. Die drei sp^2-Hybridorbitale von C1 bzw. C2 liegen in einer Ebene und zeigen in die Ecken eines gleichseitigen Dreiecks. Die σ-Bindung zwischen C1 und C2 kommt durch die Überlappung zweier sp^2-Hybridorbitale zustande. Die beiden verbleibenden sp^2-Hybridorbitale des C1-Atoms überlappen mit je einem

s-Orbital eines Wasserstoff-Atoms. Die sp^2-Hybridorbitale des C2-Atoms überlappen mit dem s-Orbital eines H-Atoms und mit einem sp^3-Hybridorbital von C3. Senkrecht zur Ebene der σ-Bindung bildet sich zwischen C1 und C2 eine π-Bindung aus, die durch die Überlappung der p_z-Orbitale, senkrecht zur Ebene der σ-Bindungen, entsteht.
Die σ-Bindung zwischen C3 und C4 kommt durch die Überlappung zweier sp^3-Hybridorbitale zustande. Die restlichen sp^3-Hybridorbitale von C3 und C4 werden zur Bindung von Wasserstoff-Atomen benötigt. Die Bindungswinkel zwischen den sp^3-Hybridorbitalen betragen 109°. Die sp^3-Hybridorbitale zeigen in die Ecken eines Tetraeders.

Reaktionsmechanismus
Bei der Reaktion von But-1-en mit Interhalogen handelt es sich um eine **elektrophile Addition** (A_E).

$$I-Cl \longrightarrow I^{\oplus} + Cl^{\ominus}$$

Jodchlorid ist aufgrund der Elektronegativitätsdifferenz zwischen Iod und Chlor **polar**; Chlor ist negativ, Iod ist positiv polarisiert. Die Bindung wird heterolytisch gespalten.

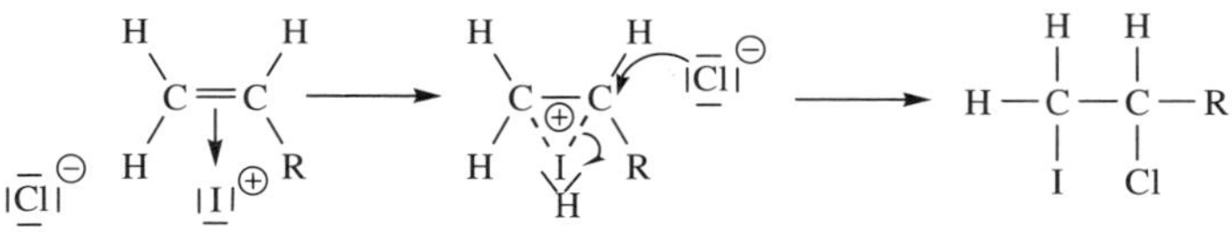

π-Komplex σ-Komplex

Die Doppelbindung im But-1-en ist elektronenreich und wird daher vom Iod-Kation elektrophil angegriffen. Es bildet sich zunächst ein π-Komplex, der schließlich unter Bindung des Iod-Kations an das C-Gerüst in einen σ-Komplex übergeht. Im nächsten Schritt greift das Chlorid-Ion von der Rückseite nukleophil an.

4.3 *Bei der Reaktion von Wasser mit Aldehyden handelt es sich um eine nukleophile Addition.*

Reaktionsmechanismus

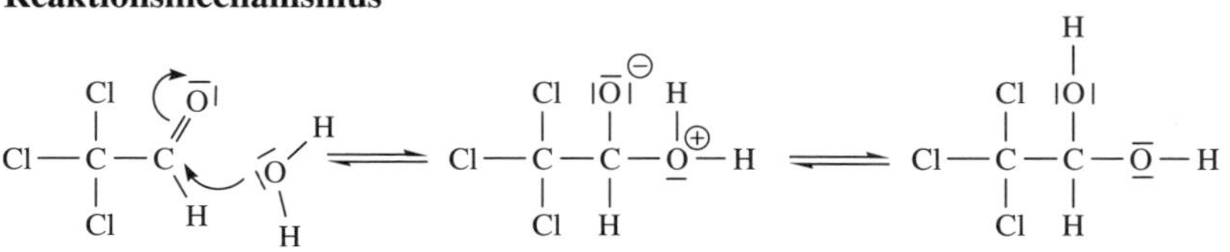

Das Carbonyl-C-Atom im Chloral ist durch die elektronenziehende Wirkung (–I-Effekt) der elektronegativen Cl-Atome stark positiv polarisiert. Im Gegensatz dazu erhöht die Methylgruppe im Ethanal mit ihrem +I-Effekt die Elektronendichte am Carbonyl-C-Atom.

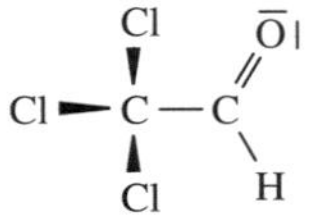

Chloral

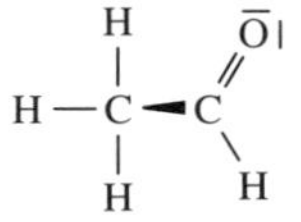

Ethanal

Ein nukleophiler Angriff ist daher beim Chloral begünstigt und die Lage des Gleichgewichts liegt bei dieser Reaktion auf der Seite der Produkte.

4.4 *Das Polymer in Material 2 enthält eine Kohlenwasserstoffkette. Als Monomere kommen daher nur Moleküle mit einer Kohlenstoff-Kohlenstoff-Doppelbindung in Frage.*

Strukturformeln der Monomere

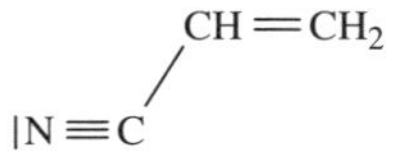

Acrylnitril

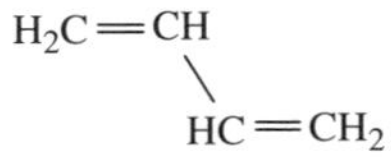

Butadien

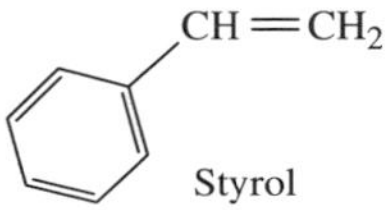

Styrol

Strukturformelausschnitt des Polymers

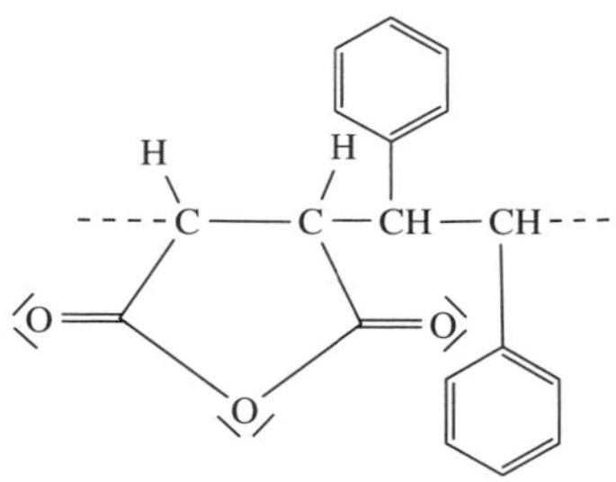

Grundkurs Chemie (Hessen)
Abiturprüfung 2011

Aufgabe A

Kunststoffe im Bad BE

Als Heimwerkerprojekt steht in diesem Frühjahr eine Badezimmerrenovierung an. Das alte Fenster mit Holzrahmen wird gegen eines mit Kunststoffrahmen aus Polyvinylchlorid ausgetauscht, das mit einer Dichtungsmasse aus Polyurethan abgedichtet wird. Die neuen Abwasserrohre bestehen aus Polypropen. Anstelle der alten Badewanne mit Duschvorhang aus Polyester wird eine Duschkabine mit Trennwand aus Plexiglas eingebaut. Zur Befestigung der Duschwand verwendet man Dübel aus Polyamid. Der neue Badteppich (Badematte) ist aus einem Garn gefertigt, das hauptsächlich aus einem Polyester besteht. Beide Handtuchregale werden mit einem Lack aus Alkydharz neu gestrichen. Die Tabelle im Material gibt einen Überblick über die beim Heimwerkerprojekt verwendeten chemischen Substanzen.

1.1 Benennen und formulieren Sie den Reaktionsmechanismus für die Herstellung von Polyvinylchlorid.
Verwenden Sie als Startersubstanz das Peroxid: 7

$R-\overline{\underline{O}}-\overline{\underline{O}}-R$

1.2 Formulieren Sie die Reaktionsgleichung für die Herstellung der Dichtungsmasse Polyurethan in Strukturformeln.
Zeichnen Sie einen Strukturformelausschnitt aus Polypropen, dem Material der Abwasserrohre.
Das Polyamid für die Dübel wird aus zwei verschiedenen Ausgangsstoffen hergestellt. Geben Sie die Strukturformeln und Namen dieser Monomere an. 10

1.3 Methacrylsäuremethylester, der Ausgangsstoff für die Herstellung des Plexiglases (Duschtrennwand), lässt sich durch Dehydrierung (Abspaltung von elementarem Wasserstoff) von 2-Methylpropansäuremethylester bei einer Temperatur von ca. 500 °C herstellen.
Formulieren Sie die Reaktionsgleichung in Strukturformeln. 3

1.4 Bei dem Polyester des Badteppichs handelt es sich um einen Polyester, der mithilfe von konzentrierter Schwefelsäure als Katalysator hergestellt werden kann.
Formulieren Sie den Mechanismus für die Herstellung eines Esters an einem selbstgewählten Beispiel. 6

1.5 Der für das Handtuchregal verwendete Malerlack enthält ein Alkydharz. Dieser Polyester besteht aus den Monomeren Propan-1,2,3-triol und Terephthalsäure. Je nach Menge der verwendeten Ausgangsstoffe entstehen Polymere mit unterschiedlicher Struktur.
Für Polyester A werden die Monomere im Molverhältnis Alkanol : Säure gleich 1 : 1 eingesetzt.
Für Polyester B erhöht man die Menge der Säure deutlich.
Formulieren Sie einen Strukturformelausschnitt für Polyester B und erklären Sie den Unterschied zwischen den Strukturen der Polyester A und B. 4

30

Material: Materialien für die Badezimmerrenovierung

„Gegenstand“ Werkstück	**Kunststoff: Name**	**Monomer(e): Name bzw. Strukturformel**	**Kunststoff: Strukturformelausschnitt**
Fensterrahmen	Polyvinylchlorid (PVC)	Chlorethen	–
Dichtungsmasse	Polyurethan (PU)	Ethan-1,2-diol und Hexan-1,6-diisocyanat: $OCN-(CH_2)_6-NCO$	–
Abwasserrohre	Polypropen (PP)	Propen	–
Dübel	Polyamid (Nylon)	–	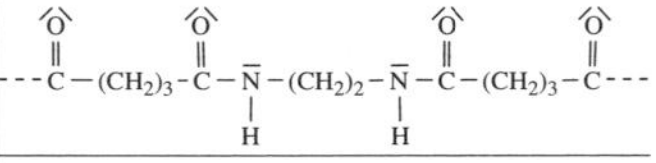
Duschtrennwand	Plexiglas	Methacrylsäuremethylester: 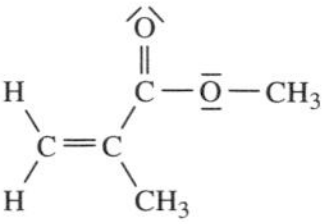	–
Badezimmerteppich	Polyester	–	–
Möbellack	Alkydharz	Propan-1,2,3-triol und Terephthalsäure: 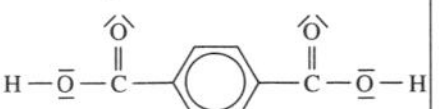	–

Quellen:
Fonds der Chemischen Industrie: Textheft zur Informationsserie Lacke und Farben, Frankfurt 2003, S. 18 f. (vereinfacht)

Aufgabe B

Chemie der Süßigkeiten BE

Die natürliche Weinsäure (L-(+)-Weinsäure, Material) wurde 1769 von dem schwedischen Apotheker C. W. Scheele aus Weinstein isoliert. Diese L-(+)-Weinsäure findet heute als Inhaltsstoff von verschiedenen Süßigkeiten wie Brausepulver, Brausebonbons und Orangendragees Verwendung. Neben der L-(+)-Weinsäure existieren zwei weitere Isomere. Brausepulver enthält außer Weinsäure noch Zucker, Natriumhydrogencarbonat (Material), Aroma- und Farbstoffe. Für den sprudelnden Effekt im Wasser sind die Weinsäure und das Natriumhydrogencarbonat verantwortlich. Prüft man das hierbei entstehende Gas mit Kalkwasser, verläuft der Nachweis positiv.
Fruchtbärchen enthalten als Hauptbestandteil eingedickten Fruchtsaft, der mithilfe von Pektin als Geliermittel verfestigt wird. Demgegenüber werden Fruchtgummibärchen auf der Basis von Glukosesirup und Zucker mithilfe von Gelatine hergestellt. Die jeweils verwendeten Geliermittel gehören verschiedenen Stoffgruppen an. Pektin ist ein Kohlenhydrat, das vorwiegend aus Ketten von 1,4-α-glycosidisch verbundenen D-Galacturonsäure-Einheiten (Material) besteht. Gelatine ist ein Protein.
Ein Hauptbestandteil der Süßigkeit „Gefüllte Waffelschnitten, zum Teil schokoliert" ist gehärtetes pflanzliches Fett. Versetzt man nicht gehärtetes pflanzliches Fett, wie zum Beispiel Sonnenblumenöl, mit Bromwasser, erfolgt auch bei Raumtemperatur und in der Dunkelheit eine rasche Entfärbung. Bei einem gehärteten pflanzlichen Fett findet diese Reaktion in der Regel nicht statt. Das Material zeigt ein Molekül, das in Sonnenblumenöl enthalten ist.

2.1 Beschriften Sie in der Strukturformel der L-(+)-Weinsäure die asymmetrischen C-Atome und geben Sie eine Definition der Bezeichnung „L" an. Zeichnen Sie die jeweilige Strukturformel der beiden zu L-(+)-Weinsäure isomeren Moleküle. 5

2.2 Formulieren Sie die Reaktionsgleichung für die Protolyse von Weinsäure in Wasser. Erklären Sie mithilfe einer Reaktionsgleichung den sprudelnden Effekt von Brausepulver in Wasser. 6

2.3 Zeichnen Sie die Haworth-Strukturformel von α-D-Galacturonsäure als 6-Ring und einen Ausschnitt aus dem Polysaccharid, indem Sie drei Moleküle D-Galacturonsäure 1,4-α-glycosidisch miteinander verknüpfen. 5

2.4 Formulieren Sie die allgemeine Strukturformel einer Aminosäure und einen Strukturformelausschnitt aus dem Protein Gelatine, indem Sie die drei Aminosäuren Ser–Asp–Thr (Formeln der Reste: Material) in dieser Reihenfolge miteinander verknüpfen. 4

2.5 Beschreiben Sie den Aufbau des im Sonnenblumenöl enthaltenen Moleküls (Material). Erklären Sie das Verhalten von ungehärtetem Sonnenblumenöl gegenüber Bromwasser, benennen und formulieren Sie den Mechanismus dieser Reaktion unter Verwendung von „R“ für Rest.
Erklären Sie im Gegensatz dazu das Verhalten von gehärtetem Fett gegenüber Bromwasser. 10

30

Material: Einige Inhaltsstoffe von Süßigkeiten

Name	Formel
L-(+)-Weinsäure [L-(+)-2,3-Dihydroxybutandisäure]	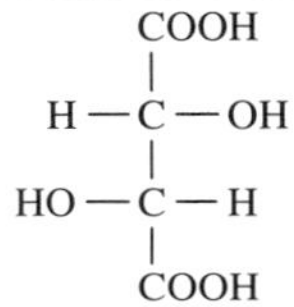
Natriumhydrogencarbonat	$Na^+ + HCO_3^-$
D-Galacturonsäure	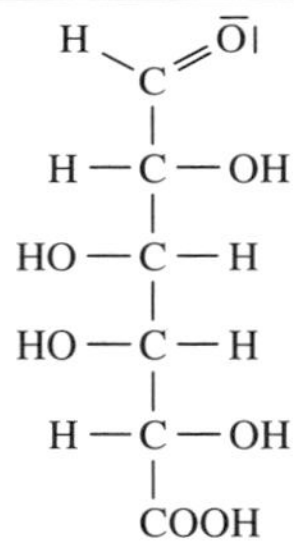
Serin (Ser) – Rest	$—CH_2—OH$
Asparaginsäure (Asp) – Rest	$—CH_2—COOH$
Threonin (Thr) – Rest	$—CH(OH)—CH_3$
Molekül im Sonnenblumenöl	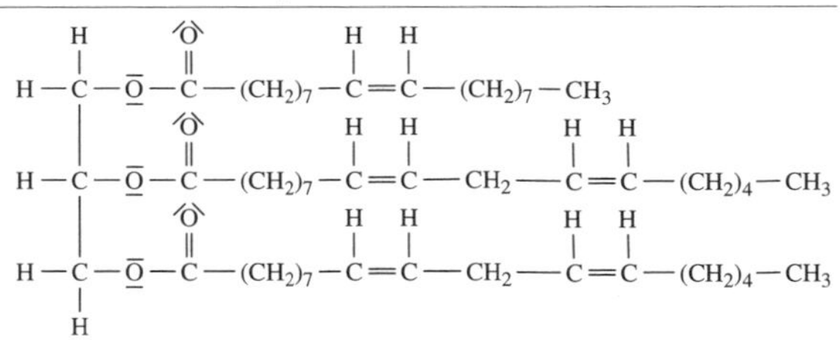

Quellen:
J. Falbe, M. Regitz (Hrsg.): Römpp-Lexikon Chemie, Band 1, Stuttgart 9. Auflage 1992, S. 4 844
Georg Schwedt: Experimente mit Supermarktprodukten, Weinheim 2009, S. 151 ff.
Grabower Süsswaren: Karree 713323 Gefüllte Waffelschnitten 650 g zum Teil schokoliert, Grabow 2010

Aufgabe C

Iodverbindungen

BE

Der Iodbedarf des Menschen liegt pro Tag bei 100 µg bis 200 µg. Bei Iodmangel tritt eine Vergrößerung der Schilddrüse auf. Um einem Iodmangel vorzubeugen, versetzt man Speisesalz mit einer Iodverbindung, z. B. dem Natriumiodat ($NaIO_3$). Dieses Natriumiodat reagiert im Körper in zwei Schritten zu dem gewünschten elementaren Iod. Dabei wird das Iodat zunächst durch reduzierende Lebensmittelinhaltsstoffe zu Iodid reduziert. In einer zweiten Reaktion reagieren die entstandenen Iodid-Ionen mit weiteren Iodat-Ionen zu Iod.
Zur Veranschaulichung der zweiten Reaktion wird eine wässrige Lösung von iodiertem Speisesalz mit etwas Salzsäure und einer Stärkelösung versetzt. Gibt man dann Kaliumiodid hinzu, beobachtet man eine Blaufärbung der Lösung.

Iod kann mit Wasserstoff zu Iodwasserstoff umgesetzt werden. Diese Reaktion (Material 1) ist eine Gleichgewichtsreaktion, die sehr gut untersucht ist. Die Konzentrationen der im Gleichgewicht vorliegenden Substanzen sind von der Temperatur abhängig (Material 2).

3.1 Zunächst soll die positive Nachweisreaktion für Iod betrachtet werden. Geben Sie einen charakteristischen Strukturformelausschnitt eines in der Stärkelösung vorliegenden Makromoleküls an und benennen Sie die verknüpften Monomere sowie die Verknüpfungsart. Erläutern Sie die Blaufärbung im oben beschriebenen Experiment. 6

3.2 Formulieren Sie für die Reaktion des im Speisesalz enthaltenen Iodats mit Iodid in saurer Lösung die Reaktionsgleichung. Geben Sie die wesentlichen Oxidationszahlen an und zeigen Sie anhand der Elektronenübergänge, dass es sich um eine Redoxreaktion handelt.

Hinweis: Im Iodat-Ion (IO_3^-) hat das Iod-Atom die Oxidationszahl +V. 7

3.3 Beschreiben Sie die in Material 2 dargestellten Zusammenhänge zum Iod-Wasserstoff-Gleichgewicht. Entscheiden Sie, ob die Bildung von Iodwasserstoff aus den Elementen exotherm oder endotherm verläuft. 4

3.4 Formulieren Sie das Massenwirkungsgesetz für das Iod-Wasserstoff-Gleichgewicht. Berechnen Sie die Massenwirkungskonstante für das Gleichgewicht bei einer Temperatur von 443 °C (Material 2). Begründen Sie die Veränderung der Massenwirkungskonstante bei steigender Temperatur. 7

3.5 Iodwasserstoff ist eine sehr starke Säure. Formulieren Sie die Protolysegleichung für die Reaktion von Iodwasserstoff in wässriger Lösung. Berechnen Sie die Masse von HI bei einer Stoffmenge von $n = 0{,}2$ mol und den pH-Wert einer wässrigen HI-Lösung der Konzentration $c = 0{,}2 \text{ mol} \cdot \text{L}^{-1}$. 6

30

Material 1:

$$H_{2\,(g)} + I_{2\,(g)} \rightleftharpoons 2\,HI_{(g)}$$

Material 2: Gleichgewichtskonzentrationen im Iod-Wasserstoff-Gleichgewicht bei konstantem Druck in Abhängigkeit von der Temperatur

Temperatur in °C	$c_{Wasserstoff} = c_{Iod}$ in $mol \cdot L^{-1}$	$c_{Iodwasserstoff}$ in $mol \cdot L^{-1}$
280	0,174	1,65
356	0,200	1,60
393	0,205	1,59
443	0,220	1,56
458	0,225	1,55
508	0,240	1,52

Quellen:
Georg Schwedt: Noch mehr Experimente mit Supermarktprodukten, Weinheim 2009, S. 210
E. Riedel, C. Janiak: Anorganische Chemie, Berlin 2007, S. 270 ff. und 406
W. Asselborn, M. Jäckel, K. T. Risch: Chemie heute – Sekundarbereich II, Lehrerband, Hannover 1998, CD

Aufgabe D

Chemie rund um die Butansäure BE

Der französische Chemiker Michele-Eugène Chevreul (1786–1889) erforschte nicht nur Alterskrankheiten, sondern war auch der Begründer der modernen Fettchemie. Im Jahr 1823 isolierte er aus Butter die Buttersäure (Butansäure). In erheblicher Konzentration kommt Butansäure auch in Früchten des Ginkgo-Baumes (Ginkgo biloba) und im Fußschweiß vor. Synthetisch kann man Butansäure durch Oxidation von Butan-1-ol oder Butanal herstellen. 4-Hydroxybutansäure wird in der Anästhesie und der Schmerzbekämpfung verwendet und wegen dieser Wirkung seit Ende der 90er-Jahre als Party-Droge „liquid extasy“ missbraucht.

4.1 Geben Sie die Strukturformeln für Butan, Butan-1-ol, Butansäure und 2-Hydroxybutansäure an. Erläutern Sie mithilfe dieser Strukturformeln die unterschiedliche Löslichkeit der genannten organischen Substanzen in Wasser (Material 1). 7

4.2 Formulieren Sie die Reaktionsgleichung für die Reaktion von Butansäure mit Wasser in Strukturformeln.
Erklären Sie die unterschiedlichen Säurestärken der beiden in Material 2 angegebenen Säuren anhand der Strukturformeln. Beurteilen Sie die Säurestärke von 3-Hydroxybutansäure im Vergleich dazu. 9

4.3 Ausgehend von Butanal kann Butansäure durch Reaktion mit alkalischer Silbernitratlösung hergestellt werden. Hierbei reagieren die Silberionen mit Butanal, als weiteres Reaktionsprodukt entsteht elementares Silber.
Geben Sie die wesentlichen Oxidationszahlen an und zeigen Sie anhand der Elektronenübergänge, dass es sich um eine Redoxreaktion handelt.
Formulieren Sie die Gesamtgleichung. 8

4.4 Das Schmerzmittel 4-Hydroxybutansäure kann durch Reaktion von 4-Chlorbutansäure mit Natronlauge hergestellt werden.
Formulieren Sie die Reaktionsgleichung dieser Umsetzung in Strukturformeln und benennen Sie den Reaktionsmechanismus. 4-Hydroxybutansäure ist der Ausgangsstoff für die Synthese von Butyrolacton, das z. B. als Lösungsmittel Verwendung findet. Dabei reagiert 4-Hydroxybutansäure unter Abspaltung von Wasser in einer intramolekularen Reaktion (Teile des Moleküls reagieren miteinander).
Formulieren Sie die Strukturformel von Butyrolacton. 6

30

Material 1: Löslichkeit verschiedener organischer Substanzen in Wasser

Substanz	**Löslichkeit in Wasser**
Butan	unlöslich
Butan-1-ol	mäßig löslich
Butansäure	gut löslich
2-Hydroxybutansäure	sehr gut löslich

Material 2: Säurestärken von 2-Hydroxybutansäure und Butansäure

Säure	**pK_S-Werte**
2-Hydroxybutansäure	3,65
Butansäure	4,82

Quellen:
Hans Beyer, Wolfgang Walter: Lehrbuch der Organischen Chemie, Stuttgart 2004, S. 243, 250
J. Falbe, M. Regitz (Hrsg.): Römpp-Lexikon Chemie, Band 1, Stuttgart 9. Auflage 1989, S. 534, 538, 681
J. Falbe, M. Regitz (Hrsg.): Römpp-Lexikon Chemie, Band 3, Stuttgart 9. Auflage 1990, S. 1 899

Lösungsvorschläge

Aufgabe A

1.1 Polyvinylchlorid wird durch **radikalische Polymerisation** hergestellt.

Reaktionsmechanismus der radikalischen Polymerisation

Startreaktion: Die Peroxidmoleküle werden durch homolytische Spaltung in reaktive Radikale gespalten.

$$R-\overline{\underline{O}}-\overline{\underline{O}}-R \longrightarrow 2\,R-\overline{\underline{O}}\cdot$$

Kettenwachstum: Diese Startradikale greifen die Doppelbindung des Monomers Chlorethen (Vinylchlorid) an.

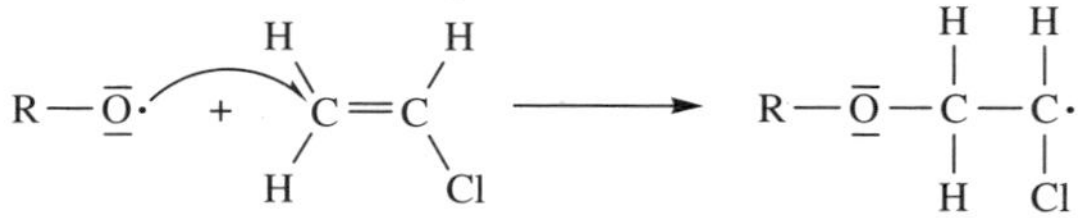

Das neu gebildete Radikal greift ein weiteres Chlorethenmolekül an; eine Kettenreaktion setzt ein.

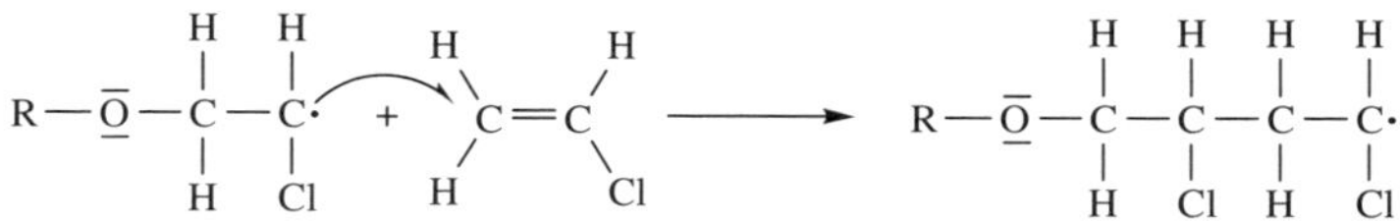

Kettenabbruch: Zum Kettenabbruch kommt es, wenn zwei Radikale aufeinandertreffen. Dies führt je nach Reaktionsbedingungen zu einem mehr oder weniger langen Makromolekül.

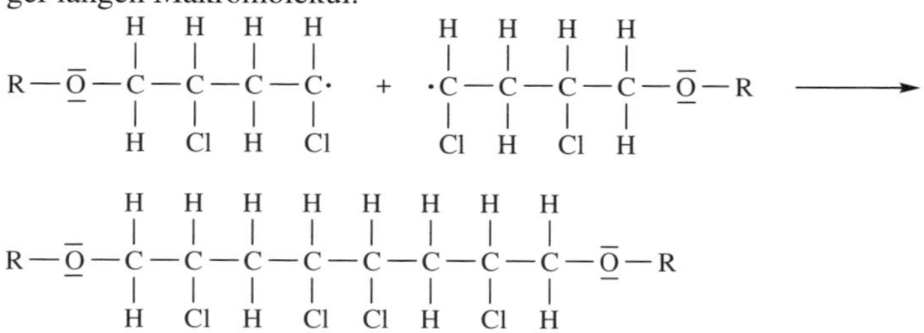

1.2

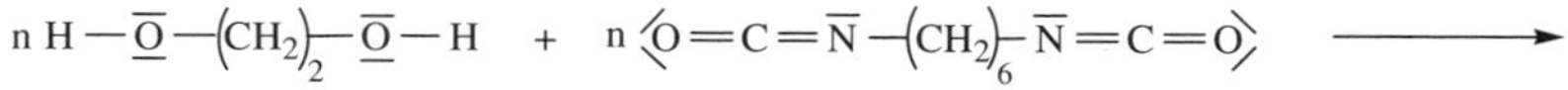

Ethan-1,2-diol Hexan-1,6-diisocyanat

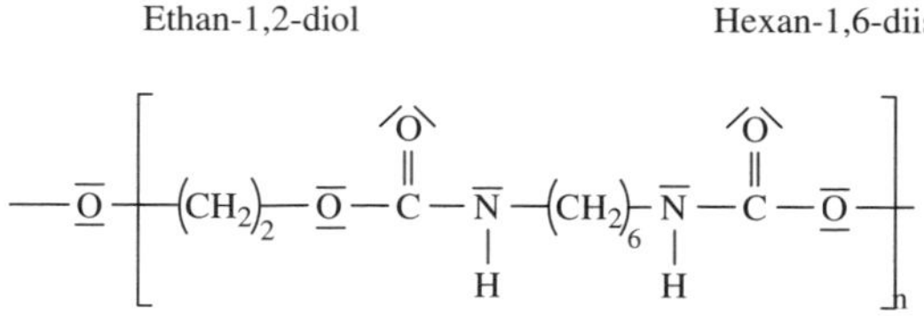

Polyurethan

Strukturformelausschnitt von Polypropen

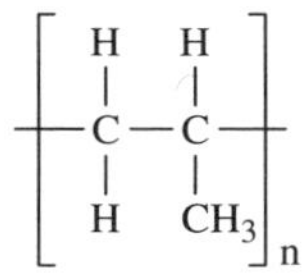

Monomere des Polyamids

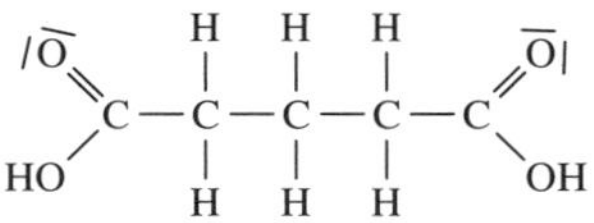

Pentandisäure

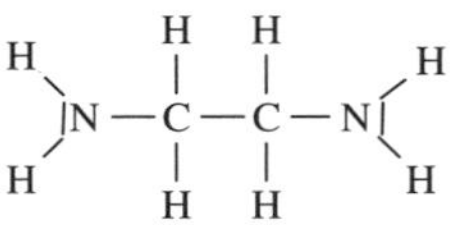

Ethan-1,2-diamin

1.3 **Herstellung von Methacrylsäuremethylester**

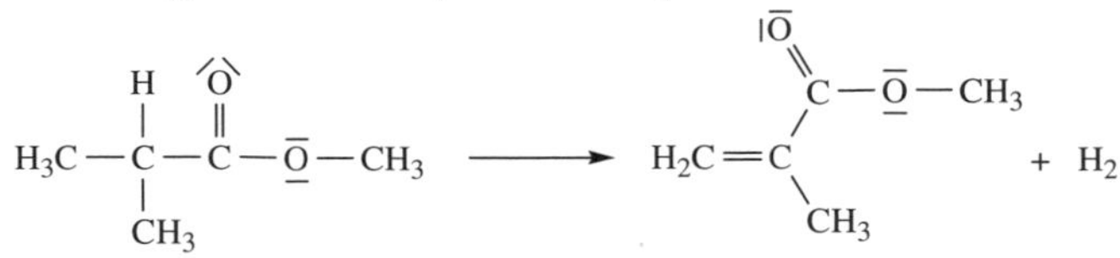

2-Methylpropansäuremethylester — Methacrylsäuremethylester

1.4 **Reaktionsmechanismus der säurekatalysierten Veresterung**

Die für den Reaktionsmechanismus unerheblichen Molekülteile können der Einfachheit halber mit R abgekürzt werden.

Aktivierung der Carbonsäure durch Protonierung des Carbonylsauerstoffatoms:

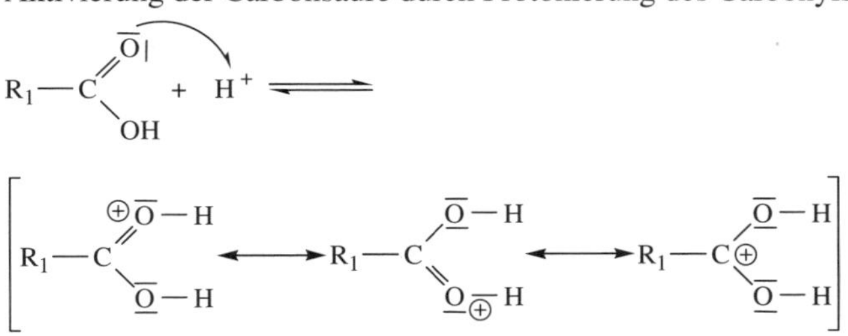

Nukleophiler Angriff des Alkanols:

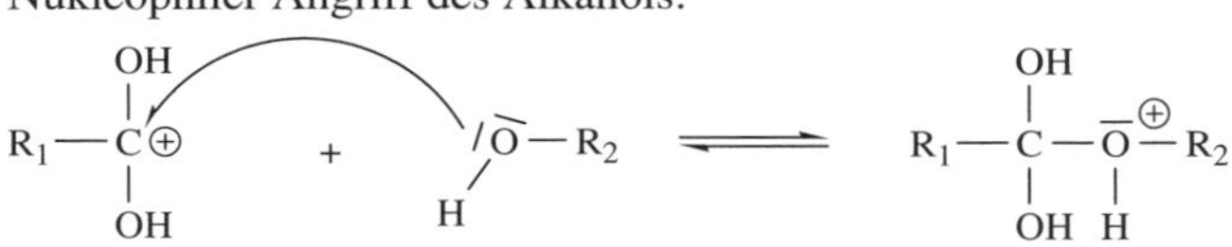

Intramolekulare Protonenwanderung:

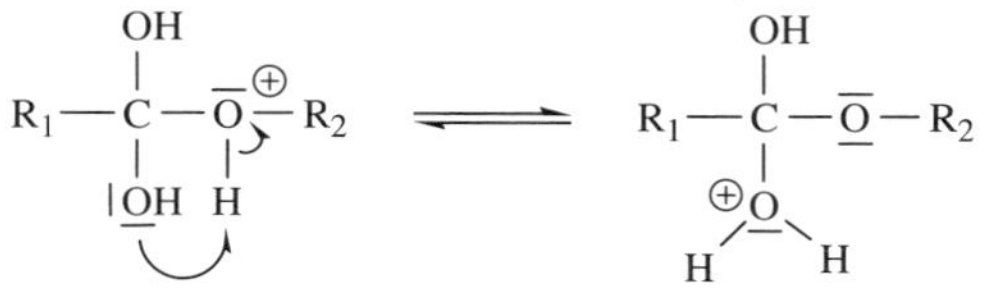

Abspaltung des Wassermoleküls und Deprotonierung:

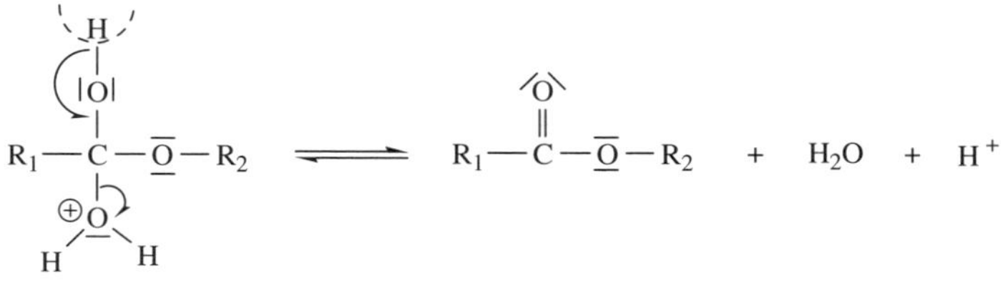

1.5 **Strukturformelausschnitt für Polyester B**

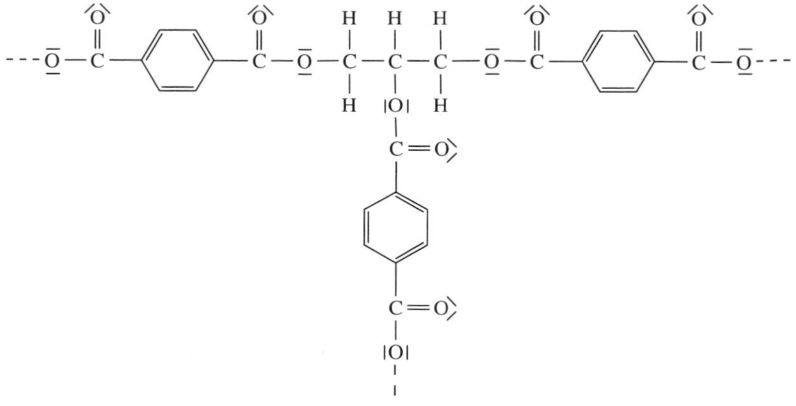

Aufgrund des Überschusses an Terephthalsäure liegen im Polyester B **Quervernetzungen** vor. Kunststoff A besteht hingegen aus **linearen Polymerketten**.

Aufgabe B

2.1 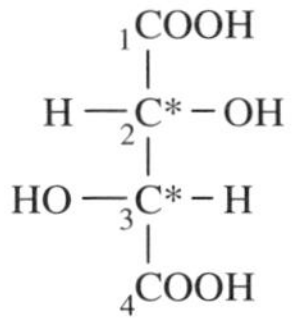

C* = asymmetrische C-Atome

L(+)-Weinsäure

Asymmetrische Kohlenstoffatome erkennt man daran, dass sie mit vier verschiedenen Atomen oder Atomgruppen verknüpft sind.

In der Fischer-Projektion wird das am höchsten oxidierte C-Atom (hier das C1-Atom) stets nach oben gezeichnet. Die Stellung der OH-Gruppe an dem asymmetrischen C3-Atom bestimmt die Zuordnung der Weinsäure zur D- oder L-Reihe. Steht die OH-Gruppe an diesem Kohlenstoffatom rechts, liegt D-Konfiguration vor (D für dexter = rechts), steht sie links, liegt L-Konfiguration vor (L für laevus = links). Bei der betrachteten L(+)-Weinsäure befindet sich die OH-Gruppe am C3-Atom auf der linken Seite, weshalb L-Konfiguration vorliegt.

Isomere zur L(+)-Weinsäure

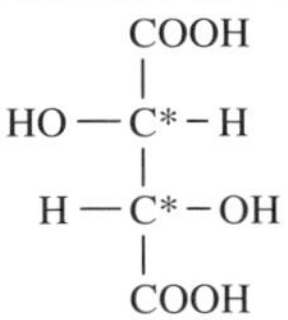

D-(–)-Weinsäure

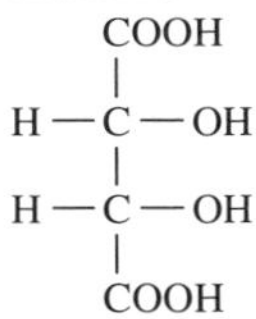

Mesoweinsäure

L(+)- und D(–)-Weinsäure sind Enantiomere, sie verhalten sich wie Bild und Spiegelbild. Sie sind optisch aktiv und drehen die Schwingungsebene des linear polarisierten Lichts. L(+)-Weinsäure dreht die Schwingungsebene nach rechts, D(–)-Weinsäure um den gleichen Betrag nach links. Die Mesoweinsäure ist hingegen optisch inaktiv.

2.2 **Protolyse von Weinsäure in Wasser**

Weinsäure ist eine zweiprotonige Säure und kann in wässriger Lösung zwei Protonen abgeben.

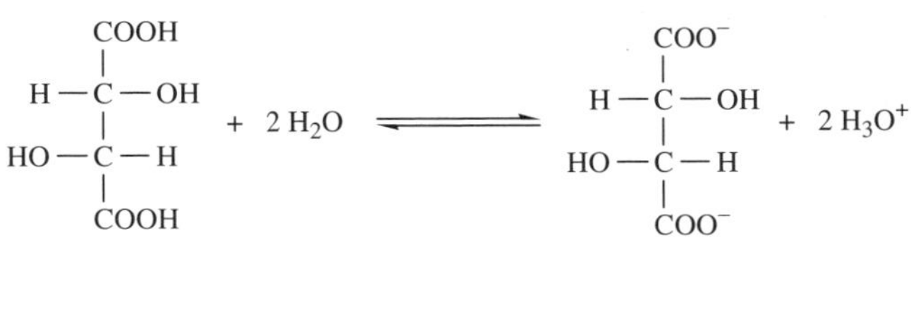

In Wasser findet zwischen Weinsäure und der Base Natriumhydrogencarbonat eine Protolysereaktion statt; es entsteht das Gas Kohlenstoffdioxid, das für den sprudelnden Effekt verantwortlich ist.

$$2\,H_2CO_3 \longrightarrow 2\,CO_2 + 2\,H_2O$$

2.3 *Im Material ist die Fischer-Projektionsformel der D-Galacturonsäure vorgegeben. Der Ringschluss zum Halbacetal erfolgt durch nukleophile Addition der am C5-Atom gebundenen OH-Gruppe an die Carbonylgruppe. Alle OH-Gruppen, die in der Fischer-Projektion rechts stehen, zeigen in der Haworth-Projektion nach unten und umgekehrt. Im α-Anomeren zeigt die OH-Gruppe am C1-Atom nach unten, im β-Anomeren nach oben.*

Haworth-Projektionsformel der α-D-Galacturonsäure

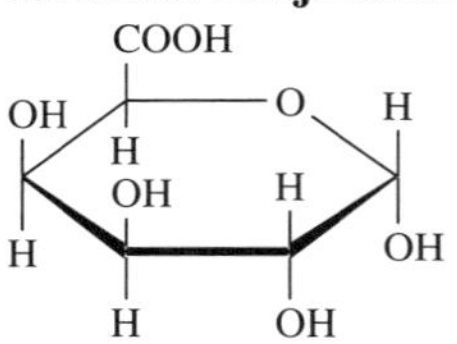

α-D-Galacturonsäure

Strukturformelausschnitt des Polymers

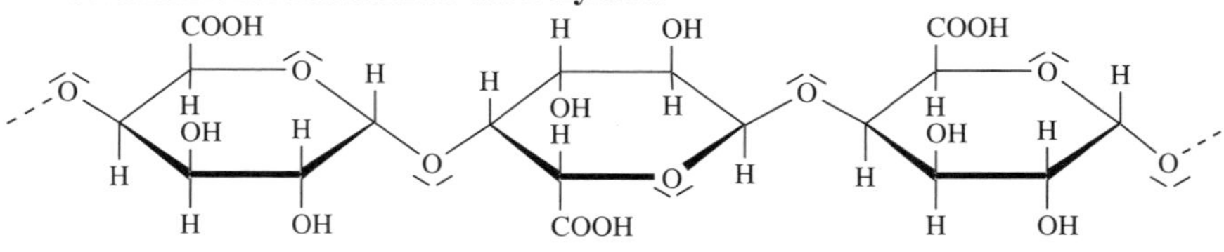

Beim zweiten Ring muss die Ringebene um 180 ° gedreht werden.

2.4 **Strukturformel einer Aminosäure**

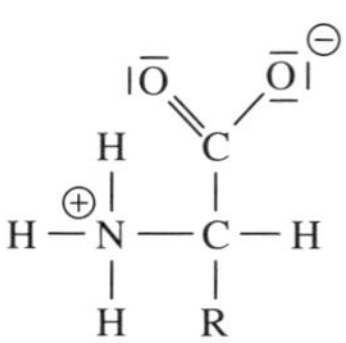

Strukturformelausschnitt der Gelatine

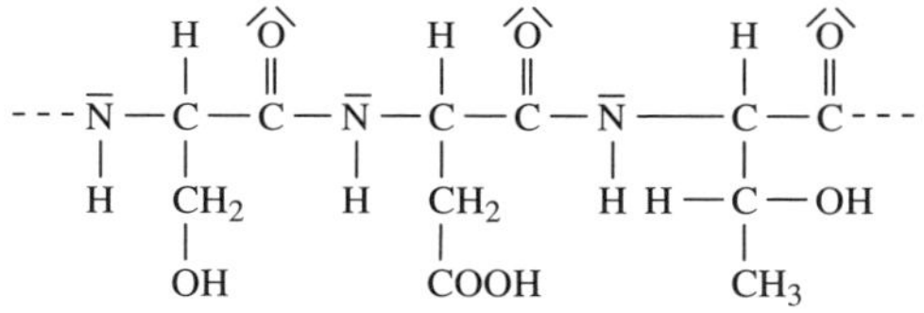

2.5 Das abgebildete Fettmolekül ist ein Glycerinester ungesättigter Fettsäuren. Es entsteht durch die Veresterung der drei Hydroxygruppen des Glycerins (Propan-1,2,3-triol) mit ungesättigten Fettsäuren. Ungesättigte Fettsäuren enthalten mindestens eine Doppelbindung im Molekül und können mit Brom nachgewiesen werden. Das Brom addiert an die Doppelbindung; eine wässrige Bromlösung wird dabei entfärbt.

Reaktionsmechanismus der elektrophilen Addition

Elektrophiler Angriff des Brommoleküls an die Doppelbindung:

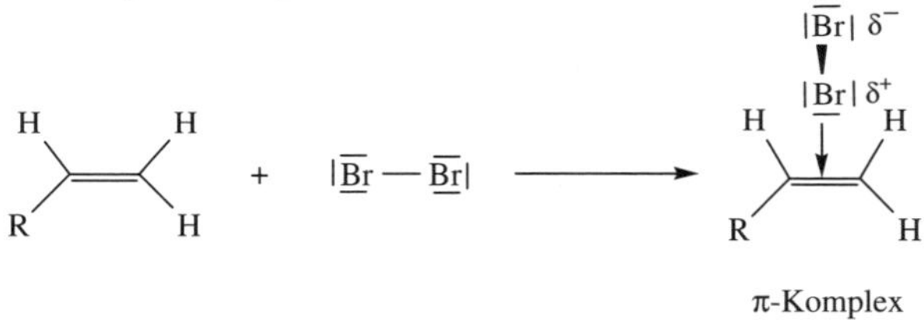

Heterolytische Spaltung des Brommoleküls und Bindung des Bromkations an das Kohlenstoffgerüst:

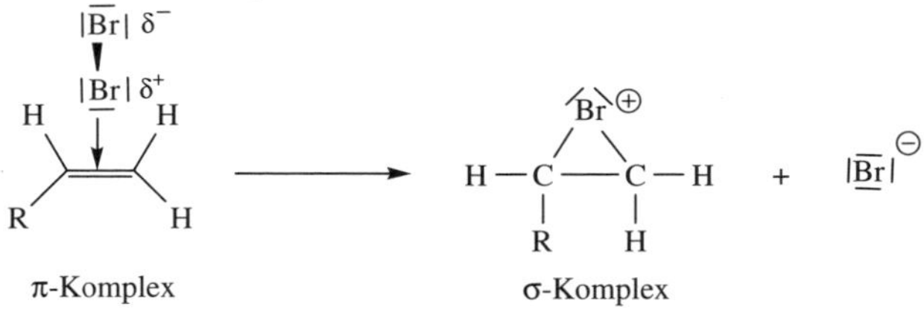

Nukleophiler Angriff des Bromidions:

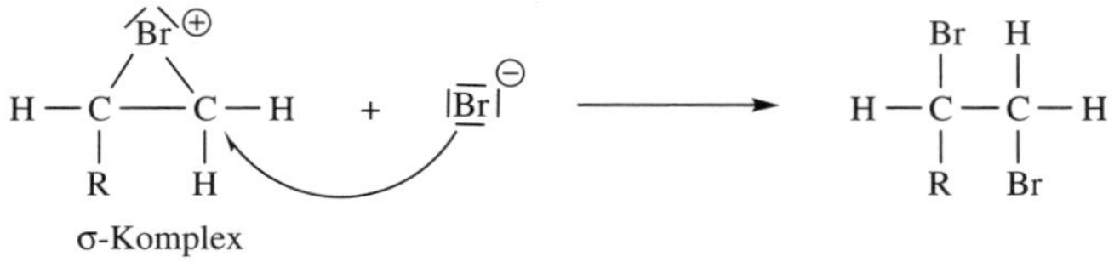

Bei der Fetthärtung wird Wasserstoff an die Doppelbindungen addiert (Hydrierung). In gehärtetem Fett sind keine Doppelbindungen mehr vorhanden, sodass das Bromwasser auch nicht entfärbt wird.

Aufgabe C

3.1 Lösliche Stärke (Amylose) ist ein Makromolekül bestehend aus bis zu 1 400 **Glucosemolekülen**, die **α-1,4-glykosidisch** verknüpft sind.

Strukturformelausschnitt der Amylose

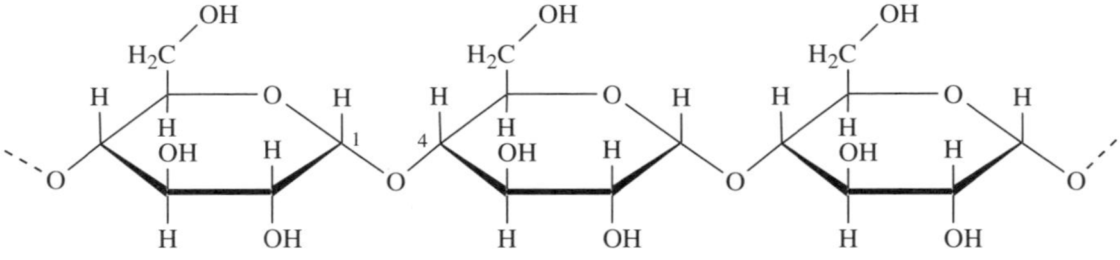

Die linearen Makromoleküle liegen als **Helix** vor. In den Hohlraum der Helix können sich Iodmoleküle einlagern. Durch diese Fixierung verschiebt sich die Wellenlänge des absorbierten Lichts und das reflektierte Licht erscheint blau.

3.2 **Reaktion von Iodid mit Iodat**

Oxidation: $2\,\overset{-I}{I^-} \longrightarrow \overset{0}{I_2} + 2\,e^-$

Reduktion: $2\,\overset{+V}{IO_3^-} + 10\,e^- \longrightarrow \overset{0}{I_2}$

Ionen- und Stoffausgleich mit H^+ und H_2O:

Oxidation: $2\,\overset{-I}{I^-} \longrightarrow \overset{0}{I_2} + 2\,e^-$

Reduktion: $2\,\overset{+V}{IO_3^-} + 10\,e^- + 12\,H_3O^+ \longrightarrow \overset{0}{I_2} + 18\,H_2O$

Ausgleich des Elektronenübergangs:

Oxidation: $10\,\overset{-I}{I^-} \longrightarrow 5\,\overset{0}{I_2} + 10\,e^-$

Reduktion: $2\,\overset{+V}{IO_3^-} + 10\,e^- + 12\,H_3O^+ \longrightarrow \overset{0}{I_2} + 18\,H_2O$

Addition der Teilgleichungen:

$10\,I^- + 2\,IO_3^- + 12\,H_3O^+ \longrightarrow 6\,I_2 + 18\,H_2O$

$5\,I^- + IO_3^- + 6\,H_3O^+ \longrightarrow 3\,I_2 + 9\,H_2O$

3.3 **Das Iod-Wasserstoff-Gleichgewicht**

Die Tabelle zeigt die **Temperaturabhängigkeit** des Iod-Wasserstoff-Gleichgewichts. Mit steigender Temperatur im Bereich von 280 bis 508 °C nimmt die Bildung von Iodwasserstoff aus den Elementen ab. Nach dem Prinzip des geringsten Zwangs von LE CHATELIER und BRAUN weicht eine Gleichgewichtsreaktion einem äußeren Zwang (z. B. einer Temperaturerhöhung) aus. Da eine Temperaturerhöhung offensichtlich eine Verschiebung des Gleichgewichts auf die Seite der Edukte zur Folge hat, handelt es sich bei der betrachteten Reaktion um eine **exotherme Reaktion**.

3.4 **Massenwirkungsgesetz für das Iod-Wasserstoff-Gleichgewicht**

$$K = \frac{c_{HI}^2}{c_{H_2} \cdot c_{I_2}}$$

$$K = \frac{(1{,}56\ \text{mol} \cdot \text{L}^{-1})^2}{(0{,}22\ \text{mol} \cdot \text{L}^{-1})^2} = 50{,}28$$

Die Konstante ist dimensionslos.

Bei steigender Temperatur verschiebt sich das Gleichgewicht auf die Seite der Edukte, die Konzentrationen der Edukte nehmen folglich zu, die Konzentration des Produkts verringert sich. Die Massenwirkungskonstante wird kleiner.

3.5 **Protolysereaktion von Iodwasserstoff**

$$HI + H_2O \rightleftharpoons I^- + H_3O^+$$

$$m(\text{HI}) = n(\text{HI}) \cdot M(\text{HI})$$
$$m(\text{HI}) = 0{,}2\ \text{mol} \cdot 127{,}9\ \text{g} \cdot \text{mol}^{-1} = 25{,}58\ \text{g}$$

Da es sich bei Iodwasserstoff um eine sehr starke Säure handelt, gilt:
$c(H_3O^+) = c(HI)$

$$\text{pH} = -\lg c(\text{H}_3\text{O}^+) = -\lg 0{,}2 = 0{,}7$$

Aufgabe D

4.1

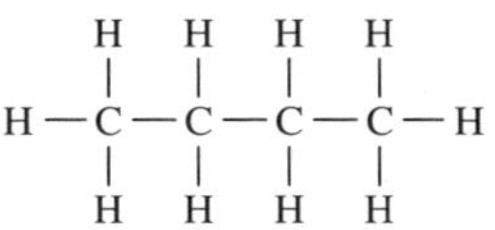

Butan

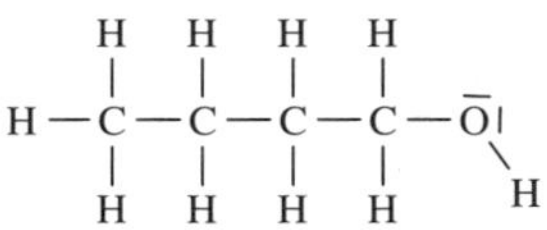

Butan-1-ol

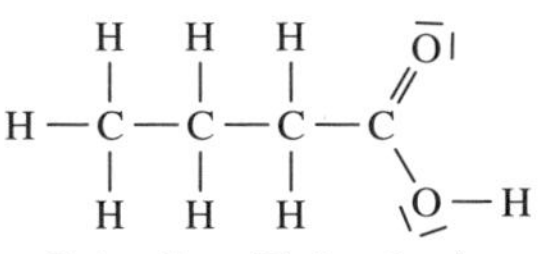

Butansäure (Buttersäure)

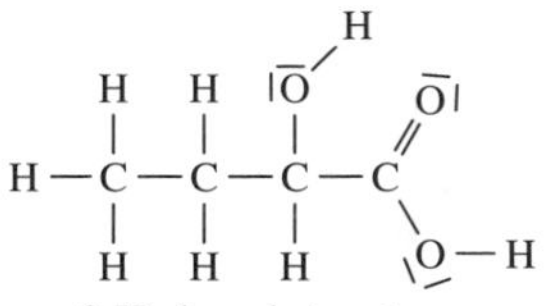

2-Hydroxybutansäure

Damit eine Verbindung wasserlöslich ist, muss sie über einen ausreichend großen polaren Molekülteil verfügen, der mit den Wassermolekülen in Wechselwirkung treten kann.
Butan ist unpolar und daher hydrophob (wasserabweisend). Es kann keine Wechselwirkungen zu den Wassermolekülen ausbilden und ist folglich in Wasser unlöslich.

Butan-1-ol ist nur mäßig in Wasser löslich. Zwar verfügt das Butan-1-ol-Molekül über eine polare OH-Gruppe, aber der unpolare Alkylrest wirkt dominierend. Die **Butansäure** ist gut in Wasser löslich, da sie über die stark polare Carboxylgruppe Wasserstoffbrückenbindungen zu den Wassermolekülen ausbilden kann. Von den genannten Verbindungen ist die **2-Hydroxybutansäure** am besten in Wasser löslich, da sich zusätzlich zur Carboxylgruppe eine weitere polare OH-Gruppe im Molekül befindet.

4.2 Reaktion von Butansäure mit Wasser

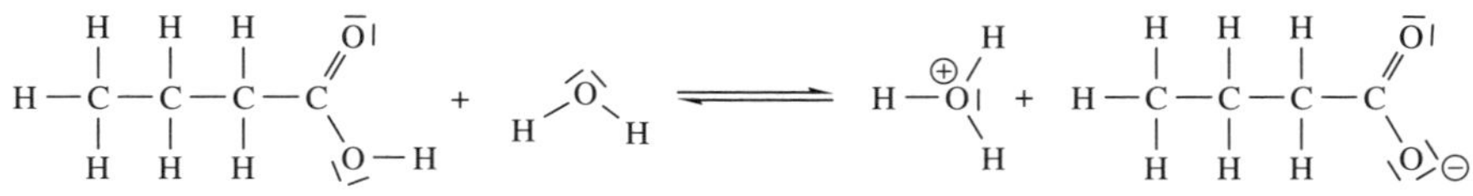

Der pK_S-Wert informiert über die Säurestärke. Je kleiner der pK_S-Wert, umso stärker ist die Säure. 2-Hydroxybutansäure ist demnach eine stärkere Säure als Butansäure. Die Hydroxylgruppe übt einen –I-Effekt auf die benachbarte Carboxylgruppe aus, wodurch die Polarität der am C1-Atom gebundenen OH-Gruppe erhöht und die Abspaltung des Protons erleichtert wird.

Mit zunehmender Entfernung der Hydroxylgruppe von der Carboxylgruppe verringert sich der Einfluss auf die Polarität der OH-Gruppe am C1-Atom. Die Säurestärke von 3-Hydroxybutansäure liegt daher zwischen den Säurestärken der beiden anderen Säuren.

4.3 Reaktion von Butanal mit alkalischer Silbernitratlösung

Oxidation: $H_3C-(CH_2)_2-\overset{+I}{C}HO \longrightarrow H_3C-(CH_2)_2-\overset{+III}{C}OOH + 2\,e^-$

Reduktion: $2\,\overset{+I}{Ag^+} + 2\,e^- \longrightarrow 2\,\overset{0}{Ag}$

Ionen- und Stoffausgleich mit OH^- und H_2O

Oxidation: $H_3C-(CH_2)_2-\overset{+I}{C}HO + 2\,OH^- \longrightarrow H_3C-(CH_2)_2-\overset{+III}{C}OOH + 2\,e^- + H_2O$

Reduktion: $2\,\overset{+I}{Ag^+} + 2\,e^- \longrightarrow 2\,\overset{0}{Ag}$

Addition der Teilgleichungen

$C_2H_7CHO + 2\,Ag^+ + 2\,OH^- \longrightarrow C_2H_7COOH + 2\,Ag + H_2O$

4.4 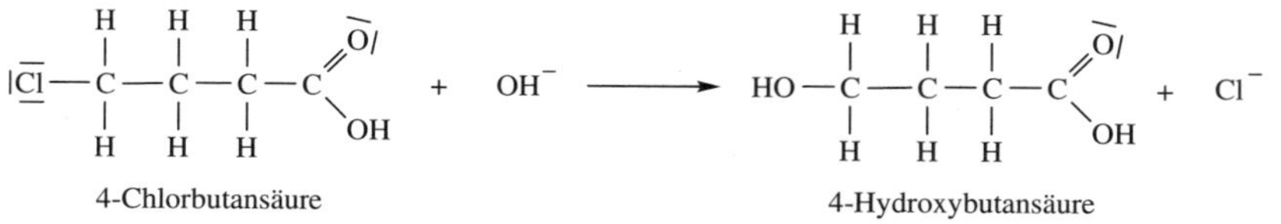

Die Reaktion läuft nach dem Mechanismus der **nukleophilen Substitution** ab.

Bei der Bildung von Butyrolacton handelt es sich um eine intramolekulare Veresterung zwischen der OH-Gruppe am C4-Atom und der Carboxylgruppe.

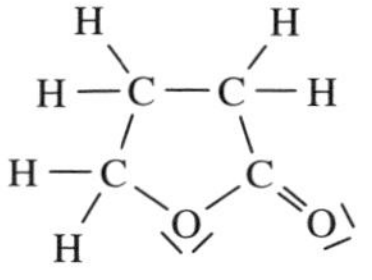

Butyrolacton

Leistungskurs Chemie (Hessen)
Abiturprüfung 2011

Aufgabe A

Blausäure und Cyanide

BE

Blausäure (HCN) ist eine wasserklare Flüssigkeit mit einem Geruch nach Bittermandeln. Aufgrund der relativ niedrigen Siedetemperatur verdunstet sie bereits bei Zimmertemperatur recht schnell. Sowohl die flüssige als auch die gasförmige Blausäure sind außerordentlich giftig. Auch Kaliumcyanid (Zyankali, KCN), das wichtigste Salz der Blausäure, ist sehr giftig und leicht in Wasser löslich. Die tödliche Dosis liegt bei 1 mg Cyanid pro kg Körpergewicht.
Am Hof des russischen Zaren war bekannt, dass Zucker die Giftwirkung des Cyanids vermindert, weshalb als Maßnahme gegen mögliche Attentate häufig stark gezuckerte Speisen gereicht wurden.
Im Labor werden Reste von Blausäure mit einem Überschuss an Natronlauge versetzt, um die Gefahr zu vermindern, dass gasförmige Blausäure bei der anschließenden Entsorgung eingeatmet wird. Ein Derivat der Blausäure, das Amygdalin, findet sich z. B. in den Kernen von bitteren Mandeln und vielen Steinobstsorten.

1.1 Ein Liter einer wässrigen Lösung enthält 0,405 g Blausäure ($pK_S(HCN) = 9{,}2$). Formulieren Sie die Protolyse von Blausäure in Wasser und stellen Sie das Massenwirkungsgesetz auf. Berechnen Sie den pH-Wert der oben genannten wässrigen Blausäurelösung. 10

1.2 Beschreiben Sie das pH-Diagramm der Blausäurelösung (Material 1).
Begründen Sie, inwiefern das Verwenden eines Überschusses an Natronlauge die Entstehung gasförmiger Blausäure bei der Entsorgung vermindert. 10

1.3 Material 2 zeigt die Strukturformel von Amygdalin, das aus drei Abschnitten (A), (B) und (C) besteht. Durch das Enzym Emulsin wird Amygdalin an den durch Pfeile gekennzeichneten Stellen hydrolytisch in drei Moleküle A, B und C gespalten. Molekül C kann zu Blausäure und einem weiteren Produkt zerfallen. Zeichnen Sie die drei Moleküle A, B und C, benennen Sie A und B sowie deren genaue Verknüpfungsart im Amygdalin.
Erläutern Sie den Begriff „optische Aktivität" am Beispiel von Molekül C. Zeichnen Sie die beiden Zerfallsprodukte von C unter Angabe der bindenden und nicht bindenden Elektronenpaare. 13

1.4 Für die Verminderung der Giftwirkung des Kaliumcyanids in Gegenwart von Zuckern ist deren Carbonylgruppe verantwortlich. Diese liegt in der offenkettigen Form der Zucker vor. Dabei wird das Cyanid-Ion an die Carbonylgruppe angelagert, anschließend findet eine Protonierung statt. Das entstehende Produkt wird im Körper weiter abgebaut.
Formulieren und erklären Sie den Reaktionsmechanismus für die beschriebene Reaktion zwischen Cyanid-Ionen und der offenkettigen Form der D-Glucose in wässriger Lösung und benennen Sie den Reaktionstyp. 7/40

Material 1: pH-Diagramm der Blausäurelösung

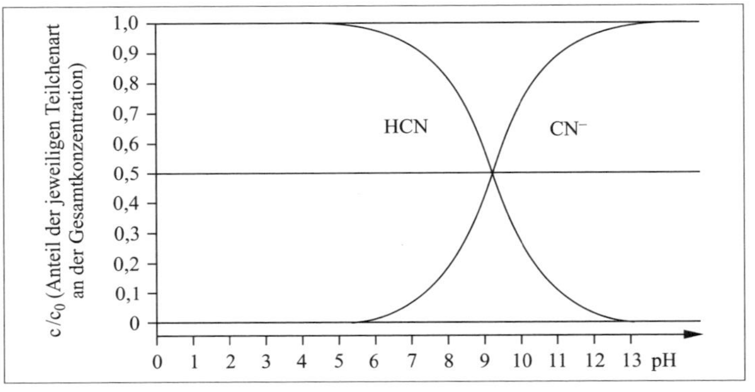

Material 2: Amygdalin

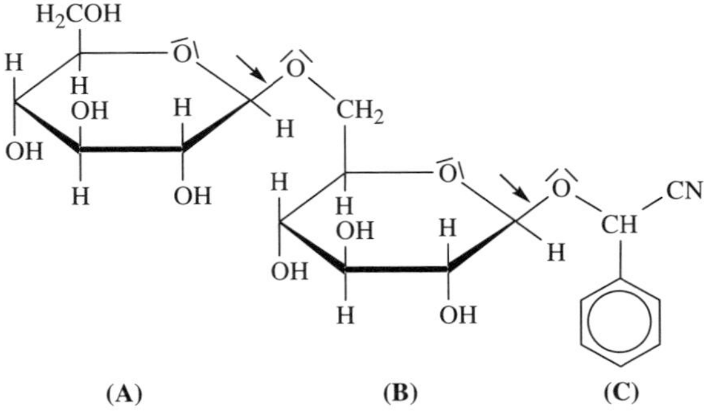

(A) (B) (C)

Quellen:
Chemie in unserer Zeit, 43. Jahrgang 2009, Heft 2, S. 118
Chemie in unserer Zeit, 43. Jahrgang 2009, Heft 3, S. 188
W. Asselborn, M. Jäckel, K. T. Risch: Chemie heute – Sekundarbereich II, Lehrerband mit Kopiervorlagen, Hannover 1999, S. 139
J. Falbe, M. Regitz (Hrsg.): Römpp-Lexikon Chemie, Band 1, Stuttgart 9. Aufl. 1989, S. 178, S. 447
K. P. Vollhardt, N. E. Schore: Organische Chemie, Weinheim 4. Aufl. 2007, S. 887
H. Wambach, U. Hilgers (Hrsg.): Materialien-Handbuch Kursunterricht Chemie, Band 5, Köln 1997, S. 155 f.

Aufgabe B

Buttersäure BE

Buttersäure (n-Butansäure) ist eine ölige und übel riechende Flüssigkeit. Im Labor lässt sie sich z. B. im sauren Milieu aus Butan-1-ol und Kaliumpermanganat (enthält Permanganat-Ionen, MnO_4^- -Ionen) herstellen. Dabei entstehen unter anderem Mn^{2+}-Ionen. In der Natur produzieren einige Bakterien unter Luftabschluss Buttersäure aus Glucose und nutzen diesen Gärprozess zur Energiegewinnung. Dabei werden Kohlenstoffdioxid und Wasserstoff freigesetzt.
Zur Beseitigung von Verunreinigungen mit Buttersäure findet man bei einer Internetrecherche unter anderem folgenden Vorschlag: Die betroffene Stelle soll zunächst mit Spiritus (Hauptbestandteil: Ethanol) und anschließend mit einer geringen Menge Cola (Hauptbestandteile: Wasser, Zucker, Phosphorsäure und Aromastoffe) übergossen werden. Nach einiger Zeit sei ein angenehmer, fruchtartiger Geruch wahrnehmbar und der Buttersäuregeruch verschwunden. Im Labor kann Buttersäure mit Ammoniak (NH_3) reagieren. Hierbei entsteht entweder ein Salz oder ein Carbonsäureamid.

2.1 Formulieren Sie die Reaktionsgleichung für die oben beschriebene Herstellung von Buttersäure aus Butan-1-ol in einem Schritt und zeigen Sie anhand der Elektronenübergänge, dass es sich um eine Redoxreaktion handelt. 8

2.2 Formulieren Sie die Reaktionsgleichung für die Buttersäuregärung und berechnen Sie mithilfe von Material 1 die Reaktionsenthalpie. 8

2.3 Formulieren Sie die Reaktionsgleichung (organische Stoffe in Strukturformeln) zur Herstellung des angenehm fruchtartig riechenden Stoffes und benennen Sie dieses Produkt. Begründen Sie die Funktion der zugesetzten Cola. 6

2.4 Stellen Sie die Reaktionsgleichung für die Bildung eines Salzes aus Buttersäure und Ammoniak in Strukturformeln auf und benennen Sie den Reaktionstyp. Erklären Sie die Stabilität des entstehenden Anions auch auf der Grundlage des Orbitalmodells. 10

2.5 Entwickeln Sie den Reaktionsmechanismus für die Entstehung des Butansäureamids (Material 2) aus Butansäure und Ammoniak. 8

40

Material 1: Molare Standardbildungsenthalpien

Formel	molare Standardbildungsenthalpie $\Delta_f H_m^0$ [kJ · mol^{-1}]
C (s)	0
CO (g)	–111
CO_2 (g)	–394
Butansäure (l)	–534
Glucose (s)	–1 273
H_2 (g)	0
H_2O (g)	–242
H_2O (l)	–286

Material 2: Carbonsäureamid

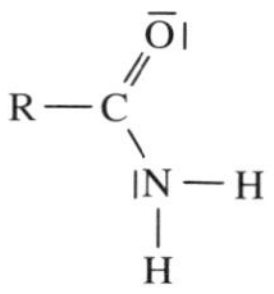

Quellen:

G. H. Aylward, T. J. V. Findlay: Datensammlung Chemie in SI-Einheiten, Weinheim 3. Aufl. 1999

E. Libbert: Lehrbuch der Pflanzenphysiologie, 4. Auflage, Stuttgart 1987, S. 48

K. P. Vollhardt, N. E. Schore: Organische Chemie, 4. Auflage, Weinheim 2007, S. 994

Aufgabe C

Süßungsmittel BE

Der Süßstoff Aspartam (Material 1) wird beispielsweise unter den Handelsnamen NutraSweet® oder Canderel® vertrieben. Seine Süßkraft ist etwa 200-mal höher als die von Haushaltszucker. Aspartam findet Verwendung in Light-Limonaden, anderen kalorienarmen Getränken, Fruchtjoghurts und Kaugummis.
In einigen Ländern müssen Lebensmittel, die Aspartam enthalten, mit dem Hinweis „enthält eine Phenylalaninquelle" versehen sein. Ursache hierfür ist, dass durch den Verzehr aspartamhaltiger Lebensmittel die Aminosäure Phenylalanin als Stoffwechselprodukt freigesetzt wird. Dies kann bei Menschen, die an der Stoffwechselkrankheit Phenylketonurie (PKU) leiden, zu Schädigungen des Gehirns führen.
Aspartam wird im Magen durch saure Hydrolyse unter katalytischer Wirkung der Salzsäure des Magens abgebaut. Ist der Magen ungefüllt, beträgt der pH-Wert der Flüssigkeit im Magen etwa 1. In gefülltem Zustand des Magens steigt der pH-Wert bis auf etwa 3,5 an. In ungefülltem Zustand enthält der Magen ungefähr 250 mL, in gefülltem Zustand etwa 500 mL Magenflüssigkeit.

Xylit ist als Zuckeraustauschstoff in Kaugummis enthalten. Es handelt sich um einen fünfwertigen Alkohol, der in wässriger Lösung aus D-Xylose (Material 2) herstellbar ist.

3.1 Beschriften Sie die funktionellen Gruppen im Aspartam-Molekül. Formulieren Sie die Reaktionsgleichung für die vollständige saure Hydrolyse des Aspartams im Magen. Verwenden Sie für die organischen Stoffe Strukturformeln mit bindenden und nicht bindenden Elektronenpaaren. 8

3.2 Entwickeln Sie den Reaktionsmechanismus für die saure Hydrolyse der –CO–NH–-Gruppe des Aspartams. 9

3.3 Berechnen Sie jeweils die Stoffmenge der H_3O^+-Ionen $n(H_3O^+)$ in ungefülltem sowie in gefülltem Magen für die oben angegebenen Werte. 6

3.4 Zeichnen Sie die Haworth-Projektion von α-D-Xylose als 6-Ring sowie Xylit in der Fischer-Projektion. Erläutern Sie die Entstehung von Xylit aus Xylose. Gehen Sie hierbei von der Ringform der Xylose aus und benennen Sie die bei der Umwandlung auftretenden Stoffklassen. 9

3.5 D-Xylose lässt sich in wässriger Lösung mit Brom und Wasser zu D-Xylonsäure umsetzen. Als weiteres Produkt entsteht ein Stoff, der sauer reagiert und mit Silbernitratlösung einen weißlichgelben Niederschlag bildet. Dampft man die wässrige Lösung ein, bildet sich aus D-Xylonsäure das Xylonolacton. Dabei handelt es sich um einen cyclischen Ester, der als 5-Ring vorliegt.
Formulieren Sie die Reaktionsgleichung zur Entstehung von D-Xylonsäure in Strukturformeln. Verwenden Sie hierbei die D-Xylose in der Fischer-Projektion.
Formulieren Sie ebenfalls die Strukturformel des Xylonolactons. 8

40

Material 1: Aspartam

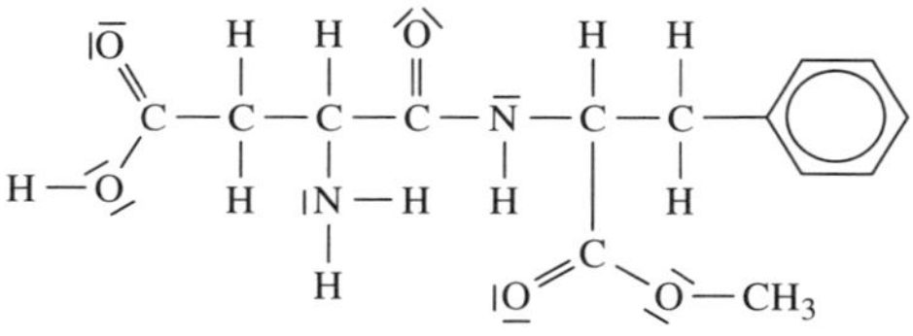

Material 2: D-Xylose

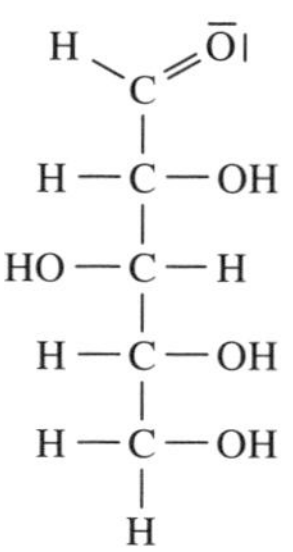

Quellen:
W. Asselborn, M. Jäckel, K. T. Risch: Chemie heute – Sekundarbereich II, Lehrerband Teil 4 mit Kopiervorlagen, Hannover 1998, S. 455
K. P. Vollhardt, N. E. Schore: Organische Chemie, Weinheim, 4. Aufl. 2007, S. 1 270

Aufgabe D

Phenol BE

Phenol (Hydroxybenzol) ist ein Feststoff, der in farblosen Nadeln mit charakteristischem Geruch vorliegt. Bereits im 19. Jahrhundert erlangten Phenol und einige seiner Derivate in der Medizin eine große Bedeutung.
So führte der schottische Mediziner Joseph Lister 1865 eine 5 %ige wässrige Lösung als Desinfektionsmittel in der Chirurgie ein. 1887 wurde das Phenolderivat Phenacetin (Material 1) als schmerzstillender Wirkstoff eingeführt.
Die Synthese von Phenacetin kann in fünf Stufen durchgeführt werden.

1. Stufe: Nitrierung von Phenol
2. Stufe: Bildung von Natriumnitrophenolat durch Zugabe von Natronlauge
3. Stufe: Umsetzung des Natriumnitrophenolats mit Chlorethan zu 4-Ethoxynitrobenzol (Material 2)
4. Stufe: Katalytische Reduktion von 4-Ethoxynitrobenzol zu 4-Ethoxyaminobenzol; als Reduktionsmittel verwendet man elementaren Wasserstoff
5. Stufe: Umsetzung von 4-Ethoxyaminobenzol mit Essigsäureanhydrid (Material 3) zu Phenacetin

4.1 Eine wässrige Lösung von Phenol reagiert schwach sauer.
Formulieren Sie die Reaktionsgleichung und erläutern Sie das Reaktionsverhalten von Phenol auch mithilfe mesomerer Grenzstrukturen für das Reaktionsprodukt. 7

4.2 2,9 g Natriumphenolat werden in Wasser gelöst und anschließend wird auf 1 Liter Lösung aufgefüllt. Man misst einen pH-Wert der Lösung von 11,2.
Berechnen Sie den pK_B-Wert des Phenolat-Ions. 7

4.3 Benennen und formulieren Sie den Reaktionsmechanismus für die Nitrierung von Phenol als 1. Stufe der Synthese von Phenacetin.
Ordnen Sie im Mechanismus die wesentlichen Fachbegriffe zu und erläutern Sie die dirigierende Wirkung des Erstsubstituenten auch mithilfe von Grenzformeln. Für die Entstehung des angreifenden Elektrophils reicht die Formulierung einer Reaktionsgleichung aus. 14

4.4 Formulieren Sie jeweils die Reaktionsgleichung für die 3., 4. und 5. Stufe der Phenacetin-Synthese.
Bei der Reaktion der Synthesestufe 4 handelt es sich um eine Redoxreaktion.
Zeigen Sie dies anhand der Elektronenübergänge. 12

40

Material 1: Phenacetin

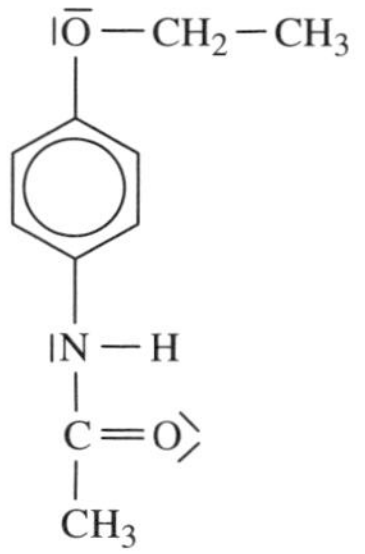

Material 2: 4-Ethoxynitrobenzol

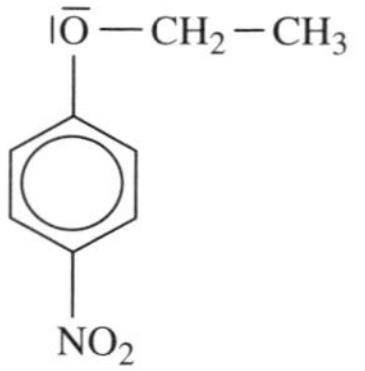

Material 3: Essigsäureanhydrid (Ethansäureanhydrid)

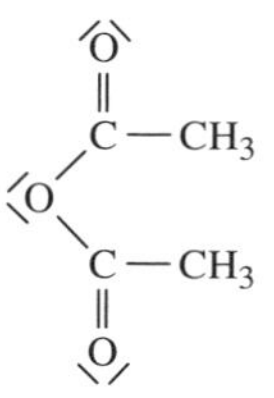

Quellen:
J. Falbe, M. Regitz (Hrsg.): Römpp-Lexikon Chemie, Band 4, Stuttgart 9. Auflage 1991, S. 3 244
K. P. Vollhardt, N. E. Schore: Organische Chemie, Weinheim 2007, S. 1 210

Lösungsvorschläge

Aufgabe A

1.1 **Protolyse von Blausäure in Wasser**

$$HCN + H_2O \rightleftharpoons CN^- + H_3O^+$$

Massenwirkungsgesetz

$$K_s = \frac{c_{CN^-} \cdot c_{H_3O^+}}{c_{HCN}}$$

Aus dem angegebenen pK_S-Wert ($pK_S(HCN) = 9{,}2$) geht hervor, dass es sich bei Blausäure um eine schwache Säure handelt. Das Protolysegleichgewicht liegt demnach weitgehend auf der Seite der Edukte. Als Vereinfachung kann man bei schwachen Säuren davon ausgehen, dass die Gleichgewichtskonzentration der Säure (c_{HCN}) der Konzentration der Säure vor der Protolyse, also der Anfangskonzentration (c^0_{HCN}), entspricht.

$$n_{HCN} = \frac{m_{HCN}}{M_{HCN}} = \frac{0{,}405\ g}{27\ g \cdot mol^{-1}} = 0{,}015\ mol \quad \Rightarrow \quad c^0_{HCN} = 0{,}015\ mol \cdot L^{-1}$$

$$K_s = \frac{c_{CN^-} \cdot c_{H_3O^+}}{c_{HCN}}$$

$$c_{CN^-} = c_{H_3O^+} \quad \Rightarrow \quad K_s = \frac{c^2_{H_3O^+}}{c_{HCN}} = \frac{c^2_{H_3O^+}}{c^0_{HCN}}$$

$$c_{H_3O^+} = \sqrt{K_s \cdot c^0_{HCN}}$$

$$pH = \frac{1}{2} \cdot (pK_s - \lg c^0_{HCN}) = \frac{1}{2} \cdot (9{,}2 - \lg 0{,}015) = 5{,}5$$

1.2 **pH-Diagramm**

Grundlage des Diagramms ist die Henderson-Hasselbalch-Gleichung (Puffergleichung), die allerdings nicht verlangt ist.

$$pH = pKs + lg \frac{c_{CN^-}}{c_{HCN}}$$

In dem Diagramm ist das Konzentrationsverhältnis der Blausäure und ihrer konjugierten Base in Abhängigkeit vom pH-Wert aufgetragen. Unterhalb von pH 5,5 liegt ausschließlich HCN vor, oberhalb von pH 12,5 ausschließlich das Anion CN^-. Bei pH 9,2 entspricht die Konzentration der Blausäure der Konzentration ihrer konjugierten Base CN^-. Die Pufferwirkung ist an diesem Punkt am größten.

Bei pH = 9,2 gilt:
$c_{CN^-} = c_{HCN}$
Eingesetzt in die Henderson-Hasselbalch-Gleichung ergibt sich dann:
$pH = pK_s$

Wird Natronlauge im Überschuss zugegeben, steigt der pH-Wert und es liegt ausschließlich das Anion der Blausäure (in Form einer Natriumcyanidlösung) vor. Die giftige Blausäure kann nicht mehr entstehen.

1.3

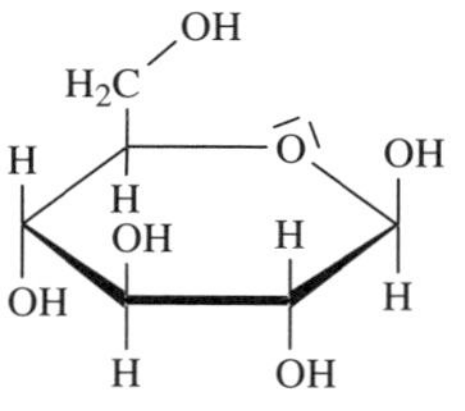

(A) = (B)

β-D-Glucose

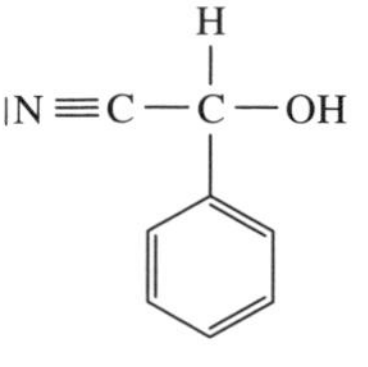

(C)

Die beiden D-Glucose-Einheiten sind im Amygdalin **β-1,6-glykosidisch** verknüpft.

Optische Aktivität
Optisch aktive Substanzen drehen die Schwingungsebene linear polarisierten Lichts. Voraussetzung dafür, dass eine Verbindung optisch aktiv ist, ist ein **chiraler Molekülbau**. Eine Verbindung ist chiral, wenn sie mindestens ein asymmetrisches Kohlenstoffatom enthält, ein Kohlenstoffatom also, an dem vier unterschiedliche Substituenten gebunden sind. In Molekül C ist das mit dem Sternchen versehene Kohlenstoffatom das asymmetrische C-Atom. Von Molekül C gibt es zwei Enantiomere, die sich wie Bild und Spiegelbild verhalten. Das eine Enantiomer ist links-, das andere rechtsdrehend.

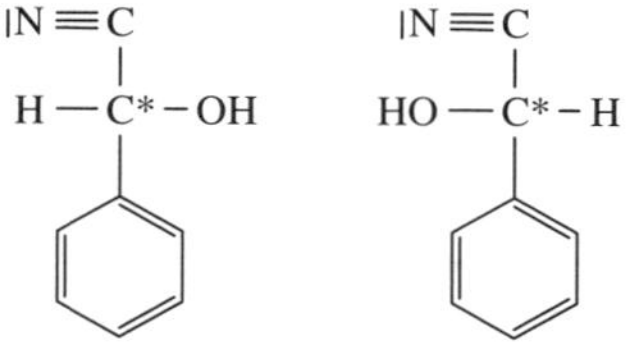

Zerfallsprodukte von Molekül C

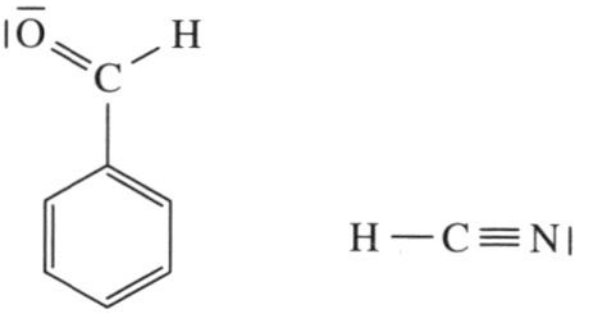

1.4 **Reaktionsmechanismus**

Nukleophile Addition des Cyanidions an das positiv polarisierte Carbonylkohlenstoffatom:

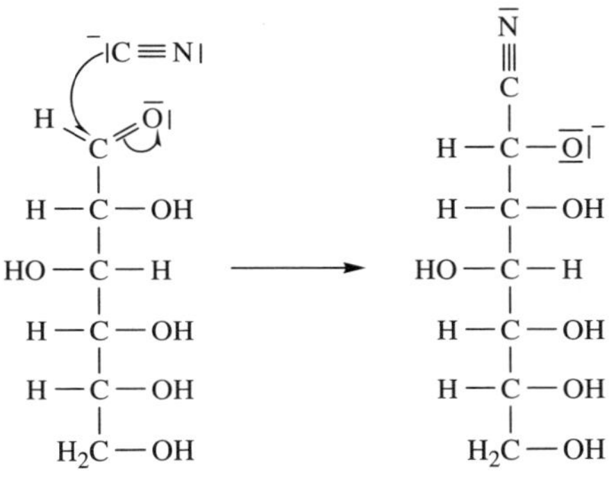

Protonierung:

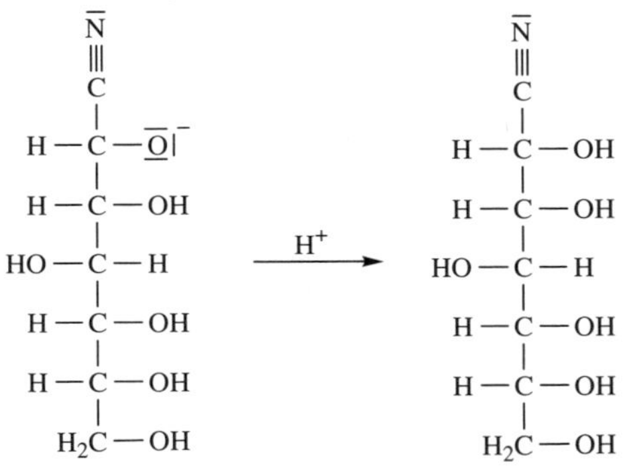

Aufgabe B

2.1 **Herstellung von Buttersäure**

Ox.: $H_3C\left(CH_2\right)_2\overset{-I}{C}H_2-OH + 5\,H_2O \longrightarrow H_3C\left(CH_2\right)_2\overset{+III}{C}(=\overline{O}|)OH + 4\,e^- + 4\,H_3O^+ \quad |\cdot 5$

Red.: $\overset{+VII}{Mn}O_4^- + 5\,e^- + 8\,H_3O^+ \longrightarrow \overset{+II}{Mn}{}^{2+} + 12\,H_2O \quad |\cdot 4$

$$5\,C_4H_9OH + 4\,MnO_4^- + 12\,H_3O^+ \longrightarrow 5\,C_3H_7COOH + 4\,Mn^{2+} + 23\,H_2O$$

Durch die Oxidation von Butan-1-ol zur Butansäure erhöht sich die Oxidationsstufe am C1-Atom von –I auf +III. Bei der Reduktion des Permanganations zum Mn^{2+}-Ion verringert sich die Oxidationsstufe des Mangans von +VII auf +II.

2.2 *Gärung ist eine Redoxreaktion, die ohne Beteiligung von Sauerstoff stattfindet. Bakterien bauen Glucose unter strikt anaeroben Bedingungen ab und gewinnen dabei ATP. Da kein Oxidationsmittel vorhanden ist, erfolgt eine Disproportionierung, d. h., ein Molekülteil der Glucose wird reduziert, ein anderer oxidiert.*

$$C_6H_{12}O_6 \longrightarrow C_3H_7COOH + 2\,CO_2 + 2\,H_2$$

Berechnung der Reaktionsenthalpie

$$\Delta_R H^0 = \sum \Delta_f H^0 \text{ (Produkte)} - \sum \Delta_f H^0 \text{ (Edukte)}$$

$$= \Delta_f H^0_m (C_3H_7COOH) + 2 \cdot \Delta_f H^0_m (CO_2) - \Delta_f H^0_m (C_6H_{12}O_6)$$

$$= (-534 \text{ kJ} \cdot \text{mol}^{-1}) + 2 \cdot (-394 \text{ kJ} \cdot \text{mol}^{-1}) - (-1273 \text{ kJ} \cdot \text{mol}^{-1})$$

$$= -49 \text{ kJ} \cdot \text{mol}^{-1}$$

2.3 *Es handelt sich bei der vorliegenden Reaktion um eine säurekatalysierte Esterbildung zwischen Buttersäure und Ethanol.*

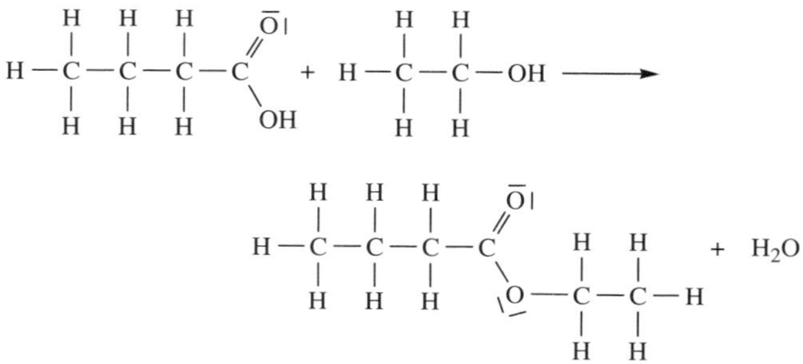

Butansäureethylester

Die Cola wird zugesetzt, da die in ihr enthaltene Phosphorsäure als Katalysator wirkt (Säurekatalyse).

2.4 **Reaktion von Buttersäure mit Ammoniak**

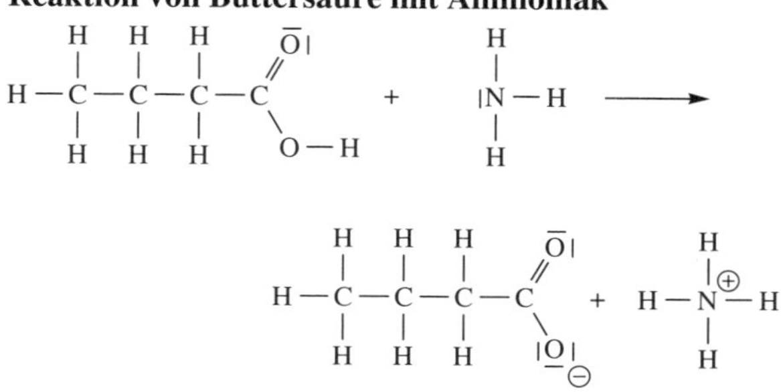

Es handelt sich um eine **Protolyse**. Die Buttersäure überträgt ein Proton auf das Ammoniakmolekül, wobei das Anion der Buttersäure und das Ammoniumion entstehen (Ammoniumsalz der Buttersäure).

Stabilität des Carboxylatanions
Das Anion der Buttersäure ist **mesomeriestabilisiert**. Es lassen sich zwei energetisch gleichwertige mesomere Grenzstrukturformeln formulieren.

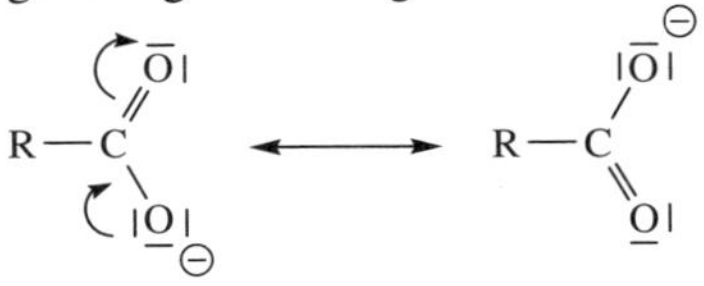

Die Doppelbindungselektronen (π-Elektronen) sowie die negative Ladung sind delokalisiert und die beiden C–O-Bindungslängen daher gleich lang.
Im Orbitalmodell befinden sich die hantelförmigen p_z-Orbitale senkrecht zur Ebene, die von den σ-Bindungselektronen aufgespannt wird. Durch die Überlappung der p_z-Orbitale, die zu beiden Seiten möglich ist, kommt es zur Ausbildung der jeweiligen π-Bindung.

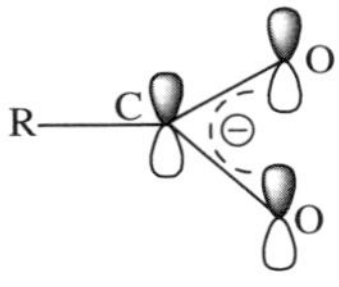

2.5 *Betrachtet wird hierbei ein nukleophiler Angriff des Ammoniakmoleküls an das positiv polarisierte Carboxylkohlenstoffatom der Butansäure. Nach einer intramolekularen Protonenwanderung und der Abspaltung eines Wassermoleküls bildet sich das Butansäureamid.*

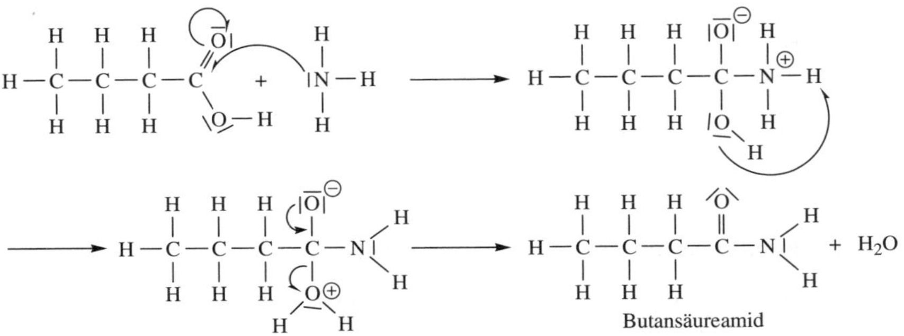

Aufgabe C

3.1 **Funktionelle Gruppen im Aspartammolekül**

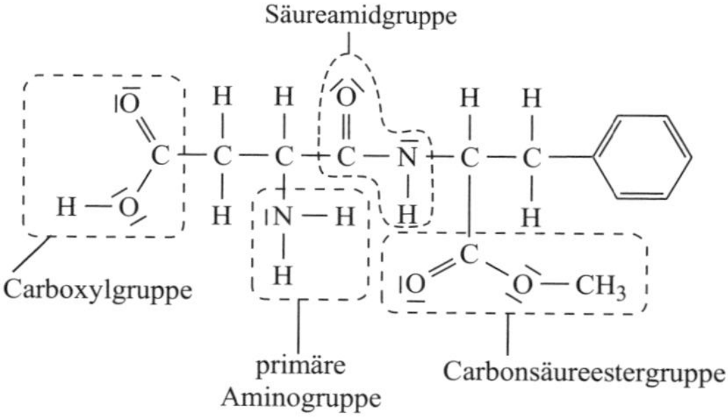

Im sauren Milieu des Magens werden im Aspartammolekül die Säureamid- und die Esterbindung säurehydrolytisch gespalten. Es entstehen die Aminosäuren Asparaginsäure und Phenylalanin sowie Methanol.

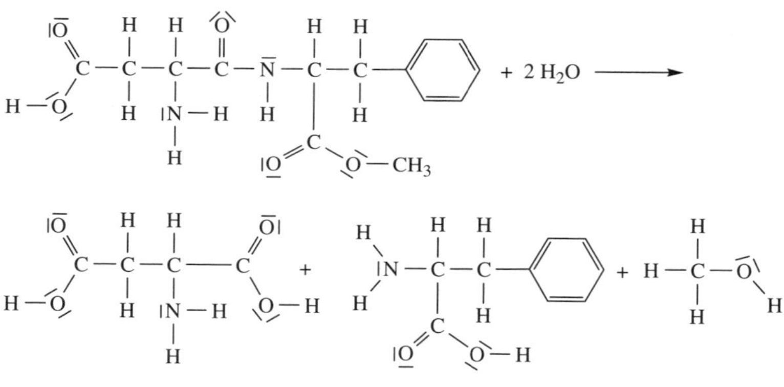

3.2 **Reaktionsmechanismus der sauren Hydrolyse**

Bei dieser Aufgabe kann so vorgegangen werden, dass nur die Peptidgruppe gezeichnet wird. Die für den Reaktionsmechanismus unerheblichen Molekülteile sollten aus Zeitgründen mit R für Rest abgekürzt werden.

Protonierung der Carbonylgruppe:

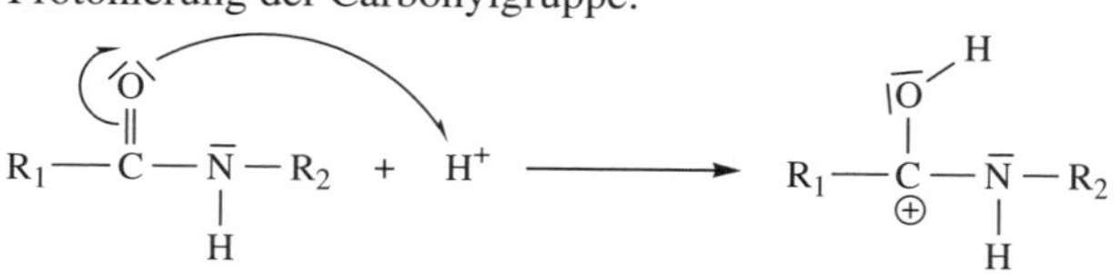

Nukleophiler Angriff eines Wassermoleküls:

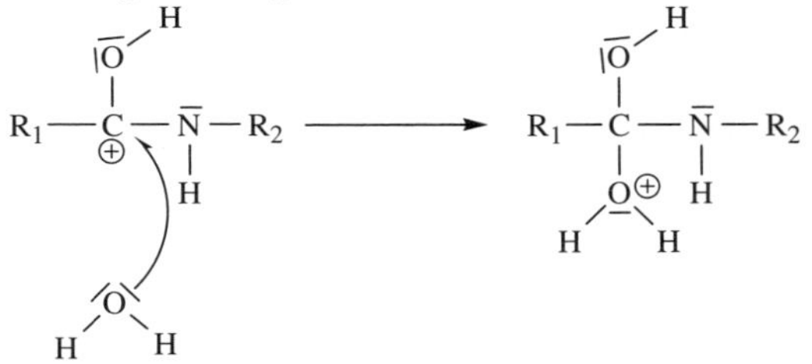

Intramolekulare Protonenwanderung:

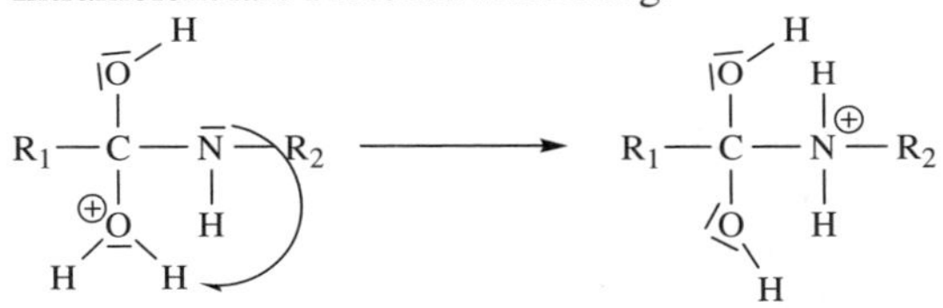

Deprotonierung und Spaltung der Kohlenstoff-Stickstoff-Bindung:

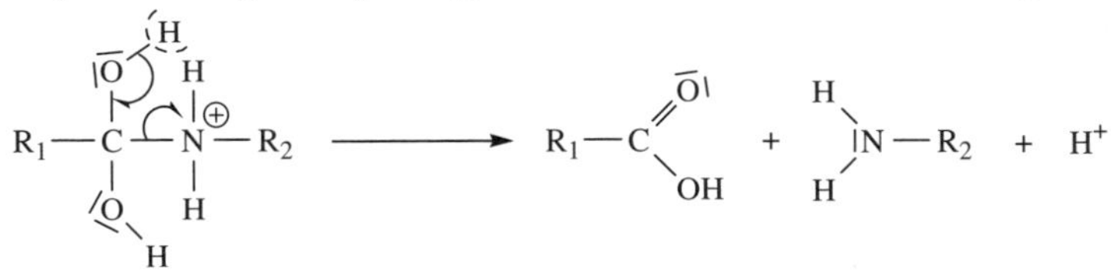

3.3 **Stoffmengenberechnung**

In ungefülltem Magen ist der pH = 1.

$$\mathrm{pH} = -\log c_{\mathrm{H_3O^+}} \;\Rightarrow\; c_{\mathrm{H_3O^+}} = 10^{-\mathrm{pH}} = 10^{-1} = 0{,}1\ \mathrm{mol \cdot L^{-1}}$$

$$c_{\mathrm{H_3O^+}} = \frac{n_{\mathrm{H_3O^+}}}{V} \;\Rightarrow\; n_{\mathrm{H_3O^+}} = c_{\mathrm{H_3O^+}} \cdot V = 0{,}1\ \mathrm{mol \cdot L^{-1}} \cdot 0{,}25\ \mathrm{L} = 0{,}025\ \mathrm{mol}$$

In gefülltem Magen ist der pH-Wert 3,5.

$$c_{\mathrm{H_3O^+}} = 10^{-\mathrm{pH}} = 10^{-3{,}5} = 3{,}16 \cdot 10^{-4}\ \mathrm{mol \cdot L^{-1}}$$

$$n_{\mathrm{H_3O^+}} = c_{\mathrm{H_3O^+}} \cdot V = 3{,}16 \cdot 10^{-4}\ \mathrm{mol \cdot L^{-1}} \cdot 0{,}5\ \mathrm{L} = 1{,}58 \cdot 10^{-4}\ \mathrm{mol}$$

3.4 **α-D-Xylose und Xylit**

Durch nukleophile Addition der OH-Gruppe am C5-Atom an das Carbonylkohlenstoffatom erhält man die cyclische Halbacetalform der D-Xylose, die in der Haworth-Projektionsformel dargestellt wird.

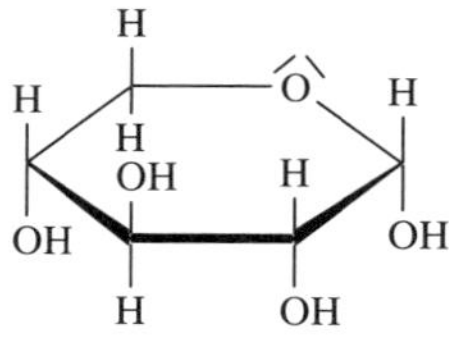

α-D-Xylose

In wässriger Lösung stellt sich ein Gleichgewicht zwischen der α-, der β- und der offenkettigen Form der Xylose ein. α- und β-D-Xylose sind Halbacetale. Durch Reduktion der in der offenkettigen Form vorhandenen Aldehydgruppe zur Hydroxylgruppe erhält man den fünfwertigen Alkohol Xylit.

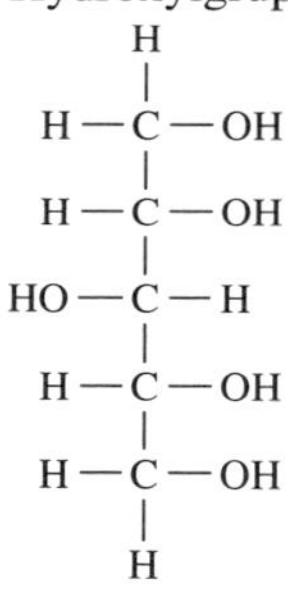

Xylit

3.5 *Durch das Oxidationsmittel Brom wird die Aldehydgruppe der Xylose zur Carboxylgruppe oxidiert. Brom wird dabei zu Bromidionen (bzw. HBr) reduziert.*

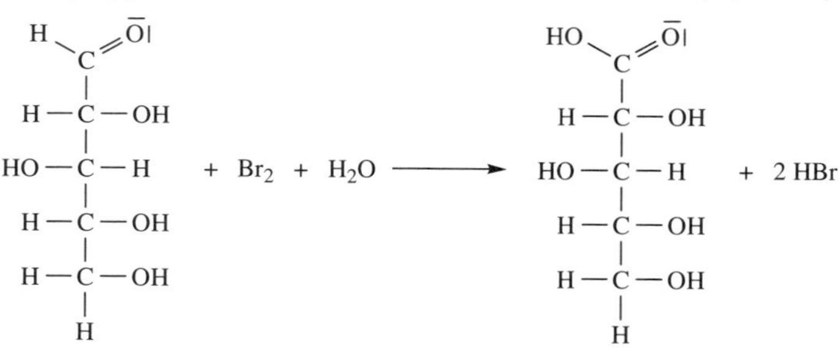

D-Xylonsäure

Xylonolacton bildet sich durch einen nukleophilen Angriff der Hydroxylgruppe am C4-Atom an das Carboxylkohlenstoffatom.

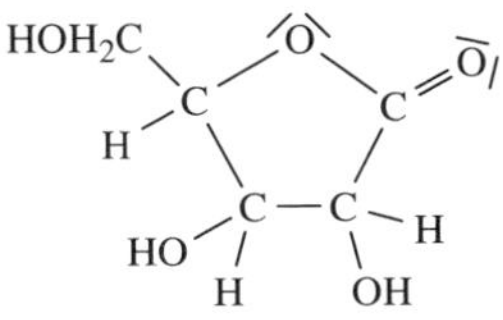

Xylonolacton

Aufgabe D

4.1 **Reaktion von Phenol in Wasser**

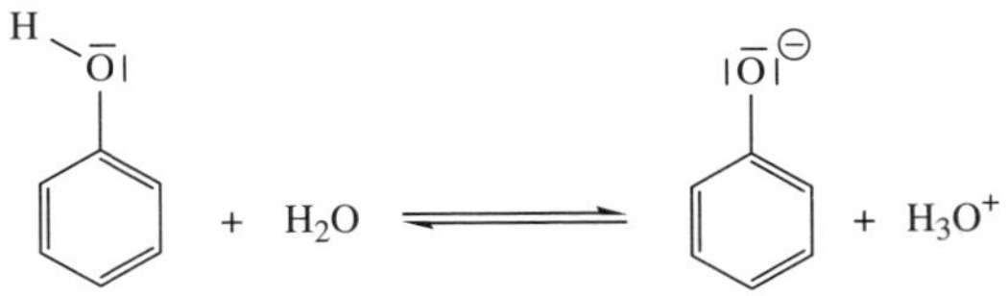

Das bei der Protolyse entstehende Phenolation ist mesomeriestabilisiert. Es können vier energetisch gleichwertige mesomere Grenzstrukturen formuliert werden, bei denen die negative Ladung über den Ring verteilt vorliegt. Die Abgabe des Protons in wässriger Lösung ist daher begünstigt.

Mesomere Grenzstrukturformeln des Phenolations

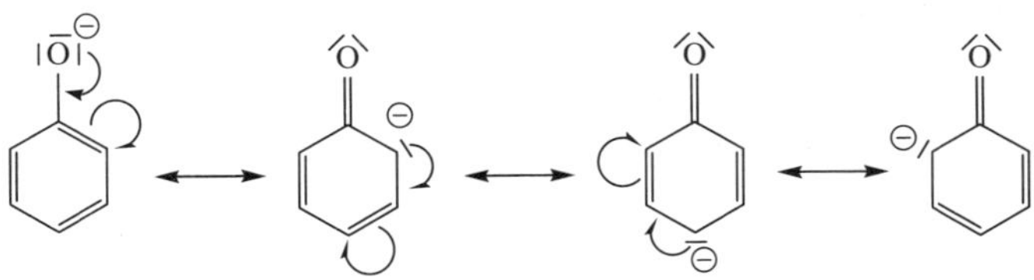

4.2 **pK_B-Wert des Phenolations**

Phenolation (Ph^-) Phenol (Ph)

Massenwirkungsgesetz:

$$K_B = \frac{c_{Ph} \cdot c_{OH^-}}{c_{Ph^-}}$$

$$c_{Ph} = c_{OH^-} \quad \Rightarrow \quad K_B = \frac{c^2{}_{OH^-}}{c_{Ph^-}}$$

$$pH + pOH = 14 \quad \Rightarrow \quad pOH = 14 - pH = 2{,}8$$

$$pOH = -\lg c_{OH^-} \quad \Rightarrow \quad c_{OH^-} = 10^{-pOH} = 10^{-2{,}8} = 1{,}58 \cdot 10^{-3}\ mol \cdot L^{-1}$$

Als Näherung wird angenommen, dass die Phenolatkonzentration im Gleichgewicht (c_{Ph^-}) der Ausgangskonzentration ($c^0_{Ph^-}$) entspricht.

Berechnung der Ausgangskonzentration $c^0_{Ph^-}$:

$$n^0_{Ph^-} = \frac{m_{NaPh}}{M_{NaPh}} = \frac{2{,}9\ g}{116\ g \cdot mol^{-1}} = 0{,}025\ mol$$

$$c^0_{Ph^-} = 0{,}025\ mol \cdot L^{-1}$$

Berechnung des pK_B-Wertes:

$$K_B = \frac{c^2{}_{OH^-}}{c_{Ph^-}} = \frac{(1{,}58 \cdot 10^{-3}\ mol \cdot L^{-1})^2}{0{,}025\ mol \cdot L^{-1}} = 9{,}99 \cdot 10^{-5}\ mol \cdot L^{-1}$$

$$pK_B = -\lg K_B = 4$$

Der pK_B-Wert des Phenolations ist 4.

4.3 **Nitrierung von Phenol**

Es handelt sich um eine **elektrophile aromatische Substitution**.
Bei der Nitrierung ist das Nitroniumion das elektrophile Teilchen. Es bildet sich bei der Reaktion von Salpetersäure mit Schwefelsäure.

$$HNO_3 + H_2SO_4 \xrightarrow{H^+} H_2NO_3^+ + HSO_4^- \longrightarrow NO_2^+ + H_2O + HSO_4^-$$

Nitroniumion

Das Nitroniumion greift den Benzolring an den Stellen elektrophil an, an denen die Elektronendichte durch den **+ M-Effekt der OH-Gruppe** erhöht ist. Anhand der mesomeren Grenzstrukturen kann man erkennen, dass es sich dabei um die **ortho-** und die **para-Position** handelt.

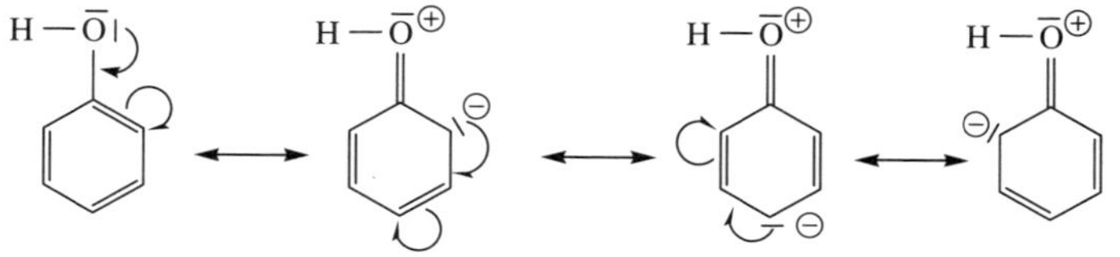

alternativ:

Die Position der Zweitsubstitution kann auch mithilfe der Stabilität des σ-Komplexes begründet werden. Je mehr energetisch gleichwertige mesomere Grenzstrukturen des σ-Komplexes formuliert werden können, umso wahrscheinlicher ist das Entstehen dieses Produkts.

ortho-Stellung:

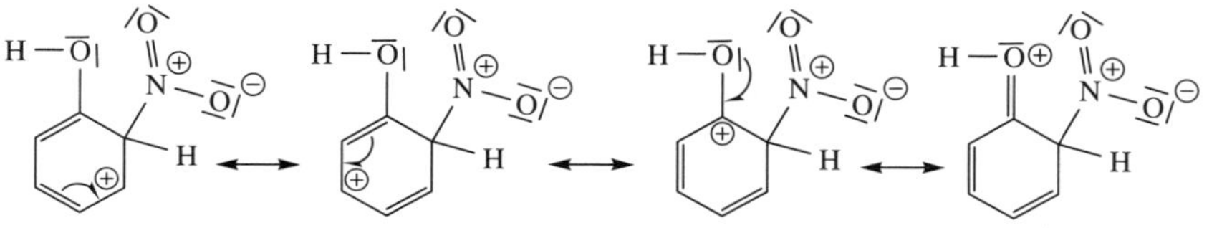

meta-Stellung:

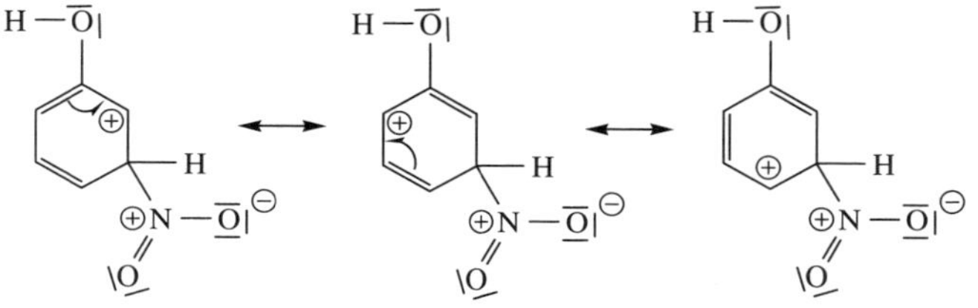

para-Stellung:

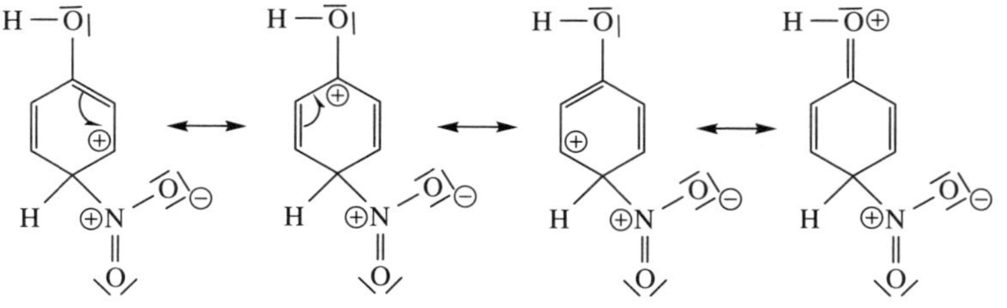

Reaktionsmechanismus der elektrophilen aromatischen Substitution

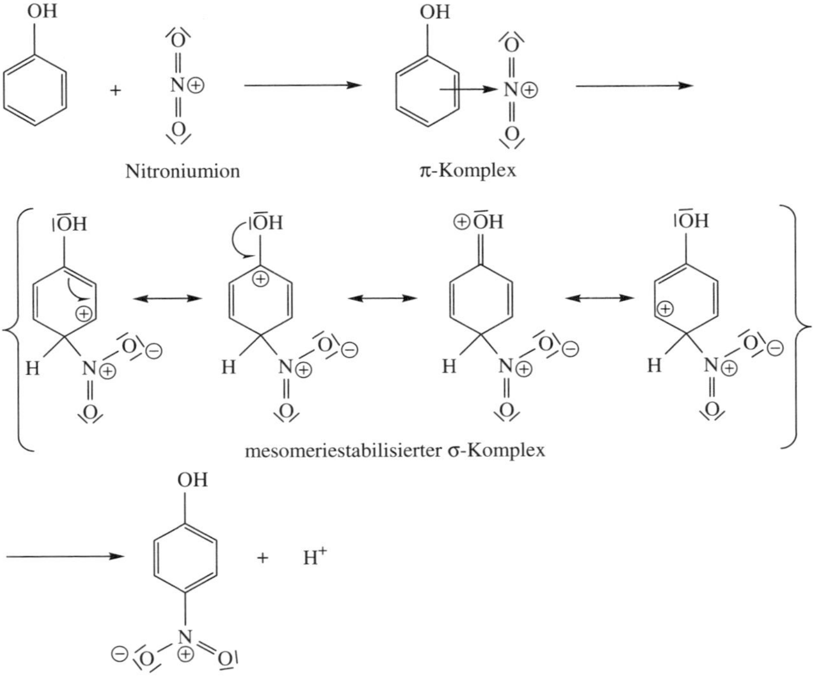

4.4 Reaktionsgleichungen

3. Stufe der Phenacetinsynthese:

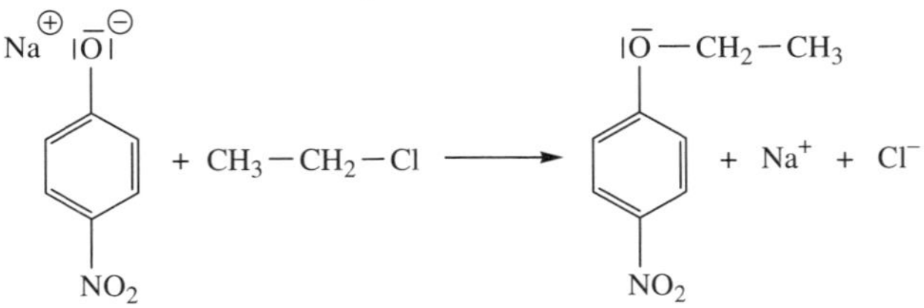

4. Stufe der Phenacetinsynthese:

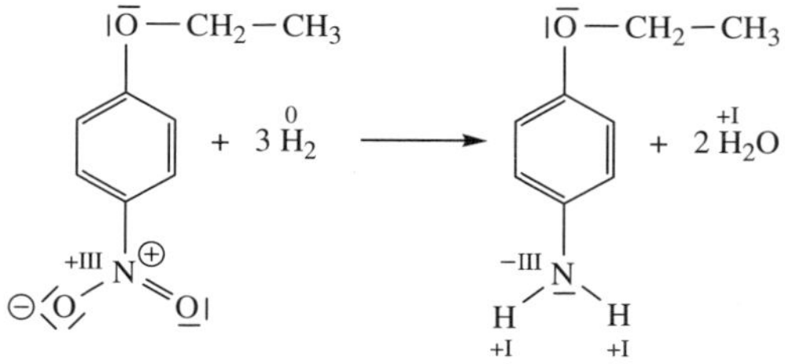

Die Oxidationszahl des Stickstoffatoms verringert sich von +III im Edukt auf –III im Produkt. Stickstoff nimmt sechs Elektronen auf und wird folglich reduziert. Wasserstoff wird gleichzeitig oxidiert; die Oxidationsstufe von Wasserstoff erhöht sich von 0 auf +I.

5. Stufe der Phenacetinsynthese:

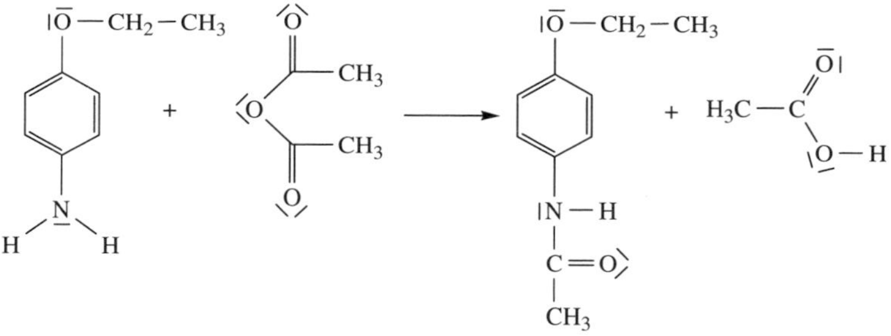

Grundkurs Chemie (Hessen)
Abiturprüfung 2012

Aufgabe A

Chemie des Kohlenstoffmonooxids

BE

Kohlenstoffdioxid und Kohlenstoff sowie Kohlenstoffmonooxid stehen miteinander in einem Gleichgewicht, dem so genannten Boudouard-Gleichgewicht. Die Lage dieses Gleichgewichts hängt von verschiedenen Faktoren ab. Das Material 1 zeigt die Konzentration an Kohlenstoffmonooxid im Gleichgewicht in Abhängigkeit von der Temperatur bei zwei verschiedenen Drücken.
Das mit dieser Rektion gewonnene Kohlenstoffmonooxid kann für zahlreiche chemische Synthesen verwendet werden. Beispielsweise können Metalloxide zu den entsprechenden Metallen umgesetzt werden. Von großtechnischer Bedeutung ist die Reaktion von Kohlenstoffmonooxid mit Wasserstoff zu Alkanen oder Alkenen (Fischer-Tropsch-Verfahren), wie zum Beispiel zu Propen.
Propen kann als Ausgangsstoff für die Synthese von Propanon (Aceton), einem wichtigen organischen Lösungsmittel, dienen. Hierbei wird Propen unter geeigneten Bedingungen zunächst mit Wasser zur Reaktion gebracht, das Produkt dieser Reaktion wird dann zu Propanon oxidiert. Material 2 zeigt einen schematischen Überblick.

1.1 Formulieren Sie für die Bildung von Kohlenstoffmonooxid aus Kohlenstoffdioxid und Kohlenstoff die Reaktionsgleichung und das darauf basierende Massenwirkungsgesetz.
Beschreiben und erläutern Sie den Verlauf der Kurve bei $p = 1$ bar in Material 1.
Vergleichen Sie die Ausbeute an Kohlenstoffmonooxid bei den beiden Drücken $p = 1$ bar und $p = 10$ bar und erläutern Sie den Unterschied. 11

1.2 Formulieren Sie die Reaktionsgleichung für die Reaktion von Eisen(III)-oxid mit Kohlenstoffmonooxid zu Eisen und Kohlenstoffdioxid.
Geben Sie die für die Reaktion wesentlichen Oxidationszahlen an und zeigen Sie anhand der Elektronenübergänge, dass es sich um eine Redoxreaktion handelt. 6

1.3 Formulieren Sie die Reaktionsgleichung für die Reaktion von Kohlenstoffmonooxid mit Wasserstoff zu Propen und Wasser. 4

1.4 Geben Sie die Strukturformel von Propanon an.
Formulieren Sie die Reaktionsgleichung für die Reaktion von Propen mit Wasser in Strukturformeln, benennen Sie das Reaktionsprodukt und den Reaktionstyp.
Zeigen Sie, dass es sich bei der Weiterreaktion des hierbei entstehenden Produktes zu Propanon um eine Oxidation handelt. 9

30

Material 1: Temperatur- und Druckabhängigkeit der Kohlenstoffmonooxid-Konzentration im Boudouard-Gleichgewicht

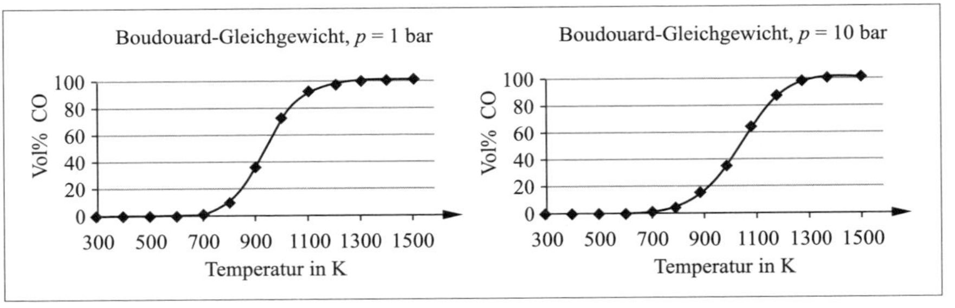

Material 2: Reaktionen von Kohlenstoffmonooxid: Schematischer Überblick

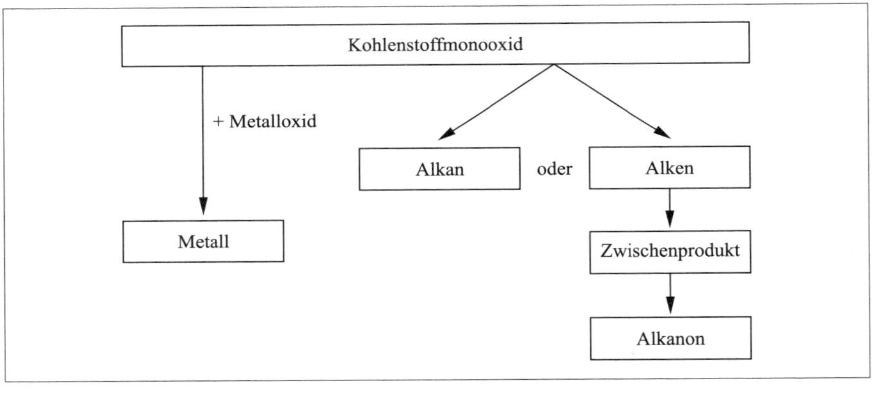

Materialgrundlage:
E. Riedel, C. Janiak: Anorganische Chemie, Berlin 2007, S. 527
http://www.fh-koblenz.de/fileadmin/medien/Hoehr_Grenzhausen/Werkstofftechnik/PDF-Download-Dateien/Boudouard_1009.pdf (05. 09. 2011, bearbeitet)

Aufgabe B

Der Süßstoff Aspartam BE

Aspartam ist ein Süßstoff, der unter verschiedenen Handelsnamen (NutraSweet®, Canderel®) z. B. in Tablettenform oder als Lösung vertrieben wird. Er ist etwa 200-mal süßer als Zucker, wohlschmeckend und weist einen relativ niedrigen Brennwert auf. Zur Herstellung von Aspartam werden Methanol und die Aminosäuren Phenylalanin und Asparaginsäure (Materialien 1 und 2) benutzt. Die genannten Aminosäuren können aus Alkanalen durch die Strecker-Synthese gewonnen werden.
Als gängiges Verpackungsmaterial für Medikamente wird zudem häufig der Stoff Polyethen (Polyethylen) verwendet.

2.1 Benennen und formulieren sie den Reaktionsmechanismus für die Herstellung von Polyethen aus dem Monomer Ethen mit zwei verschiedenen Abbruchreaktionen. Verwenden Sie als Startersubstanz das Peroxid:

$R-\overline{\underline{O}}-\overline{\underline{O}}-R$

Erläutern Sie das Verhalten von Polyethen beim Erwärmen und ordnen Sie Polyethen diesbezüglich einer Gruppe von Kunststoffen zu. 11

2.2 Geben Sie die Strukturformel für D-Phenylalanin und eine Definition für die Bezeichnungen D- und L-Form an.
Formulieren Sie die Strukturformeln von L-Phenylalanin in stark saurer und in stark alkalischer Lösung. 6

2.3 Phenylalanin wird nach der Strecker-Synthese in vereinfachter Darstellung aus Phenylethanal (Material 3), Wasser und Cyanwasserstoff (HCN) hergestellt.
Formulieren Sie in Strukturformeln die Reaktionsgleichung für diese Synthese.
Ermitteln Sie auf der Grundlage der Strecker-Synthese die Strukturformel für das Alkanal, aus dem Asparaginsäure hergestellt werden kann. 5

2.4 Für die Herstellung von Aspartam aus Methanol und den beiden Aminosäuren sind zwei Reaktionsschritte erforderlich.
Reaktionsschritt 1:
Methanol und Phenylalanin reagieren in einer Esterreaktion.
Reaktionsschritt 2:
Ein Molekül des in Schritt 1 entstandenen Esters reagiert mit einem Molekül Asparaginsäure unter Wasserabspaltung.

Formulieren Sie für beide Reaktionsschritte jeweils die Reaktionsgleichung unter Verwendung von Strukturformeln oder Halbstrukturformeln. Verwenden Sie hierbei vereinfachend Aminosäure-Strukturen mit nicht geladenen funktionellen Gruppen. 8

30

Material 1: Phenylalanin in L-Form

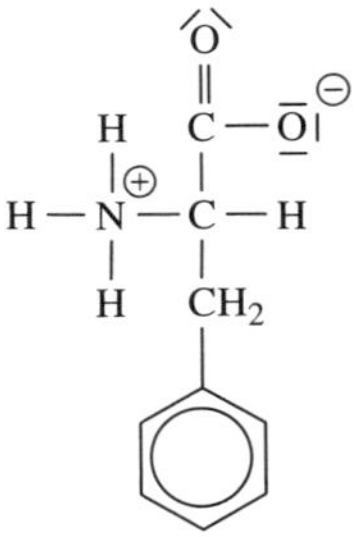

Material 2: Asparaginsäure in L-Form

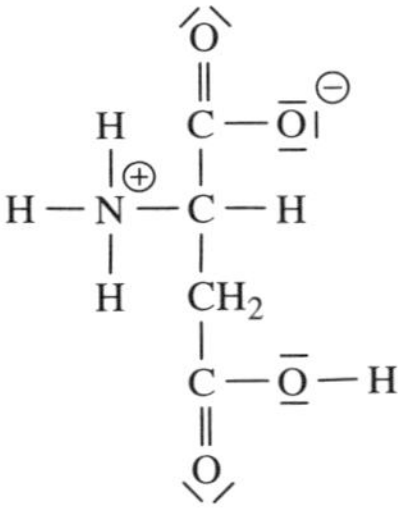

Material 3: Phenylethanal

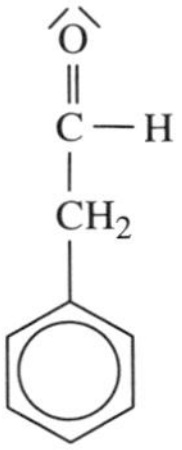

Quellen:
K. P. Vollhardt, N. E. Schore: Organische Chemie, Weinheim 2007, S. 1380 (Strecker-Synthese) – vereinfacht ohne Ammoniak
http://www.canderel.de/produkte/streususse.html (10. 03. 2011)

Aufgabe C

Olestra – ein Fettersatzstoff zur kalorienreduzierten Ernährung BE

Wissenschaftler sind seit vielen Jahren auf der Suche nach geeigneten Fettaustauschstoffen und Fettersatzstoffen, da eine übermäßig fettreiche Ernährung häufig Ursache für Übergewicht und dessen Folgeerkrankungen ist (zum Beispiel Herz-Kreislauf-Erkrankungen und Diabetes).
Ein Fettaustauschstoff auf Kohlenhydratbasis ist z. B. Maisstärke, die in Wasser stark aufquillt, sodass eine cremige, weiche, an Fett erinnernde Masse entsteht.
Fettersatzstoffe werden synthetisch hergestellt und besitzen die gleichen oder sehr ähnliche geschmackliche und physikalische Eigenschaften wie natürliche Fette. Sie können jedoch aufgrund ihres Molekülbaus von den körpereigenen fettverdauenden Enzymen kaum abgebaut werden und sind daher fast „kalorienfrei".

Wissenschaftler des Unternehmens „Procter & Gamble" entwickelten synthetische Fettersatzstoffe, die aus Estern von Fettsäuren und Zuckermolekülen bestehen. Diese Erfindung ließ sich der Konzern 1971 patentieren. Erst 1996, nach zahlreichen Tests, ließ die US-amerikanische „Food and Drug Administration" das Produkt unter dem Namen „Olestra" erstmals zur Verwendung in Lebensmitteln zu. Olestra ist ein Gemisch aus verschiedenen Estern der Saccharose mit Fettsäuren. Man findet Olestra auf dem US-Markt beispielsweise als Fettersatzstoff in Kartoffelchips. In Material 2 sind die einzelnen Reaktionsschritte, die zur Herstellung von Olestra führen, angegeben.

3.1 Der Fettaustauschstoff Maisstärke enthält einen großen Anteil an Amylose, in der die Monomere 1,4-verknüpft sind.
Zeichnen Sie einen Strukturformelausschnitt der Amylose bestehend aus drei Monomeren.
Beschreiben und erklären Sie eine Nachweisreaktion für Stärke. 6

3.2 Formulieren Sie die Reaktionsgleichung für eine positive Fehling-Reaktion an einem selbst gewählten Beispiel.
Benennen Sie die Monomere, aus denen Saccharose (Material 1) aufgebaut ist, und deren Verknüpfungsart.
Erläutern Sie das Reaktionsverhalten von Saccharose bei der Fehling-Probe. 8

3.3 Formulieren Sie in Strukturformeln die Reaktionsgleichung für die Reaktion des in Material 3 vorgegebenen Triglyceridmoleküls mit Methanol zu Propan-1,2,3-triol und den Alkansäuremethylestern (Reaktionsschritt B in Material 2). 4

3.4 Formulieren Sie die Strukturformel eines Oktaesters der Saccharose (Ester von Saccharose mit acht Alkansäuren; Produkt aus Reaktionsschritt C in Material 2).
Hinweis: Die Alkansäurereste im Oktaester können jeweils mit „R" abgekürzt werden. 6

3.5 Formulieren Sie den Mechanismus der alkalischen Hydrolyse des Triglycerides aus Material 3 exemplarisch an einer funktionellen Gruppe.
Hinweis: Die für die Reaktion nicht relevanten Molekülteile können mit „R“ abgekürzt werden. 6

30

Material 1: Saccharose-Molekül

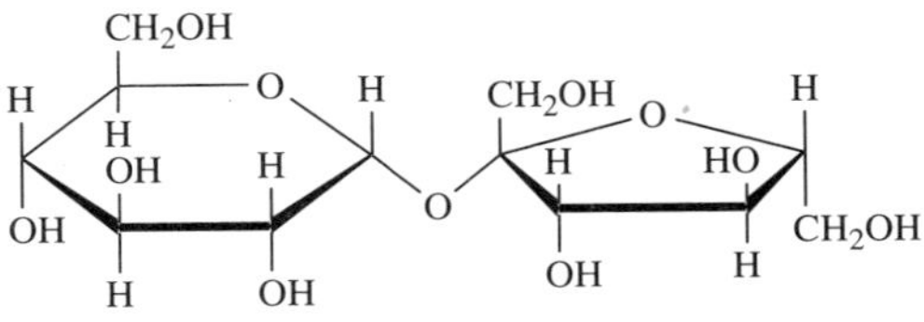

Material 2: Herstellung von Olestra

Reaktionsschritt A:
Isolierung von Triglyceridmolekülen aus Baumwollsamenöl oder Sojabohnenöl

Reaktionsschritt B:
Reaktion von Triglyceridmolekülen mit Methanol zu Propan-1,2,3-triol und Alkansäuremethylestern (bei dieser Reaktion handelt es sich um eine „Umesterung“).

Reaktionsschritt C:
Reaktion der Alkansäuremethylester mit den OH-Gruppen der Saccharose zu Methanol und Oktaestern (Veresterung der Saccharose mit acht Alkansäuren) oder zu Heptaestern (Veresterung der Saccharose mit sieben Alkansäuren).

Material 3: Triglycerid-Molekül

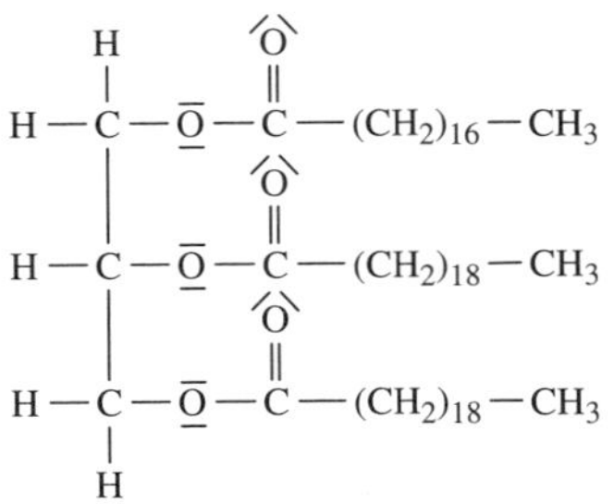

Quellen:
Hans Beyer, Wolfgang Walter: Lehrbuch der Organischen Chemie, Stuttgart 2004, S. 260 f. (Umesterung)
Paula Y. Bruice, Organische Chemie, 5., aktualisierte Auflage, Pearson Studium 2007, S. 1 348
http://www.margarine-institut.de/presse2/bilder/fettersatz1 (26. 01. 2011)
http://www.novafeel.de/ernaehrung/fette/fettersatzstoffe.htm (26. 01. 2011)

Aufgabe D

Inhaltsstoffe der Orangen

BE

Aus den Schalen von Orangen lässt sich durch einfaches Auspressen das wohlriechende Orangenöl gewinnen. Dieses ätherische Öl enthält als Hauptbestandteil den Stoff Limonen (Material 1), eine angenehm zitronenartig riechende Flüssigkeit. Limonen ist in Wasser nicht, in Benzin jedoch gut löslich. Für den sauren Geschmack der Orangen sind die darin enthaltenen Fruchtsäuren wie zum Beispiel Zitronensäure und Äpfelsäure (Material 2) verantwortlich.

4.1 Material 1 zeigt die Strukturformel von Limonen.
Geben Sie das asymmetrische C-Atom im Limonenmolekül und die Definition für den Begriff asymmetrisches C-Atom an.
Erläutern Sie die gute Löslichkeit des Limonens in Benzin. 5

4.2 Versetzt man Limonen mit Brom, beobachtet man eine rasche Entfärbung. Hierbei greift das Brom insbesondere an einer der Seitenketten des Moleküls an.
Formulieren Sie in Strukturformeln die Reaktionsgleichung für die Reaktion von Brom mit Limonen für den Fall, dass der Brom-Angriff tatsächlich an einer Seitenkette erfolgt.
Benennen, formulieren und erläutern Sie den Mechanismus dieser Reaktion unter Verwendung von „R“ für Rest. 10

4.3 Benennen Sie die Äpfelsäure nach IUPAC.
Formulieren Sie in Strukturformeln die Reaktionsgleichung für die vollständige Protolyse von Äpfelsäure in Wasser.
Der pK_S-Wert der Carboxylgruppe des C_1-Atoms beträgt 3,46. Demgegenüber hat Ethansäure einen pK_S-Wert von 4,76.
Erklären Sie die unterschiedlichen pK_S-Werte anhand der Strukturformeln. 10

4.4 In 250 mL Orangensaft wurde experimentell eine H_3O^+-Ionen-Stoffmenge von $n = 1{,}75 \cdot 10^{-4}$ mol bestimmt.
Berechnen Sie den pH-Wert des Saftes. 5

30

Material 1: Limonen

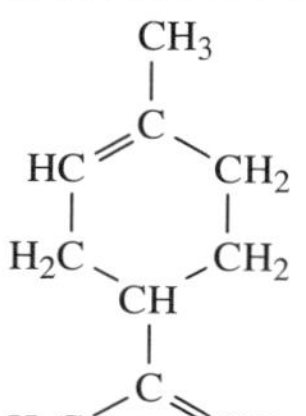

Material 2: Äpfelsäure

HOOC — CH(OH) — CH_2 — COOH

Quellen:
http://www.chids.online.uni-marburg.de/dachs/expvortr/787orange_Griesel.pdf
(24. 02. 2011)

Lösungsvorschläge

Aufgabe A

1.1 *Das Massenwirkungsgesetz (MWG) ergibt sich nur aus den beiden gasförmigen Komponenten CO_2 und CO, der Feststoff Kohlenstoff kann in die Gleichgewichtskonstante einbezogen werden, da seine Wirkung bei der Gasreaktion konstant ist.*
Das MWG soll auch mit Worten beschrieben und abgeleitet werden.

$$CO_2 + C \rightleftharpoons 2\,CO \qquad K = \frac{c^2(CO)}{c(CO_2)}$$

Die Konstante im MWG beschreibt das Verhältnis der Konzentrationen der Produkte zu denen der Edukte im Gleichgewicht. Die Konzentrationen der Produkte werden im Zähler, die der Edukte im Nenner aufgeführt. Der stöchiometrische Faktor wird im Exponenten aufgezeigt.

Der Kurvenverlauf in den Diagrammen von Material 1 zeigt die Temperatur- und Druckabhängigkeit des Gleichgewichts. Im ersten Diagramm bei 1 bar Druck steigt erst ab 700 K der Gehalt an CO und strebt bei etwa 1 200 K einem Volumenanteil von 100 % zu, der sich auch bei höheren Temperaturen nicht mehr ändert (Sättigung). Bei 10 bar fängt die CO-Bildung bei 800 K an und erreicht bei 1 300 K den Sättigungswert. Aus beiden Diagrammen wird ersichtlich, dass erst bei hohen Temperaturen CO gebildet wird, d. h., es muss sich bei der Bildung von CO um eine endotherme Reaktion handeln, da nach dem Prinzip des geringsten Zwangs das Gleichgewicht dann zur Produktbildung verschoben wird. Die Reaktion ist aber auch vom Druck abhängig, das zeigt das 2. Diagramm, da sich bei der Reaktion das Volumen verdoppelt, wird das Gleichgewicht bei Druckerhöhung zu den Edukten hin verschoben. Bei 1 100 K liegen bei 1 bar 100 % CO, bei 10 bar lediglich etwa 60 % im Gleichgewicht vor.

1.2 *Es handelt sich um die Reaktion in der Reduktionszone des Hochofens.*

$$\overset{+III}{Fe_2O_3} + 3\,\overset{+II}{CO} \longrightarrow 2\,\overset{0}{Fe} + 3\,\overset{+IV}{CO_2}$$

Reduktion: $Fe_2O_3 + 6\,e^- \longrightarrow 2\,Fe + 3\,O^{2-}$

Oxidation: $3\,CO + 3\,O^{2-} \longrightarrow 3\,CO_2 + 6\,e^-$

Das Eisenatom im Eisen(III)oxid ist Elektronenakzeptor und nimmt jeweils 3 Elektronen auf. Das Kohlenstoffatom im Kohlenstoffmonooxid ist Elektronendonator und gibt jeweils 2 Elektronen ab. Insgesamt gehen 6 Elektronen über.

1.3 **Reaktionsgleichung in Summenformeln**

$$3\,CO + 6\,H_2 \longrightarrow C_3H_6 + 3\,H_2O$$

1.4 **Strukturformel von Propanon (Aceton)**

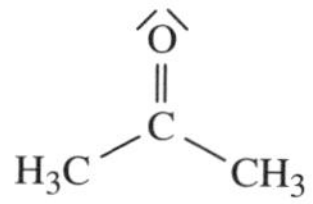

Gefragt ist die Reaktion von Propen mit Wasser in Strukturformeln und die Benennung des Reaktionstyps und des Produkts. Der Mechanismus soll nicht beschrieben werden.

Es handelt sich um eine Addition. Das Produkt ist Propan-2-ol (Isopropanol).
Die Oxidationszahl des mittleren C-Atoms im Propanon ist +II, die im Propan-2-ol ist 0.
Also wird die Oxidationsstufe des mittleren C-Atoms im Propan-2-ol um 2 Stufen bei der Reaktion zu Propanon erhöht, d. h., es werden 2 Elektronen an das Oxidationsmittel, z. B. erhitztes Kupfer(II)-oxid (CuO) abgegeben, welches zu elementarem Kupfer reduziert wird.

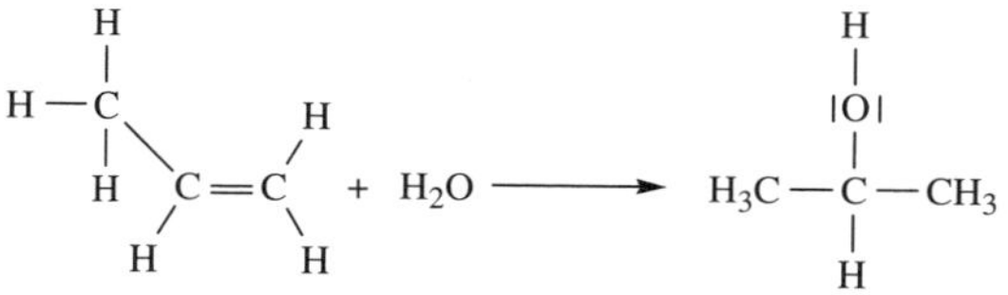

Aufgabe B

2.1 Es handelt sich bei der Herstellung von Polyethen um eine radikalische Polymerisation.

Ein Startradikal wird durch die homolytische Spaltung des Peroxids erzeugt. Dieses lagert sich an die Doppelbindungselektronen des Ethens an und spaltet diese Bindung homolytisch, wodurch ein neues Radikal entsteht. Dies setzt sich fort, es entsteht eine Molekülkette (Kettenwachstum). Kettenwachstum erfolgt also, wenn in der Polymerkette immer wieder neue Radikale durch Reaktion des Polymerradikals mit Ethen gebildet werden. Abbruch der Reaktion erfolgt, wenn zwei Radikale aufeinander treffen und rekombinieren.

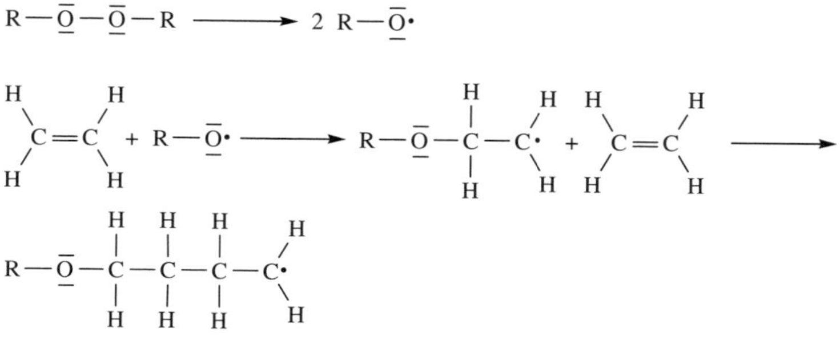

Kettenabbruchreaktionen

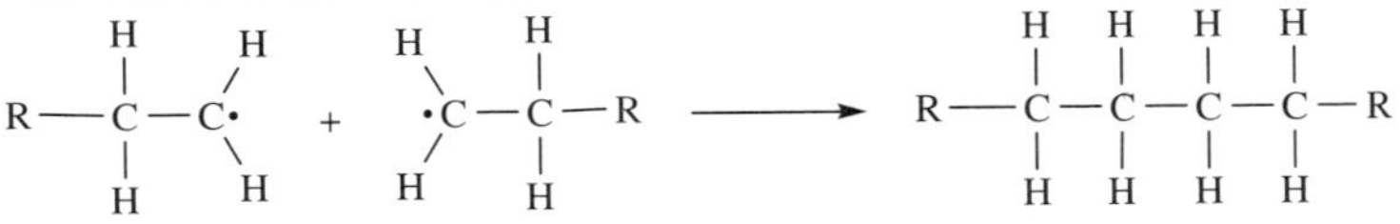

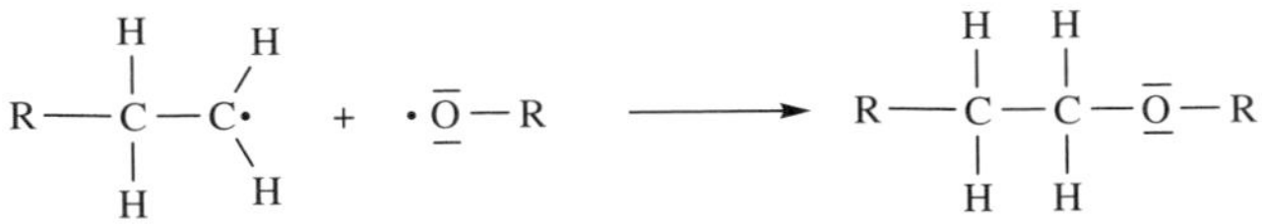

Es besteht auch die Abbruchvariante der Disproportionierung, bei welcher ein Alkan und ein Alken gebildet werden:

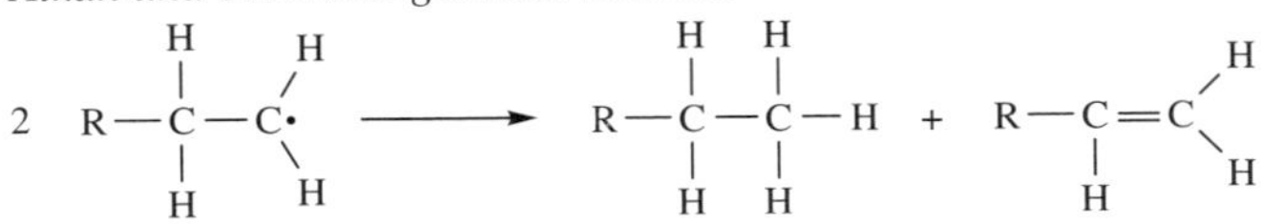

Es entsteht ein mehr oder weniger langes Kohlenwasserstoff-Makromolekül. In eckigen Klammern die sich wiederholende Einheit.

$$\cdots - \left[CH_2 - CH_2 \right] - CH_2 - CH_2 - CH_2 - \cdots$$

Eigenschaften des Polyethens

Es handelt sich um lange Molekülketten, die linear angeordnet sind und sich gegeneinander verschieben können. Dieses Verformen durch Verringerung der zwischenmolekularen Wechselwirkungen geschieht z. B. beim Erwärmen, daher ist Polyethen ein Thermoplast.

2.2 *Es ist die Darstellung in der Fischer-Projektion gemeint.*
Als Strukturformel ist nur die D-Form verlangt, sowie die L-Form im stark Sauren und stark Alkalischen.

Das höchstoxidierte C-Atom zeigt nach oben, dann entspricht die Darstellung mit der Amino-Gruppe nach rechts der D-Form (**D**exter), mit der Amino-Gruppe nach links der L-Form (**L**aevus).

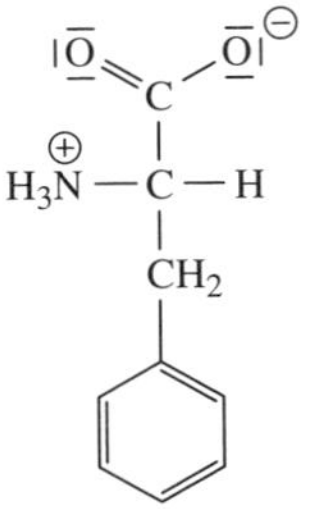

L-Phenylalanin

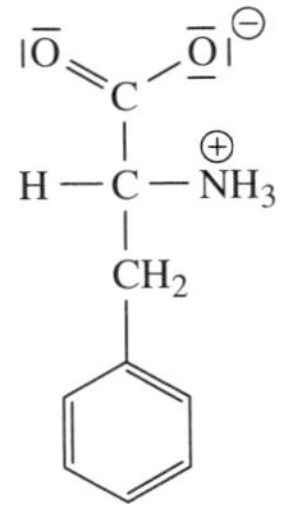

D-Phenylalanin

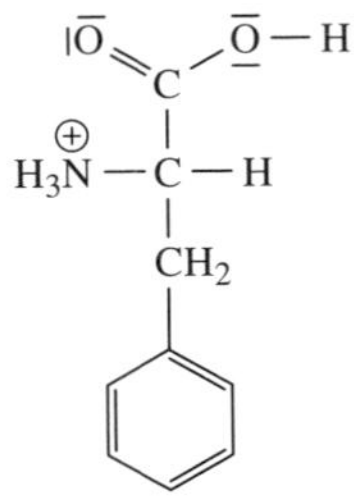

Kation im stark Sauren

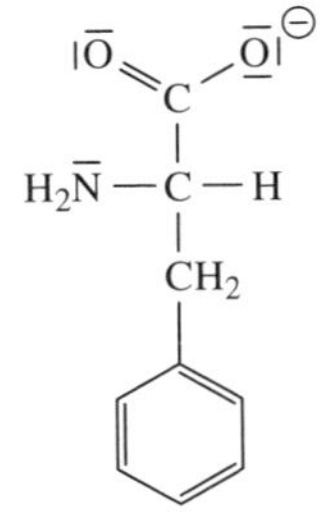

Anion im stark Alkalischen

2.3 **Reaktionsgleichung in Strukturformeln**

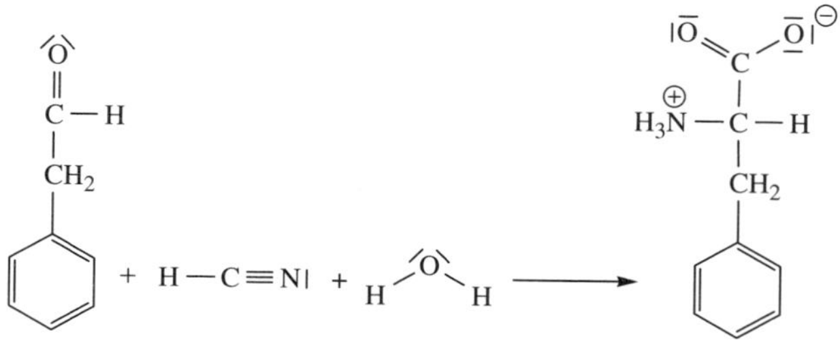

Das Ausgangs-Molekül, welches mit der Strecker-Synthese zu L-Asparaginsäure synthetisiert werden kann, ist 3-Oxopropansäure:

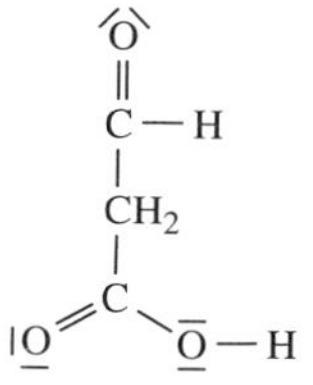

2.4 *Aspartam soll in zwei Reaktionsschritten hergestellt werden. Die Reaktionstypen sind im Aufgabentext angegeben. Es sollen Struktur- oder Halbstrukturformeln verwendet werden.*
Für die Bildung von Aspartam muss eine Peptidbindung geknüpft werden. Da Asparaginsäure zwei Carboxylgruppen enthält, gibt es dafür zwei Möglichkeiten, die beide zulässig sind.

Schritt 1
Estersynthese aus Methanol und Phenylalanin. Dabei wird Phenylalaninmethylester gebildet.

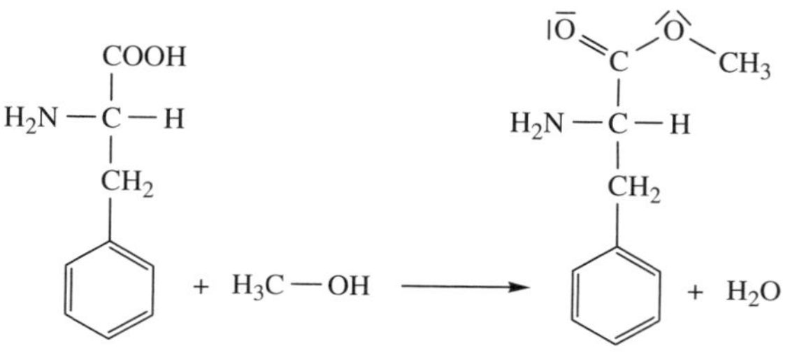

Schritt 2

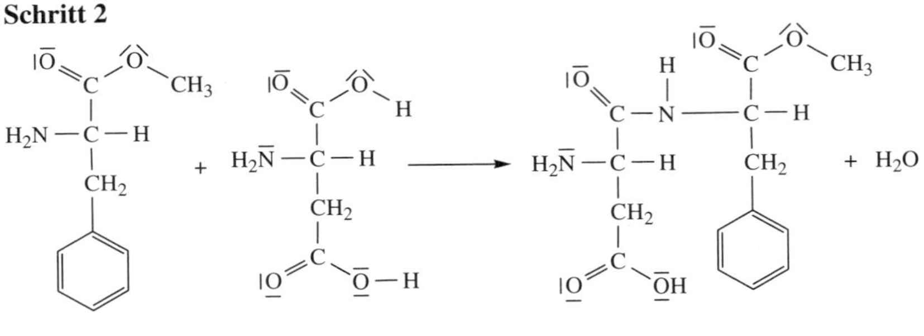

Aufgabe C

3.1 Stärke besteht aus Glucose-Molekülen, die α-1,4-verknüpft sind.

Strukturformel eines Ausschnitts mit drei Monomeren in der Haworth-Projektion

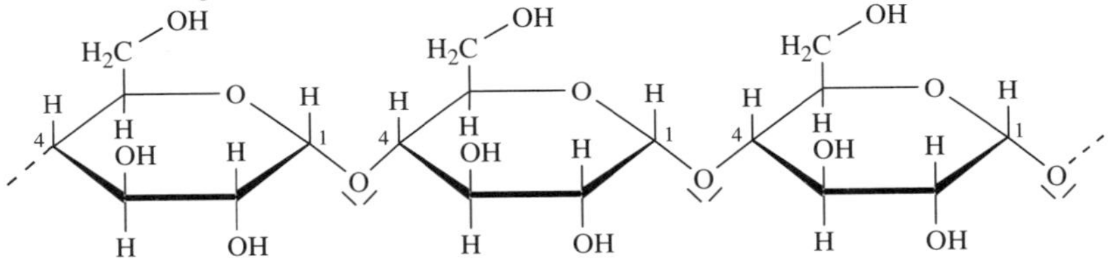

Stärke ist nicht eben gebaut. Aufgrund der tetraedrisch umgebenen C-Atome und der gewinkelten Ringstruktur ergibt sich bei einer α-1,4-Verknüpfung eine schraubenförmige Anordnung der Glucose-Monomere. In diese Hohlräume können sich Iod-Moleküle einlagern und einen blauen Farbkomplex bilden. Dies ist eine Nachweisreaktion für Stärke mit sogenannter Lugol'scher Lösung, einer wässrigen Lösung von Kaliumiodid und Iod ($K^+I_3^-$).

In nebenstehender Abbildung wird die Entstehung der schraubenförmigen Struktur im Stärkemolekül deutlich.Es sind nur die Ring-Atome in der Sesselstruktur sowie die α-1,4-Verknüpfung der beiden Ringe eingezeichnet.

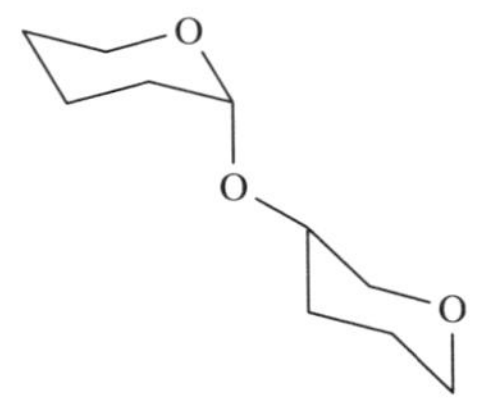

3.2 In der Fehling-Reaktion wird die Aldehydgruppe (C-Atom mit der Oxidationszahl +I) z. B. in der Glucose zur Carbonsäure (C-Atom mit der Oxidationszahl +III) oxidiert. Die Cu^{2+}-Ionen der eingesetzten Fehling-Lösung werden zu Cu^+-Ionen reduziert.

$$2\,\overset{+II}{Cu}{}^{2+}_{(aq)} + R{-}\overset{+I}{C}HO + 4\,OH^- \longrightarrow R{-}\overset{+III}{C}OOH + \overset{+I}{Cu_2}O_{(s)} + 2\,H_2O$$

Bei positiver Reaktion auf Glucose oder andere reduzierende Zuckermoleküle fällt Kupfer(I)oxid als ziegelroter Feststoff aus.
In der Saccharose ist α-D-Glucose mit β-D-Fructose 1,2-glykosidisch verknüpft. Dadurch entsteht ein Acetal. Durch diese Verknüpfung kann sich der Ring der Glucose nicht zur offenkettigen Form mit einer freien Aldehydgruppe an C1 öffnen. Dies ist aber Voraussetzung für eine positive Fehling-Reaktion. Saccharose reagiert also Fehling-negativ.

3.3 **Reaktionsgleichung für die Umesterung (Schritt B in Material 2) in Strukturformeln**

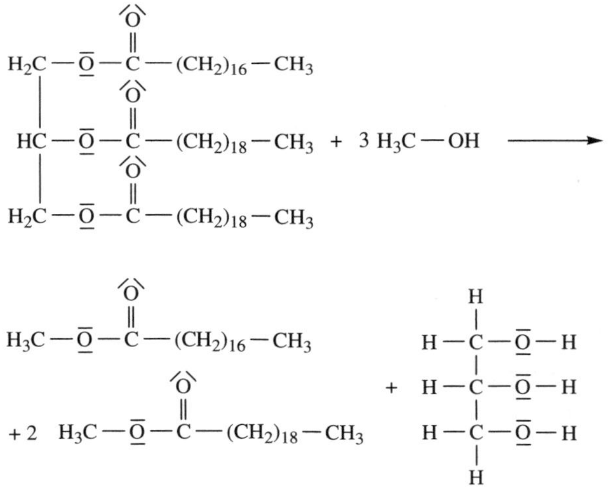

3.4 *Hier soll der Octaester der Saccharose mit Fettsäuren gezeichnet werden. Aus dem Hinweis geht hervor, dass hier die Reste der Fettsäuren mit R abgekürzt werden können. Aufgrund der Übersichtlichkeit wird auf das Zeichnen von nichtbindenden Elektronenpaaren verzichtet.*

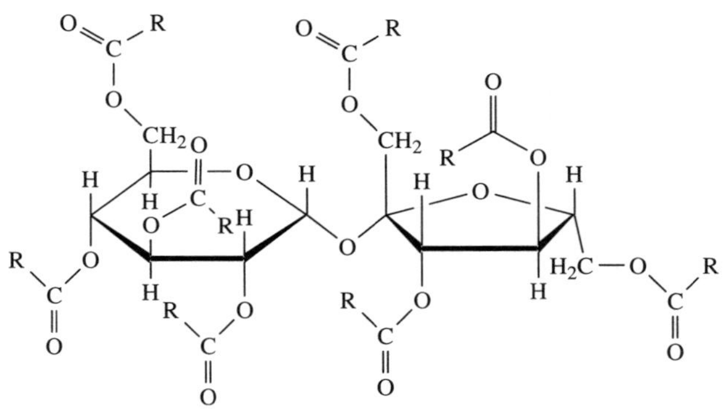

3.5 *Es soll die alkalische Esterspaltung gezeichnet werden. Zuerst erfolgt ein nukleophiler Angriff des Hydroxidions an das positiv polarisierte C-Atom des Esters und die Bildung eines Anions. Die Esterbindung spaltet sich und es entsteht ein Alkoholat-Anion. Durch Protonentransfer entstehen die Produkte Alkohol und das Anion der Carbonsäure.*

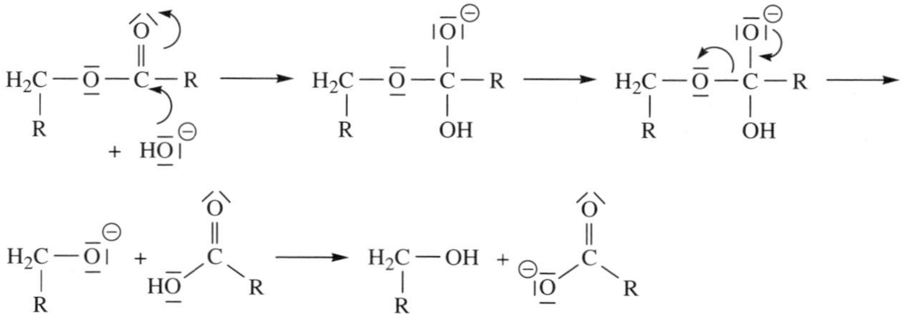

Aufgabe D

4.1 *Es sollen die Kriterien für ein asymmetrisches C-Atom angegeben werden. Bei Limonen ist es nur ein C-Atom, welches dieses Kriterium erfüllt. Es ist mit einem Stern gekennzeichnet.*

Definition asymmetrisches C-Atom

Asymmetrische C-Atome haben in der Regel vier verschiedene Substituenten.

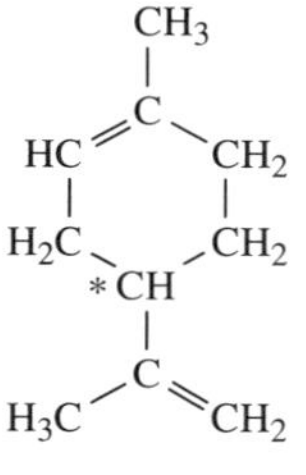

Limonen ist wie auch das Kohlenwasserstoffgemisch Benzin hydrophob (unpolar). Die Kräfte zwischen den Molekülen sind van-der-Waals-Kräfte. Daher ist es in Wasser unlöslich. „Gleiches löst sich in Gleichem“.

4.2 *Es ist nach der Bromaddition an eine Doppelbindung gefragt.*
Es wurde angegeben, dass die Addition an die Seitenkette erfolgt.

Die Reaktionsgleichung in Strukturformeln:

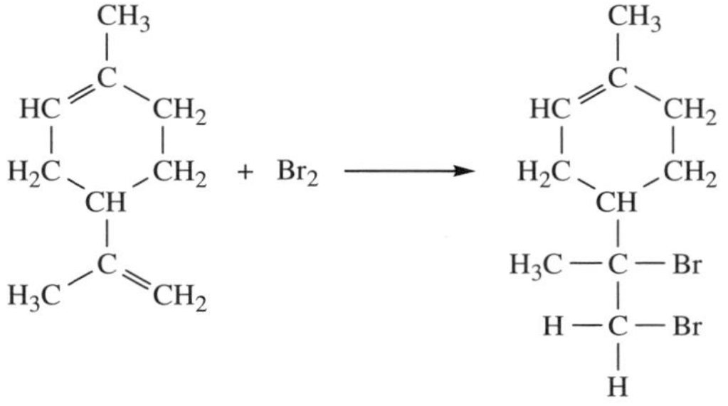

Der Mechanismus ist der einer elektrophilen Addition (A_E):

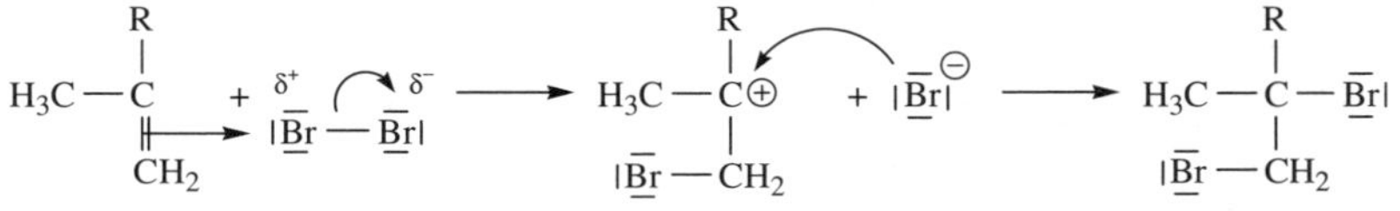

π-Komplex σ-Komplex

Das Brommolekül lagert sich an die elektronenreiche Doppelbindung an und wird besonders in einem polaren Lösungsmittel heterolytisch gespalten. Es bildet sich der π-Komplex, die Doppelbindung wird gespalten. Es entsteht ein Kation, diese Form wird auch als σ-Komplex bezeichnet. Nun greift das aus der heterolytischen Spaltung entstandene Bromidion das positiv geladene C-Atom von der Rückseite an. Hier entsteht ein neues chirales Zentrum (asymmetrisches C-Atom).

4.3 **Bezeichnung der Äpfelsäure nach der IUPAC-Nomenklatur:**

2-Hydroxybutandisäure

Die Bezeichnung 2-Hydroxybutan-1,4-disäure ist nicht notwendig, da obige Angabe eindeutig ist.
In diesem Molekül befindet sich ein chirales Zentrum an Position 2, somit gibt es die beiden Enantiomere D- und L-Äpfelsäure. Die natürliche Äpfelsäure liegt in der L-Form vor.

Es werden beide Protonen bei der vollständigen Protolyse an Wassermoleküle abgegeben, somit entsteht ein Dianion. Diese vollständige Protolyse findet allerdings nur im Alkalischen statt (OH^--Ionen statt H_2O-Moleküle als Protonenfänger).

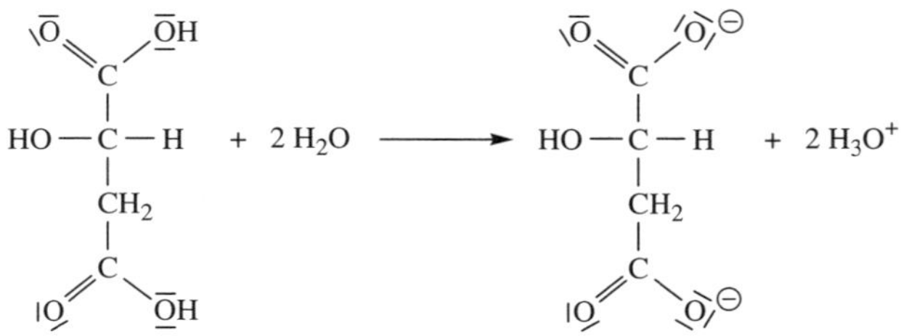

Vergleich und Interpretation der unterschiedlichen pK_S-Werte der Äpfelsäure und der Essigsäure:

Bei der Äpfelsäure ist der unterschiedliche pK_S-Wert auf den –I-Effekt der OH-Gruppe in Nachbarschaft zur Carboxylgruppe zurückzuführen. Dadurch wird die Polarität der Carboxylgruppe verstärkt, sodass das Proton leichter abgespalten wird. Ein pK_S-Wert von 3,46 bedeutet, dass Äpfelsäure eine stärkere Säure nach Brönstedt (ein besserer Protonenspender) ist als die Essigsäure mit einem pK_S-Wert von 4,76.

Die Thematisierung des Effekts der zweiten Carboxylgruppe ist nicht verlangt. Da sie sich in Distanz zur ersten Carboxylgruppe befindet, kann ihr Effekt in erster Näherung vernachlässigt werden.

4.4 *Hier soll der pH-Wert aus der Stoffmenge der H_3O^+-Ionen in 250 mL Orangensaft berechnet werden. Dazu muss zunächst die Konzentration der H_3O^+-Ionen aus der Stoffmenge und dem angegebenen Volumen berechnet werden.*

Es gilt:

$$\mathrm{pH} = -\lg \frac{c(\mathrm{H_3O^+})}{\mathrm{mol \cdot L^{-1}}}$$

$$c(\mathrm{H_3O^+}) = \frac{n}{V} = \frac{1,75 \cdot 10^{-4}\ \mathrm{mol}}{0,25\ \mathrm{L}} = 7 \cdot 10^{-4}\ \mathrm{mol \cdot L^{-1}}$$

$$\mathrm{pH} = -\lg 7 \cdot 10^{-4}\ \mathrm{mol \cdot L^{-1} \cdot L \cdot mol^{-1}} = 3,15$$

Leistungskurs Chemie (Hessen)
Abiturprüfung 2012

Aufgabe A

Benzoesäure BE

Benzoesäure (Benzolcarbonsäure) ist ein häufig verwendeter Konservierungsstoff, der technisch durch Oxidation von Toluol (Methylbenzol) hergestellt wird. Unter der Bezeichnung E 210 ist sie vor allem in gesäuerten Lebensmitteln zu finden.
Benzoesäure kann allergische Reaktionen auslösen. Gefährdet sind Menschen mit Asthma oder einer Allergie gegen Salicylsäure. Die Weltgesundheitsorganisation (WHO) hat einen ADI-Wert *(Acceptable Daily Intake)* von 0,5 für Benzoesäure festgelegt. Dieser Wert gibt die Masse in mg pro kg Körpergewicht an, die ein Mensch ein Leben lang täglich mit der Nahrung aufnehmen kann, ohne dass nach heutigem Wissensstand gesundheitliche Gefahren zu erwarten wären.
Benzoesäure und deren Derivate sind Ausgangsstoffe für zahlreiche Synthesen. Salicylsäure ist einer der ersten synthetisch hergestellten Wirkstoffe mit schmerzlindernder und fiebersenkender Wirkung. Die Gewinnung der Salicylsäure kann beispielsweise ausgehend von Natriumphenolat erfolgen. Dabei wird das Phenolat-Ion unter einem Druck von 4 bis 7 bar mit Kohlenstoffdioxid zur Reaktion gebracht. Anschließend wird das gebildete 2-Hydroxybenzoat-Ion mit Salzsäure zur Salicylsäure umgesetzt (Material 2).

1.1 Formulieren Sie die Reaktionsgleichung für die Herstellung von Benzoesäure aus Toluol und Kaliumpermanganat (enhält MnO_4^- -Ionen) in alkalischer Lösung. Als weiteres Reaktionsprodukt entsteht Braunstein (MnO_2). Zeigen Sie anhand der Elektronenübergänge, dass es sich um eine Redoxreaktion handelt. 7

1.2 Beschreiben Sie die Bedeutung des Begriffes „pK_S-Wert".
Formulieren Sie die Reaktionsgleichung für die Protolyse von Benzoesäure mit Wasser.
Berechnen Sie ausgehend von diesem Protolysegleichgewicht den pH-Wert einer wässrigen Benzoesäurelösung der Ausgangskonzentration $2{,}5 \cdot 10^{-2}\ mol \cdot L^{-1}$, wobei sie die Benzoesäure mit einem pK_S-Wert von 4,2 für die Berechnung vereinfachend als schwache Säure betrachten. 6

1.3 Benzoesäure kommt in der Natur unter anderem in Preiselbeeren vor. Die Untersuchung einer Preiselbeerprobe ergibt einen Gehalt an Benzoesäure von $1{,}95 \cdot 10^{-3}\ mol \cdot kg^{-1}$ Preiselbeeren.
Ermitteln Sie, ob eine 85 kg schwere Person durch den Verzehr von 150 g dieser Preiselbeeren den ADI-Wert überschreitet. 7

1.4 Bei der Umsetzung von Phenol mit Benzoesäurechlorid (Material 1) entstehen ein organisches Reaktionsprodukt und ein Gas. Formulieren Sie in Strukturformeln die Reaktionsgleichung für diese Reaktion und benennen Sie die Stoffklasse des organischen Reaktionsproduktes.
Geben Sie die mesomeren Grenzstrukturen des Phenols an. 6

1.5 Formulieren Sie den Reaktionsmechanismus für die Reaktion von Natriumphenolat mit Kohlenstoffdioxid zum 2-Hydroxybenzoat-Ion (Material 2).
Benennen Sie den Reaktionsmechanismus sowie die für die Reaktion bedeutsamen Zwischenschritte.
Begründen Sie, weshalb hierbei das 2-Hydroxybenzoat-Ion entsteht und nicht die in Material 3 dargestellte Struktur gebildet wird.
Erklären Sie, warum für die Synthese der Salicylsäure Natriumphenolat anstelle von Phenol (Hydroxybenzol) als Ausgangsstoff eingesetzt wird und warum die Reaktion bei erhöhtem Druck durchgeführt wird. 14

40

Material 1: Formel von Benzoesäurechlorid

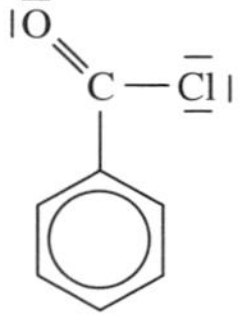

Material 2: Synthese von Salicylsäure

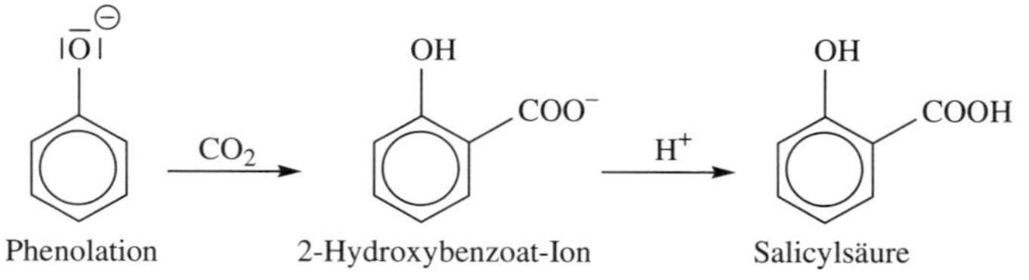

Material 3: Hypothetische Struktur

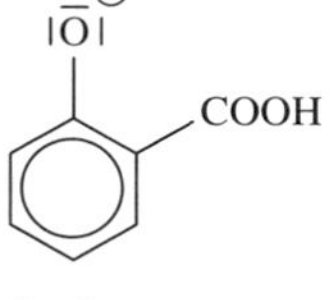

Quelle:
K. Arnold, et al.: Chemie Oberstufe Gesamtband, Berlin 2010, S. 348; H. Beyer, W. Walter: Lehrbuch der Organischen Chemie, Stuttgart 2004, S. 586; W. Ternes et al.: Lebensmittel-Lexikon, Hamburg 2005, S. 194; E. Breitmaier, G. Jung: Organische Chemie, Stuttgart 2005, S. 350, S. 266; H. Wambach, U. Hilgers (Hrsg.): Materialien-Handbuch Kursunterricht Chemie, Bd. 9, Köln 2001, S. 153 ff.

Aufgabe B

Von der Kohle zum Kunststoff

BE

Kohlenstoffdioxid, Kohlenstoff und Kohlenstoffmonooxid stehen miteinander in einem Gleichgewicht, dem so genannten Boudouard-Gleichgewicht. Die Lage dieses Gleichgewichts hängt von verschiedenen Faktoren ab (Material 1).
Das mit dieser Rektion gewonnene Kohlenstoffmonooxid kann für zahlreiche chemische Synthesen verwendet werden. Von großtechnischer Bedeutung ist die Reaktion von Kohlenstoffmonooxid mit Wasserstoff zu Alkanen oder Alkenen (Fischer-Tropsch-Verfahren), wie zum Beispiel zu Propen.
Propen stellt einen wichtigen Ausgangsstoff für chemische Synthesen dar. Bei der Polymerisation von Propen bildet sich Polypropen (Polypropylen).
Reagiert Propen mit Chlorwasserstoff, so entsteht mit überwiegendem Anteil 2-Chlorpropan als Reaktionsprodukt, 1-Chlorpropan jedoch lediglich mit sehr geringem Anteil.
Aus Kohlenstoffmonooxid lässt sich auch Phosgen ($COCl_2$) herstellen. Unter anderem dient Phosgen als „Chlorlieferant" zur Herstellung von Carbonsäurechloriden. Material 3 zeigt einen schematischen Reaktionsweg von Kohlenstoffmonooxid zu einem Carbonsäurechlorid.

2.1 Formulieren Sie für die Bildung von Kohlenstoffmonooxid aus Kohlenstoffdioxid und Kohlenstoff die Reaktionsgleichung und das darauf basierende Massenwirkungsgesetz.
Beschreiben Sie Ihre Vorgehensweise bei der Formulierung des Massenwirkungsgesetzes.
Beschreiben Sie den Kurvenverlauf für die Reaktion bei einem Druck von $p = 1$ bar (Material 1).
Erläutern Sie jeweils mit konkretem Bezug auf die Graphen die Auswirkung einer Temperatur- sowie einer Druckerhöhung auf die Lage des Gleichgewichts. 10

2.2 Formulieren Sie die Reaktionsgleichung für die Reaktion von Kohlenstoffmonooxid mit Wasserstoff zu Propen und Wassser.
Die Standardreaktionsentropie für diese Reaktion beträgt $\Delta_R S^0 = -546\ J \cdot K^{-1}$. Erläutern Sie diesen Wert und berechnen Sie mithilfe von Material 2 die Standardentropie für Propen. 8

2.3 Zeichnen Sie einen Strukturformelausschnitt von Polypropen (Polypropylen).
Beschreiben Sie den Bau des Polypropens sowie sein Verhalten beim Erwärmen und ordnen Sie diesbezüglich Polypropen einer Gruppe von Kunststoffen zu. 6

2.4 Formulieren Sie den Reaktionsmechanismus für die Herstellung von 2-Chlorpropan aus Propen und Chlorwasserstoff und benennen Sie diesen. Begründen Sie die bevorzugte Bildung von 2-Chlorpropan gegenüber 1-Chlorpropan. 9

2.5 Formulieren Sie für die Reaktionsschritte A, B und C in Material 3 jeweils eine Reaktionsgleichung. Für den Schritt A reicht die Angabe der Summenformeln, bei den Schritten B und C ist die Angabe der Strukturformeln erforderlich. 7

40

Material 1: Temperatur- und Druckabhängigkeit der Kohlenstoffmonooxid-Konzentration im Boudouard-Gleichgewicht

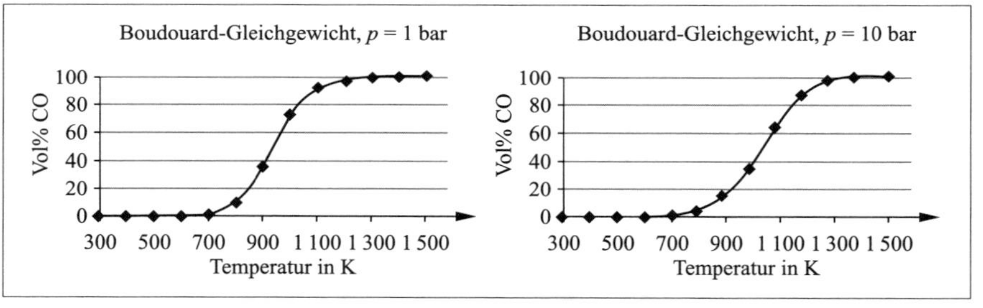

Material 2: Molare Standardentropien

Formel	molare Standardentropie S_m^0 [$J \cdot K^{-1} \cdot mol^{-1}$]
$CO_{(g)}$	198
$H_{2\,(g)}$	131
$H_2O_{(g)}$	189

Material 3: Schematischer Reaktionsweg von Kohlenstoffmonooxid zu einem Carbonsäurechlorid

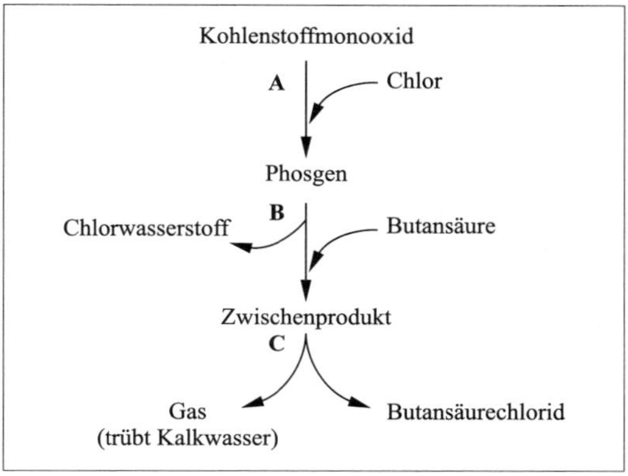

Allgemeine Formel für ein Carbonsäurechlorid:

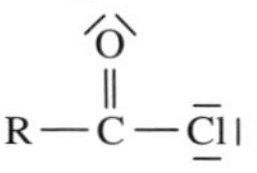

Quellen:

E. Riedel, C. Janiak: Anorganische Chemie, Berlin 2007, S. 527

J. Falbe, M. Regitz (Hrsg.): Römpp-Lexikon Chemie, Band 3, Stuttgart 9. Auflage 1990, S. 2 286

K. P. C. Vollhardt, N. E. Schore: Organische Chemie, Weinheim, 1995, 2. Auflage, S. 450 ff., S. 828 f.

Brachtel, G.: Ergänzung/Handout zum Skript Allgemeine und Anorganische Chemie, Fachrichtung WGK im Fachbereich IW der FH Koblenz, Campus Höhr-Grenzhausen

Holleman, A., Wiberg, N.: Lehrbuch der Anorganischen Chemie, 101. Auflage, de Gruyter Berlin, 1995, S. 863 ff.

Aufgabe C

Kondensationsreaktionen BE

Kondensationsreaktionen sind Substitutionsreaktionen, bei denen sich zwei Moleküle unter Abspaltung eines kleinen Moleküls verbinden. Dieser Reaktionstyp kann auch intramolekular auftreten. Kondensationsreaktionen sind die Basis für die Bildung vieler natürlicher und synthetisch hergestellter Polymere.

3.1 Ein im Alltag vielfältig eingesetzter Kunststoff ist unter der Abkürzung PET bekannt; u. a. findet er als Material für Getränkeflaschen Verwendung.
PET lässt sich aus Benzol-1,4-dicarbonsäure (Terephthalsäure) und Ethan-1,2-diol herstellen.
Geben Sie die Strukturformel für jedes der beiden Monomere an, formulieren Sie einen Ausschnitt aus dem Makromolekül und benennen Sie die Stoffklasse des Kunststoffes. 5

3.2 Cellulose ist ein in der Natur vorkommendes Polykondensat. Es ist Hauptbestandteil pflanzlicher Zellwände und von Papier.
Geben Sie einen Ausschnitt aus dem Makromolekül Cellulose an, der drei Monomere umfasst.
Benennen sie das Monomer und die genaue Verknüpfungsart. 5

3.3 Ähnlich wie Kohlenstoff kann auch Silicium makromolekulare Verbindungen bilden, zu denen die Silikone gehören. In diesen wechseln sich Siliciumatome und Sauerstoffatome ab. Großtechnisch wird Silicium in einer Gleichgewichtsreaktion durch Umsetzung von Sand (Siliciumdioxid, SiO_2) mit Koks (Kohlenstoff) gewonnen, wobei noch Kohlenstoffmonooxid entsteht.
Formulieren Sie die Reaktionsgleichung für die großtechnische Gewinnung von Silicium.
Zeigen Sie anhand der wesentlichen Oxidationszahlen und der Elektronenübergänge, dass es sich um eine Redoxreaktion handelt.
Berechnen Sie mithilfe von Material 1 für diese Reaktion die Reaktionsenthalpie und erläutern Sie den erhaltenen Wert. 10

3.4 Material 2 schildert die Verarbeitung von Silicium zum Silikon-Polymer in drei Schritten.
Formulieren Sie für die Schritte 1 und 2 jeweils die Reaktionsgleichung in Strukturformeln und benennen Sie für die in Schritt 2 ablaufende Reaktion den Reaktionsmechanismus.
Formulieren Sie gemäß Schritt 3 einen Ausschnitt aus einem Silikon-Polymer, der vier Monomere umfasst.

In Schritt 1 der Verarbeitung von Silicium zu Silikonen kann anstelle von Dichlordimethylsilan auch Trichlormethylsilan entstehen.
Begründen Sie die Konsequenzen für die Schritte 2 und 3 sowie für das entstehende Silikon-Polymer und formulieren Sie einen entsprechenden Polymerausschnitt. 13

3.5 Papier besteht hauptsächlich aus Cellulose. Durch Beschichtung mit Silikonöl, das lineare Silikon-Polymere enthält, lässt sich das Verhalten der Papieroberfläche gegenüber Wasser verändern.
Erklären Sie die Haftung der Silikonschicht auf dem Papier und beurteilen Sie das Verhalten der Papieroberfläche gegenüber Wasser vor und nach dem Beschichten mit Silikonöl. 7

40

Material 1: Molare Standardbildungsenthalpien

Formel	molare Standardbildungsenthalpie $\Delta_f H_m^0$ [$kJ \cdot mol^{-1}$]
Kohlenstoff $_{(s)}$	0
Kohlenstoffdioxid $_{(g)}$	–393
Kohlenstoffmonooxid $_{(g)}$	–111
Sauerstoff $_{(g)}$	0
Silicium $_{(s)}$	0
Siliciumdioxid $_{(s)}$	–911

Material 2: Verarbeitung von Silicium zu Silikonen

Im 1. Schritt wird Silicium mit Monochlormethan in einer katalysierten Reaktion umgesetzt, wobei hauptsächlich Dichlordimethylsilan entsteht.

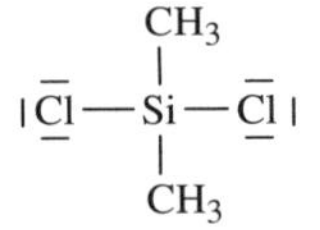

Dichlordimethylsilan

Im 2. Schritt wird Dichlordimethylsilan mit Wasser umgesetzt, wobei Dimethylsilandiol und Chlorwasserstoff entstehen.

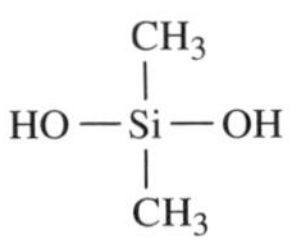

Dimethylsilandiol

Im 3. Schritt erfolgt eine Polykondensation des Dimethylsilandiols, wobei Silikon-Polymere entstehen.

Quellen:
S. Hasse (Hrsg.): Giesserei Lexikon Ausgabe 2008, Schiele & Schön: Berlin 2007, S. 529
http://www.chemiedidaktik.uni-wuppertal.de/disido_cy/de/index_de.html (01. 02. 2011)

Aufgabe D

Chemie der Bakterienzellwand BE

Ein wesentlicher Bestandteil der Gerüstsubstanz von Bakterienzellwänden ist Murein. In Murein treten Kohlenhydrate und Aminosäuren als Bausteine auf. Als Kohlenhydratbausteine sind abwechselnd *N*-Acetylglucosamin und *N*-Acetylmuraminsäure β-1,4-glycosidisch miteinander verknüpft. Als Aminosäurebausteine findet man Alanin, Glutaminsäure und Lysin. Neben den L-Formen der Aminosäuren kommen auch die in der Natur relativ wenig verbreiteten D-Formen vor. Ebenfalls tritt in Murein die ungewöhnliche Diaminosäure *meso*-2,6-Diaminopimelinsäure auf.
Material 1 zeigt die in Murein vorkommenden Molekülbausteine, Material 2 verdeutlicht deren mögliche Verknüpfung.

4.1 Drei verschiedene wässrige Lösungen von Mureinbausteinen werden im Polarimeter untersucht. In Versuch 1 verwendet man eine wässrige Lösung von L-Alanin, in Versuch 2 eine Lösung, die L- und D-Alanin in gleicher Konzentration enthält. In Versuch 3 wird eine Lösung von *meso*-2,6-Diaminopimelinsäure untersucht; hier wird keine optische Aktivität festgestellt.
Zeichnen Sie L-sowie D-Alanin in der Fischer-Projektionsformel.
Erläutern Sie zu den Versuchen 1 und 2 die jeweils zu erwartende Beobachtung und erklären Sie die Beobachtung aus Versuch 3. 10

4.2 Zeichnen Sie den in Material 2 gekennzeichneten Ausschnitt des Mureins in Strukturformeln. 7

4.3 Aus Murein werden die Aminosäuren Alanin (IEP = 6,1), Glutaminsäure (IEP = 3,2) und Lysin (IEP = 9,7) freigesetzt. Man erhält eine wässrige Lösung, die auf einen pH-Wert von 6,1 eingestellt wird. Diese Lösung wird in eine Elektrophorese-Apparatur (Material 3) gegeben, um die darin enthaltenen Aminosäuren voneinander zu trennen. Dabei wird das Gemisch auf die Startlinie in der Mitte einer Celluloseacetat-Folie aufgetragen und an den beiden Enden der Folie eine Gleichspannung angelegt.
Erklären Sie das unterschiedliche Wanderungsverhalten der drei Aminosäuren im elektrischen Feld. 8

4.4 In *N*-Acetylglucosamin liegt am C_3-Atom eine Hydroxylgruppe vor. Reagiert diese Hydroxylgruppe mit der Hydroxylgruppe von 2-Hydroxypropansäure (Milchsäure), so entsteht *N*-Acetylmuraminsäure. Die neu entstehende C–O–C-Bindung nennt man Etherbindung; Stoffe mit einer solchen Bindung nennt man allgemein Ether.
Im Labor lassen sich nach diesem Prinzip Alkohole unter Säurekatalyse zu einem Ether verknüpfen.

Entwickeln Sie einen Reaktionsmechanismus zur Verknüpfung zweier Ethanolmoleküle zu einem Ethermolekül und benennen Sie den Reaktionstyp. 7

4.5 Der Ether 1-Methoxypropan ($CH_3-O-CH_2-CH_2-CH_3$) sowie die Alkohole Butan-1-ol und Propan-1,2-diol weisen vergleichbare Molekülmassen, jedoch unterschiedliche Siedetemperaturen auf.
Ordnen Sie die Siedetemperaturen 39 °C, 118 °C und 188 °C den einzelnen Stoffen zu und begründen Sie Ihre Zuordnung. 8

40

Material 1: Strukturformeln von Molekülbausteinen, die am Aufbau des Mureins beteiligt sind

N-Acetylmuraminsäure (Mur*N*Ac)

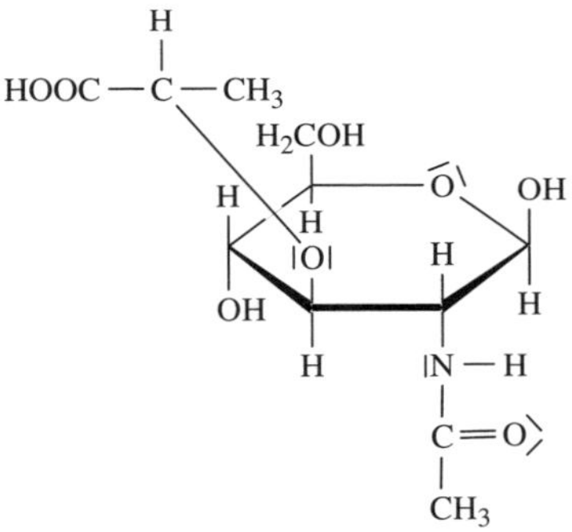

N-Acetylglucosamin (Glc*N*Ac)

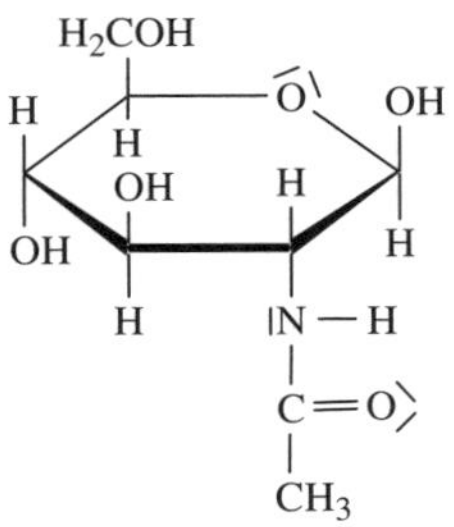

meso-2,6-Diaminopimelinsäure (*meso*-Dpm)

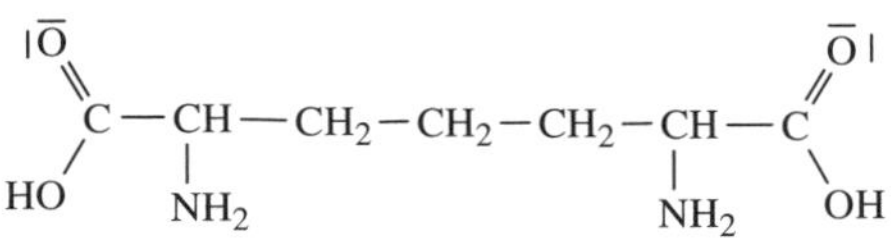

Aminosäuren

Aminosäure	**Kurzbezeichnung**	**Seitenkette R**
Alanin	Ala	$-CH_3$
Glutaminsäure	Glu	$-CH_2-CH_2-COOH$
Lysin	Lys	$-(CH_2)_4-NH_2$

Material 2: Verknüpfung von Molekülbausteinen im Murein

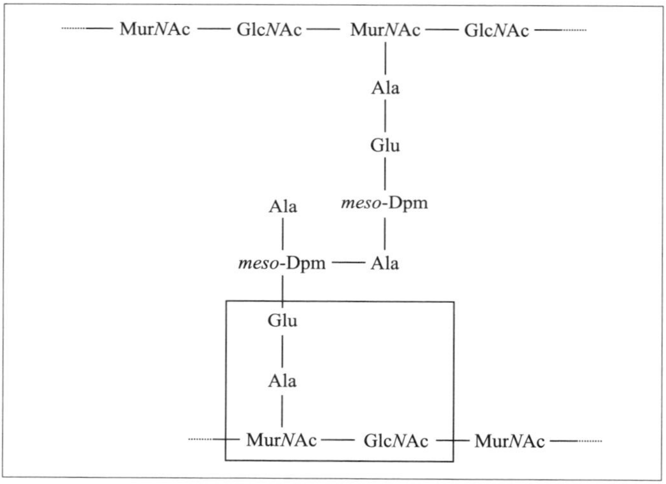

Material 3: Gelelektrophorese schematisch

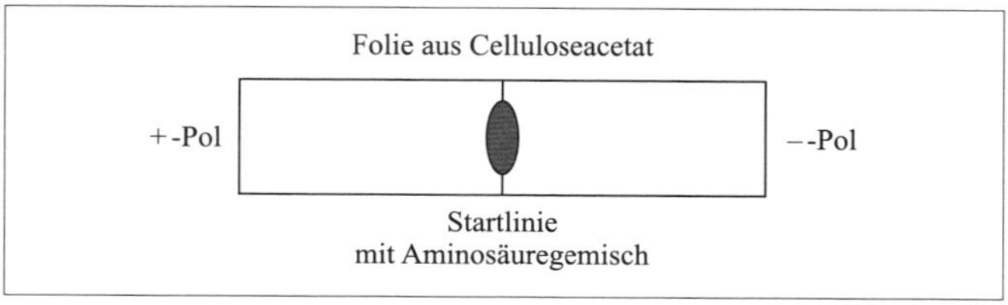

Quellen:
http://www.roempp.com/prod/roempp.php → RÖMPP-Online, Suchbegriff Murein (04. 05. 2011)
http://www.biologie.uni-erlangen.de/mpp/LEHRE/pages/Sem-1/Murein-01.html (04. 05. 2011)

Lösungsvorschläge

Aufgabe A

1.1 *Im Text wird Toluol als Trivialname für Methylbenzol genannt, ebenso werden die Formeln für Permanganat (MnO_4^-) und Braunstein (MnO_2) angegeben. Unter den angegebenen Bedingungen kann der Aromat nicht oxidiert werden, sondern nur die Methylgruppe.*

R= C_6H_5—

Analyse der Oxidationszahlen

Methyl-C-Atom: –III, Carboxylat-C-Atom +III
Mn-Atom im Permanganat +VII, Mn-Atom im Braunstein +IV

Oxidation = Elektronenabgabe, Reduktion = Elektronenaufnahme

Oxidation $\quad R-\overset{-III}{C}H_3 + 7\,OH^- \longrightarrow R-\overset{+III}{C}OO^- + 6\,e^- + 5\,H_2O$

Reduktion $\quad \overset{+VII}{Mn}O_4^- + 3\,e^- + 2\,H_2O \longrightarrow \overset{+IV}{Mn}O_2 + 4\,OH^- \mid \cdot 2$

$\quad 2\,MnO_4^- + 6\,e^- + 4\,H_2O \longrightarrow 2\,MnO_2 + 8\,OH^-$

Gesamtgleichung $\quad R-CH_3 + 2\,MnO_4^- \longrightarrow R-COO^- + 2\,MnO_2 + OH^- + H_2O$

Redoxreaktionen sind Elektronenübergänge, dabei gibt es einen Elektronendonator und einen Elektronenakzeptor. Die Aufstellung der Redoxgleichung zeigt, dass das Kohlenstoffatom in der Methylgruppe oxidiert wird und als Elektronendonator wirkt. Es gibt 6 Elektronen ab, welche vom Elektronenakzeptor, der reduziert wird (Manganatome), aufgenommen werden.

Die Zahl der abgegebenen und aufgenommenen Elektronen muss gleich sein, folglich muss die doppelte Menge an Permanganationen eingesetzt werden. Die Ionenladungen werden hier in den Teilgleichungen durch Zugabe von Hydroxydionen ausgeglichen, da es sich um eine alkalische Lösung handelt. Parallel zu den Redoxreaktionen laufen Protolysen ab, so dass statt der Benzoesäure als Produkt das Anion (Benzoat) formuliert wird.

1.2 Der pK_S-Wert ist definiert als $pK_S = -\lg K_S$. Er ist ein Maß für die Säurestärke. Der pK_S-Wert sinkt mit der Säurestärke. Starke Säuren haben kleine pK_S-Werte (z. B. Salzsäure: –6), schwache Säuren haben große pK_S-Werte (z. B. Essigsäure: +4,75). Der K_S-Wert ergibt sich aus dem Massenwirkungsgesetz:

Protolysereaktion

$$R-COOH + H_2O \rightleftharpoons R-COO^- + H_3O^+$$

$$K_S = \frac{c_{H_3O^+} \cdot c_{R-COO^-}}{c_{R-COOH}}$$

Berechnung des pH-Werts einer schwachen Säure

$$\mathrm{pH} = \tfrac{1}{2}\,[\mathrm{p}K_S - \lg \frac{c_0(\mathrm{R-COOH})}{\mathrm{mol \cdot L^{-1}}}]$$

$$= \tfrac{1}{2}\,(4{,}2 - \lg\ 2{,}5 \cdot 10^{-2}\ \mathrm{mol \cdot L^{-1} \cdot mol^{-1} \cdot L}) = 2{,}9$$

Der pH-Wert selbst hat als Logarithmus keine Einheit, wohl aber die eingesetzten Konzentrationen (mol · L^{-1}), daher kürzen sich diese heraus.

1.3 **Berechnung der molaren Masse von Benzoesäure**

$7 \cdot 12{,}01\ \mathrm{g \cdot mol^{-1}} + 2 \cdot 16{,}00\ \mathrm{g \cdot mol^{-1}} + 6 \cdot 1{,}008\ \mathrm{g \cdot mol^{-1}} = 122{,}12\ \mathrm{g \cdot mol^{-1}}$

Der Benzoesäuregehalt beträgt $1{,}95 \cdot 10^{-3}$ mol · 1 000 g^{-1} Preiselbeeren, der ADI-Wert für Benzoesäure beträgt 0,5 mg · kg^{-1} Körpergewicht.

ADI-Grenzwert für eine Person mit 85 kg

$0{,}5\ \mathrm{mg \cdot kg^{-1}} \cdot 85\ \mathrm{kg} = \mathbf{42{,}5\ mg}$

Stoffmenge der Benzoesäure in 150 g Preiselbeeren

$1{,}95 \cdot 10^{-3}\ \mathrm{mol} \cdot 1\,000\ \mathrm{g^{-1}} \cdot 150\ \mathrm{g} = 2{,}925 \cdot 10^{-4}\ \mathrm{mol}$

Masse der Benzoesäure in 150 g Preiselbeeren

$m = M \cdot n = 122{,}12\ \mathrm{g \cdot mol^{-1}} \cdot 2{,}925 \cdot 10^{-4}\ \mathrm{mol} = 0{,}0357\ \mathrm{g} = \mathbf{35{,}7\ mg}$

Da eine Person mit 85 kg Körpergewicht 42,5 mg Benzoesäure täglich verzehren darf, liegt der Gehalt für 150 g Preiselbeeren mit 35,7 mg also unter dem ADI-Grenzwert.

1.4 *Die Strukturformel für das Benzoesäurechlorid ist im Material angegeben. Es soll die Reaktionsgleichung in Strukturformeln mit nichtbindenden Elektronenpaaren formuliert werden.*

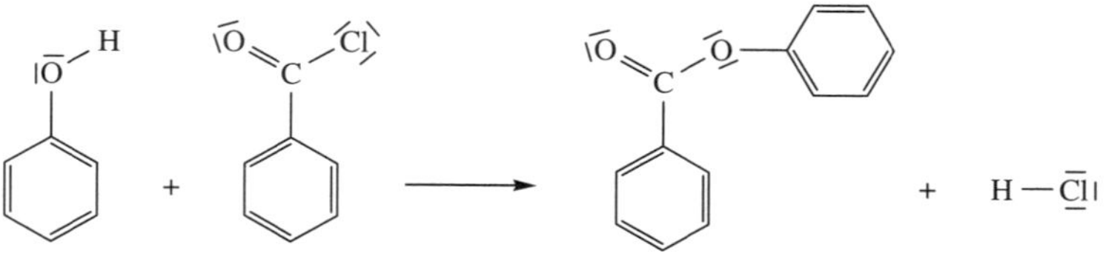

Das organische Reaktionsprodukt ist ein Carbonsäureester, die Stoffklasse ist demnach Ester.

Mesomere Grenzstrukturen des Phenols

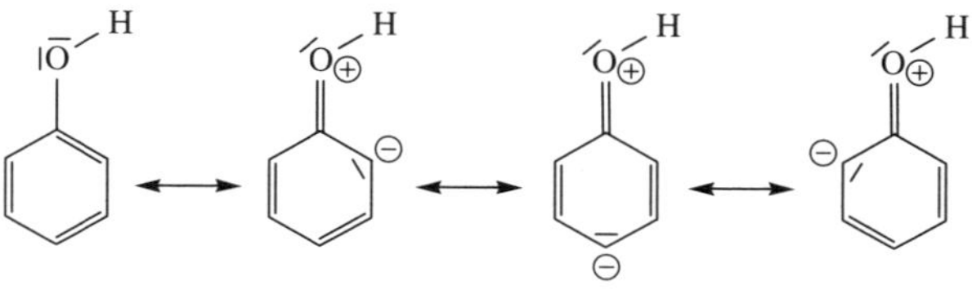

1.5 **Reaktionsmechanismus mit Zwischenstufen**

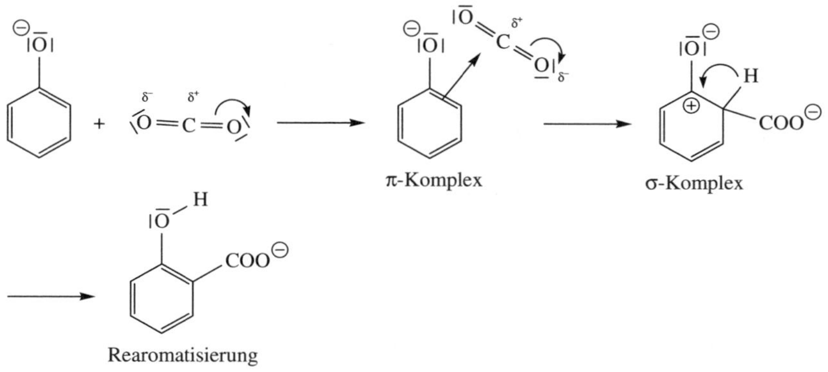

Es handelt sich um eine elektrophile Substitution (S_E).

Die phenolische Gruppe (Anion) hat eine größere Basizität als das mesomeriestablisierte Carboxylation, daher wird das Proton zuerst von dieser aufgenommen und es entsteht eine OH-Gruppe. Daher kommt es nicht zur Bildung der hypothetischen Struktur im Materialteil.

Das Phenolat ist als Anion reaktiver als Phenol, da es einen großen +M-Effekt ausübt, indem die anionische Gruppe Elektronen in den Benzolring gibt und ihn somit elektronenreicher macht. Dadurch ist er stärker nukleophil und kann auch ein so schwaches Elektrophil wie das CO_2 angreifen.

+M-Effekt des Phenolat-Ions mit mesomerer Grenzstruktur

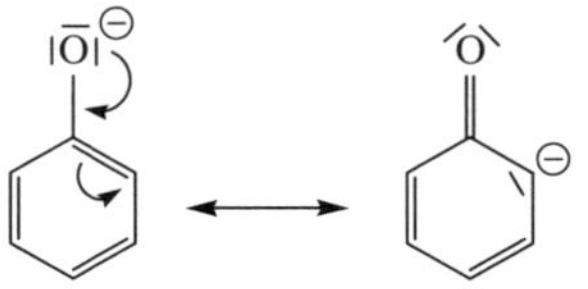

An der Stelle im Ring (*ortho*-Position), an der das H-Atom durch die Carboxyl-Gruppe substituiert wird, ist dadurch die Elektronendichte erhöht.

Bei erhöhtem Druck wird das Gleichgewicht der Reaktion in die Richtung verschoben, in der der gasförmige Reaktionspartner CO_2 verbraucht wird, d. h. gebunden wird. Die Produktausbeute wird damit erhöht, um dem äußeren Zwang auszuweichen. Dies ist die Erklärung nach dem Prinzip von LE CHATELIER bzw. Prinzip des kleinsten Zwangs.

Aufgabe B

2.1 Reaktionsgleichung und Massenwirkungsgesetz

$$CO_2 + C \rightleftharpoons 2\,CO \qquad K = \frac{c^2(CO)}{c(CO_2)}$$

Das Massenwirkungsgesetz (MWG) ergibt sich nur aus den beiden gasförmigen Komponenten CO_2 und CO, der Feststoff Kohlenstoff kann in die Gleichgewichtskonstante einbezogen werden, da seine Wirkung bei der Gasreaktion konstant ist.

Beschreibung des MWGs in Worten:
Die Konstante im MWG beschreibt das Verhältnis der Konzentrationen der Produkte zu denen der Edukte im Gleichgewicht. Die Konzentrationen der Produkte werden im Zähler, die der Edukte im Nenner aufgeführt. Der stöchiometrische Faktor wird im Exponenten aufgezeigt.

Der Kurvenverlauf in den Diagrammen von Material 1 zeigt die Temperatur- und Druckabhängigkeit des Gleichgewichts. Im ersten Diagramm bei 1 bar Druck steigt erst ab 700 K der Gehalt an CO und strebt bei etwa 1 200 K einem Volumenanteil von 100 % zu, der sich auch bei höheren Temperaturen nicht mehr ändert (Sättigung). Bei 10 bar fängt die CO-Bildung bei 800 K an und erreicht bei 1 300 K den Sättigungswert. Aus beiden Diagrammen wird ersichtlich, dass erst bei hohen Temperaturen CO gebildet wird, d. h., es muss sich bei der Bildung von CO um eine endotherme Reaktion handeln, da nach dem Prinzip des kleinsten Zwangs das Gleichgewicht dann zur Produktbildung verschoben wird. Die Reaktion ist aber auch vom Druck abhängig, das zeigt das 2. Diagramm, da sich bei der Reaktion das Volumen verdoppelt, wird das Gleichgewicht bei Druckerhöhung zu den Edukten hin verschoben. Bei 1 100 K liegen bei 1 bar 100 % CO, bei 10 bar lediglich etwa 60 % im Gleichgewicht vor.

2.2 Reaktionsgleichung

$$3\,CO + 6\,H_2 \longrightarrow H_2C{=}CH{-}CH_3 + 3\,H_2O$$

Ein negativer Entropiewert besagt, dass die Reaktion unter Entropieabnahme abläuft. Das hängt damit zusammen, dass sich die Zahl der Moleküle bei der Reaktion mehr als halbiert und außerdem bei den Produkten weniger Gasmoleküle vorhanden sind. Dadurch steigt die Ordnung bei dieser Reaktion, die Entropie ist ein Maß für die Ordnung bzw. Unordnung eines Systems.

Für die Berechnung der Standardbildungsentropie gilt

$$\Delta_R S^0 = \sum S^0\ (\text{Produkte}) - \sum S^0\ (\text{Edukte})$$

$$\Delta_R S^0 = 1\,\text{mol} \cdot S_m^0\ (\text{Propen}) + 3\,\text{mol} \cdot S_m^0\ (H_2O)$$
$$- [3\,\text{mol} \cdot S_m^0\ (CO) + 6\,\text{mol} \cdot S_m^0\ (H_2)]$$

Umformung nach

$$1\,\text{mol} \cdot S_m^0\,(\text{Propen}) = \Delta_R S^0 - 3\,\text{mol} \cdot S_m^0\,(H_2O) + [3\,\text{mol} \cdot S_m^0\,(CO) + 6\,\text{mol} \cdot S_m^0\,(H_2)]$$

$$1\,\text{mol} \cdot S_m^0\,(\text{Propen}) = (-546\,J \cdot K^{-1}) - 3\,\text{mol} \cdot 189\,J \cdot K^{-1} \cdot \text{mol}^{-1} + 3\,\text{mol} \cdot 198\,J \cdot K^{-1} \cdot \text{mol}^{-1} + 6\,\text{mol} \cdot 131\,J \cdot K^{-1} \cdot \text{mol}^{-1}$$
$$= +\,267\,J \cdot K^{-1}$$

Die Standardentropie von Propen ist demnach $+267\,J \cdot K^{-1}$.

2.3 *Hier sind nur ein Formelausschnitt und die Eigenschaften des Polymeren gefragt.*

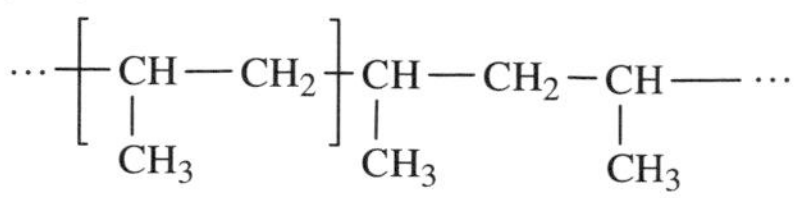

Eine Monomeren-Einheit ist in Klammern gekennzeichnet.

Polypropen ist ein Thermoplast. Da sich die linearen Molekülketten beim Erwärmen gegenseitig verschieben können, kann es durch Wärme weich und verformt werden.

2.4 Der Reaktionsmechanismus ist der einer elektrophilen Addition (A_E).

Das Chlorwasserstoffmolekül lagert sich mit seinem positiv polarisierten Ende an die Doppelbindung an und bildet den π-Komplex (elektrophiler Angriff). Das Molekül wird heterolytisch gespalten, das Proton bindet am wasserstoffreicheren C-Atom und bildet den σ-Komplex. Schließlich greift das Chloridion nukleophil von der Rückseite an.

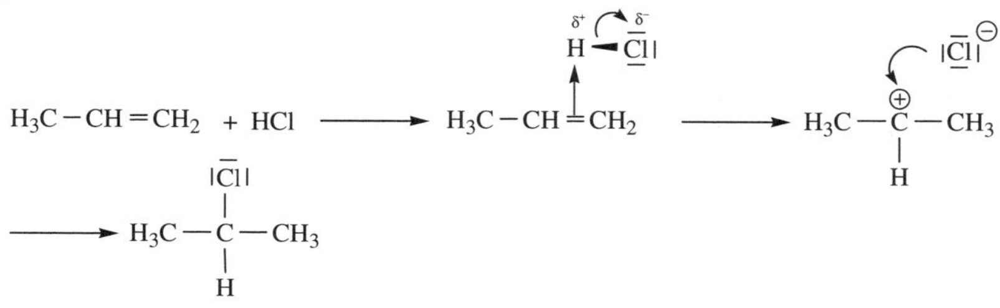

Es entsteht das 2-Chlorpropan, da das sekundäre Carbokation durch den +I-Effekt der beiden Methylguppen stabilisiert wird. Die Methylgruppen stabilisieren dieses durch ihren +I-Effekt bzw. durch Hyperkonjugation, d.h. durch Delokalisation von Elektronen aus den sp^3-hybridisierten Methylgruppen in das leere p_z-Orbital des planaren Carbokations. Die Bildung des sekundären Carbokations ist wahrscheinlicher als die Bildung des instabilen primären Carbokations, deshalb entsteht bei der Weiterreaktion 2-Chlorpropan in höherer Ausbeute als 1-Chlorpropan.

Dieses Ergebnis, dass das Proton an das wasserstoffreichere C-Atom bindet, wird auch als Markownikow-Regel bezeichnet.

2.5 **Reaktionsgleichung von Schritt A in Summenformeln:**

$CO + Cl_2 \longrightarrow COCl_2$

Reaktionsgleichung von Schritt B in Strukturformeln:

Da Chlorwasserstoff abgespalten wird (Material 3), kann nur die Addition von Phosgen an die Carboxylgruppe unter Abspaltung des Protons erfolgen.

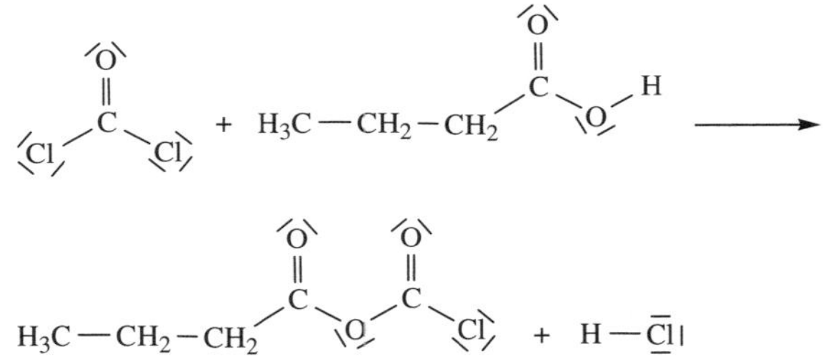

Reaktionsgleichung von Schritt C in Strukturformeln:

Das Zwischenprodukt spaltet ein Gas bei der Umlagerung ab. Dabei kann es sich nur um CO_2 handeln. Das ergibt sich aus dem Hinweis im Material, dass es Kalkwasser trübt.

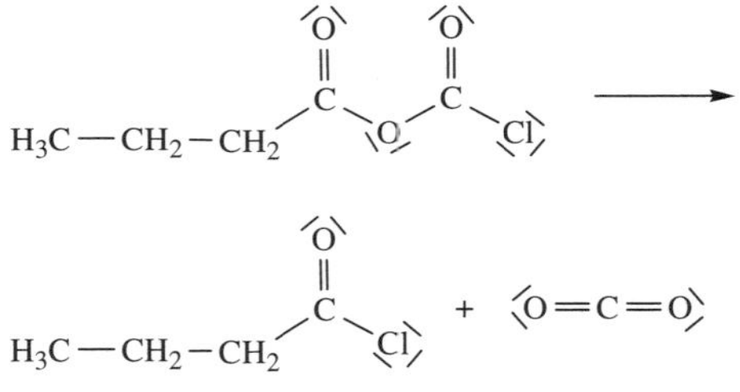

Aufgabe C

3.1 *In den beiden Monomeren Benzol-1,4-dicarbonsäure (Terephthalsäure) und Ethan-1,2-diol (Ethylenglykol) sind jeweils bifunktionale Carboxy- bzw. Hydroxy-Gruppen vorhanden, sodass ein Polyester gebildet werden kann. Dabei reagiert die OH-Gruppe des Ethan-1,2-diols mit der COOH-Gruppe der Benzol-1,4-dicarbonsäure unter Abspaltung von Wasser.*

Strukturformeln der Monomere

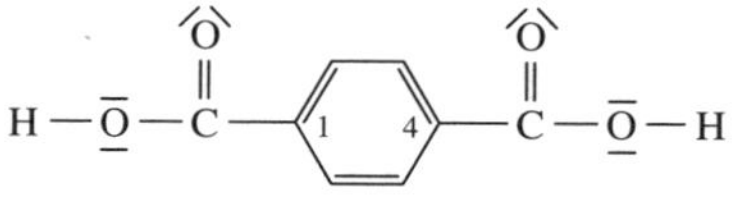

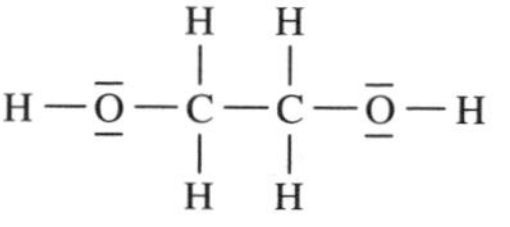

Ausschnitt aus dem Makromolekül

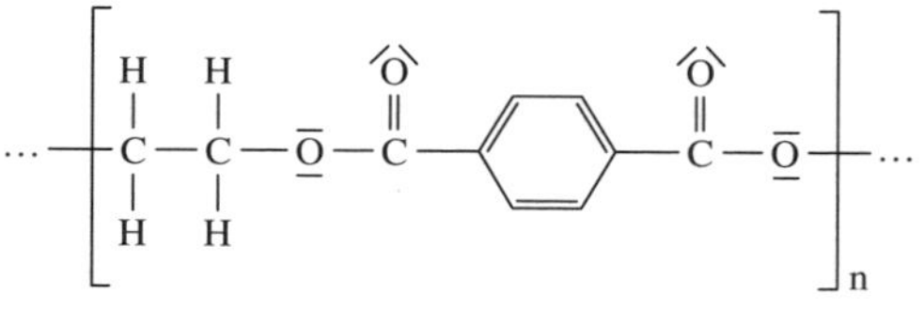

Die Stoffklasse ist Polyester.

3.2 *Strukturformel des Monomeren β-D-Glucose (nicht verlangt)*

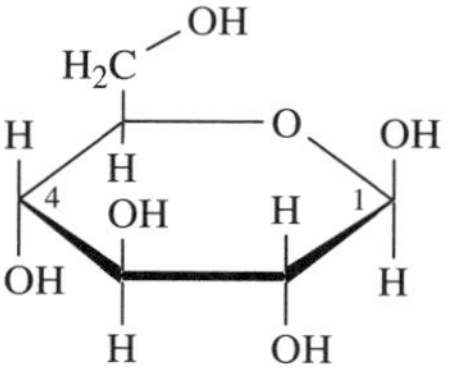

Die in der Schule übliche Strukturformel, die die Verknüpfung der Monomeren beschreibt, ist die nach Haworth. Diese Struktur projiziert den Sechsring in eine Ebene, da die tetraedrischen Bindungen der sp^3-hybridisierten C-Atome schwer zu zeichnen sind.
Da die OH-Gruppe an C-Atom 1 aus der Ringebene nach oben steht, die OH-Gruppe an C-Atom 4 aber nach unten, muss der zweite Ring jeweils um 180° um eine Drehachse zwischen C1 und C4 gedreht werden, damit das Makromolekül in einer linearen Kette dargestellt werden kann.

Ausschnitt aus dem Cellulose-Makromolekül mit drei Monomeren

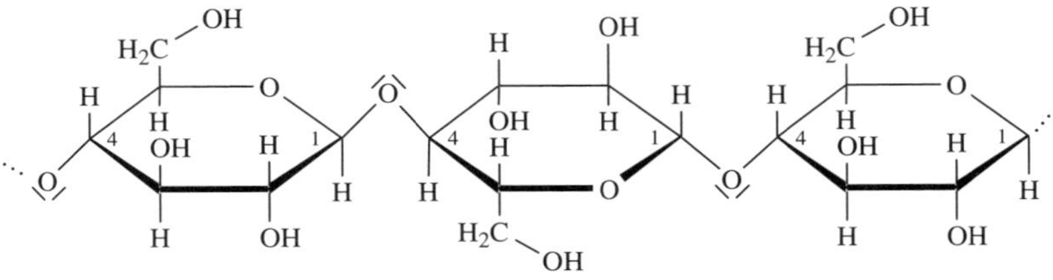

Das Monomer heißt β-D-Glucose, die Verknüpfungsart ist β-1,4-glykosidisch.

3.3 **Reaktionsgleichung**

$$\overset{+IV}{Si}O_2 + 2\,\overset{0}{C} \rightleftharpoons \overset{0}{Si} + 2\,\overset{+II}{C}O$$

Analyse der Oxidationszahlen

Im Laufe der Hinreaktion wird die Oxidationsstufe des Siliciumatoms von +IV nach 0 erniedrigt, die des Kohlenstoffatoms von 0 nach +II erhöht.

Reduktion = Elektronenaufnahme	$SiO_2 + 4\,e^- \longrightarrow Si + 2\,O^{2-}$
Oxidation = Elektronenabgabe	$2\,C + 2\,O^{2-} \longrightarrow 2\,CO + 4\,e^-$

Es handelt sich um eine Redoxreaktion, da Elektronenübergänge stattfinden. Das Siliciumatom ist der Elektronenakzeptor, der 4 Elektronen vom Elektronendonator (Kohlenstoffatome) aufnimmt.

Für die Berechnung der Reaktionsenthalpie gilt

$$\begin{aligned}\Delta_R H^0 &= \sum \Delta_f H^0_m\ (\text{Produkte}) - \sum \Delta_f H^0_m\ (\text{Edukte})\\ &= [1 \cdot 0\ \text{kJ} \cdot \text{mol}^{-1} + 2 \cdot (-111\ \text{kJ} \cdot \text{mol}^{-1})]\\ &\quad - [1 \cdot (-911\ \text{kJ} \cdot \text{mol}^{-1}) + 2 \cdot 0\ \text{kJ} \cdot \text{mol}^{-1}]\\ &= 689\ \text{kJ} \cdot \text{mol}^{-1}\end{aligned}$$

Die Reaktion ist endotherm. Für die Reaktion muss Wärme zugefügt werden.

3.4 *Bei dieser Reaktion handelt es sich um die sogenannte Müller-Rochow-Synthese zur Herstellung von Methylchlorsilanen, welche durch Kupfer oder Kupferoxid katalysiert wird (nicht verlangt).*

Reaktionsgleichung 1. Schritt in Strukturformeln:

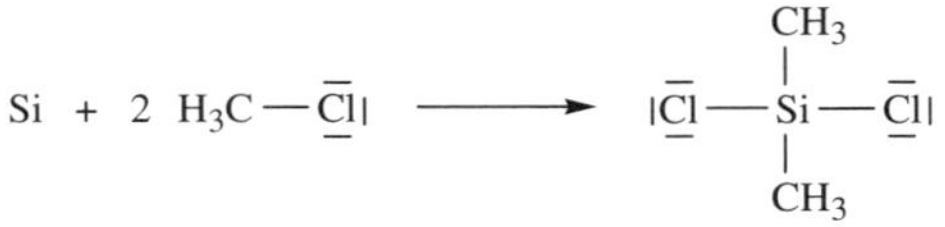

Reaktionsgleichung 2. Schritt in Strukturformeln:

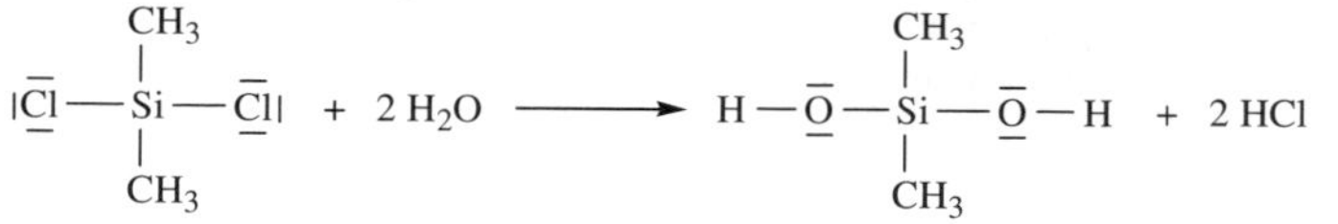

Bei diesem Schritt handelt es sich um eine nukleophile Substitution (S_N), bei der das Chloratom gegen eine OH-Gruppe substituiert wird.

Ausschnitt aus dem Silikon-Polymer mit vier Monomeren (3. Schritt/Polykondensationsprodukt):

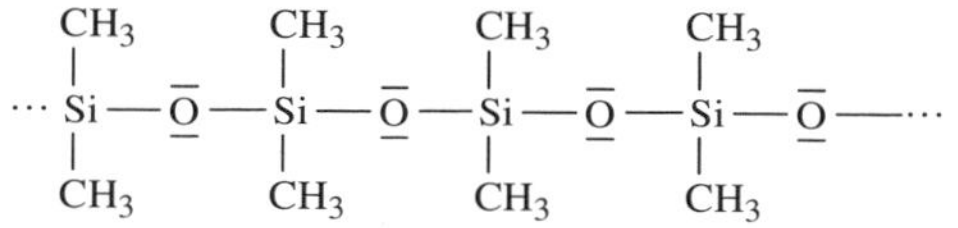

Wenn in Schritt 1 anstelle von Dichlordimethylsilan auch Trichlormethylsilan entsteht, kann in Schritt 2 neben Dimethylsilandiol auch Methylsilantriol entstehen. Mit Dimethylsilandiol bilden sich lineare Makromoleküle, da es sich um ein bifunktionales Molekül handelt. Mit Methylsilantriol dagegen kommt es zur Bildung von vernetzten Makromolekülen, da es sich um ein trifunktionales Monomer handelt.

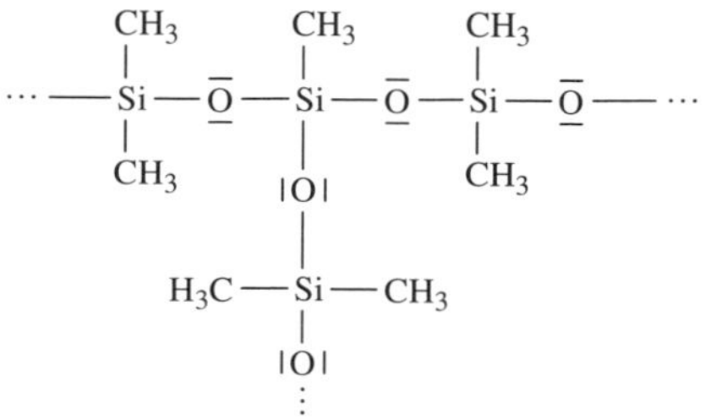

Formelausschnitt eines vernetzten Silikons

3.5 **Haftung der Silikonschicht auf Papier:**
Durch Ausbildung von Wasserstoffbrückenbindungen zwischen den Sauerstoffatomen des Silikons und den Wasserstoffatomen der OH-Gruppen der Cellulose kommt es zur Haftung auf dem Papier.

Verhalten der Papieroberfläche gegenüber Wasser vor und nach dem Beschichten mit Silikonöl:
Cellulose kann aufgrund seiner OH-Gruppen sowohl zwischen den Ketten wie auch zu Wassermolekülen Wasserstoffbrückenbindungen ausbilden und somit ein Vielfaches seiner Masse an Wasser binden. Deshalb ist unbehandeltes Papier nicht wasserabweisend. Silikonöl ist hydrophob, bildet aber auf polaren Stoffen Filme durch die Bildung von Wasserstoffbrückenbindungen mittels seiner Sauerstoffatome. Die unpolaren Methylresten weisen von der Papieroberfläche weg,

deshalb wird diese hydrophobisiert und kann kein Wasser mehr aufsaugen. Zwischen den Methylresten und den Wassermolekülen können keine intermolekularen Wechselwirkungen auftreten.

Aufgabe D

4.1 *Die Aminosäuren L-und D-Alanin sollen in der Fischer-Projektion gezeichnet werden. Dabei wird das höchstoxidierte C-Atom nach oben angeordnet, bei L-Alanin zeigt die NH_2-Gruppe dann nach links (**L**aevus-Form), bei der D-Form nach rechts (**D**exter-Form). Der Seitenrest von Alanin ($-CH_3$) ist im Materialteil angegeben.*
Beide Moleküle verhalten sich wie Bild und Spiegelbild zueinander und können somit nicht durch Drehung ineinander überführt werden.

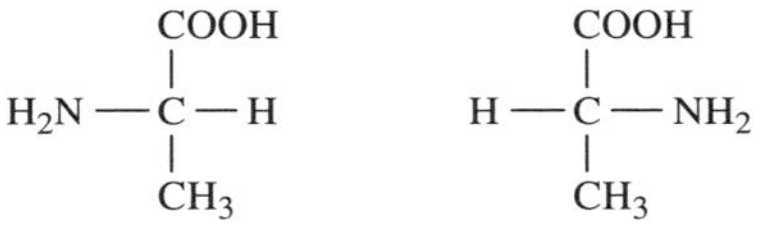

L-Alanin D-Alanin

Allerdings liegen die Aminosäuren wie Alanin im neutralen Bereich als Zwitterion vor.

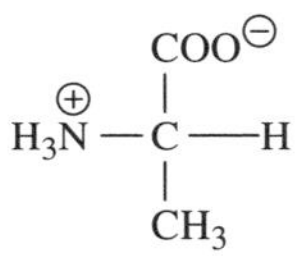

Zwitterion von L-Alanin

Mit einem Polarimeter wird die optische Aktivität von Stoffen gemessen, d. h., optisch aktive oder Moleküle mit einem oder mehreren chiralen Zentren drehen die Schwingungsebene von linear polarisiertem Licht entweder nach rechts oder links. Dies wird mit (+) oder (–) gekennzeichnet. L(+)-Alanin ist rechtsdrehend, D(–)-Alanin linksdrehend. Bei L(+)-Alanin wird eine optische Aktivität festgestellt, d. h. die Schwingungsebene des linear polarisierten Lichts wird nach rechts gedreht. D- und L-Alanin sind Enantiomere, d. h. wenn sie gleich konzentriert vorliegen, handelt es sich um ein Racemat, bei dem sich die Drehwerte gegenseitig aufheben.

Bei der *meso*-2,6-Diaminopimelinsäure kann eine Spiegelebene durch das Molekül gelegt werden (gestrichelte Linie). Es ist demnach keine optische Aktivität festzustellen, da der rechte und linke Teil des Moleküls sich wie Bild und Spiegelbild verhalten und die Schwingungsebene des linear polarisierten Lichts um den gleichen Betrag, aber in unterschiedliche Richtungen drehen. Deshalb heben sich die Drehwerte in der *meso*-Form gegenseitig auf.

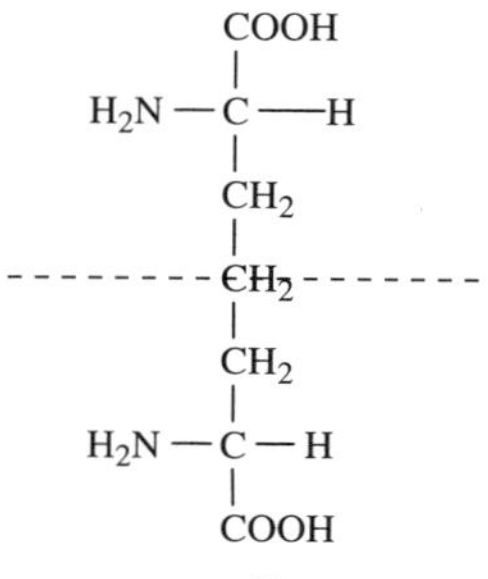

meso-Form

4.2 *Im Material 1 sind die beiden Molekülbausteine des Mureins angegeben. Es soll ein markierter Ausschnitt aus der Quervernetzung zwischen den beiden Polysaccharidketten durch die Aminosäuren gezeichnet werden. Glutaminsäure und Alanin werden durch Peptidbindungen verknüpft, Alanin kann nur mit seiner Aminogruppe mit der Carboxylgruppe von N-Acetylmuraminsäure verknüpft sein. Im Text ist angegeben, dass die beiden Kohlenhydratbausteine β-1,4-glykosidisch miteinander verknüpft sind. Im Glutaminsäure-Baustein kann eine weitere Verknüpfung auch über die Carboxy-Gruppe am α-C-Atom erfolgen.*

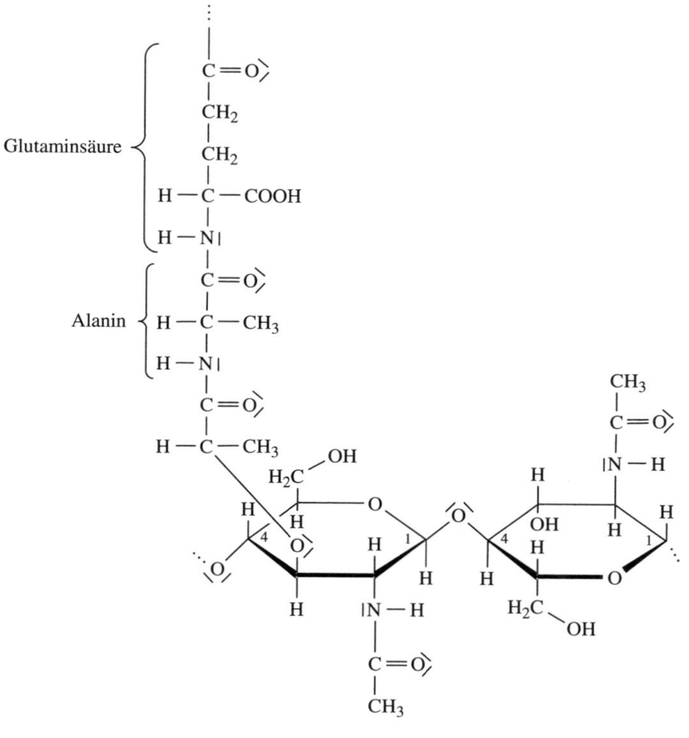

4.3 *In dieser Aufgabe soll das Verhalten der drei Aminosäuren des Mureins im elektrischen Feld bei pH = 6,1 beschrieben werden. Dazu sind die isoelektrischen Punkte (IEP) angegeben.*

Am IEP liegt die jeweilige Aminosäure als Zwitterion und somit elektrisch neutral vor. Es erfolgt keine Wanderung im elektrischen Feld. Alanin hat einen IEP von 6,1, dies entspricht dem pH-Wert der Lösung, also wird keine Wanderung stattfinden, d. h. Alanin bleibt am Startpunkt liegen. Glutaminsäure hat eine Carboxylgruppe mehr und einen IEP von 3,2. Sie liegt also bei pH = 6,1 als Anion (mit deprotonierter Carboxylgruppe) vor und wandert zum Plus-Pol. Lysin hat eine zweite Aminogruppe und einen IEP von 9,7. Lysin liegt demnach bei pH = 6,1 als Kation (mit protonierter Aminogruppe) vor und wandert zum Minus-Pol.

Strukturformeln von Glutaminsäure und Lysin bei pH = 6,1 (nicht verlangt):

4.4 **Reaktionsmechanismus zur Synthese von Diethylether aus Ethanol**

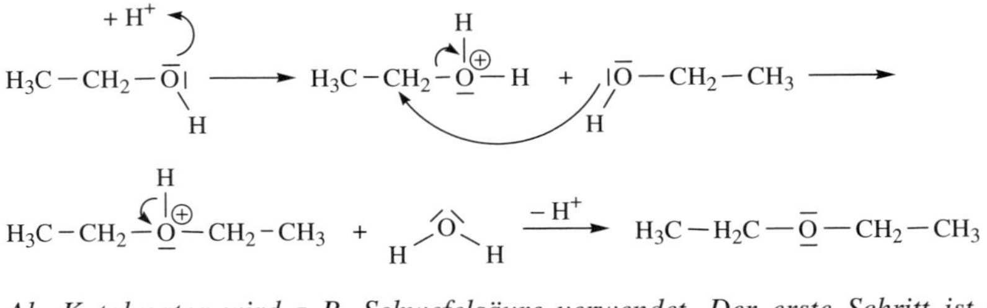

Als Katalysator wird z. B. Schwefelsäure verwendet. Der erste Schritt ist die Protonierung des freien Elektronenpaars der OH-Gruppe, danach erfolgt ein nukleophiler Angriff des O-Atoms des zweiten Ethanol-Moleküls an das positiv polarisierte C-Atom des protonierten Ethanol-Moleküls mit anschließender Wasser-Abspaltung, und der letzte Schritt ist eine Deprotonierung.

Bei der Reaktion handelt es sich um eine nukleophile Substitution (S_N) bzw. um eine Kondensation.

4.5 Die Siedetemperatur ist von der Masse und der Struktur eines Moleküls abhängig. Da hier vergleichbare Molekülmassen vorliegen, kann nur die Struktur für die unterschiedlichen Siedetemperaturen verantwortlich sein. Die zwischenmolekularen Kräfte sind aufgrund der Strukturen unterschiedlich. 1-Methoxypropan ist ein eher unpolares Molekül, welches keine Wasserstoffbrückenbindungen ausbilden kann. Die zwischenmolekularen Bindungen beruhen hier hauptsächlich auf schwachen van-der-Waals-Kräften. Bei Butan-1-ol ist zwar ein großer Kohlenwasserstoffrest vorhanden, aber auch eine OH-Gruppe, welche polar ist und Wasserstoffbrücken als stärkere zwischenmolekulare Kräfte ausbilden kann. Bei Propan-1,2-diol liegen sogar zwei polare OH-Gruppen vor, wodurch die zwischenmolekularen Wechselwirkungen aufgrund von Wasserstoffbrückenbindungen und damit die Siedetemperatur nochmals erhöht wird.

Substanz	**Siedetemperatur**
1-Methoxypropan	39 °C
Butan-1-ol	118 °C
Propan-1,2-diol	188 °C

Strukturformeln (nicht verlangt):

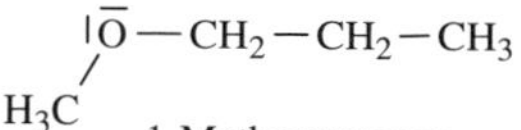
1-Methoxypropan

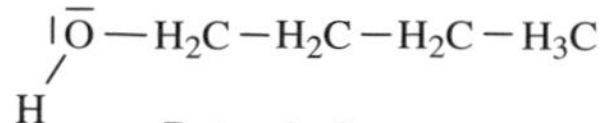
Butan-1-ol

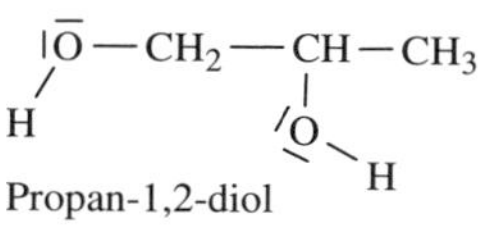
Propan-1,2-diol

Grundkurs Chemie (Hessen)
Abiturprüfung 2013

Aufgabe A

Tennisspiel mit Filz und Gummi

BE

Durch die Kombination unterschiedlicher Materialien zu sogenannten Verbundwerkstoffen können maßgeschneiderte Werkstoffe hergestellt werden, deren chemische und physikalische Eigenschaften die der Einzelkomponenten übertreffen. Im Tennis zum Beispiel sind für die verschiedenen Platzoberflächen (Rasen, Lehm, Zement, Asphalt oder Kunststoff) unterschiedliche Balltypen mit jeweils anderen Eigenschaften erforderlich. Die heutigen Bälle bestehen aus zwei Schichten, einer inneren Schicht, vor allem aus Naturgummi, und einer strapazierfähigen Filzhülle aus z. B. Schafwolle und Polyester.
Für die Saiten der Tennisschläger ging die Entwicklung ausgehend von Schafdärmen hin zu einer Kombination verschiedener synthetischer Fasern. Die Saiten haben häufig einen Polyamidkern, der zur Erhöhung der Haltbarkeit meist von einer Hülle aus einem anderen Material umgeben ist.
Material 1 gibt Ihnen einen Überblick zu den verwendeten Werkstoffen.

1.1 Für die Herstellung des für den Saitenkern einer Tennisschlägersaite verwendeten Polyamids wird 1,6-Diaminohexan mit Hexandisäure zur Reaktion gebracht.
Geben Sie die Strukturformeln der Ausgangsstoffe und einen Ausschnitt aus dem Reaktionsprodukt an.
Benennen Sie den Reaktionstyp.
Erklären Sie die Reißfestigkeit des Polyamids. 8

1.2 Das Polyestermaterial für den Ball-Filz und die Hülle einer Tennisschlägersaite kann z. B. aus Ethan-1,2-diol und Terephthalsäure (Material 1) synthetisiert werden.
Formulieren Sie den Mechanismus für diese säurekatalysierte Reaktion und geben Sie einen Ausschnitt aus dem Polymer an. 7

1.3 Ein Strukturformelausschnitt aus einer für den Ball-Filz verwendeten Schafwolle ist im Material 1 vorgegeben.
Beschriften Sie die funktionellen Gruppen dieses Molekülausschnitts.
Formulieren Sie die Strukturformeln der Ausgangsstoffe in Fischer-Projektion.
Benennen Sie die Ausgangsstoffe nach der IUPAC-Nomenklatur und geben Sie für diese eine Stoffklasse an. 9

1.4 Ausgangsmaterial für die Herstellung der inneren Schicht des Balls ist Kautschuk, ein Naturgummi (Material 1). Um daraus ein festes, elastisches Material zu erhalten, wird der zähflüssige Kautschuk vulkanisiert, das heißt, mit Schwefel zur Reaktion gebracht. Je mehr Schwefel dabei eingesetzt wird, desto härter wird der entstehende Gummi. Einen Strukturformelausschnitt aus dem Reaktionsprodukt finden Sie in Material 2.
Vergleichen Sie die Strukturformelausschnitte von Kautschuk vor und nach der Vulkanisierung.
Erklären Sie die unterschiedliche Härte des Gummis in Abhängigkeit von der beim Vulkanisieren verwendeten Schwefelmenge. 6

30

Material 1: Beim Tennis verwendete Materialien

„Gegenstand“ Werkstück	Material: Name	Monomer(e): Name bzw. Strukturformel	Material: Strukturformelausschnitt
Saiten der Schläger (Kern)	Polyamid (Nylon)	1,6-Diaminohexan und Hexandisäure	
Ball-Filz und Saiten der Schläger (Hülle)	Polyester	Ethan-1,2-diol und Terephthalsäure: 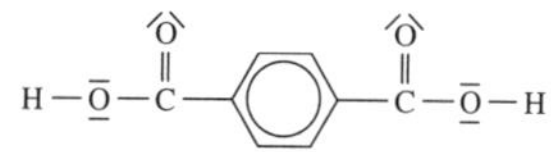	
Ball-Filz	Schafwolle		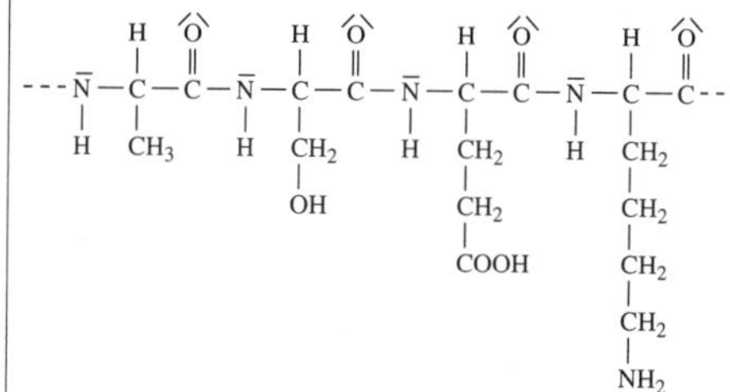
Ball-Gummi	Kautschuk (Polyisopren)		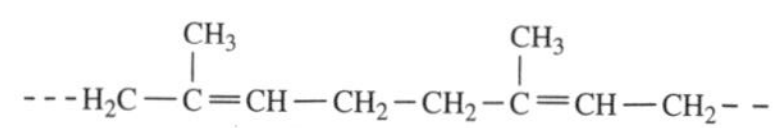

Material 2: Molekülausschnitt aus vulkanisiertem Kautschuk

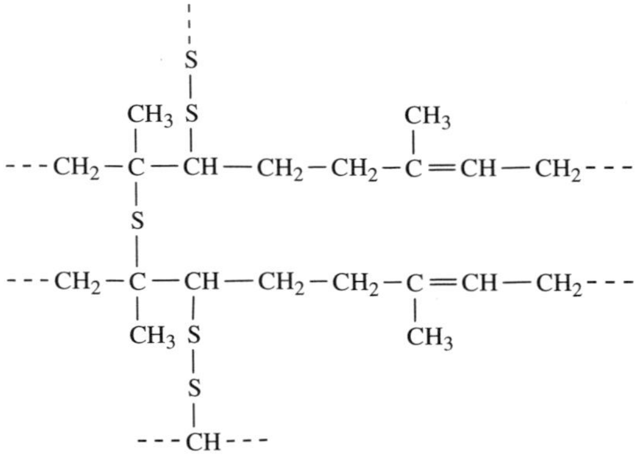

Materialgrundlage:
Der Tennisball: Schnelles Spiel mit Filz und Gummi von Mark Fischetti.
In: Spektrum der Wissenschaft, Heidelberg, Ausgabe 7/07, S. 42 f.
www.tennisclub-bad-ueberkingen.de/equipment.html (abgerufen am 29. 09. 2011)

Aufgabe B

Stickstoffverbindungen BE

Stickstoff bildet verschiedene gasförmige Oxide wie Stickstoffmonooxid, Stickstoffdioxid und Distickstofftetraoxid. Stickstoffmonooxid wird in der Medizin eingesetzt. Aus Stickstoffdioxid kann Salpetersäure hergestellt werden, Distickstofftetraoxid wird als Oxidationsmittel in Treibstoffmischungen von Raketen verwendet.
Stickstoffdioxid und Distickstofftetraoxid sind in einer Gleichgewichtsreaktion miteinander verbunden. Das Material 2 zeigt Ihnen einen Versuch zum Stickstoffdioxid-Distickstofftetraoxid-Gleichgewicht. Eine andere Gruppe von Stickstoffverbindungen sind die Nitroalkane. Diese kommen in den unterschiedlichsten Bereichen zur Anwendung. Die Bandbreite reicht vom Lösungsmittel bis zum Sprengstoff. Nitromethan ist beispielsweise ein Ausgangsstoff zur Herstellung des Insektizids Chlorpikrin (Trichlornitromethan).
Mit Wasserstoff reagiert Nitromethan zu Aminomethan, einem Rohstoff für Waschmittel.
Aminomethan kann auch aus Methanol und Ammoniak hergestellt werden. Bei dieser Reaktion entstehen neben Aminomethan außerdem Di- und Trimethylamin.

2.1 Formulieren Sie für die Gleichgewichtsreaktion von Stickstoffdioxid zu Distickstofftetraoxid die Reaktionsgleichung und das dazugehörende Massenwirkungsgesetz.
Berechnen Sie mithilfe der Angaben in Material 1 die Massenwirkungskonstante K_c. 4

2.2 Beschreiben und begründen Sie die im Experiment in Material 2 zu erwartende Veränderung der Farbintensität des braunen Gasgemischs in Abhängigkeit von der Stellung des Stempels in Position B und C. 7

2.3 Nitromethan (H_3C-NO_2) reagiert mit Chlor unter Einwirkung von Licht zu Chlorpikrin (Trichlornitromethan, Cl_3C-NO_2) und Chlorwasserstoff.
Formulieren Sie die Reaktionsgleichung.
Formulieren Sie einen Reaktionsmechanismus für die Reaktion von Nitromethan mit Chlor zu Monochlornitromethan. 8

2.4 Formulieren Sie die Reaktionsgleichung für die Reaktion von Nitromethan mit Wasserstoff zu Aminomethan (H_3C-NH_2) und Wasser.
Zeigen Sie anhand der Elektronenübergänge, dass es sich um eine Redoxreaktion handelt. 5

2.5 Formulieren Sie die Reaktionsgleichung für die Reaktion von Methanol mit Ammoniak zu Aminomethan und benennen Sie den Reaktionstyp.
Formulieren Sie die Reaktionsgleichung für die Reaktion von Aminomethan mit Methanol zum Trimethylamin (Material 3).
Erläutern Sie den Einfluss der Methanolkonzentration auf die Bildung von Mono-, Di- oder Trimethylamin. 6

30

Material 1: Konzentrationen im Stickstoffdioxid-Distickstofftetraoxid-Gleichgewicht

$c(NO_2)$ in mol · L^{-1}	$c(N_2O_4)$ in mol · L^{-1}
0,0547	0,0727

Material 2: Versuch: Das Stickstoffdioxid-Distickstofftetraoxid-Gleichgewicht

Aufbau:

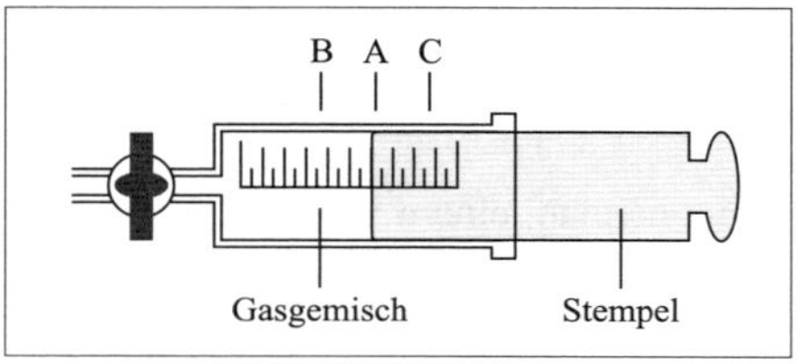

Durchführung:
Der Kolbenprober wird mit einem braunen Gasgemisch aus Stickstoffdioxid (braunes Gas) und Distickstofftetraoxid (farbloses Gas) gefüllt. Der Hahn wird geschlossen, wenn sich der Stempel in Position A befindet.
Jetzt verschiebt man den Stempel innerhalb des Kolbens zunächst in Position B, dann in Position C und beobachtet jeweils die Veränderung der Farbintensität des braunen Gasgemischs.

Material 3: Trimethylamin

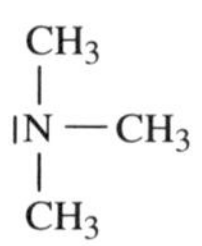

Materialgrundlage:
Hans Beyer, Wolfgang Walter: Lehrbuch der Organischen Chemie, Stuttgart 2004, S. 161 ff.
E. Riedel, C. Janiak: Anorganische Chemie, Berlin 2007, S. 480 f.
www.jagemann-net.de/gleichgewicht/gleichgewicht.php (abgerufen am 03. 11. 2011)

Aufgabe C

Milchsäure BE

Lässt man Milch bei Raumtemperatur längere Zeit stehen, wird sie sauer. Dieser Vorgang beruht auf der Umwandung von Milchzucker (Lactose) in Milchsäure (2-Hydroxypropansäure) durch die in der Milch enthaltenen Milchsäurebakterien. Die Milchsäure wurde 1780 vom deutsch-schwedischen Apotheker Carl Wilhelm Scheele entdeckt. In der sauren Milch sind die D- und die L-Form der Milchsäure enthalten.
In der Lebensmittelindustrie wird Milchsäure unter anderem als Konservierungsstoff und als Säuerungsmittel (E 270) verwendet. Bei der technischen Herstellung von Milchsäure werden Kohlenhydrate, z. B. Mais-, Kartoffel- oder Getreidestärke, mithilfe des Enzyms Diastase in Maltose gespalten. In weiteren Reaktionsschritten wird mithilfe von zugesetzten Milchsäurebakterien Maltose in Glucose und anschließend Glucose in Milchsäure umgewandelt.
Im Labor kann man Milchsäure durch die Reaktion von 2-Chlorpropansäure mit Wasser synthetisieren.

3.1 Material 1 zeigt die Fischer-Projektionsformel für D-Glucose.
Geben Sie für α-D-Glucose und für das darauf basierende Disaccharid Maltose die Haworth-Projektionsformeln an.
Benennen Sie die Verknüpfungsart der Monosaccharide in Maltose. 4

3.2 Formulieren Sie die Fischer-Projektionsformeln von D- und L-Milchsäure, beschriften Sie in der Strukturformel das asymmetrische Kohlenstoff-Atom und definieren Sie die Begriffe asymmetrisches Kohlenstoff-Atom, Stereoisomerie und Racemat.
Formulieren Sie die Reaktionsgleichung für die Umwandlung von Glucose zu Milchsäure. 7

3.3 Lactose ist ein Disaccharid, das aus β-D-Galactose und D-Glucose in einer β-1,4-Verknüpfung aufgebaut ist. D-Galactose unterscheidet sich von D-Glucose lediglich durch die Stellung der OH-Gruppe am C_4-Atom.
Formulieren Sie die Haworth-Projektionsformeln von β-D-Galactose und von Lactose. 4

3.4 Bei der Reaktion von 2-Chlorpropansäure mit Wasser entstehen Milchsäure und ein Gas, das mit Silbernitrat-Lösung einen weißen Niederschlag ergibt.
Formulieren Sie für diese Synthese von Milchsäure die Reaktionsgleichung in Strukturformeln und benennen Sie den Reaktionstyp.
Erläutern Sie die Reaktion des entstandenen Gases mit Silbernitrat-Lösung und formulieren Sie die Reaktionsgleichung. 8

3.5 Milchsäure kann in neutraler Kaliumpermanganat-Lösung (enthält MnO_4^--Ionen) zu Brenztraubensäure (Material 2) und Mangandioxid umgesetzt werden. Dabei wird die Lösung alkalisch.
Formulieren Sie die Reaktionsgleichung.
Zeigen Sie anhand der wesentlichen Oxidationszahlen und der Elektronenübergänge, dass es sich um eine Redoxreaktion handelt. 7

30

Material 1: D-Glucose in Fischer-Projektionsformel

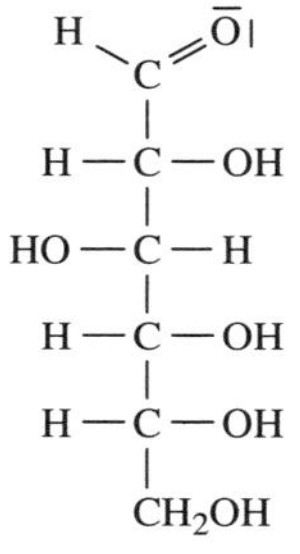

Material 2: Brenztraubensäure

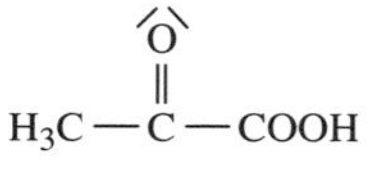

Materialgrundlage:
Hans Beyer, Wolfgang Walter: Lehrbuch der Organischen Chemie, Stuttgart 1991, S. 283 (Fermentation); S. 279
www.seilnacht.com (Lexika) (abgerufen am 15. 12. 2011)

Aufgabe D

Zahnpasta BE

Zahnpflegemittel dienen der Reinigung und der Gesunderhaltung der Zähne. Früher wurde pulverförmiger Kalk zum Putzen der Zähne verwendet. Dieser ist auch heute noch ein Hauptbestandteil von Zahnpasta. Kalk (Calciumcarbonat, $CaCO_3$) ist als Putzkörper für die mechanische Reinigung der Zähne von Bedeutung. Das aus Marmor gewonnene Kalkpulver kann wegen der noch enthaltenen Verunreinigungen nicht direkt eingesetzt werden, deshalb überführt man es zunächst in Calciumoxid, das in drei Reaktionsschritten weiter verarbeitet wird.
Die Polyalkohole Glycerin (Propan-1,2,3-triol), Propylenglycol (Propan-1,2-diol) und Sorbit (Hexan-1,2,3,4,5,6-hexaol) sorgen als Feuchthaltemittel für eine gleichbleibende Konsistenz und verhindern das Austrocknen der Paste. Zur Schaumbildung und Oberflächenbenetzung beim Putzvorgang enthalten einige Zahnpasten Natriumdodecylsulfat.
Ein weiterer Inhaltsstoff kann Xylit sein, der als zahnfreundlicher Zuckeraustauschstoff eingesetzt wird.

4.1 Calciumoxid wird in drei Reaktionsschritten in Calciumcarbonat überführt.
1. Kalklöschen: Festes Calciumoxid reagiert mit Wasser in einer exothermen Reaktion zu festem Calciumhydroxid (gelöschter Kalk).
2. Calciumhydroxid wird mit Salzsäure zu einer Calciumchlorid-Lösung umgesetzt.
3. Fällung: Calciumchlorid-Lösung wird mit Natriumcarbonat-Lösung zu schwer löslichem Calciumcarbonat umgesetzt.

Formulieren Sie für die drei Reaktionsschritte jeweils eine Reaktionsgleichung.
Geben Sie für Reaktionsschritt 2 den Reaktionstyp an. 7

4.2 In einer Zahnpastaportion von 0,4 g ist die Stoffmenge $n = 1{,}2 \cdot 10^{-3}$ mol Calciumcarbonat enthalten.
Berechnen Sie für diese Zahnpastaportion die Masse und den prozentualen Massenanteil an Calciumcarbonat. 4

4.3 Geben Sie die Strukturformeln für Propan-1,2,3-triol, Propan-1,2-diol und Hexan-1,2,3,4,5,6-hexaol an.
Erläutern Sie die Funktion dieser Substanzen als Feuchthaltemittel in der Zahnpasta. 5

4.4 Natriumdodecylsulfat (Material 1) kann in zwei Schritten hergestellt werden. Im ersten Schritt wird in einer Kondensationsreaktion eine organische Substanz mit Schwefelsäure umgesetzt. Das dabei entstehende Reaktionsprodukt reagiert im zweiten Schritt mit Natronlauge zum gewünschten Natriumdodecylsulfat.
Formulieren Sie für die beiden Syntheseschritte jeweils eine Reaktionsgleichung in Strukturformeln.

Skizzieren und erklären Sie die Anordnung der Dodecylsulfat-Anionen auf einer Wasseroberfläche. 9

4.5 Das Polysaccharid Xylan ist der Ausgangsstoff für die Gewinnung von Xylit. Xylan besteht aus D-Xylose-Bausteinen, die β-1,4-glycosidisch miteinander verknüpft sind. Aus Xylose wird Xylit (Material 2) hergestellt. Entwickeln und erläutern Sie die beiden Reaktionsschritte für die Reaktion von Xylan zu Xylit.
Hinweis: Die Angabe der Reaktionsgleichungen oder der Strukturformeln ist nicht erforderlich. 5

30

Material 1: Natriumdodecylsulfat

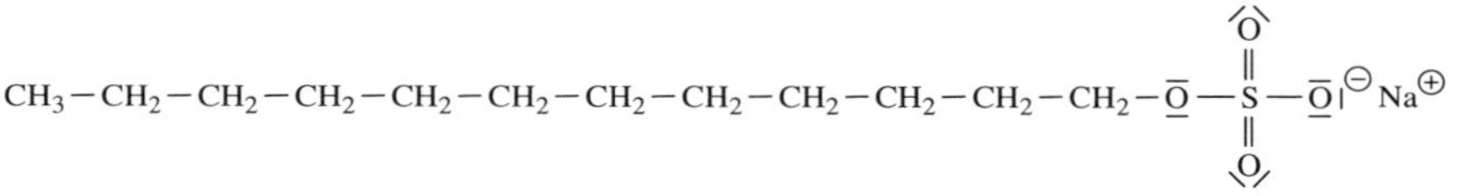

Material 2

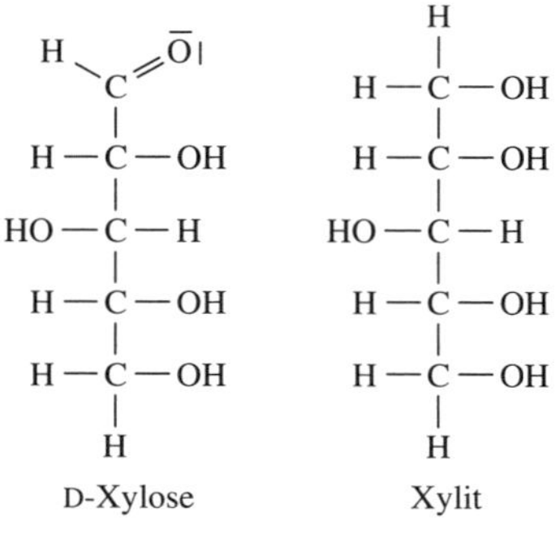

Materialgrundlage:
Römpp, H.: Chemie des Alltags, Kosmos-Gesellschaft der Naturfreunde, Stuttgart 1936
http://www.chemieberufe.net/media/CL-Praeparativ/CL1_PQ_Calciumcarbonat.pdf (abgerufen am 08. 03. 2012)
http://online-media.uni-marburg.de/chemie/chids/veranstaltungen/uebungen_experimentalvortrag.html (abgerufen am 20. 02. 2012)
www.chids.de/dachs/expvortr/730Kalk_Behrmann.ppt (abgerufen am 08. 03. 2012)
http://www.gaba-dent.de/htm/575/de_DE/aronal-Zahnpasta.htm?Brand=aronal&Subnav=&Product=17883 (abgerufen am 08. 03. 2012)
http://www.gaba-dent.de/htm/481/de_DE/Glossar.htm?Page=12 (abgerufen am 08. 03. 2012)
http://chids.online.uni-marburg.de/dachs/expvortr/692Zahnpflegemittel_Erbar.ppt (abgerufen am 08. 03. 2012)

Lösungsvorschläge

Aufgabe A

1.1 *Hier sollen die Strukturformeln der Ausgangsstoffe nach Lewis einschließlich der nichtbindenden Elektronenpaare an den Stickstoff- bzw Sauerstoffatomen gezeichnet werden.*

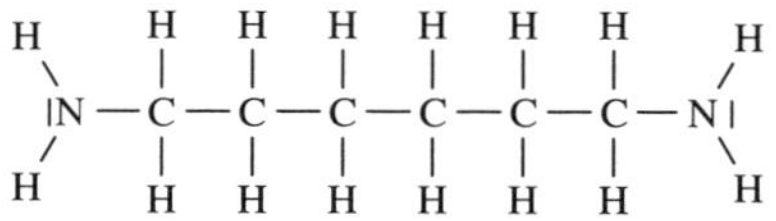

1,6-Diaminohexan

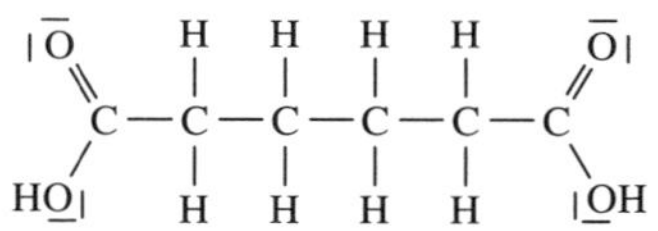

Hexandisäure

Unter Abspaltung von Wassermolekülen entsteht ein Polyamid, der Reaktionstyp ist Kondensation.

Ein Ausschnitt aus dem Polymer kann z. B. dargestellt werden, indem die sich wiederholende Einheit gezeichnet wird. Dabei können die Halbstrukturschreibweisen verwendet werden.

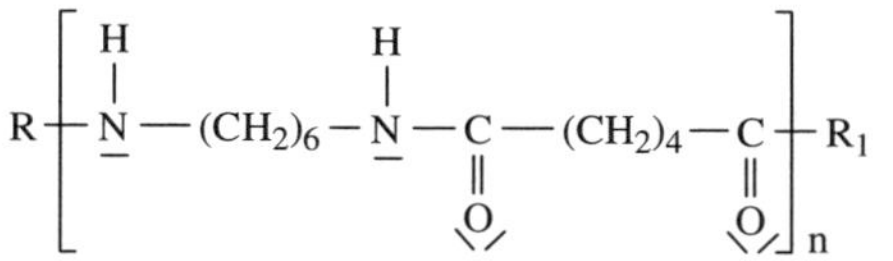

Die Reißfestigkeit hängt von den zwischenmolekularen Kräften ab. Neben den van-der-Waals-Kräften wirken Wasserstoffbrücken zwischen den Amidgruppen. Letztere erzeugen starke Kräfte und sind hauptsächlich für die Reißfestigkeit verantwortlich. Ein natürliches Polymer, das solche zwischenmolekularen Kräfte ausbildet, ist Seide.

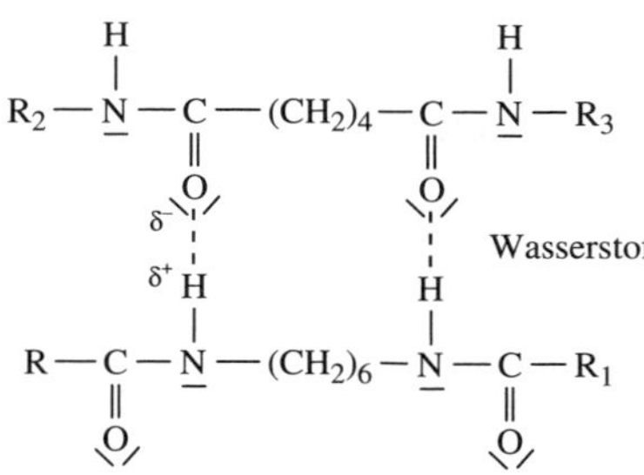

Wasserstoffbrücke

Polyamidkette

1.2 *Der Reaktionsmechanismus ist im Prinzip eine nukleophile Substitution. Unter Abspaltung von Wassermolekülen erfolgt wie oben eine Polykondensation. Für die nicht reagierenden Molekülteile kann hier wieder R bzw. R_1 eingesetzt werden. Säure katalysiert die Reaktion durch Protonierung des Carbonylsauerstoffatoms.*

Strukturformel Ethan-1,2-diol: $H-\overline{O}-CH_2-CH_2-\overline{O}-H$

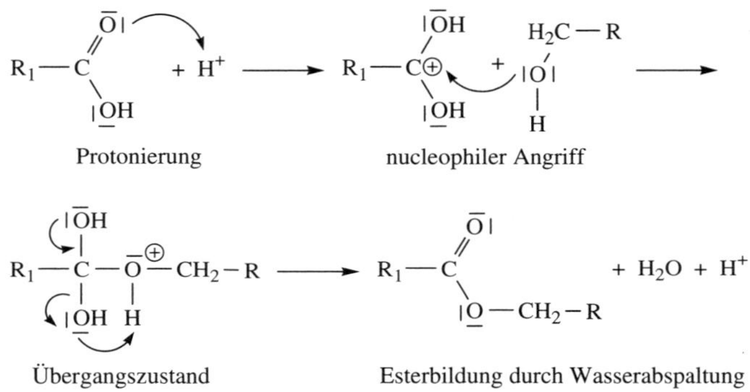

Formelausschnitt des Polyesters (PET = Polyethylenterephthalat)

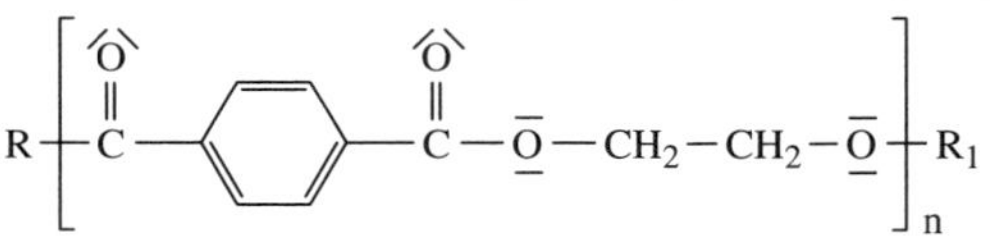

1.3 *Die Benennung der funktionellen Gruppen in dem Tetrapeptid kann folgendermaßen erfolgen:*

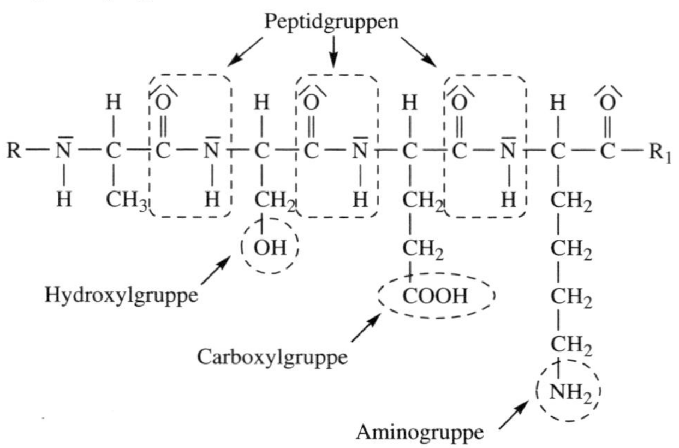

Die Fischer-Projektionen der vier Aminosäuren anhand der Angabe der IUPAC-Bezeichnung im Materialteil, in Klammern die Trivialnamen:

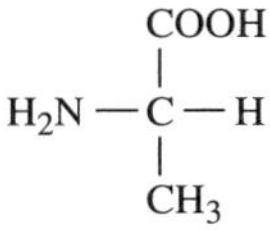

2-Aminopropansäure
(Alanin)

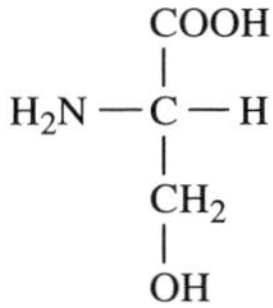

2-Amino-3-hydroxy-propansäure
(Serin)

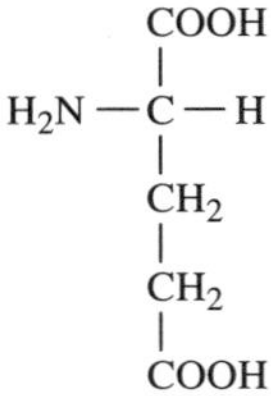

2-Aminopentandisäure
(Glutaminsäure)

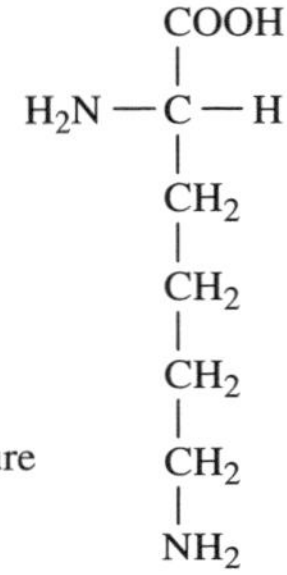

2,6-Diaminohexansäure
(Lysin)

Die Stoffklasse ist die der Aminosäuren.

Allerdings liegen die Aminosäuren nicht in dieser Form, sondern je nach pH-Wert als Zwitterion, Kation oder Anion vor.

1.4 *Die im Material angegebene Struktur des Kautschuks wird in bestimmten Pflanzen aus Isopren polymerisiert und dient dem Wundverschluss. Es wurden als Beispiel im Materialteil zwei Isoprenmoleküle zur Reaktion gebracht:*

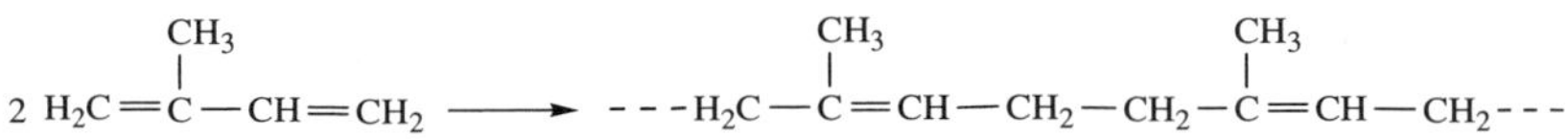

Diese Reaktion war aber nicht gefragt.

Dieser Kautschuk ist nicht elastisch, eher zähflüssig und klebrig (Thermoplast). Die Ketten werden nur durch van-der-Waals-Kräfte zusammengehalten. Vergleicht man die beiden Formeln in Material 1 und 2, so stellt man fest, dass die Reaktion mit Schwefel Disulfidbrücken mit den reaktiven Doppelbindungen des „Polyisoprens“ erzeugt. Dadurch entstehen Vernetzungen und der Stoff wird zu Gummi, einem Elastomer.
Je größer die Zahl der Disulfidbrücken ist, desto härter wird dieses Elastomer (Hartgummi).

Das Verfahren heißt Vulkanisieren.

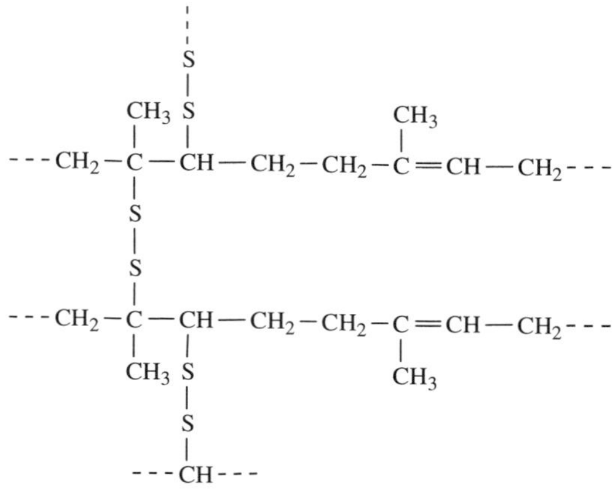

Aufgabe B

2.1 Reaktionsgleichung für die Gleichgewichtsreaktion:

$2\,NO_2 \rightleftharpoons N_2O_4$

Das zugehörige MWG lautet:

$$K_c = \frac{c(N_2O_4)}{c^2(NO_2)} = \frac{0{,}0727\ \text{mol} \cdot \text{L}^{-1}}{0{,}0547^2\ \text{mol}^2 \cdot \text{L}^{-2}} = 24{,}3\ \text{L} \cdot \text{mol}^{-1}$$

2.2 Das Gleichgewicht ist abhängig vom Druck. Wenn der Druck erhöht wird, d. h. der Stempel von A nach B gebracht wird, verschiebt sich das Gleichgewicht nach dem Prinzip des kleinsten Zwangs zum Distickstofftetraoxid, da hier dem äußeren Zwang (Druckerhöhung) durch Volumenverminderung ausgewichen wird. Die Volumenverminderung entsteht in dieser Richtung, da sich die Teilchenzahl verringert. Das braune Gasgemisch wird farblos.
Zieht man den Stempel von A nach C, erniedrigt sich der Druck, das Gleichgewicht verschiebt sich zum Stickstoffdioxid. Es wird brauner.

2.3 Reaktionsgleichung:

$H_3C{-}NO_2 + 3\,Cl_2 \longrightarrow Cl_3C{-}NO_2 + 3\,HCl$

Lichtabhängige Reaktionen mit Chlor sind in der Regel Radikalreaktionen.

Homolytische Spaltung des Chlormoleküls durch Licht:

Kettenreaktion:

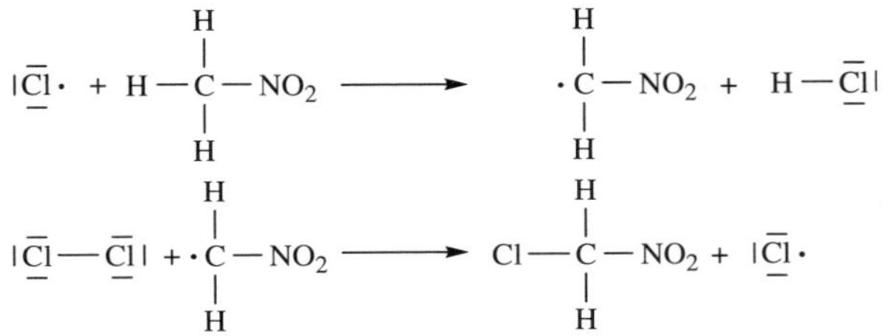

Kettenabbruch:

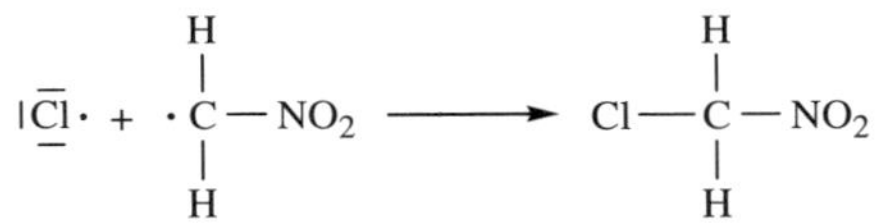

2.4 *Die Redoxgleichung mit Elekronenübergängen soll dargestellt werden. Die Nitrogruppe ist Elektronenakzeptor, der Wasserstoff Elektronendonator. Das Stickstoffatom in der Nitrogruppe hat die Oxidationszahl +III (Berechnung siehe Leistungskurs, Aufgabe D), Wasserstoffatome im Molekül die Oxidationszahl 0. Im Amin hat das Stickstoffatom die Oxidationszahl –III, Wasserstoffatome im Wassermolekül +I. Somit werden 6 Elektronen ausgetauscht.*

Redoxgleichung: $H_3C-\overset{+III}{N}O_2 + 3\,\overset{0}{H}_2 \longrightarrow H_3C-\overset{-III}{N}\overset{+I}{H}_2 + 2\,\overset{+I}{H}_2O$

2.5 *Es soll nur der Reaktionstyp benannt und die Reaktionsgleichung erstellt werden.*

Es handelt sich um eine Substitution:

$H_3C-OH + NH_3 \longrightarrow H_3C-NH_2 + H_2O$

Methylamin bzw. Aminomethan kann mit Methanol weiter unter Abspaltung von Wassermolekülen substituiert werden, wobei je nach stöchiometrischem Verhältnis der Edukte Dimethyl- bzw. Trimethylamin entstehen. Je höher die Methanolkonzentration ist, umso mehr Di- bzw. Trimethylamin wird gebildet.

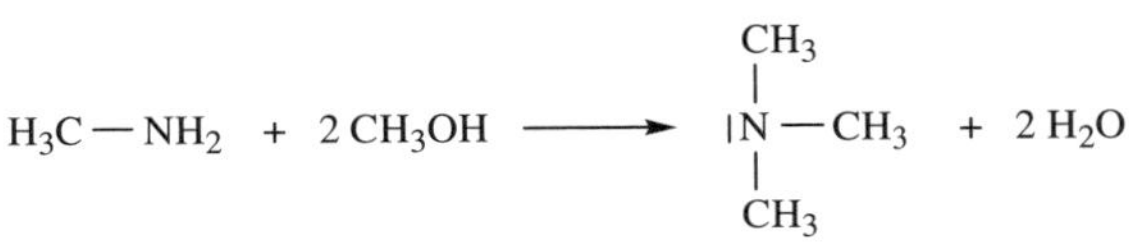

Aufgabe C

3.1 *Darstellung der Glucoseringe mit durchnummerierten C-Atomen in der Haworth-Projektion. Der zweite Ring der Maltose und die Glucose in der β-Form.*

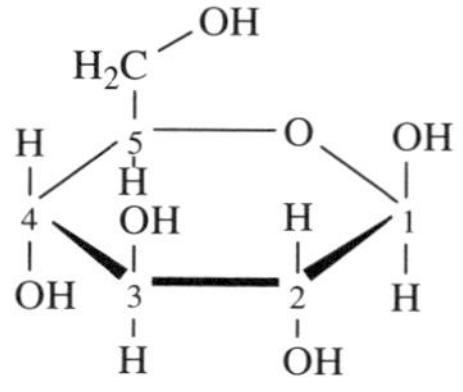

Glucose

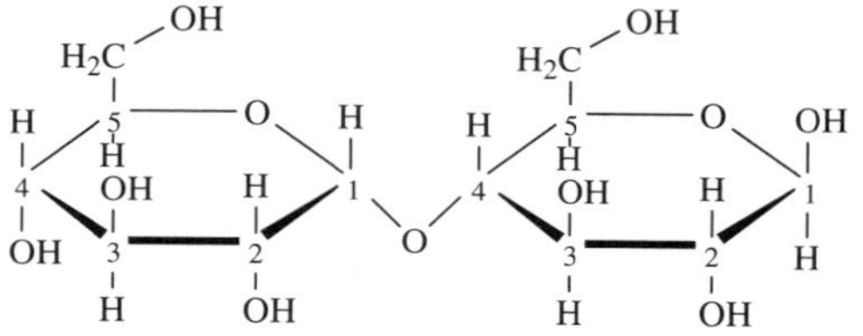

Maltose

Das Disaccharid Maltose besteht aus α-(1→4)-verknüpften Glucosemolekülen.

3.2 *In der Fischer-Projektion stehen immer die höchstoxidierten C-Atome oben, das unterste asymmetrische C-Atom bestimmt die Konfiguration, die Zugehörigkeit zur D- bzw. L- Reihe. In der D-Form steht die OH-Gruppe nach rechts (dexter), in der L-Form nach links (laevus). Der Drehwert für linear polarisiertes Licht ist nicht aus der Konfiguration zu entnehmen.*

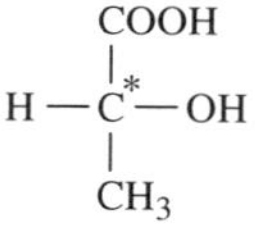

D-(–)-Milchsäure

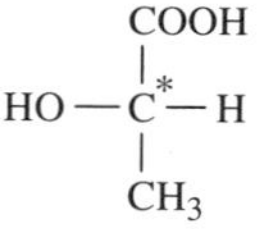

L-(+)-Milchsäure

Asymmetrische C-Atome werden mit einem Stern gekennzeichnet und haben vier verschiedene Substituenten. **Stereoisomerie** wird dadurch beschrieben, dass solche Moleküle die gleiche Summenformel und Konstitution, aber unterschiedliche räumliche Struktur aufweisen. Die Unterschiede in der Struktur bedingen eine unterschiedliche Konfiguration der Substituenten am C-Atom. Konfigurationsisomere, die sich wie Bild und Spiegelbild verhalten, sind Enantiomere (z. B. D- und L-Milchsäure), Stereoisomere mit mehreren asymmetrischen Zentren sind Diastereomere (z. B. D-Glucose und D-Galactose). Konstitutionsisomere können ohne Bindungsbruch nicht ineinander überführt werden. **Racemate** sind Gemische aus gleichen Teilen von Enantiomeren, z. B. D- und L-Milchsäure. Sie zeigen keine optische Aktivität.

Milchsäuregärung: $C_6H_{12}O_6 \longrightarrow 2\ C_3H_6O_3$

3.3 *Die Haworth-Projektion der Galactose kann aus den Angaben im Text aus der bekannten Glucosestruktur entwickelt werden.*
Bei der β-(1→4)-Verknüpfung der beiden Hexosen steht die eine OH-Gruppe oberhalb, die andere unterhalb der Ringebene. Entweder dreht man den ersten oder zweiten Ring entsprechend, oder aber man wählt eine „gebogene Bindung" bzw. schreibt die Ringe „gestapelt". Das Drehen des zweiten Rings kann durch diese Schreibweise, wie sie oft in Schulbüchern zu finden ist, umgangen werden.

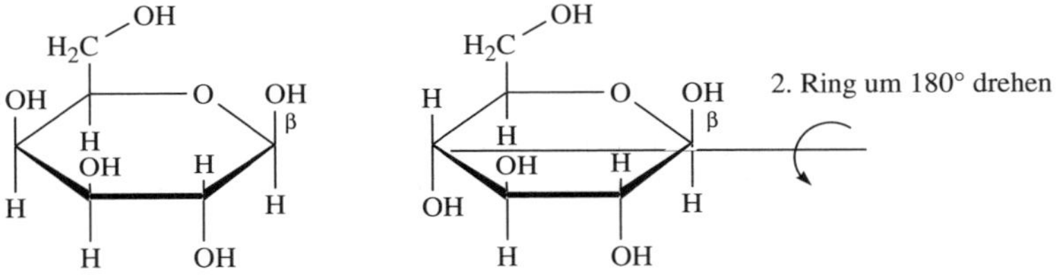

β-Galactose β-Glucose

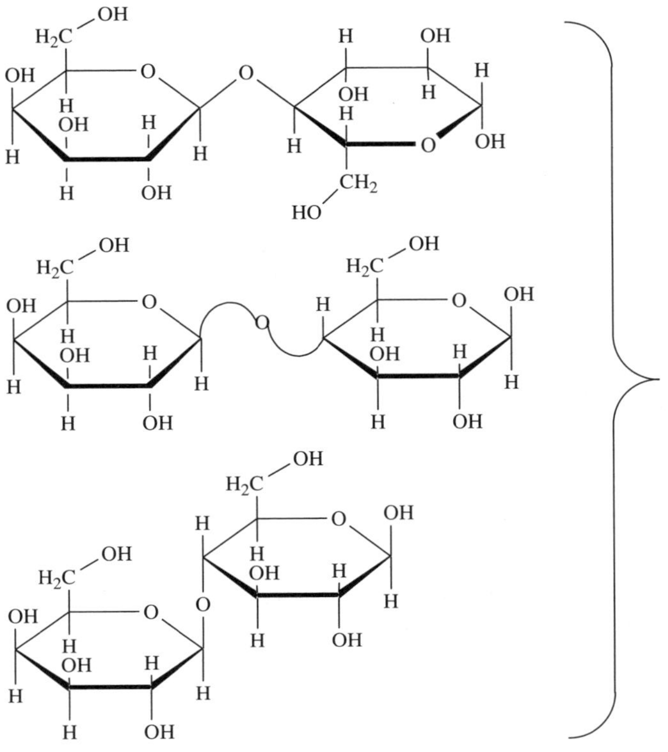

β-Lactose

3.4 *Da die Reaktion nach dem S_N2-Mechanismus abläuft, erfolgt eine Inversion der Konfiguration am angegriffenen Kohlenstoffatom.*

Es handelt sich um eine Substitution:

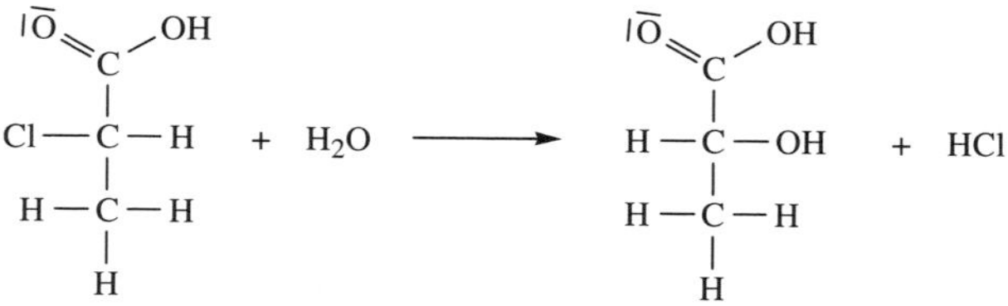

HCl reagiert in wässriger Lösung zu H_3O^+ und Cl^-. Die Chloridionen bilden mit den Silberionen einen weißen Niederschlag, da das Salz in Wasser schwer löslich ist:

$$Cl^-_{(aq)} + Ag^+_{(aq)} \longrightarrow AgCl\downarrow$$

3.5 Reaktion von Kaliumpermanganat mit Milchsäure in wässriger Lösung

Oxidation:

$$CH_3-\overset{0}{C}HOH-COOH + 2\,OH^- \longrightarrow CH_3-\overset{+II}{C}O-COOH + 2\,e^- + 2\,H_2O$$

Reduktion:

$$\overset{+VII}{Mn}O_4^- + 3\,e^- + 2\,H_2O \longrightarrow \overset{+IV}{Mn}O_2 + 4\,OH^-$$

Elektronenausgleich (KGV)

Oxidation:

$$3\,CH_3-\overset{0}{C}HOH-COOH + 6\,OH^- \longrightarrow 3\,CH_3-\overset{+II}{C}O-COOH + 6\,e^- + 6\,H_2O$$

Reduktion:

$$2\,\overset{+VII}{Mn}O_4^- + 6\,e^- + 4\,H_2O \longrightarrow 2\,\overset{+IV}{Mn}O_2 + 8\,OH^-$$

Addition der Teilgleichungen:

$$3\,CH_3-CHOH-COOH + 2\,MnO_4^- \longrightarrow$$

$$3\,CH_3-CO-COOH + 2\,MnO_2 + 2\,OH^- + 2\,H_2O$$

Das mittlere C-Atom in der Milchsäure ist der Elektronendonator, das Permanganation ist der Elektronenakzeptor. Es werden 6 Elektronen pro 2 mol Permanganat und 3 mol Milchsäure ausgetauscht.

Aufgabe D

4.1 1. Kalklöschen:

$$CaO + H_2O \longrightarrow Ca(OH)_2$$

2. $Ca(OH)_2 + 2\,H_3O^+{}_{(aq)} + 2\,Cl^-{}_{(aq)} \longrightarrow Ca^{2+}{}_{(aq)} + 2\,Cl^-{}_{(aq)} + 4\,H_2O$

Es handelt sich hier um eine Neutralisation bzw. Säure-Base-Reaktion.

3. Fällung:

$$Ca^{2+}{}_{(aq)} + 2\,Cl^-{}_{(aq)} + 2\,Na^+{}_{(aq)} + CO_3^{2-}{}_{(aq)} \longrightarrow CaCO_3\downarrow + 2\,Cl^-{}_{(aq)} + 2\,Na^+{}_{(aq)}$$

4.2 Berechnung der molaren Masse von $CaCO_3$:

$M = 40\ g \cdot mol^{-1} + 12\ g \cdot mol^{-1} + 3 \cdot 16\ g \cdot mol^{-1} = 100\ g \cdot mol^{-1}$

$1{,}2 \cdot 10^{-3}$ mol entsprechen einer Masse von:

$m = M \cdot n = 100\ g \cdot mol^{-1} \cdot 1{,}2 \cdot 10^{-3}\ mol = 0{,}12\ g$

0,12 g entsprechen 30 % von 0,4 g (= 100 %).

4.3

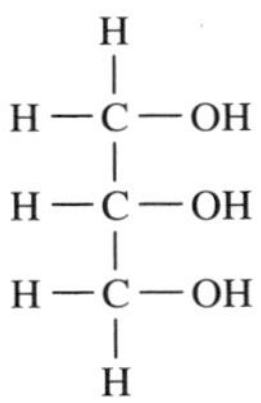

Propan-1,2-3-triol
(Glycerin)

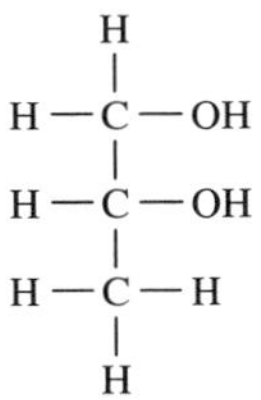

Propan-1,2-diol
(Propylenglycol)

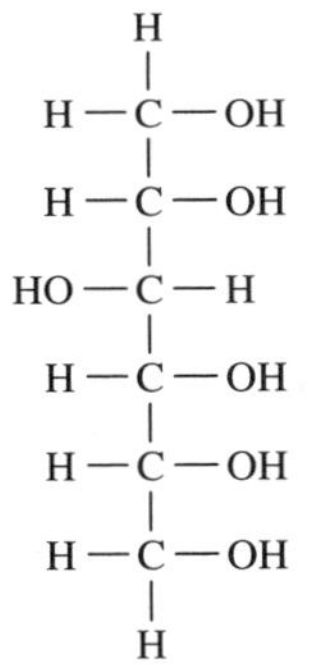

Hexan-1,2,3,4,5,6-hexaol
(Sorbit)

Aus der Angabe Hexan-1,2,3,4,5,6-hexaol kann nicht eindeutig auf die Stellung der OH-Gruppen geschlossen werden.
Dargestellt ist der im Aufgabentext erwähnte Zuckeralkohol Sorbit.

Aus den Strukturformeln kann man ersehen, dass alle drei Stoffe mehrwertige Alkohole sind, deren viele OH-Gruppen über Wasserstoffbrücken Wassermoleküle binden können. Dadurch bleibt die Zahnpasta feucht.

4.4 *Im Materialteil ist das Natriumdodecylsulfat in der Halbstruktur gezeichnet, folglich kann diese auch in der Reaktionsgleichung verwendet werden. Ausgangsstoffe sind Dodecanol, ein primärer Alkohol mit einem Kohlenwasserstoffrest R = – $C_{12}H_{25}$ und Schwefelsäure. Diese werden verestert.*

$$H_3C-CH_2-CH_2-CH_2-CH_2-CH_2-CH_2-CH_2-CH_2-CH_2-CH_2-CH_2-OH$$

Es bietet sich hier an, den langen Kohlenwasserstoffrest mit R zu bezeichnen, oder R als Summenformel:

$$R = -H_2C-H_2C-H_2C-H_2C-H_2C-H_2C-H_2C-H_2C-H_2C-H_2C-H_2C-CH_3$$

$$R = -C_{12}H_{25}$$

Die Reaktion ist eine Kondensation (Esterbildung).

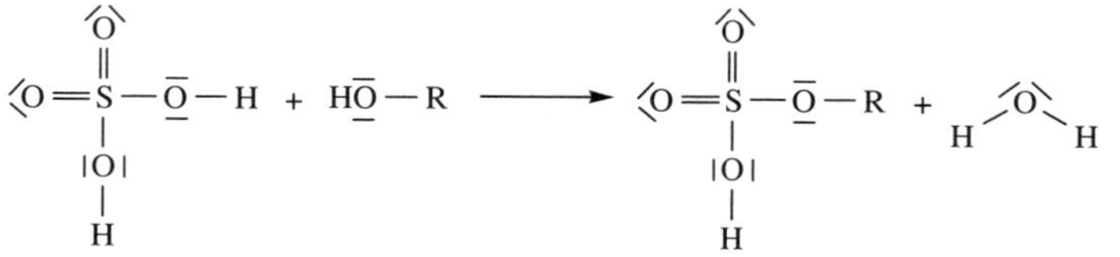

Mit Natronlauge entsteht dann das Salz des Dodecylsulfats.

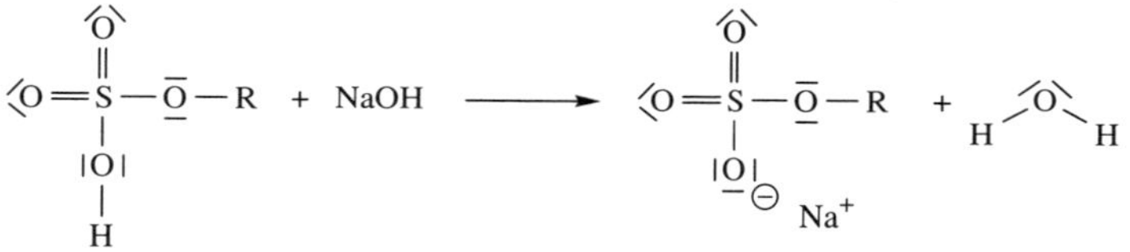

Natriumdodecylsulfat ist ein Tensid, welches sich dadurch auszeichnet, dass es die Oberflächenspannung des Wassers herabsetzt. Mit seinem langen hydrophoben Kohlenwasserstoffrest kann es nicht in das Wasser eindringen, um gelöst zu werden.
Nur der hydrophile „Kopf", der ionische Natriumsulfatrest, dringt in das Wasser ein. Folge ist, dass sich die Substanz auf der Wasseroberfläche als Schicht ausbreitet und die Anziehungskräfte zwischen den Wassermolekülen (Wasserstoffbrücken) verringert. So erklärt sich die verminderte Oberflächenspannung.

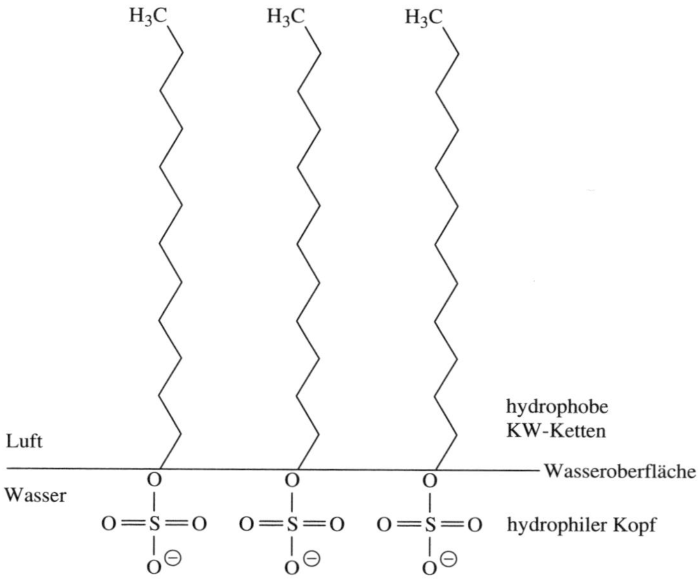

4.5 *Aus dem Aufgabentext geht hervor, dass Xylan ein Polysaccharid ist, in dem die Monomere D-Xylose durch β-(1→4)-glycosidische Bindungen verknüpft sind.*

Solche Polyacetale – wie z. B. in Cellulose – können säurekatalytisch gespalten werden.

Aus der Aufgabenstellung ist ersichtlich, dass keine Formeldarstellung gewählt werden soll.

Das Acetal wird zu einem Halbacetal durch Reaktion mit Wasser gespalten. Xylit entsteht dann aus Xylose durch Reduktion mit Wasserstoff (Hydrierung). Dabei wird das Aldehyd zum Alkanol reduziert.

Letzteres kann aus den Fischer-Projektionen im Materialteil gefolgert werden.

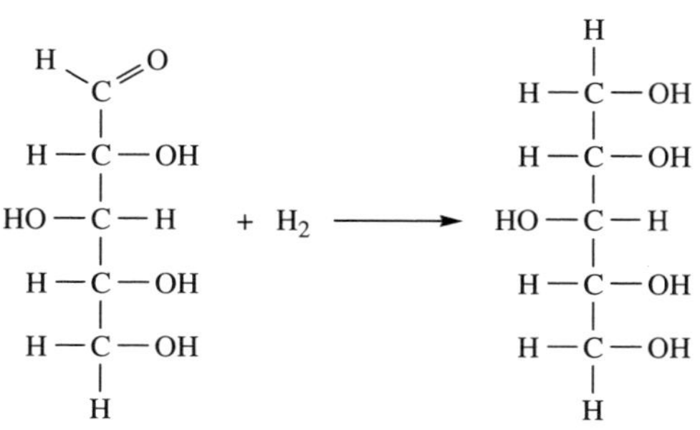

Weitere Informationen:
Xylane sind weit verbreitete Hemicellulosen in der Natur. Sie bestehen unter anderem aus β-(1→4)-glycosidisch verknüpften D-Xylose-Monomeren, wobei die Xylose-Moleküle als Sechsringe vorliegen.

Ausschnitt aus einem Xylanpolymer und dessen Spaltung (Hydrolyse):

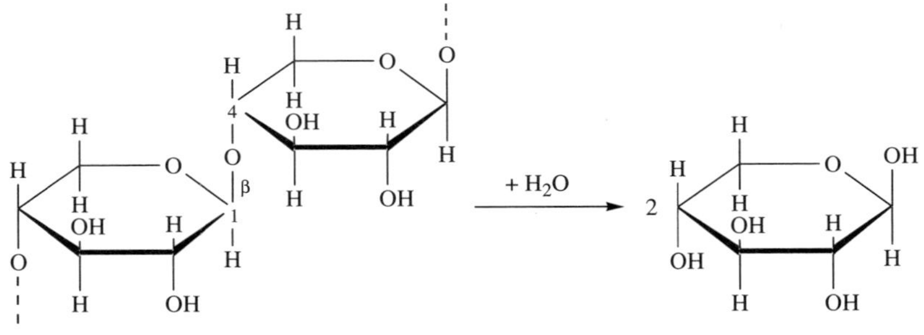

Leistungskurs Chemie (Hessen)
Abiturprüfung 2013

Aufgabe A

Tennisspiel mit Filz und Gummi BE

Durch die Kombination unterschiedlicher Materialien zu sogenannten Verbundwerkstoffen können maßgeschneiderte Werkstoffe hergestellt werden, deren chemische und physikalische Eigenschaften die der Einzelkomponenten übertreffen. Solche Werkstoffe werden beispielsweise bei der Herstellung von Tennisausrüstungen eingesetzt.
So bestehen die heutigen Tennisbälle aus zwei Schichten, einer inneren Schicht, vor allem aus Naturgummi, und einer strapazierfähigen Filzhülle aus z. B. Schafwolle und Polyester. Bei den Tennisschlägern ging die Entwicklung für die Schlägerrahmen ausgehend von Naturmaterialien wie Holz hin zu Verbundwerkstoffen aus Kohlefaser und Epoxidharzen. Epoxidharze sind Polymere, die durch Reaktion von Epoxid-Verbindungen z. B. mit Diaminen gebildet werden.
Verwendete man früher noch die Außenseite von Schafdärmen als Saiten, so benutzt man heute eine Kombination verschiedener synthetischer Fasern. Die Saiten haben häufig einen Polyamidkern, der zur Erhöhung der Haltbarkeit meist von einer Hülle aus einem anderen Material umgeben ist.

1.1 Für die Herstellung des für den Saitenkern einer Tennisschlägersaite verwendeten Polyamids wird 1,6-Diaminohexan mit Hexandisäure zur Reaktion gebracht.
Das Material für den Ballfilz soll aus Ethan-1,2-diol und Terephthalsäure (Benzol-1,4-dicarbonsäure) synthetisiert werden.
Geben Sie jeweils die Strukturformeln der Ausgangsstoffe sowie jeweils einen Ausschnitt aus den beiden Polymerformeln an und benennen Sie jeweils den Reaktionstyp. 11

1.2 Epoxid-Verbindungen, wie sie z. B. für die Herstellung von Tennisschlägern verwendet werden, haben als reaktionsfähige funktionelle Gruppe Dreiringe mit einem Sauerstoff-Atom (Material 1). Die einfachste Epoxid-Verbindung lässt sich in zwei Schritten herstellen:
Im ersten Schritt wird Ethen unter Lichtabschluss mit einer wässrigen Lösung, die Brom enthält, versetzt, wobei als organisches Reaktionsprodukt neben dem reinen Halogenalkan auch 1-Brom-2-hydroxyethan (2-Bromethanol) entsteht.
Im zweiten Schritt reagiert 1-Brom-2-hydroxyethan zu der einfachsten Epoxid-Verbindung.
Formulieren und benennen Sie den Reaktionsmechanismus für die Reaktion von Ethen zu 1-Brom-2-hydroxyethan (erster Schritt der Epoxid-Herstellung).

Geben Sie die Strukturformel für die einfachste Epoxid-Verbindung an und stellen Sie die Reaktionsgleichung für deren Bildung aus 1-Brom-2-hydroxyethan auf (zweiter Schritt der Epoxid-Herstellung). 12

1.3 Reagiert eine Verbindung mit zwei oder mehreren Epoxid-Gruppen (Material 2) mit 1,6-Diaminohexan, so entsteht ein Epoxidharz (Material 3). Entwickeln Sie einen möglichen Reaktionsmechanismus für die Verknüpfung einer Epoxid-Komponente mit einer Amin-Komponente zu einem Epoxidharz und benennen Sie den Reaktionstyp. 7

1.4 Um aus Kautschuk, einem Naturgummi (Material 4), eine feste, elastische innere Schicht eines Tennisballs zu erhalten, wird der zähflüssige Kautschuk vulkanisiert, das heißt, mit Schwefel zur Reaktion gebracht. Dabei entstehen zwischen den Kautschuk-Molekülen durch Addition von Schwefel in unregelmäßigen Abständen vor allem Disulfidbrücken.
Zeichnen Sie einen Strukturformelausschnitt für vulkanisierten Kautschuk. Erläutern Sie die Auswirkung der eingesetzten Schwefelmenge auf die Eigenschaften des vulkanisierten Kautschuks. Begründen Sie in diesem Zusammenhang eine mögliche Zuordnung des vulkanisierten bzw. sehr stark vulkanisierten Kautschuks zu unterschiedlichen Kunststoffklassen. 10

40

Material 1: Allgemeine Strukturformel für ein Epoxid

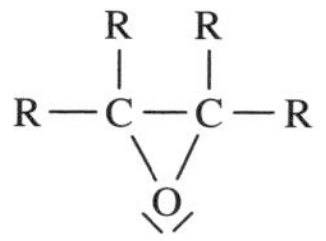

Material 2: Allgemeine Strukturformel einer Verbindung mit zwei Epoxid-Gruppen

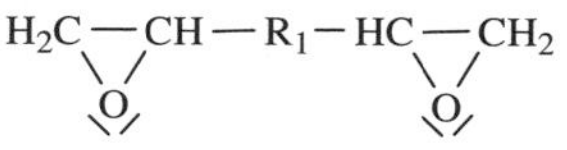

Material 3: Strukturformelausschnitt aus einem Epoxidharz

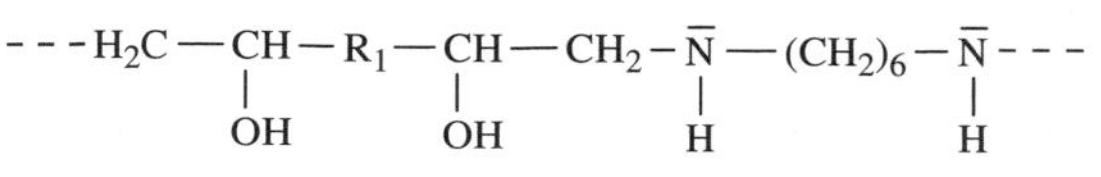

Material 4: Strukturformelausschnitt aus Naturgummi

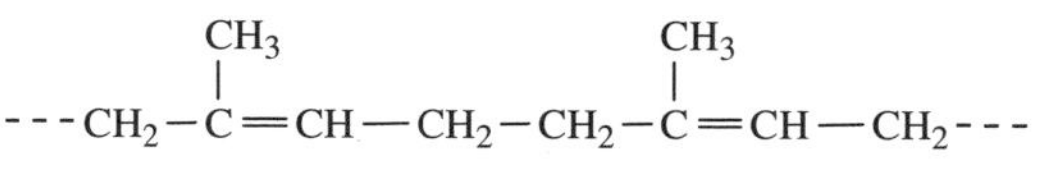

Materialgrundlage:
Breitmaier, E., Jung, G.: Organische Chemie, Thieme, Stuttgart 2005, S. 623
K. P. Vollhardt, N. E. Schore: Organische Chemie, Weinheim 2011, S. 562 f.
http://www.chemie.fu-berlin.de/chemistry/kunststoffe/epoxidharze.htm (abgerufen am 08. 11. 2011)
http://www.chemie.fu-berlin.de/chemistry/kunststoffe/quer.htm (abgerufen am 08. 11. 2011)

Aufgabe B

Harnstoff und Ammoniak

BE

Harnstoff ($H_2N-CO-NH_2$) ist das Diamid der Kohlensäure und eines der Endprodukte des Eiweißabbaus bei Menschen und Säugetieren. Die Verbindung wurde 1729 von Boerhave im menschlichen Harn entdeckt (Wiederentdeckung 1773 durch Rouelle) und 1828 zum ersten Mal von Wöhler außerhalb eines Organismus´ synthetisiert.
Harnstoffhaltige Ausscheidungen werden von Bakterien zu einer wässrigen Ammoniak-Lösung zersetzt, was den charakteristischen Geruch mancher Toilettenanlagen erklärt. Im Vergleich zu Ammoniak zeigt Harnstoff eine deutlich geringere Basizität.
In der Industrie kann Harnstoff aus Ammoniak und Kohlenstoffdioxid hergestellt werden Material 1 und Material 2 beschreiben vereinfacht einen industriellen Herstellungsprozess. Aus Harnstoff lässt sich Barbitursäure (Material 3) herstellen, deren Derivate als Schlaf- und Narkosemittel verwendet werden.

2.1 Geben Sie für Harnstoff die Strukturformel mit bindenden und nicht bindenden Elektronenpaaren an.
Formulieren Sie mithilfe von Material 1 für den ersten und den zweiten Schritt der industriellen Harnstoffsynthese jeweils die Reaktionsgleichung. 6

2.2 Erklären Sie auch mithilfe der Materialien 1 und 2 sowie unter Berücksichtigung der jeweiligen Druckverhältnisse die Bildung von Harnstoff im Reaktor und die Auftrennung des im Reaktor entstandenen Stoffgemischs (Schmelze). 10

2.3 Formulieren Sie die Protolyse-Reaktion von Ammoniak in Wasser und geben Sie den Formelausdruck für die Basenkonstante K_B an. Für Ammoniak gilt: $K_B = 1{,}8 \cdot 10^{-5}\ \text{mol} \cdot \text{L}^{-1}$.
Berechnen Sie den pH-Wert einer Ammoniak-Lösung der Konzentration $c = 0{,}15\ \text{mol} \cdot \text{L}^{-1}$.
Begründen Sie die im Vergleich zu Ammoniak deutlich geringere Basizität des Harnstoffs. 11

2.4 Die saure Wirkung der Barbitursäure beruht auf der Abspaltung eines Protons vom Kohlenstoff-Atom.
Formulieren Sie drei mögliche mesomere Grenzstrukturen für das entstehende Barbiturat-Anion. 5

2.5 Ethansäureamid lässt sich durch Reaktion von Ethansäureethylester (Material 4) mit Ammoniak herstellen, wobei als weiteres Produkt Ethanol entsteht.
Formulieren Sie hierfür den Reaktionsmechanismus. 8

40

Material 1: Industrielle Harnstoffherstellung (vereinfachte Prozessbeschreibung)

In einem Reaktor kann Harnstoff bei einer Temperatur von 200 °C und einem Druck von 250 bar hergestellt werden. Dabei laufen die folgenden Reaktionsschritte ab:

Reaktionsschritt 1: Aus den Gasen Ammoniak und Kohlenstoffdioxid bildet sich bei schneller Einstellung des Gleichgewichts das salzartige Ammoniumcarbamat (NH_2COONH_4).

Reaktionsschritt 2: Ammoniumcarbamat zerfällt bei langsamer Einstellung des Gleichgewichts in Harnstoff und Wasser.

Nach etwa einer Stunde liegt im Reaktor eine Schmelze eines Stoffgemisches vor, das neben Harnstoff als Hauptbestandteil noch etwa 30 % des unerwünschten Ammoniumcarbamats enthält.
Die Schmelze wird anschließend dem Reaktor entnommen, der Druck wird verringert (Entspannung). Dadurch wird das Ammoniumcarbamat aus der Schmelze entfernt und somit vom Harnstoff abgetrennt. Der Harnstoff wird weiter verarbeitet und kommt in fester, körniger Form in den Handel.

Material 2: Schema zur industriellen Harnstoffherstellung (vereinfachte Darstellung)

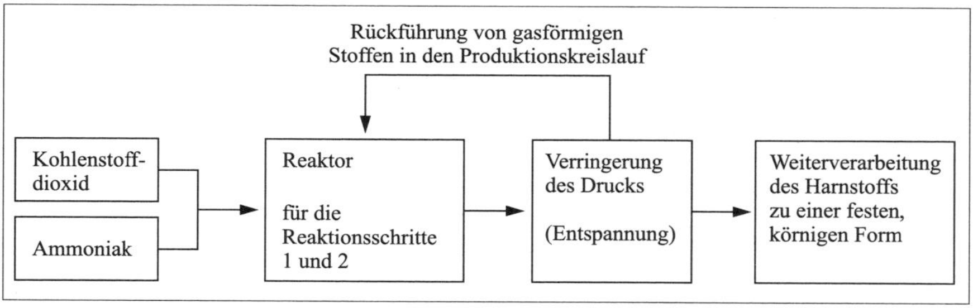

Material 3: Strukturformel von Barbitursäure

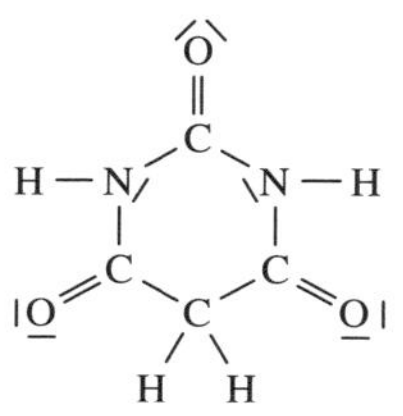

Material 4: Formel von Ethansäureethylester

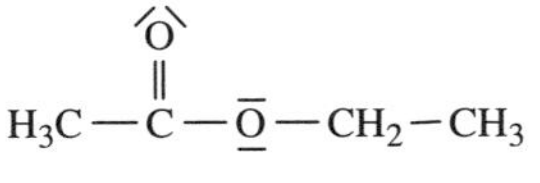

Materialgrundlage:
Brown, Le May: Chemie, Weinheim 2007, S. 800
A. Holleman, N. Wiberg: Lehrbuch der anorganischen Chemie, Berlin 2007, S. 672 f.
K. P. Vollhardt, N. E. Schore: Organische Chemie, Weinheim 2007, S. 994
H. Wambach, U. Hilgers (Hrsg.): Materialien-Handbuch Kursunterricht Chemie, Band 2, Köln 1991, S. 178 f.
http://www.f09.fh-koeln.de/imperia/md/content/personen/rehorek_astrid/labor/cv_vortrag_harnstoffsynthese.pdf (abgerufen am 21. 05. 2012)
http://www.chemgapedia.de/vsengine/vlu/vsc/de/ch/6/ac/bibliothek/_vlu/ammoniak.vlu/Page/vsc/de/ch/6/ac/bibliothek/ammoniak/reaktivitaet.vscml.html (abgerufen am 21. 05. 2012)

Aufgabe C

Inhaltsstoffe des Weins BE

Für Weintrinker ist Wein ein wohlschmeckendes alkoholisches Getränk, das durch die Vergärung von Traubensaft hergestellt wird. Chemisch gesehen ist Wein ein Gemisch aus unterschiedlichen Inhaltsstoffen. Hierzu gehören Ethanol, die Zucker Glucose und Fructose, Aroma- und Farbstoffe sowie verschiedene Säuren, wie z. B. L-(+)-Weinsäure, D-(+)-Äpfelsäure, Citronensäure, eine Milchsäure, und in einigen Weinen auch Schwefelverbindungen.
Bei der Vergärung des Traubensafts reagiert Glucose zu Ethanol und Kohlenstoffdioxid. Als Nebenreaktion kann im Traubensaft enthaltene Äpfelsäure zu Milchsäure und Kohlenstoffdioxid vergoren werden.
Zur Verlängerung der Haltbarkeit von Wein wird dieser häufig „geschwefelt". Dabei wird dem Wein in verschiedener Weise Schwefeldioxid zugesetzt, das in wässriger Lösung Hydrogensulfit-Ionen (HSO_3^--Ionen, Material 1) bildet. Eine inzwischen kaum noch angewandte Methode besteht im Verbrennen von Schwefel in leeren Weinfässern, wobei Schwefeldioxid entsteht. Ein heute übliches Schwefelungsverfahren basiert auf dem Versetzen des Weins mit Natriumhydrogensulfit ($NaHSO_3$). Ist ein Wein geschwefelt, muss dies auf dem Etikett durch die Kennzeichnung „Enthält Sulfite" angegeben sein. Der Gehalt an Sulfit bzw. Schwefeldioxid lässt sich über eine Redoxreaktion mit Iod nachweisen.

3.1 Gemäß der IUPAC-Nomenklatur wird Äpfelsäure als 2-Hydroxybutandisäure bezeichnet. Neben der D-(+)-Äpfelsäure existiert noch die L-(−)-Äpfelsäure.
Erläutern Sie die unterschiedlichen Bezeichnungen.
Geben Sie für die beiden Verbindungen die Strukturformeln in der Fischer-Projektion an und kennzeichnen Sie die asymmetrischen Kohlenstoff-Atome.
Zeichnen Sie die Haworth-Projektionsformeln für α-D-Glucose und β-D-Fructose als 6-Ring.
Formulieren Sie die Reaktionsgleichung für die Vergärung von Glucose zu Ethanol und Kohlenstoffdioxid sowie für die Vergärung von D-(+)-Äpfelsäure zu Milchsäure (2-Hydroxypropansäure) und Kohlenstoffdioxid.
Verwenden Sie in der zweiten Reaktionsgleichung für die organischen Stoffe Strukturformeln. 12

3.2 Neben der Konservierung sollen durch das Schwefeln des Weins auch Aldehyde gebunden werden, die den Geschmack des Weins negativ beeinflussen. Aldehyde und Hydrogensulfit-Ionen reagieren zu einem Anion, das zusammen mit Natrium-Ionen eine schwer lösliche Verbindung (Material 2) bildet. Die betroffenen Aldehyde werden auf diese Weise dem Wein entzogen.
Entwickeln Sie einen möglichen Mechanismus zur Bildung der schwer löslichen Verbindung aus einem Aldehyd und einem Hydrogensulfit-Ion.

Im Vergleich ist es deutlich schwieriger, in einer analogen Reaktion ein Keton mit Hydrogensulfit-Ionen umzusetzen. Begründen Sie dies am Beispiel von Propanon. 7

3.3 Der Schwefeldioxid-Gehalt einer Lösung kann durch eine Titration bestimmt werden. Hierbei reagiert Schwefeldioxid in wässriger Lösung mit Iod (I_2). Es entstehen unter anderem Sulfat-Ionen (SO_4^{2-}-Ionen) und Iodid-Ionen. Die Lösung ist insgesamt sauer.
Bei einer Titration werden 20 mL Schwefeldioxid-Lösung mit Iod-Lösung der Konzentration $c = 0{,}1 \text{ mol} \cdot \text{L}^{-1}$ titriert. Es werden 16,5 mL Iod-Lösung verbraucht.
Formulieren Sie die Reaktionsgleichung für die dabei ablaufende Reaktion.
Geben Sie die für die Reaktion wesentlichen Oxidationszahlen an und zeigen Sie anhand der Elektronenübergänge, dass es sich um eine Redoxreaktion handelt.
Berechnen sie die Masse m an Schwefeldioxid, die zur Herstellung von einem Liter der oben genannten Schwefeldioxid-Lösung benötigt wird. 10

3.4 Um den Endpunkt der Titration von Schwefeldioxid-Lösung mit Iod-Lösung zu bestimmen, wird Stärke-Lösung zugesetzt. Stärke besteht aus kolloidal löslichen linearen und aus schwer löslichen verzweigten Makromolekülen.
Zeichnen Sie einen Strukturformelausschnitt, der aus mindestens 4 Monomeren besteht und auch eine Verzweigung in α-1,6-glycosidischer Bindung zeigt.
Beschreiben Sie den Aufbau der linearen Makromoleküle und erläutern Sie die Verwendung von Stärke-Lösung zur Endpunktbestimmung der Titration. 11

40

Material 1: Strukturformel des Hydrogensulfit-Ions

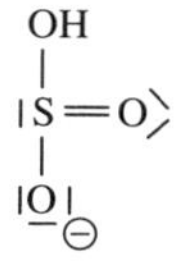

Material 2: Strukturformel der schwer löslichen Verbindung

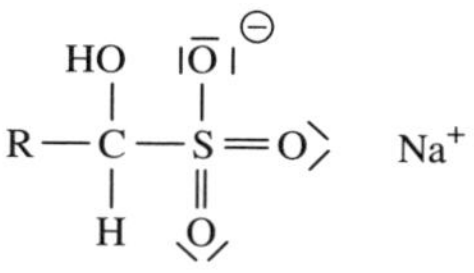

Materialgrundlage:
E. Breitmaier, G. Jung: Organische Chemie, Stuttgart 2005, S. 322
Chemie Oberstufe Gesamtband, Cornelsen 2010, S. 202
K. Risch (Hrsg.): Organische Chemie, Hannover 2003, S. 103
www.deutscheweinakademie.de/index.php?id=386 (abgerufen am 08. 05. 2012)
http://www.smul.sachsen.de/landwirtschaft/14105.htm (abgerufen am 26. 01. 2012)

Aufgabe D

Nitroverbindungen BE

Nitrophenole, wie z. B. 4-Nitrophenol (Material 1), bilden eine Stoffgruppe, die große Bedeutung bei der Herstellung von Farbstoffen und Herbiziden hat. Es handelt sich um kristalline Substanzen, die in wässriger Lösung eine schwach saure Reaktion zeigen.
4-Nitrophenyl-Dinatriumphosphat wird in der Biochemie zur Untersuchung enzymatischer Reaktionen verwendet.
Aus Nitrobenzol lässt sich zum Beispiel durch Reaktion mit Eisen Anilin herstellen.

4.1 Formulieren Sie die Protolysegleichung für die Reaktion von 4-Nitrophenol mit Wasser in Strukturformeln und den Formelausdruck für die darauf beruhende Säurekonstante (K_S).
Beschreiben Sie kurz Ihre Vorgehensweise bei der Formulierung des Formelausdrucks für K_S ausgehend von der Reaktionsgleichung.
Formulieren Sie die vier mesomeren Grenzstrukturen des 4-Nitrophenolat-Anions. 10

4.2 Für die Synthese von 4-Nitrophenol stehen als mögliche Ausgangsstoffe alternativ Nitrobenzol oder Phenol (Hydroxybenzol) zur Verfügung.
Erörtern Sie jeweils in Worten die Eignung von Nitrobenzol und Phenol für die Synthese von 4-Nitrophenol.
Formulieren Sie den Reaktionsmechanismus der Synthese von 4-Nitrophenol und benennen Sie diesen. Für die Entstehung des angreifenden Elektrophils reicht die Formulierung einer Reaktionsgleichung aus. 10

4.3 Analog zu den organischen Säuren können anorganische Säuren mit Alkanolen zu sogenannten anorganischen Estern reagieren. 4-Nitrophenyl-dihydrogenphosphat ist der Monoester aus Phosphorsäure (H_3PO_4) und 4-Nitrophenol. Dieser Ester kann enzymatisch durch Reaktion mit Wasser zu 4-Nitrophenol und Phosphorsäure gespalten werden.
Formulieren Sie für diese Spaltung die Reaktionsgleichung. Verwenden Sie hierfür Strukturformeln mit bindenden und nichtbindenden Elektronenpaaren.
Benennen Sie den Reaktionstyp. 5

4.4 Bei der Verbrennung von Nitrobenzol entsteht neben Kohlenstoffdioxid und Wasser auch elementarer Stickstoff.
Formulieren Sie die Reaktionsgleichung für diese Reaktion und berechnen Sie mithilfe der Werte in Material 2 die Reaktionsenthalpie für die Verbrennung von einem Mol Nitrobenzol. 8

4.5 Zur Herstellung von Anilin (Aminobenzol) reagiert Nitrobenzol in wässriger Lösung mit Eisen. Dabei entsteht als anorganisches Reaktionsprodukt das Eisenoxid Fe_3O_4 (Material 3).
Formulieren Sie für diese Reaktion die Reaktionsgleichung und zeigen Sie anhand der Elektronenübergänge, dass es sich um eine Redoxreaktion handelt. 7

40

Material 1: Formel von 4-Nitrophenol

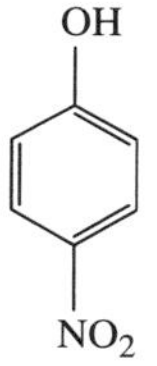

Material 2: Molare Standardbildungsenthalpien einiger Substanzen

Substanz	molare Standardbildungsenthalpie $\Delta_f H_m^0$ [kJ · mol^{-1}]
Nitrobenzol (l)	13
Kohlenstoffdioxid (g)	–394
Wasser (l)	–286

Material 3: Formel des Eisenoxids Fe_3O_4 in vereinfachter Schreibweise

$\overset{+III}{Fe}(\overset{+II}{Fe}\overset{+III}{Fe})O_4$

Materialgrundlage:
www.e-collection.library.ethz.ch/eserv/eth:25934/eth-25934-02.pdf (abgerufen am 09. 05. 2012, bearbeitet)
www.online-media.uni-marburg.de/physiolchem/praktikum/Enzyme.pdf (abgerufen am 09. 05. 2012, vereinfacht)
https://www.fh-muenster.de/fb1/downloads/perswonal/PCI.zusatz.pdf (abgerufen am 31. 05. 2012)
Hans Beyer, Wolfgang Walter: Lehrbuch der Organischen Chemie, Stuttgart 1991, S. 564
G. H. Aylward, T. J. V. Findlay: Datensammlung Chemie in SI-Einheiten, Weinheim 1999, S. 46/47, 78/79, 94/95
E. Riedel, C. Janiak: Anorganische Chemie, Berlin 2007, S. 850

Lösungsvorschläge

Aufgabe A

1.1 *Es sollen hier die Strukturformeln der Ausgangsstoffe nach Lewis einschließlich der nicht bindenden Elektronenpaare an den Stickstoff- bzw Sauerstoffatomen gezeichnet werden.*

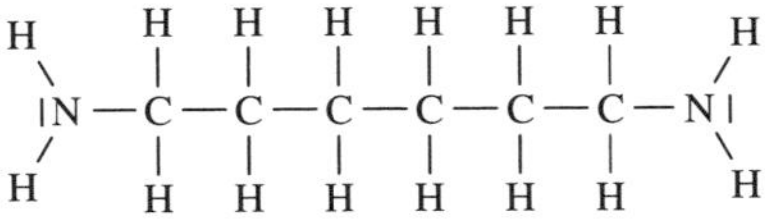
1,6-Diaminohexan

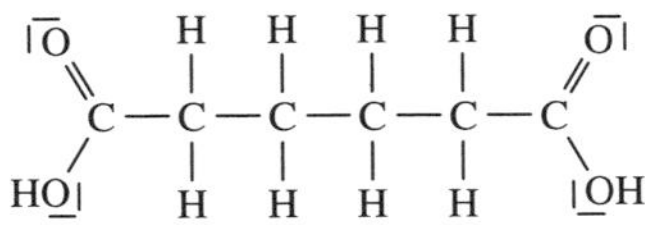
Hexandisäure

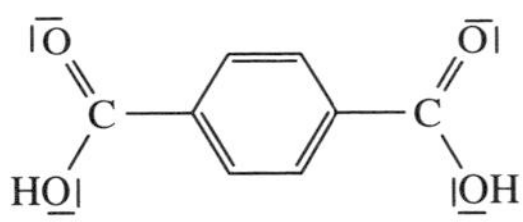
Terephthalsäure

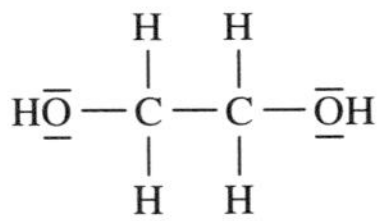
Ethan-1,2-diol

Ein Ausschnitt aus dem Polymer kann z. B. dargestellt werden, indem die sich wiederholende Einheit gezeichnet wird. Dabei können die Halbstrukturschreibweisen verwendet werden.

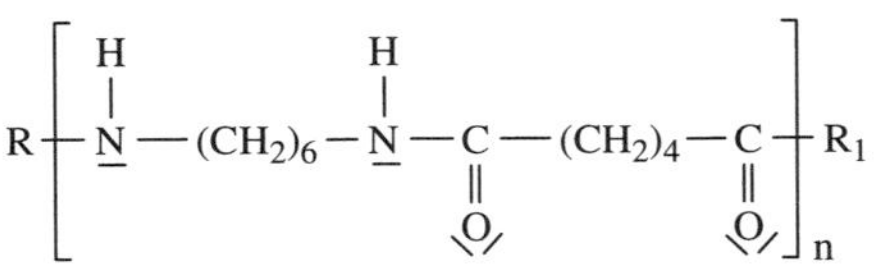

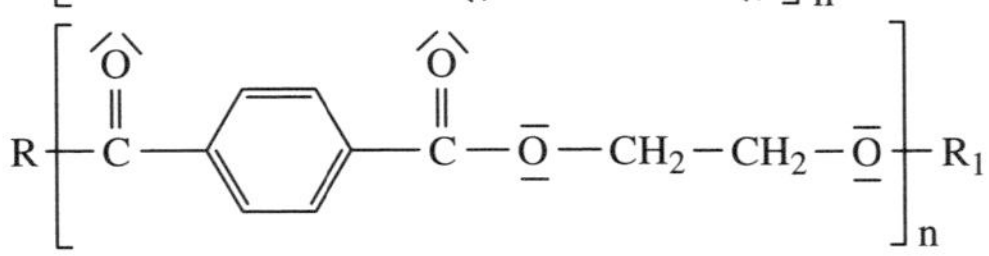

Bei beiden Reaktionen werden Wassermoleküle abgespalten. Im ersten Fall entsteht ein Polyamid (Nylon), im zweiten Fall ein Polyester (PET). Es sind also Polykondensationen.

1.2 Der Reaktionsmechanismus des ersten Schrittes der Epoxidbildung ist eine elektrophile Addition wie beim Nachweis von Doppelbindungen bei der Entfärbung von Bromwasser. Neben 1-Brom-2-hydroxyethan (Route 1) entsteht laut Aufgabenstellung ebenfalls das reine Halogenalkan, also Dibromethan (Route 2).

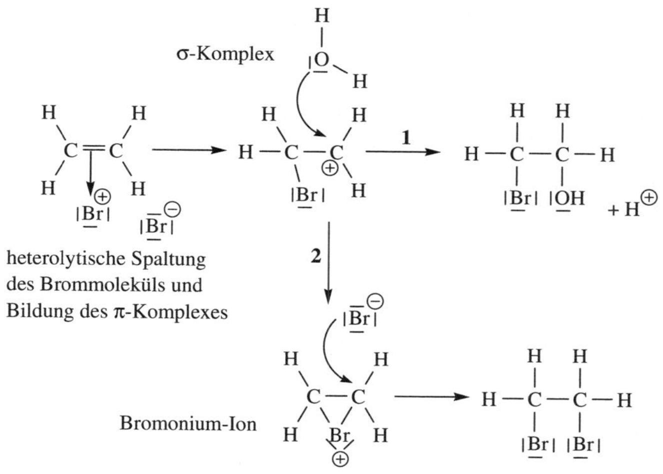

Der hier geforderte Reaktionsverlauf erfolgt im zweiten Schritt als Konkurrenzreaktion, indem ein Wassermolekül nucleophil von der Rückseite her den σ-Komplex angreift und sich unter Abspaltung eines Protons stabilisiert.

Zur Bildung des Epoxids soll nur die Reaktionsgleichung angegeben werden.

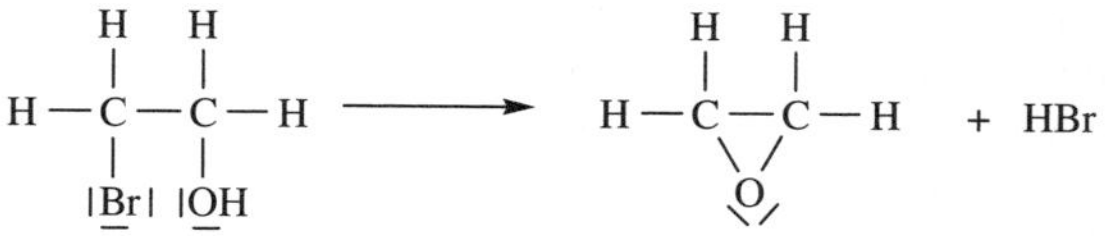

Es handelt sich um eine (intramolekulare) nucleophile Substitution unter Abspaltung von HBr als Abgangsgruppe.

1.3 Epoxide sind „Dreiringe", die Bindungen sind im sp^3-hybridisierten C-Atom von 109,5° auf 60° verkleinert, wodurch eine große Ringspannung entsteht. Dadurch öffnet sich der Ring leicht, was einen nucleophilen Angriff eines Amins mit seinem nichtbindenden Elektronenpaar ermöglicht. Die Ringöffnung ist exergonisch.

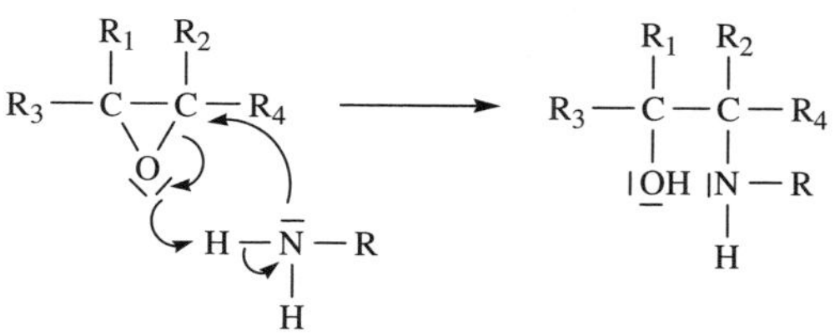

Im Prinzip handelt es sich um eine nucleophile Addition, und da ein Makromolekül gebildet wird um eine Polyaddition.

1.4 *Naturkautschuk besteht aus polymerisierten Isoprenmolekülen (2-Methylbuta-1,3-dien). Ein Ausschnitt solcher Polymerketten ist im Materialteil enthalten.*

Eine mögliche Struktur von stark vernetztem Naturkautschuk:

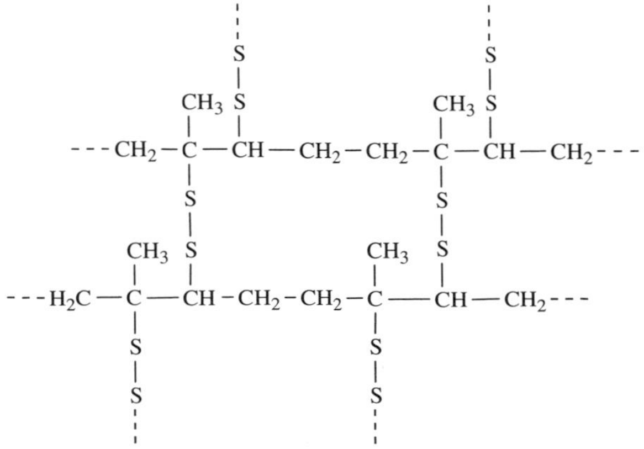

Eine Reaktion (Vulkanisation) mit elementarem Schwefel zur Bildung von hauptsächlich Disulfidbrücken kann nur an den reaktiven Doppelbindungen erfolgen, was zu einer Vernetzung führt. Disulfidbrücken sind aus der Tertiärstruktur von Proteinen zu deren Stabilisierung sowie ebenfalls bei der Bildung von „Dauerwellen“ bekannt.
Naturkautschuk ist wenig elastisch, eher klebrig, mehr ein Thermoplast. Durch die Disulfidbrücken wird er zu einem Elastomer, wobei die Anzahl der Disulfidbrücken die Eigenschaften bestimmt. Eine geringer Vernetzungsgrad, d. h., ein geringer Schwefelgehalt, führt zu elastischem Weichgummi, eine stärkere Vernetzung, d. h., ein höherer Schwefelgehalt, führt zur Bildung von Hartgummi.

Aufgabe B

2.1 *Aus dem Kontext und der Halbstrukturformel kann die Struktur von Harnstoff gefolgert werden. Es ist das Diamid der Kohlensäure.*

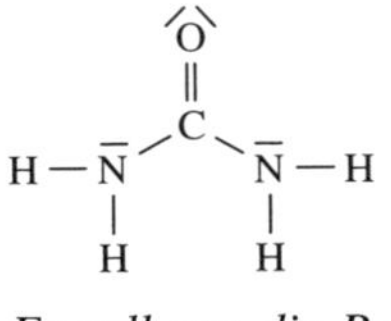

Es soll nur die Reaktionsgleichung formuliert werden, ob als Ionenverbindung oder nur als Summenformel, geht aus der Aufgabenstellung nicht hervor.

Erster Schritt:

$$2\,NH_3 + CO_2 \rightleftharpoons NH_2COONH_4$$

(als Salz der Carbaminsäure: $NH_2COO^- \, NH_4^+$)

Zweiter Schritt:

$$NH_2COONH_4 \rightleftharpoons NH_2CONH_2 + H_2O$$

2.2 Die Reaktion zum Ammoniumcarbamat ist stark druckabhängig, da aus drei Mol gasförmiger Edukte ein Mol Feststoff entsteht. Das ist mit dem Prinzip von Le Chatelier und Braun zu erklären, dass bei Anlegen eines hohen Druckes die Reaktion begünstigt wird, die den äußeren Zwang, d. h. den Druck, verringert. Die hohe Temperatur fördert eine schnelle Gleichgewichtseinstellung. Es entsteht bei schneller Reaktion (hoher Temperatur) dabei in relativ großer Menge neben Harnstoff das kinetisch bevorzugte Salz der Carbaminsäure. Beide Gleichgewichte sind miteinander gekoppelt. Im zweiten Reaktionsschritt zerfällt das Ammoniumcarbamat nach Entspannung in die Edukte (durch die Druckerniedrigung liegt das Gleichgewicht auf der Seite mit mehr Teilchen) und übrig bleibt der thermodynamisch stabilere Harnstoff, da Druck als äußerer Zwang nun wegfällt.

2.3 *Hier soll das MWG für das Protolysegleichgewicht formuliert werden.*

$$NH_3 + H_2O \rightleftharpoons NH_4^+ + OH^-$$

$$K_B = \frac{c_{NH_4^+} \cdot c_{OH^-}}{c_{NH_3}}$$

Nun werden der pOH- und der pK_B-Wert benötigt.

Ersterer ist definiert als $pOH = -\lg c_{OH^-}$, letzterer als $pK_B = -\lg K_B$.

Die folgende Formel ergibt sich, da im Gleichgewicht gilt:

$c_{NH_4^+} = c_{OH^-}$ und damit $c_{OH^-} = \sqrt{K_B \cdot c_{NH_3}}$

Es ergibt sich dann: $pOH = \frac{1}{2}\left(pK_B - \lg \frac{c_{0(NH_3)}}{mol \cdot L^{-1}}\right)$

wobei $c_0(NH_3)$ die Anfangskonzentration an Ammoniak bedeutet. Das Protolysegleichgewicht liegt ganz auf der Seite des Edukts NH_3, sodass die durch Protolyse verringerte NH_3-Konzentration vernachlässigbar klein ist.

$$pOH = \frac{1}{2}\left(4{,}74 - \lg \frac{0{,}15\ mol \cdot L^{-1}}{mol \cdot L^{-1}}\right) = 2{,}78$$

Mit pOH + pH = 14 ergibt sich ein pH = 14 – 2,78 = 11,22.

Die Erklärung liegt in der bei Säureamiden (z. B. auch bei der Peptidbindung) bestehenden Mesomeriestabilisierung, wodurch das für die Basizität entscheidende freie Elektronenpaar am Stickstoff nicht mehr in dem Maße wie bei Ammoniakmolekülen zur Verfügung steht. Alternativ kann auch der –I-Effekt des Sauerstoffatoms zur Erklärung dienen.

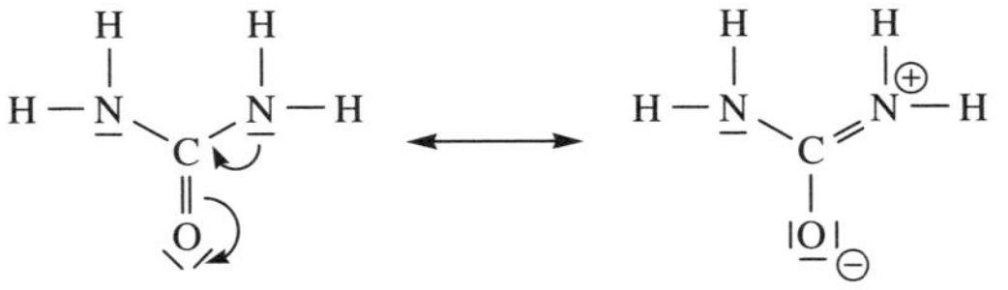

2.4 *Barbitursäure ist eine sogenannte C-H-acide Verbindung. Durch die Nachbarschaft der beiden Carbonylgruppen wird die CH-Bindung stark polarisiert, das entstehende Anion ist mesomeriestabilisiert.*
Es sollen drei mögliche mesomere Grenzstrukturen angegeben werden.

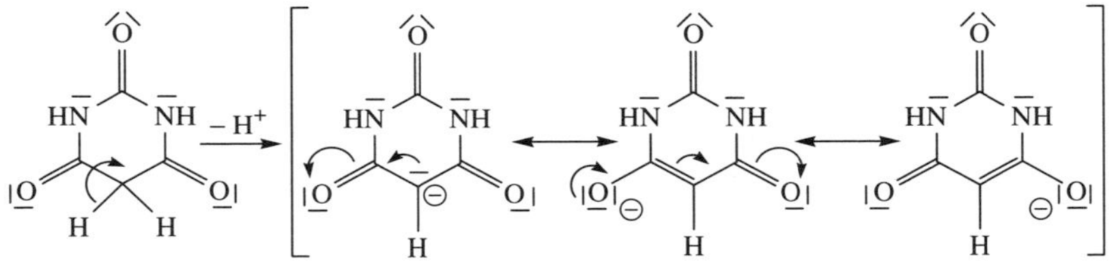

Die Keto-Enol-Tautomerie ist verantwortlich für die Säureeigenschaft der Barbitursäure und bedingt die CH-Acidität, d. h. die Abspaltung des Protons aus einer CH-Bindung. Um ein Proton aus einer CH-Bindung abzuspalten, bedarf es eines starken Protonenakzeptors oder einer anderen treibenden Kraft. Dies ist hier die Keto-Enol-Tautomerie mit Mesomeriestabilisierung des Anions. Letztere ist wie bei der Mesomerie im Carboxylation der eigentliche Grund für die Acidität.

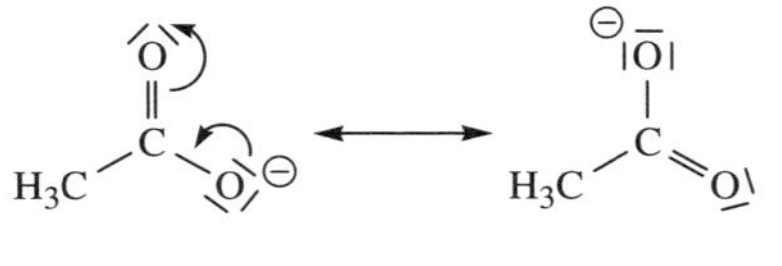

2.5 *Wie z. B. bei der säurekatalysierten Esterspaltung können Ester mit einem Nucleophil reagieren, wobei eine Substitutionsreaktion erfolgt. Bei der Reaktion handelt es sich um die Aminolyse eines Esters.*

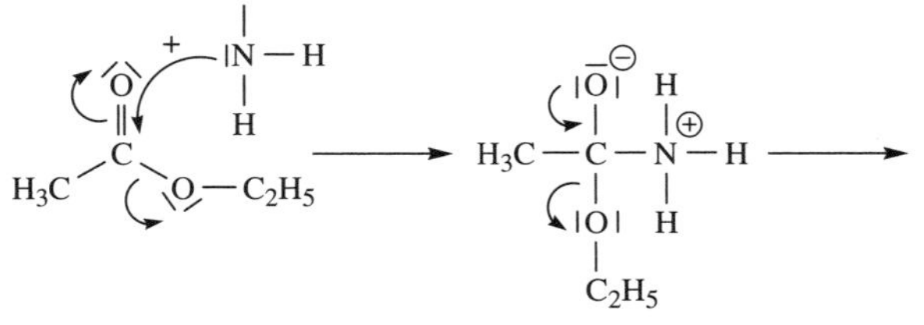

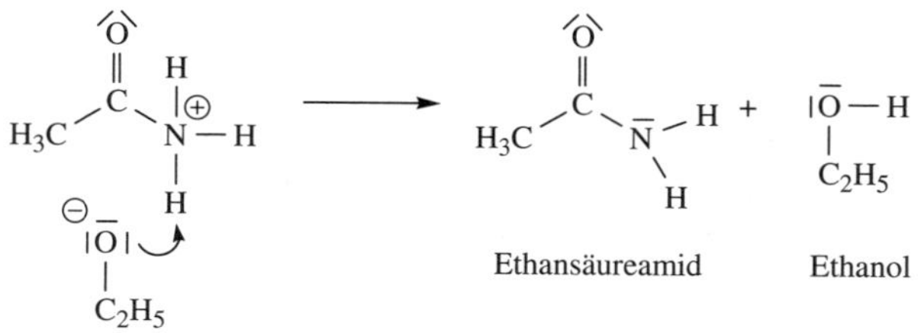

Ethansäureamid Ethanol

Aufgabe C

3.1 Die Bezeichnung D- vor dem Trivialnamen Äpfelsäure bedeutet in der Fischerprojektion, dass die OH-Gruppe des asymmetrischen C-Atoms nach rechts steht, L- dann nach links. (+) bzw. (–) bezeichnet – unabhängig von D- bzw. L-Konfiguration – die Richtung des Drehwinkels von linear polarisiertem Licht nach rechts (+) oder links (–) bei optisch aktiven Verbindungen.

Aus der IUPAC-Bezeichnung 2-Hydroxybutandisäure kann die Strukturformel nach Fischer ermittelt werden.
Das asymmetrische C-Atom, welches hier für die optische Aktivität verantwortlich ist, wird allgemein mit einem Stern gekennzeichnet. Dieses muss vier verschiedene Substituenten haben. Da es sich hier nicht um die Darstellung von Reaktionsmechanismen oder Grenzstrukturen handelt, können die nichtbindenden Elektronenpaare weggelassen werden.

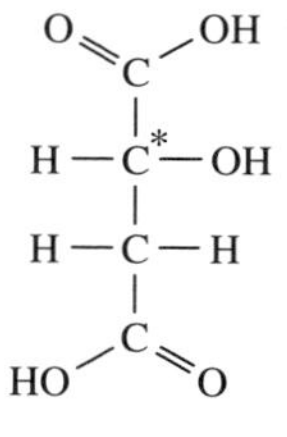

D-(+)-Äpfelsäure

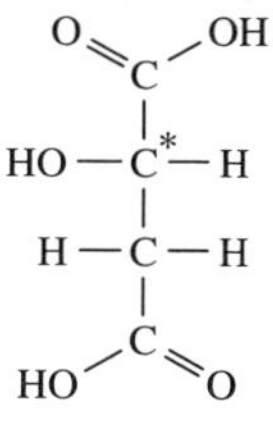

L-(–)-Äpfelsäure

Die Strukturformeln in der Haworth-Projektion können aus den Fischerprojektionen, die als „Wissen" in den Handreichungen zur schriftlichen Abiturprüfung vermerkt sind, leicht konstruiert werden. Alle OH-Gruppen an ***asymmetrischen*** *C-Atomen, die in der Fischerprojektion nach rechts stehen, sind im Ring unterhalb der Ringebene und umgekehrt.*

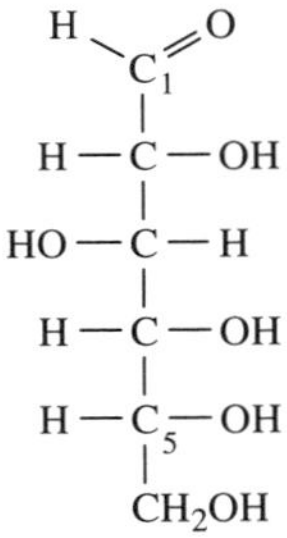

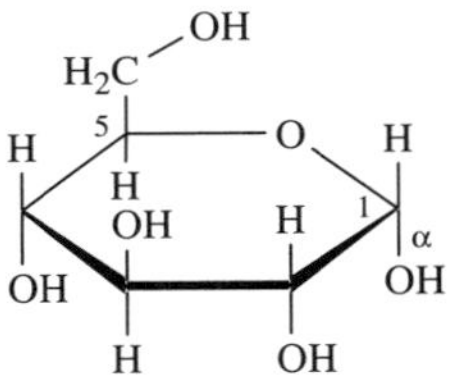

α-D-Glucose

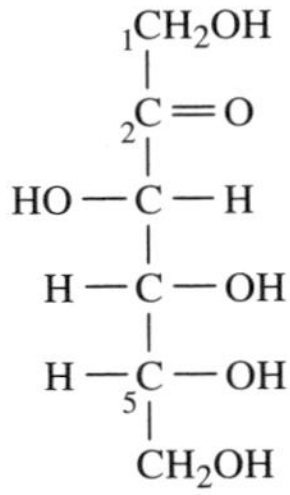

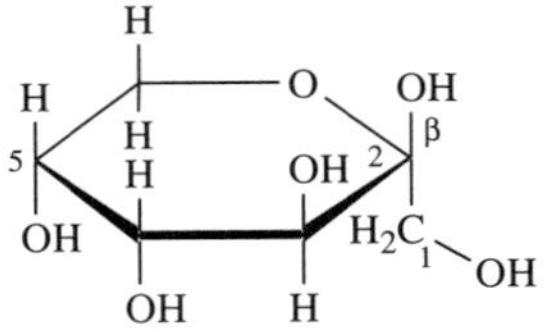

β-D-Fructose

Zum Merken der Stellungen der OH-Gruppen in der Fischer-Projektion der Glucose gibt es die folgende „Eselsbrücke“:

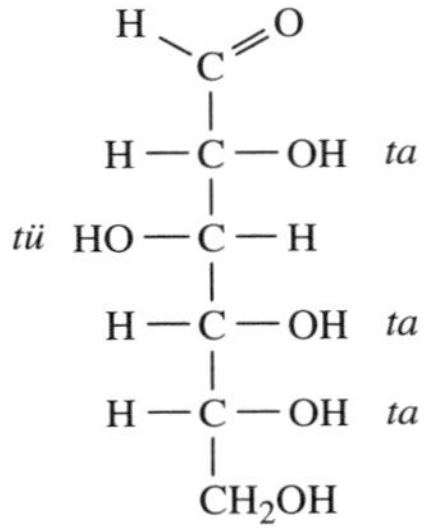

Gärungen sind Reaktionen ohne Sauerstoff, aber Redoxreaktionen, bei denen eine Disproportionierung stattfindet, d. h., C-Atome gehen von einer mittleren Oxidationszahl in eine höhere und eine niedrigere.

Alkoholische Gärung:

$$\overset{0}{C_6H_{12}O_6} \longrightarrow 2\,\overset{+IV}{CO_2} + 2\,\overset{-III}{CH_3}-\overset{-I}{CH_2}-OH$$

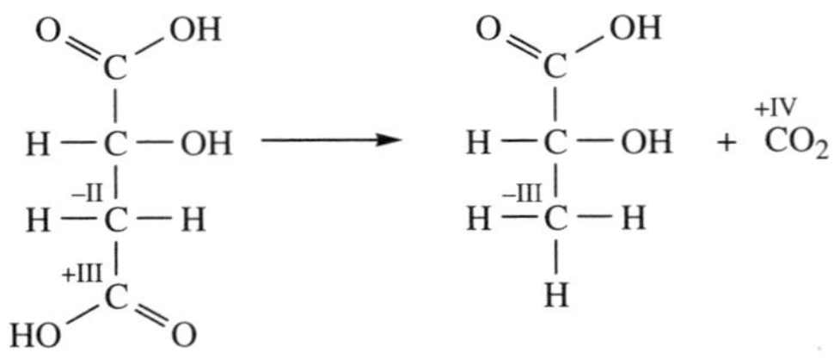

3.2 *Im Kontext und Materialteil werden alle Komponenten zum Lösen der Aufgabe beschrieben.*
Die Reaktion ist die Bildung eines sogenannten „Sulfitaddukts“, d. h., das Sulfition als Nucleophil reagiert mit Aldehyden in einer Additionsreaktion.

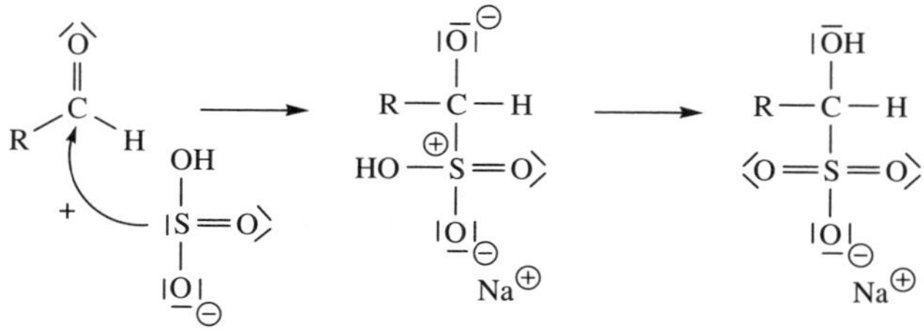

Nucleophiler Angriff Übergangszustand Protonentransfer Additionsprodukt

Das Carbonyl-C-Atom in Ketonen ist weniger stark positiv polarisiert, da hier der +I-Effekt der Alkylgruppen die Polarität verringert. Ein nucleophiler Angriff ist dadurch erschwert.

3.3 Aufstellen der Redoxreaktion:

$$\text{Red.:}\quad \overset{0}{I_2} + 2\,e^- \longrightarrow 2\,\overset{-I}{I^-}$$

$$\text{Ox.:}\quad \overset{+IV}{SO_2} + 2\,H_2O \longrightarrow \overset{+VI}{SO_4^{2-}} + 2\,e^- + 4\,H^+$$

$$I_2 + SO_2 + 2\,H_2O \longrightarrow 2\,I^- + SO_4^{2-} + 4\,H^+$$

Elementares Iod wirkt als Elektronenakzeptor, Schwefeldioxid als Elektronendonator. Es werden 2 Elektronen übertragen.

Die Stöchiometrie der Redoxreaktion ist die Voraussetzung zur Berechnung der SO_2-Konzentration $c(SO_2)$ im Probevolumen $V(SO_2)$.

Die Iodlösung hat die Konzentration $c(I_2) = 0{,}1\ \text{mol} \cdot L^{-1}$.
Wenn $V(I_2) = 16{,}5$ mL der Iodlösung bis zum Äquivalenzpunkt verbraucht werden, gilt:

$$V(I_2) \cdot c(I_2) = V(SO_2) \cdot c(SO_2)$$

$$\Rightarrow c(SO_2) = \frac{V(I_2) \cdot c(I_2)}{V(SO_2)} = \frac{16{,}5\ \text{mL} \cdot 0{,}1\ \text{mol} \cdot L^{-1}}{20\ \text{mL}} = 0{,}0825\ \text{mol} \cdot L^{-1}$$

Zur Berechnung der Masse von SO_2 in einem Liter der Schwefeldioxidlösung dieser Konzentration muss die molare Masse von SO_2 ermittelt werden:

$$M(SO_2) = 64\ \text{g} \cdot \text{mol}^{-1}$$

Für die Masse an SO_2 gilt dann:

$$m(SO_2) = n(SO_2) \cdot M(SO_2) = c(SO_2) \cdot V(SO_2) \cdot M(SO_2)$$

$$m(SO_2) = 0{,}0825\ \text{mol} \cdot L^{-1} \cdot 1\ L \cdot 64\ \text{g} \cdot \text{mol}^{-1} = 5{,}28\ \text{g}$$

3.4

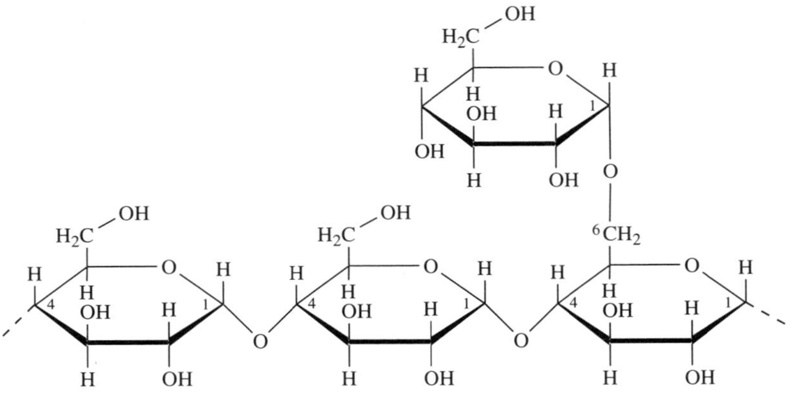

Wird Iod bei einer Reaktion verbraucht oder gebildet, kann dies mit der Iod/ Stärke-Reaktion zur Endpunktbestimmung einer Titration beobachtet werden. Dabei entsteht oder verschwindet ein blauvioletter Farbton. Wenn hier alles SO_2 umgesetzt wurde, bleibt die Farbe erhalten. Iodmoleküle lagern sich in die helikal gewundenen Stärkemoleküle mit den α-(1→4)-verknüpften Glucosemolekülen ein. Durch ihre Fixierung in den Hohlräumen der Einlagerungsverbindung entsteht die Farbänderung.

Aufgabe D

4.1 Die phenolische OH-Gruppe ist bei der Protolysereaktion der Protonendonator. Es entsteht das Anion (Nitrophenolat-Ion).

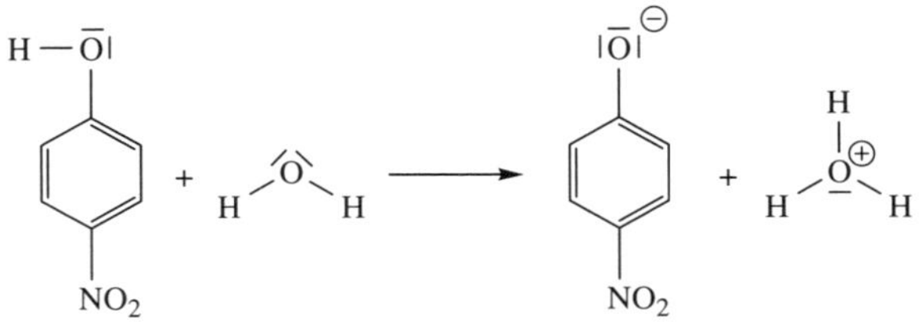

NPh = Nitrophenol NPht$^-$ = Nitrophenolat-Ion

Die Säurekonstante ergibt sich aus der Anwendung des Massenwirkungsgesetzes (MWG). Um nicht aufwendig zeichnen zu müssen, führt man Abkürzungen ein. Das MWG beschreibt als mathematisches Modell das Protolysegleichgewicht, d. h., wenn die Geschwindigkeit der Hin- gleich der der Rückreaktion ist. Im Zähler stehen die Konzentrationen der Produkte, die im Gleichgewicht die Geschwindigkeit der Rückreaktion bestimmen, im Nenner stehen die Konzentrationen der Edukte, die die Geschwindigkeit der Hinreaktion bestimmen. Die Konzentration des Wassers kann für verdünnte Lösungen als konstant angesehen werden und wird in die Gleichgewichtskonstante mit einbezogen.

$$K_S = \frac{c_{H_3O^+} \cdot c_{NPht^-}}{c_{NPh}}$$

Mesomere Grenzstrukturen des 4-Nitrophenolat-Anions:

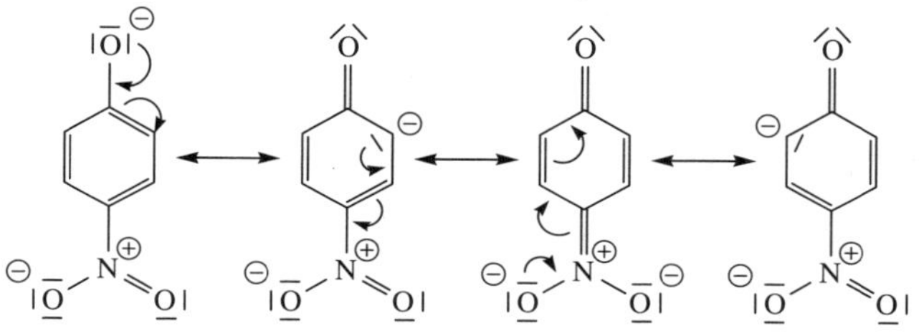

4.2 Die mesomeren Grenzstrukturen beschreiben die Delokalisation der Elektronenpaare im aromatischen System, wobei die Phenolatgruppe bzw. phenolische OH-Gruppe einen +M-Effekt, die Nitrogruppe einen –M-Effekt ausübt. Der entgegenwirkende –I-Effekt der OH-Gruppe ist in aromatischen Systemen nicht relevant, da der M-Effekt dominiert. Die Begründung für die Wahl des Edukts für die Synthese von 4-Nitrophenol kann aus den mesomeren Grenzstrukturen entnommen werden. Für die Synthese von 4-Nitrophenol ist Phenol im Gegensatz zu Nitrobenzol geeignet, da im Phenol durch den +M-Effekt die Positionen 2 und 4 im Ring wesentlich elektronenreicher und daher besser elektrophil angreifbar sind.

Bei der Zweitsubstitution dirigiert die phenolische OH-Gruppe aufgrund des +M-Effekts in *ortho*- bzw. *para*-Position im Ring. Der σ-Komplex bei der elektrophilen Substitution wird durch mesomere Grenzstrukturen mehr stabilisiert und ist daher energieärmer. Phenol ist daher der notwendige Ausgangsstoff für die Einführung des Zweitsubstituenten (NO_2-Gruppe) in *para*-Position. Allerdings wird bei der Substitution auch das *ortho*-Nitrophenol entstehen. (Rein statistisch müsste das Verhältnis *ortho*/*para* 2:1 betragen, allerdings ist das tatsächliche Produktverhältnis stark abhängig von den Reaktionsbedingungen und dem sterischen Anspruch des Erstsubstituenten).

Der Reaktionsmechanismus ist eine elektrophile aromatische Substitution.

Zunächst wird ein elektrophiles Teilchen, das Nitronium-Kation, gebildet. Das Gemisch aus konzentrierter Salpeter- und Schwefelsäure wird auch als Nitriersäure bezeichnet.

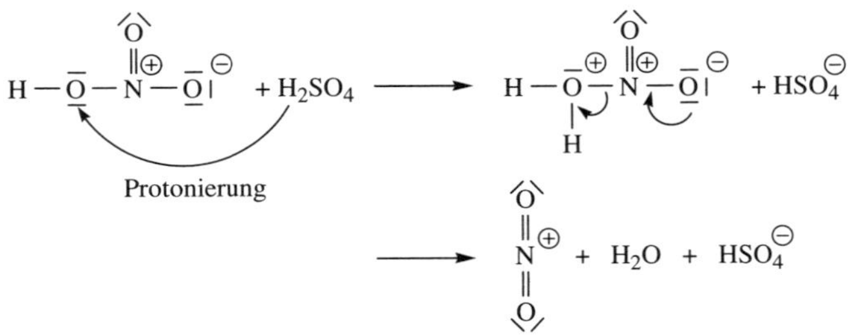

Die Nitrierung in *para*-Stellung verläuft in drei Schritten:

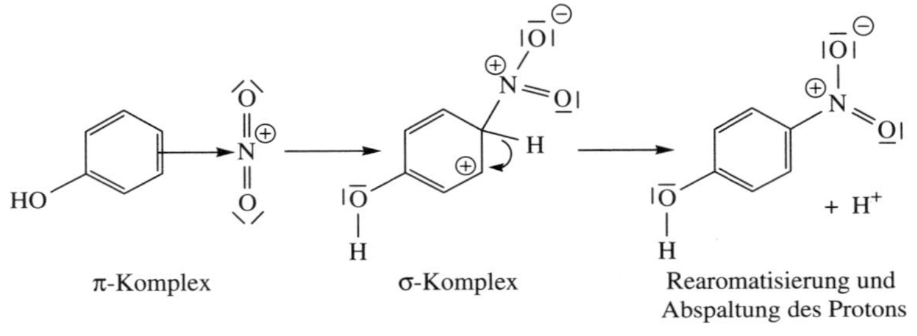

Die Grenzstrukturen, die die Zweitsubstitution in *ortho*- und *para*-Stellung begründen:

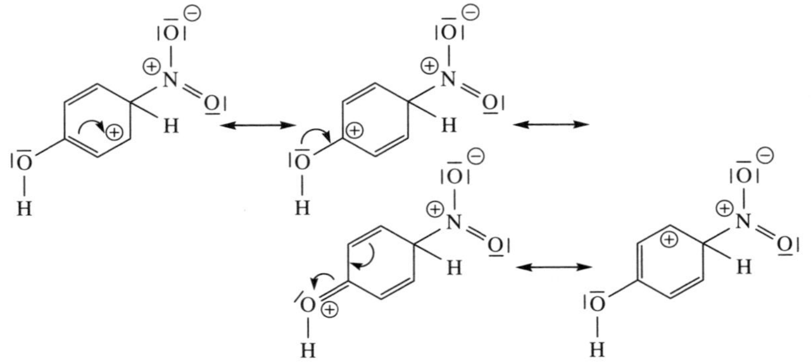

4.3 *Bei dieser Reaktion handelt es sich laut Aufgabenstellung um die Spaltung (Hydrolyse) eines Phosphorsäureesters. Diese kann enzymatisch durch Esterasen oder auch säurekatalytisch erfolgen.*

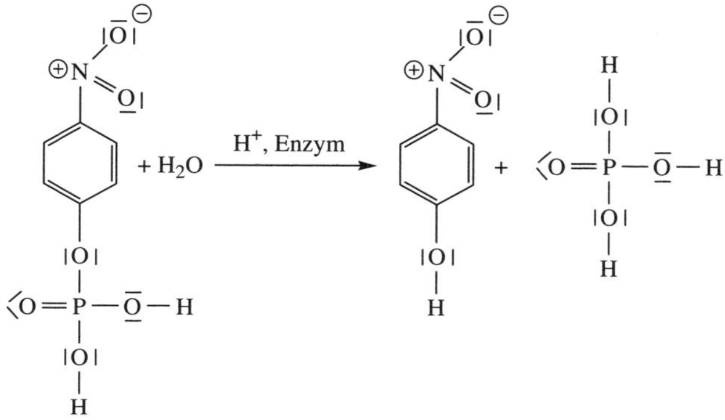

Der Reaktionstyp ist eine Hydrolyse.

4.4 Die Reaktionsgleichung der Verbrennung von Nitrobenzol lautet:

$$4\,C_6H_5NO_2 \;+\; 25\,O_2 \longrightarrow 24\,CO_2 \;+\; 10\,H_2O \;+\; 2\,N_2$$

Die Reaktionsenthalpie für diese Reaktion berechnet sich aus den im Materialteil angegebenen Standardbildungsenthalpien, indem die Differenz der Standardbildungsenthalpien derEdukte von denen der Produkte gebildet wird.

Es gilt: $\Delta_R H^0 = \sum \Delta_f H_m^0 \text{ (Produkte)} - \sum \Delta_f H_m^0 \text{ (Edukte)}$

$$\Delta_R H^0 = 24\text{ mol} \cdot (-394\text{ kJ} \cdot \text{mol}^{-1}) + 10\text{ mol} \cdot (-286\text{ kJ} \cdot \text{mol}^{-1}) + 2\text{ mol} \cdot 0\text{ kJ} \cdot \text{mol}^{-1}$$
$$-(4\text{ mol} \cdot 13\text{ kJ} \cdot \text{mol}^{-1} + 25\text{ mol} \cdot 0\text{ kJ} \cdot \text{mol}^{-1}) = -12368\text{ kJ} \cdot 4\text{ mol}^{-1}$$

$$\Delta_R H^0 = -3092\text{ kJ} \cdot \text{mol}^{-1}$$

4.5 *Es soll die Reaktion von Nitrobenzol zu Aminobenzol (Anilin) durch eine Reaktionsgleichung beschrieben werden. Hier kann der Phenylrest mit Phe abgekürzt werden. Zunächst müssen das Oxidationsmittel und das Reduktionsmittel anhand der Ermittlung der Oxidationszahlen festgestellt werden.*
Eisenatome werden oxidiert, die Oxidationszahlen des Mischoxids Fe_3O_4 sind im Materialteil angegeben. Ebenso wird erwähnt, dass die Reaktion in wässriger Lösung stattfindet.

Ox.:	$3\,\overset{0}{Fe} + 4\,H_2O$	$\longrightarrow$	$\overset{+III}{Fe}(\overset{+II}{Fe}\overset{+III}{Fe})O_4 + 8\,e^- + 8\,H^+$	$\mid \cdot 3$
Red.:	$Phe-\overset{+III}{N}O_2 + 6\,e^- + 6\,H^+$	$\longrightarrow$	$Phe-\overset{-III}{N}H_2 + 2\,H_2O$	$\mid \cdot 4$
Redox.:	$9\,Fe + 4\,Phe-NO_2 + 4\,H_2O$	$\longrightarrow$	$3\,Fe(FeFe)O_4 + 4\,Phe-NH_2$	

Formal werden also 24 Elektronen übertragen, wobei die NO_2-Gruppe als Elektronenakzeptor und die Eisenatome als Elektronendonatoren wirken.

Die Ermittlung der Oxidationszahl des Stickstoffatoms in der Nitrogruppe wird folgendermaßen durchgeführt. Die Bindungselektronen werden dem elektronegativeren Partner zugeordnet, die Ladungen in der Nitrogruppe gleichen sich aus. Das N-Atom hat somit die Oxidationszahl +III.

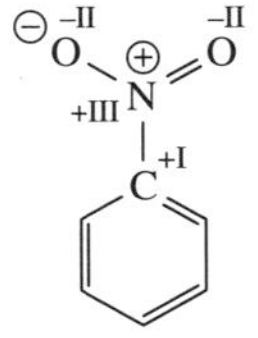

Die Bestimmung der Oxidationszahl des Stickstoffatoms in der Aminogruppe erfolgt analog. Da in dem Fall das Stickstoffatom elektronegativer als seine Nachbaratome C und H ist, resultiert dort die Oxidationszahl –III.

Grundkurs Chemie (Hessen)
Abiturprüfung 2014

Aufgabe A

Wasserstoff in der Technik BE

Bei dem Reaktorunglück im Atomkraftwerk Fukushima im April 2011 in Japan kam es zu einer Kernschmelze in mehreren der Siedewasserreaktoren. Im Verlauf des Störfalls gab es wiederholt Wasserstoffgasexplosionen, die einige Reaktorgebäude stark beschädigten. Das Wasserstoffgas hatte sich im Reaktorgebäude angesammelt. Normalerweise befindet sich in derartigen Reaktoren kein Wasserstoff, Wasserdampf dagegen ist reichlich vorhanden.
In der chemischen Industrie ist Wasserstoff ein wichtiger Ausgangsstoff für zahlreiche technische Synthesen, z. B. für die Herstellung von Salzsäure, Ammoniak oder Methanol.

1.1 Formulieren Sie die Reaktionsgleichung für die Bildung von Zirconiumdioxid aus Zirconium (Zr) und elementarem Sauerstoff.
Formulieren Sie mithilfe von Material 1 eine Reaktionsgleichung, die die Bildung von Wasserstoffgas im Reaktor erklärt. Zeigen Sie anhand der Oxidationszahlen und der Elektronenübergänge, dass es sich um eine Redoxreaktion handelt. 8

1.2 Berechnen Sie die Stoffmenge *n* in mol von 1 kg Zirconium und das Volumen von 50 g Wasserstoff bei 1 500 K (bei Normdruck).
Hinweis: 1 mol Gas nimmt bei 1 500 K (bei Normdruck) ein Volumen von 123,09 L ein. 6

1.3 Formulieren Sie mithilfe von Material 2 die Reaktionsgleichung für die Thermolyse von Wasser und das darauf basierende Massenwirkungsgesetz.
Die Tabelle in Material 3 zeigt die Temperaturabhängigkeit dieses Gleichgewichts.
Deuten Sie die Daten dieser Tabelle qualitativ, d. h. ohne Berechnung. 9

1.4 Methanol kann technisch aus Wasserstoff und Kohlenstoffmonooxid hergestellt werden.
Formulieren Sie die Reaktionsgleichung für diese Synthese.
Material 4 beschreibt eine Nachweisreaktion für Methanol.
Entwickeln Sie in Strukturformeln die Reaktionsgleichung für die Reaktion von Borsäure mit Methanol. Beachten Sie dabei, dass das Boratom in den hier vorliegenden Verbindungen die Oktettregel nicht erfüllt. 7

30

Material 1: Wasserstoffexplosionen in Fukushima – Erklärungsversuch der Abläufe im AKW

Der Deutsche Verband für Wasserstoff- und Brennstoffzellen (DWV) geht davon aus, dass die Hüllen der Brennstäbe der Ursprungsort des Wasserstoffs sind. Diese Hüllen, die den Kernbrennstoff zusammenhalten, bestehen hauptsächlich aus Zirconium, einem Metall das bei etwa 1 000 °C beginnt [zu Zirconiumdioxid] zu oxidieren. *„Da es aber rund um den Reaktorkern keinen freien Sauerstoff gibt, reagiert das Metall mit dem Wasserdampf und entzieht diesem den Sauerstoff. Nimmt man dem Wasser den Sauerstoff weg, bleibt Wasserstoff übrig."* (Zitat: DWV-Meldung vom 16. 03. 2011).
Diesen Erklärungsansatz verfolgt auch das Karlsruher Institut für Technologie (KIT), das am gleichen Tag gemeinsam mit dem Forschungszentrum Jülich sowie dem Fraunhofer IAM und dem Fraunhofer IKET eine Stellungnahme herausgab. Darin hieß es: *„Beim Ausfall der Kühlung erhitzt sich der Kern allmählich und es kommt zunehmend zur chemischen Reaktion zwischen Materialien im Reaktor und dem noch vorhandenen Wasserdampf. Am wichtigsten sind dabei die Umhüllungen des Brennstoffs (Hüllrohre), die aus Legierungen des Metalls Zirconium bestehen. […]*
Diese Reaktion ist die Hauptquelle für die Produktion von Wasserstoff. Die Oxidation von 1 kg Zirconium führt zur Bildung von ca. 50 g Wasserstoff. […]"
In einem Siedewasserreaktor können sich rund 50 t Zirconium befinden. Demzufolge kann sich eine große Menge Wasserstoff bilden. […]

Materialgrundlage:
www.presseportal.de/pm/65341/2008777/wasserstoff-bei-nuklearen-stoerfaellen-welche-rolle-spielt-das-gas-in-fukushima; aus einer Meldung vom 16.03.2011 des Deutschen Wasserstoff- und Brennstoffzellen-Verbands
www.kit.edu/downloads/Japan_Hintergrundinfo_Nr002_Wasserstoff.pdf; Gemeinsame Stellungnahme vom 16.03.2011 von IAM & IKET KIT, FZJ; Autoren: Dr. Martin Brückmann (Hauptautor), Dr. Thomas Jordan, Dr. Ernst-Arndt Reinecke

Material 2: Bildung von Wasserstoff durch Thermolyse

Durch die Thermolyse von Wasser (Spaltung in die Elemente bei hohen Temperaturen) kann sich ebenfalls Wasserstoff bilden.
Der Physiker Dr. Eike Roth von der Fachhochschule Jülich schreibt in energie-fakten.de: „Die thermische Zersetzung von Wasser („Thermolyse") läuft normalerweise erst bei Temperaturen oberhalb von etwa 3 000 °C. Solche Temperaturen werden in einem Kernkraftwerk auch bei extremen Störfällen nicht erreicht. Allerdings kann die Thermolyse in Anwesenheit von Katalysatoren auch schon bei 800 bis 1 000 °C laufen. Ereignisse, bei denen es in einem Kernkraftwerk zu einer Thermolyse von Wasser gekommen wäre, sind mir nicht bekannt. Auch bei der Diskussion extremer Störfälle spielt die Thermolyse meines Erachtens keine Rolle."

Materialgrundlage:
Dr. Eike Roth; www.energiefakten.de

Material 3: Thermische Spaltung von Wasserdampf in die Elemente in Abhängigkeit von der Temperatur bei einem geeigneten Katalysator

Temperatur in Kelvin (K)	1 000	1 500	2 000	2 500	3 000	3 500
Anteil des gespaltenen Wassers in %	0,00003	0,020	0,582	4,21	14,4	30,9

273 K entsprechen 0 °C; 1 000 K entsprechen 727 °C

Materialgrundlage:
Autoren: A. Holleman, N. Wiberg: Lehrbuch der anorganischen Chemie, Hrsg.: de Gruyter, Berlin 1985, S. 253.

Material 4: Nachweisreaktion für Methanol

Borsäure (H_3BO_3) reagiert mit Methanol unter Abspaltung von Wasser zu einer Borverbindung, wobei pro Molekül Borsäure drei Moleküle Methanol verbraucht werden. die entstandene Borverbindung brennt mit einer charakteristisch grünen Flamme.

Aufgabe B

Bernsteinsäure BE

Die stoffliche Nutzung von Biomasse gewinnt vor dem Hintergrund begrenzter Erdölreserven immer stärker an Bedeutung. In der nachhaltigen Chemie-Wirtschaft spielen sogenannte Plattformchemikalien, welche als Ausgangsstoffe für die Herstellung vieler verschiedener Produkte genutzt werden können, eine besondere Rolle. Als eine besonders relevante Plattformchemikalie wird die aus Biomasse herstellbare Bernsteinsäure angesehen.

Die Bernsteinsäure (Butandisäure, $HOOC-CH_2-CH_2-COOH$) ist eine Dicarbonsäure, die sich mit vielen Reaktionspartnern zu vielfältigen Produkten umsetzen lässt. Die größten Anwendungsgebiete sind die Bereiche Kunststoffsynthese, Antibiotika, Lösungsmittel, Weichmacher, Geschmacksverstärker sowie die Parfümherstellung.

2.1 Formulieren Sie den Reaktionsmechanismus für die säurekatalysierte Reaktion von Bernsteinsäure mit Butan-1,4-diol an je einer funktionellen Gruppe und benennen Sie die Stoffklasse des Produkts.
Geben Sie einen charakteristischen Ausschnitt aus dem entstehenden Makromolekül an. 9

2.2 Das für die Kunststoffsynthese benötigte Butan-1,4-diol kann aus Bernsteinsäure mit Wasserstoff gewonnen werden. Dabei entsteht als Nebenprodukt Wasser.
Formulieren Sie die Reaktionsgleichung in Strukturformeln und benennen Sie den Reaktionstyp. 5

2.3 Formulieren Sie in Strukturformeln die Reaktionsgleichung für die Reaktion eines Moleküls Bernsteinsäure mit einem Molekül Butan-1,4-diamin.
Zeichnen Sie einen charakteristischen Ausschnitt aus dem entstehenden Makromolekül und benennen Sie dessen Stoffklasse und die Polyreaktion. 6

2.4 Wegen ihres mild-sauren und zugleich salzigen Geschmacks wird die Bernsteinsäure als Geschmacksverstärker in der Lebensmittelindustrie verwendet.
Formulieren Sie in Strukturformeln die Reaktionsgleichung für die vollständige Protolyse von Bernsteinsäure in wässriger Lösung.
Eine wässrige Lösung von Bernsteinsäure enthält eine Hydroniumionenkonzentration von $c(H_3O^+) = 0{,}0002\ mol \cdot L^{-1}$.
Berechnen Sie den pH-Wert dieser Lösung. 5

2.5 Aus Cellulose und Butansäure kann ein witterungsbeständiger und schlagfester Kunststoff hergestellt werden.
Beschreiben Sie den Aufbau von Cellulose und erklären Sie die Reaktion von Cellulose mit Butansäure zu diesem Kunststoff.
Hinweis: Reaktionsgleichungen und Strukturformeln müssen nicht angegeben werden. 5

30

Materialgrundlage:
www.process.vogel.de/fileserver/vogelonline/files/3828.pdf http://www.fnr-server.de/cms35/fileadmin/allgemein/images/veranstaltungen/Nachwuchsgruppen_2010/Bechthold_Oberhausen2010.pdf

Aufgabe C

Gelber Enzian

BE

Aus Wurzeln des gelben Enzians *(Gentiana lutea)* werden seit vielen hundert Jahren Arzneimittel und alkoholische Getränke hergestellt. Die Hauptwirkung dieser Wurzeln beruht auf den darin enthaltenen Bitterstoffen. In der Volksmedizin verwendet man sie als Mittel zur Vorbeugung von Erkältungskrankheiten und zur Verdauungsförderung.
Gentianose ist ein Trisaccharid, das als Reservekohlenhydrat in den Enzianwurzeln enthalten ist. Ein Spaltprodukt dieser Gentianose ist das Disaccharid Gentiobiose, das Bestandteil der Verbindung Amygdalin ist, einer als Krebsmedikament diskutierten Substanz.
Für die Schnapsherstellung versetzt man zerkleinerte Enzianwurzeln mit Gebirgswasser und Reinzuchthefe. Hefepilze sind dazu in der Lage, Di- und Trisaccharide in Monosaccharide aufzuspalten. Die aus den Reservekohlenhydraten der Wurzeln freigesetzte Glucose wird dann durch Hefepilze unter Ausschluss von Sauerstoff zu Ethanol und Kohlenstoffdioxid abgebaut. Diesen Prozess bezeichnet man als alkoholische Gärung.

3.1 Benennen Sie die Monosaccharide, aus denen das Disaccharid Saccharose (Material 1) aufgebaut ist, und die Verknüpfungsart.
Geben Sie die Fischer-Projektionen der beiden Monosaccharide an und beschriften Sie die asymmetrischen C-Atome.
Ordnen Sie die Monosaccharide in Fischer-Projektion aufgrund ihrer funktionellen Gruppen jeweils einer Stoffklasse der Zucker zu. 8

3.2 Formulieren Sie die Reaktionsgleichung in Haworth-Projektionsformeln für die Reaktion von Saccharose mit β-D-Glucose zu Gentianose (Material 2). 5

3.3 Formulieren Sie die Reaktionsgleichung in Haworth-Projektionsformeln für die Reaktion von Gentianose zu Gentiobiose (Material 2).
Saccharose und Gentiobiose unterscheiden sich in ihrem Verhalten gegenüber einem Oxidationsmittel, d. h. einer der beiden Zucker wirkt reduzierend, der andere nicht.
Begründen Sie dies. 10

3.4 Formulieren Sie für den Prozess der alkoholischen Gärung die Reaktionsgleichung unter Verwendung von Strukturformeln für die organischen Verbindungen.
Beschreiben Sie eine Nachweisreaktion für das bei der alkoholischen Gärung freiwerdende Kohlenstoffdioxid und formulieren Sie die dazugehörende Reaktionsgleichung. 7

30

Material 1: Saccharose

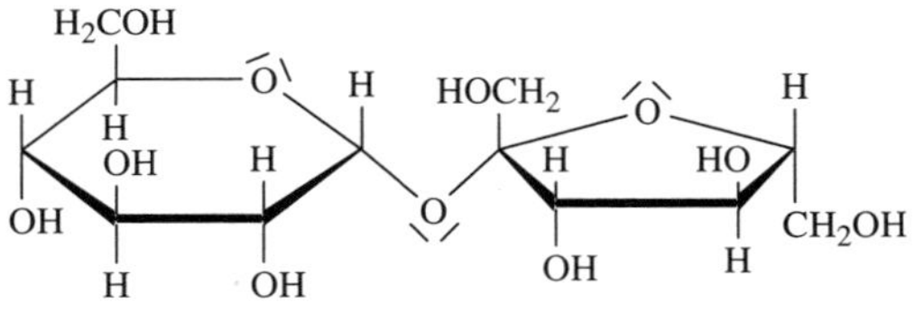

Material 2: Gentianose

Gentianose ist ein Trisaccharid, bei dem ein Saccharose-Molekül mit einem weiteren D-Glucose-Molekül verknüpft ist. Diese Verknüpfung erfolgt in β-1,6-glycosidischer Bindung zwischen der Glucose und der 6-Ring-Struktur der Saccharose.
Gentianose lässt sich durch ein bestimmtes Enzym hydrolytisch spalten, sodass man das Disaccharid Gentiobiose und ein weiteres Monosaccharid erhält.

Materialgrundlage:
www.br.de/themen/bayern/inhalt/kult-und-brauch/enzian108.html
www.heilkraeuter.de/lexikon/enzian.htm
www.awl.ch/heilpflanzen/gentiana_lutea/index.htm
www.pharmazeutische-zeitung.de/index.php?id=pharm4_24_2003

Aufgabe D

Herstellung und Reaktionen von Aldehyden und Ketonen BE

Aldehyde und Ketone sind in der Natur als Duftstoffe oder in Organismen als Zwischenprodukte des Stoffwechsels weit verbreitet. Die Carbonylgruppe, charakteristischer Bestandteil der Aldehyde und Ketone, ist eine der wichtigsten funktionellen Gruppen. Sie ermöglicht in der organischen Chemie eine Vielzahl von chemischen Reaktionen.

Bereits der deutsche Chemiker C. W. Scheele (1742–1786) stellte bei seinen Versuchen aus Ethanol den Aldehyd Ethanal her, ohne jedoch weitere Angaben zu dieser Verbindung machen zu können. Erst sehr viel später konnte Justus von Liebig (1803–1873) auf der Basis der Versuche des deutschen Chemikers J. W. Döbereiner (1780–1849) die Verbindung Ethanal näher charakterisieren.

4.1 Material 1 beschreibt einen Versuchsaufbau für eine Reaktion von Ethanol.
Erläutern Sie diese Reaktion, formulieren Sie die Reaktionsgleichung in Strukturformeln und geben Sie den Reaktionstyp an.
Beschreiben Sie die Beobachtungen bei einer positiven Fehling-Reaktion und formulieren Sie die Reaktionsgleichung für die Fehling-Reaktion des Produkts in dem vorliegenden Experiment. 9

4.2 Ethanol reagiert mit saurer Kaliumdichromatlösung (enthält $Cr_2O_7^{2-}$ -Ionen) zu Ethanal, dabei entstehen Cr^{3+}-Ionen.
Formulieren Sie für diese Reaktion die Reaktionsgleichung, geben Sie die wesentlichen Oxidationszahlen an und zeigen Sie anhand der Elektronenübergänge, dass es sich hierbei um eine Redoxreaktion handelt. 8

4.3 Das Keton Acetophenon (Material 2) wird unter Lichteinfluss mit Chlor zur Reaktion gebracht und dabei an der Methylgruppe einfach chloriert. Das Produkt ist ein Tränenreizmittel.
Formulieren und benennen Sie für die Chlorierung von Acetophenon den Reaktionsmechanismus sowie dessen Schritte. 7

4.4 Unter Wirkung eines Katalysators reagieren zwei Aldehydmoleküle zu einem Aldol. So reagieren zwei Ethanalmoleküle zu Acetaldol (3-Hydroxybutanal); ein weiteres Produkt entsteht nicht. Durch Erhitzen reagiert Acetaldol unter Abspaltung von Wasser zu Crotonaldehyd, einem ungesättigten Aldehyd.
Formulieren Sie für die Reaktion von zwei Molekülen Ethanal zu einem Acetaldol-Molekül die Reaktionsgleichung in Strukturformeln und benennen Sie den Reaktionstyp.
Formulieren Sie die Reaktionsgleichung von Acetaldol zu Crotonaldehyd in Strukturformeln. 6

30

Material 1: Reaktion von Ethanol

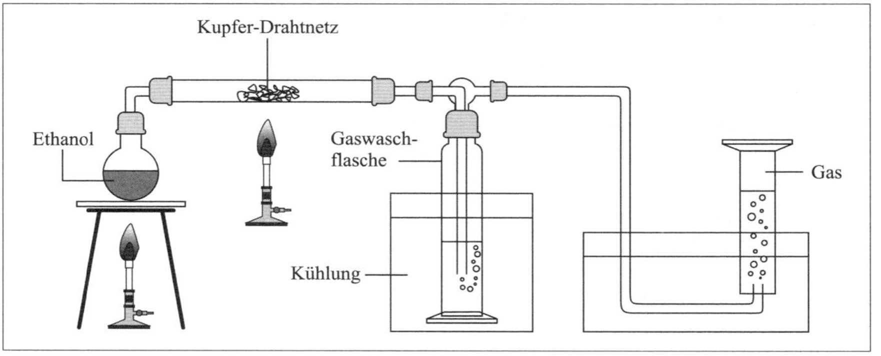

In einem Rundkolben werden 25 mL Ethanol vorsichtig erhitzt. Die dabei entstehenden Ethanol-Dämpfe werden über ein stark erhitztes, katalytisch wirkendes Kupferdrahtnetz geleitet. Die bei der Reaktion im Reaktionsrohr entstehenden Produkte werden dann in gut gekühltes destilliertes Wasser geleitet. Im Standzylinder wird ein Gas aufgefangen, das eine positive Knallgasreaktion ergibt. Die wässrige Lösung in der Gaswaschflasche zeigt eine positive Fehling-Probe.

Material 2: Acetophenon

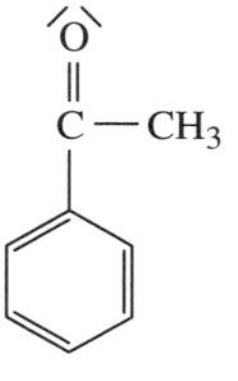

Materialgrundlage:
Skizze aus Material 1 verändert nach http://www.hamm-chemie.de/j11/j11ab/Dedyd_Ethanol.htm
Hans Beyer, Wolfgang Walter: Lehrbuch der Organischen Chemie, Stuttgart 2004, S. 207 und S. 581.
K. P. Vollhardt, N. E. Schore: Organische Chemie, Weinheim 2009, S. 927 ff.
Wolfgang Glöckner, Walter Jansen, Rudolf Georg Weißenhorn (Hrsg.): Handbuch der experimentellen Chemie, Band 10, Köln 2008, S. 83 ff.

Lösungsvorschläge

Aufgabe A

1.1 *Aus dem Text in Material 1geht hervor, dass sich das Dioxid bildet. Zirkonium ist also 4-wertig bzw. hat die Oxidationszahl +IV. Dies kann auch aus dem beigefügten Periodensystem gefolgert werden: Zr ist ein Nebengruppenmetall in der 5. Periode mit der Elektronenkonfiguration (Kr)4d^{2}5s^2.*

$$Zr + O_2 \longrightarrow ZrO_2$$

Die Bildung von Wasserstoff erfolgt aus der Reaktion von Zirkonium mit Wasserdampf, da kein elementarer Sauerstoff vorhanden ist (siehe Text).

$$\overset{0}{Zr} + 2\,\overset{+I\,-II}{H_2O} \longrightarrow \overset{+IV\,-II}{ZrO_2} + 2\,\overset{0}{H_2}$$

Zirconium wird zur Oxidationsstufe +IV oxidiert, dabei werden 4 Elektronen frei. Der im Wassermolekül gebundene Wasserstoff wird von der Oxidationsstufe +I zu 0 reduziert, dabei wird jeweils ein Elektron pro Wasserstoffatom aufgenommen. Insgesamt werden also 4 Elektronen aufgenommen.

1.2 *Zur Berechnung der Stoffmenge n muss aus dem beigefügten Periodensystem die molare Masse von Zirconium ($M = 91{,}22\ g \cdot mol^{-1}$) ermittelt werden.*

Es gilt dann:

$$n = \frac{m}{M} = \frac{1\,000\ \text{g}}{91{,}22\ \text{g} \cdot \text{mol}^{-1}} = 10{,}96\ \text{mol}$$

Die Berechnung des Volumens von 50 g Wasserstoff (molare Masse von Wasserstoff $M = 1\ g \cdot mol^{-1}$) erfolgt ebenfalls über die Stoffmenge und den Hinweis zum Molvolumen V_m bei 1 500 K.

$$n = \frac{m}{M} = \frac{50\ \text{g}}{2\ \text{g} \cdot \text{mol}^{-1}} = 25\ \text{mol}$$

$$V(\text{H}_2) = n \cdot V_\text{m} = 25\ \text{mol} \cdot 123{,}09\ \text{L} \cdot \text{mol}^{-1} = 3\,077{,}25\ \text{L}$$

1.3 Die Reaktionsgleichung ist die Umkehr der Wassersynthese:

$$2\,H_2O \rightleftharpoons 2\,H_2 + O_2$$

Massenwirkungsgesetz (MWG):

$$K(\text{T}) = \frac{c^2(\text{H}_2) \cdot c(\text{O}_2)}{c^2(\text{H}_2\text{O})}$$

Die Tabelle zeigt, dass mit steigender Temperatur der prozentuale Anteil an Wasserstoff und Sauerstoff steigt, d. h., die endotherme Reaktion wird nach dem Prinzip des geringsten Zwangs von LE CHATELIER/BRAUN begünstigt. Die Gleichgewichtskonstante ist demnach temperaturabhängig.

1.4 Die Reaktionsgleichung für die Methanolsynthese lautet:

$$2\,H_2 + CO \longrightarrow CH_3OH$$

Die Nachweisreaktion ist eine Veresterung. Unter Abspaltung von Wasser bildet sich Borsäuretrimethylester.

Wie immer sollen bei Strukturformeln auch die nichtbindenden Elektronenpaare eingezeichnet werden.
Borsäure besitzt eine Elektronenpaarlücke, welche sie zu einer Lewissäure (Elektronenpaarakzeptor) macht. Sie erfüllt zum Beispiel die Oktettregel durch Bindung eines Elektronenpaars einer Lewisbase (Elektronenpaardonator), daher der Hinweis zur Oktettregel in der Aufgabe.

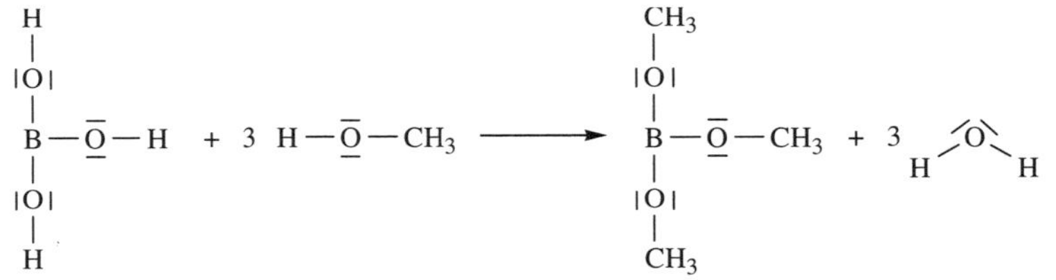

Aufgabe B

2.1 Es handelt sich um die Stoffklasse der Ester.

Carbonsäureester entstehen in einer Kondensationsreaktion. Die beiden Carboxylgruppen der Bernsteinsäure reagieren unter Abspaltung von Wasser mit den beiden OH-Gruppen des Butandiols zu einem Bernsteinsäurediester. Dadurch wird ein Polymer gebildet.

Reaktionsmechanismus:

R_1 = HOOC–CH_2–CH_2– R_2 = HO–CH_2–CH_2–CH_2–CH_2–

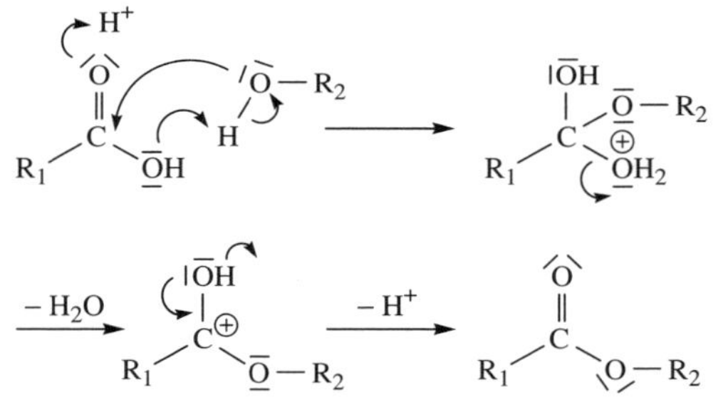

Strukturausschnitt des Makromoleküls:

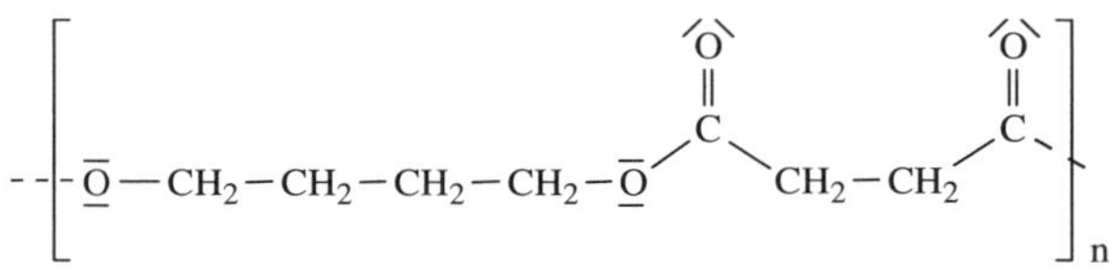

2.2 Bei dieser Reaktion handelt es sich um eine Redoxreaktion, die auch als Hydrierung bezeichnet wird.

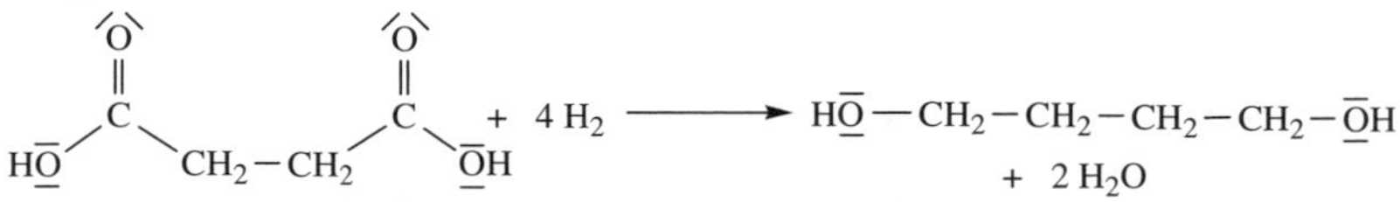

2.3 Das entstehende Makromolekül ist ein Polyamid, der Reaktionstyp eine Polykondensation.

Es soll nur die Reaktionsgleichung in Strukturformeln, nicht der Mechanismus angegeben werden:

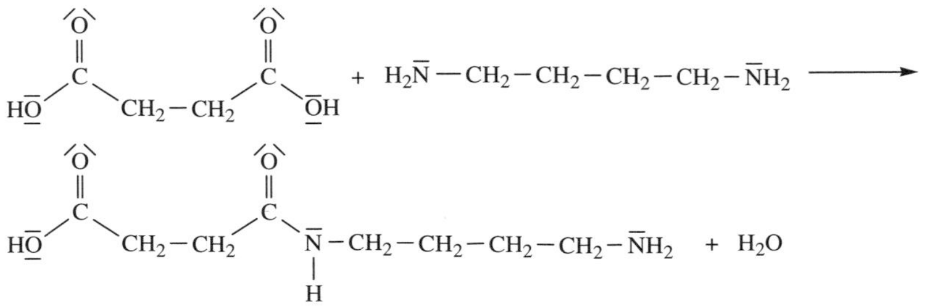

Strukturausschnitt des Makromoleküls:

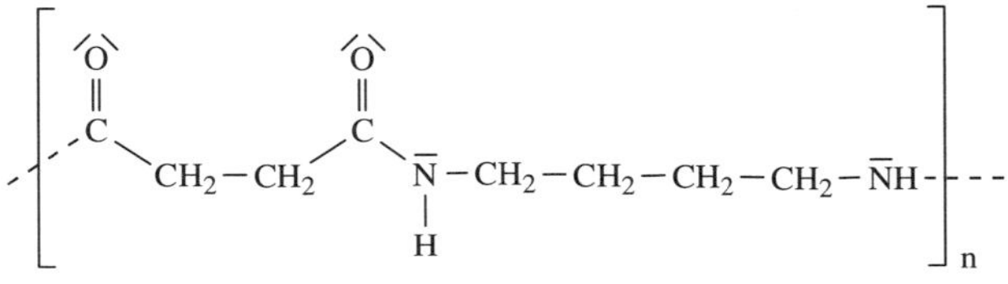

2.4 Es entstehen durch Protolyse zwei Hydronium- bzw. Oxonium-Ionen und das Dianion der Bernsteinsäure:

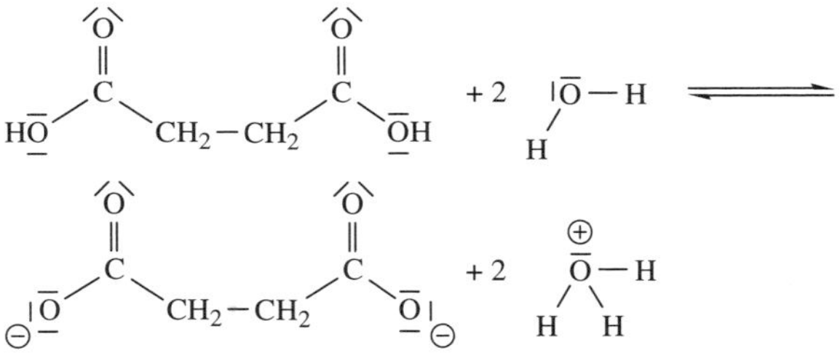

Der pH-Wert berechnet sich nach pH = $-\lg c(H_3O)^+$ ⇨ pH = $-\lg 0{,}0002 = 3{,}7$

2.5 *Hier sollen die Edukte und das entstehende Produkt (bzw. die Produkte) nur beschrieben, nicht deren Struktur gezeichnet werden.*

Cellulose ist ein natürliches Makromolekül (Polysaccharid), welches aus miteinander β-(1,4)-glycosidisch verknüpften D-Glucosemolekülen besteht. Die vielen freien OH-Gruppen der Cellulose reagieren wie in Aufgabe 2.1 gezeigt unter Abspaltung von Wasser zu einem Polyester.

Würde eine Dicarbonsäure verwendet, würde die Cellulose durch diese Esterbildung vernetzt werden.

Aufgabe C

3.1 *Zur Analyse der Zuckermoleküle und deren Überführung in die Fischer-Projektion nummeriert man am besten die Ring-C-Atome durch. Die Glucose ist eine Aldohexose. In der Saccharose liegt die α-Form vor, d. h., die OH-Gruppe an C-Atom 1 steht unterhalb der Ringebene der Haworth-Projektion. Die Fructose ist eine Ketohexose, der Ringschluss zur Haworth-Projektion erfolgt zwischen C-Atom 2 und 5. In der β-Form steht die OH-Gruppe am anomeren C-Atom oberhalb der Ringebene. Nun müssen aber, da eine (1→2)-Verknüpfung der beiden Ringe vorliegt, die OH-Gruppen auf die gleiche Seite gebracht werden. Dazu dreht man die Ringebene der Fructose um 180°, wie unten gezeigt. Dadurch stehen die Substituenten oberhalb der Ringebene jetzt unterhalb und umgekehrt. Prinzipiell weisen die Substituenten, die in der Haworth-Projektion unterhalb der Ringebene liegen, in der Fischer-Projektion nach rechts, die die oberhalb stehen nach links. Die asymmetrischen C-Atome werden in der Regel wie abgebildet mit Sternchen markiert. Asymmetrisch sind alle C-Atome mit 4 verschiedenen Substituenten.*

In der Saccharose ist eine α-D-Glucopyranose mit einer β-D-Fructofuranose 1,2-verknüpft. Es handelt sich um eine α,β-(1→2)-glycosidische Bindung.

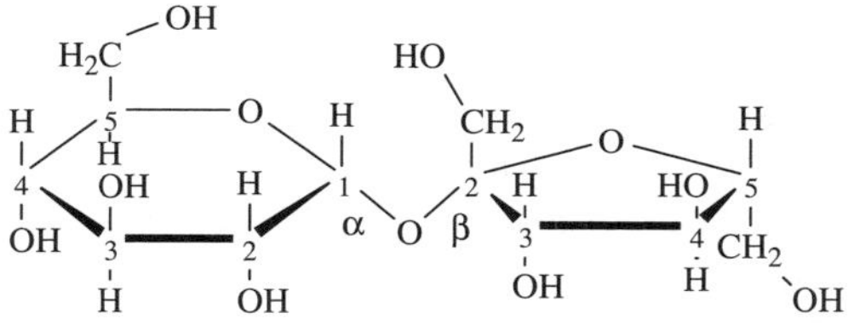

In den Ringen durchnummerierte Saccharose

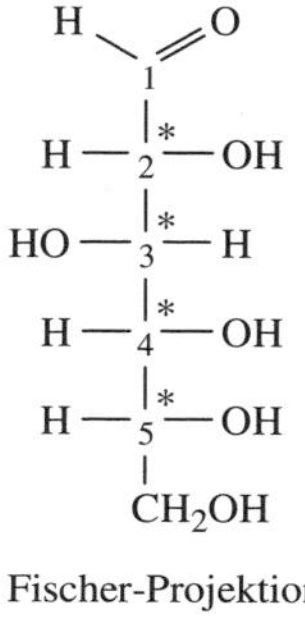

Fischer-Projektion der D-Glucose

Die D-Glucose ist ein Aldehyd (Aldose).

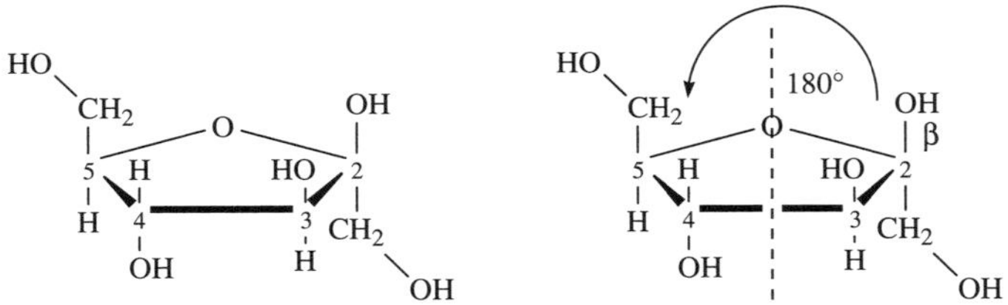

Haworth-Projektion der β-D-Fructose

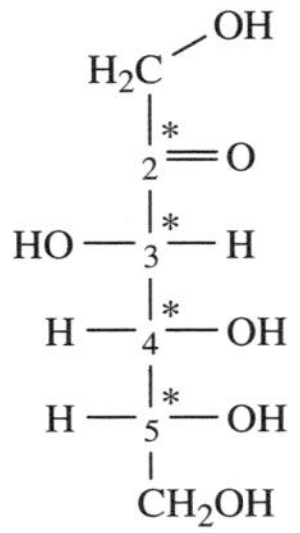

Fischer-Projektion der D-Fructose

Die D-Fructose ist ein Keton (Ketose).

3.2 *In Material 2 steht, dass eine β-(1→6)-glycosidische Bindung zwischen Glucose und der Sechsringstruktur der Saccharose gebildet wird. Es sollen Haworth-Strukturformeln gezeichnet werden. Bei der Reaktion wird Wasser abgespalten.*

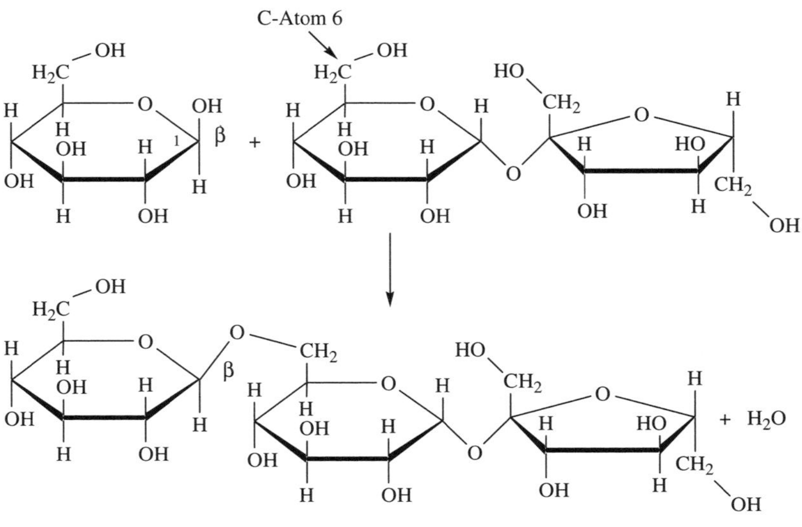

3.3 *Gentianose lässt sich durch ein Enzym hydrolytisch spalten, dabei entstehen Gentiobiose und ein Monosaccharid (Material 2).*

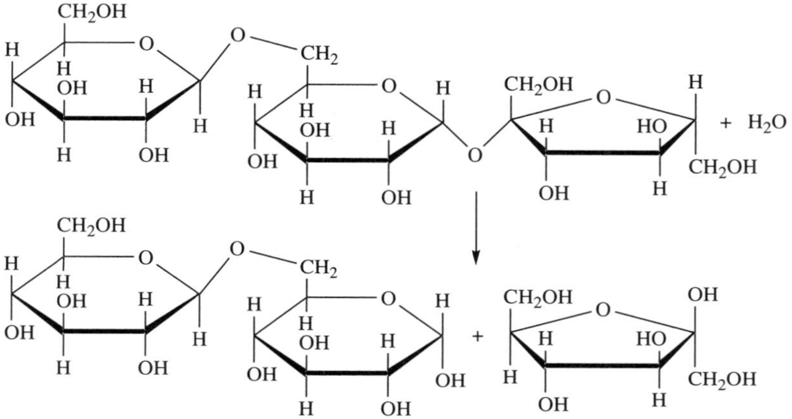

Aus dem Text zur Aufgabe geht hervor, dass jetzt ein im Gegensatz zur Saccharose, bei der die Monosaccharide 1,2-verknüpft sind und bei der keine Ringöffnung und Bildung einer Aldehydgruppe zur Oxidation möglich ist, reduzierender und damit Fehling-positiver Zucker entsteht. Durch Abspaltung der Fructose entsteht Gentiobiose. Diese ist reduzierend, da in der einen Zuckereinheit eine freie OH-Gruppe am anomeren C-Atom vorliegt. Hier wäre also die Ringöffnung als Voraussetzung der Oxidation des Halbacetals zur entsprechenden Zuckersäure möglich. Sowohl Gentiobiose als auch Fructose sind reduzierende Zucker, da sich das Halbacetal durch Ringöffnung in beide anomeren Formen umlagern kann.

3.4 Reaktionsgleichung der alkoholischen Gärung:

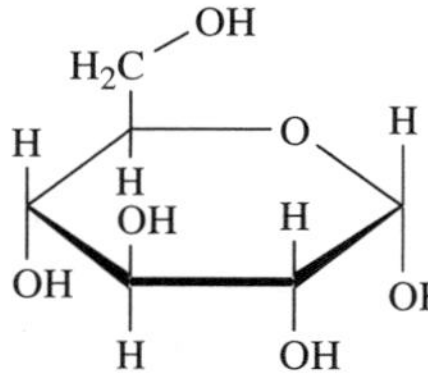

$$\longrightarrow 2\ H_3C-CH_2-OH + 2\ CO_2$$

Hier ist die α-Glucose dargestellt. Natürlich kann für die Reaktionsgleichung aber auch die Strukturformel der β-Glucose verwendet werden.

Das Kohlenstoffdioxid kann mit „Kalkwasser", einer wässrigen Lösung von Calciumhydroxid, nachgewiesen werden. Es entsteht eine weiße Trübung durch ausfallendes Calciumcarbonat:

$$Ca^{2+} + 2\ OH^- + CO_2 \longrightarrow CaCO_3\downarrow + H_2O$$

Aufgabe D

4.1 Zwei Nachweisreaktionen werden im Material genannt: die Fehling-Probe auf Aldehyde in der Waschflasche sowie die Knallgasprobe auf Wasserstoff im Standzylinder.
Diese Nachweise können nur stattfinden, wenn am Kupferkontakt im Reaktionsrohr der Ausgangsstoff Ethanol zu Ethanal oxidiert wurde, wobei als zweites Produkt Wasserstoff entsteht (Hinweis auf positive Knallgasreaktion).

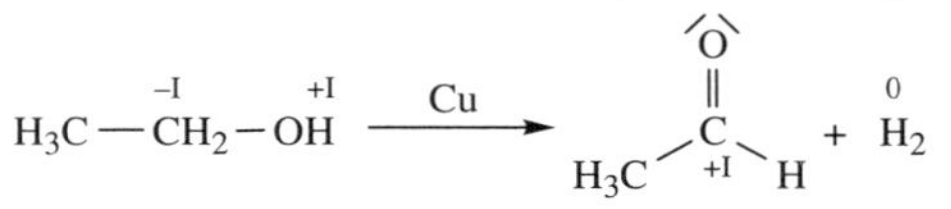

Es handelt sich um eine Redoxreaktion, wobei zwei Wasserstoffatome (Oxidationszahl +I) im Ethanol reduziert und das alkoholische C-Atom von –I auf +I oxidiert werden. Es gehen zwei Elektronen über.
Bei positiver Fehling-Reaktion beobachtet man, dass die tiefblaue Farbe des Kupfer(II)-Komplexes zunächst in grüngelb und schließlich nach längerem Erhitzen in hellrot umschlägt.

Reaktionsgleichung der Fehling-Reaktion:

Da keine Angaben gemacht werden, kann die Reaktionsgleichung in Summenformeln formuliert werden:

$$CH_3CHO + 2\,Cu^{2+} + 5\,OH^- \longrightarrow CH_3COO^- + Cu_2O\downarrow + 3\,H_2O$$

Die Kupferionen sind mit Tartrat, dem Salz der Weinsäure, komplexiert.

4.2 *Hier soll nur die Redoxgleichung entwickelt werden. Es reichen dafür die Halbstrukturformeln und die Angabe der Oxidationszahlen, die sich verändern.*

$$\text{Ox.:}\quad CH_3\overset{-I}{C}H_2OH \longrightarrow \overset{+I}{C}H_3CHO + 2\,e^- + 2\,H^+ \quad |\cdot 3$$

$$3\,CH_3CH_2OH \longrightarrow 3\,CH_3CHO + 6\,e^- + 6\,H^+$$

$$\text{Red.:}\quad \overset{+VI}{Cr_2}O_7^{2-} + 6\,e^- + 14\,H^+ \longrightarrow 2\,\overset{+III}{Cr^{3+}} + 7\,H_2O$$

Mit dem Elektronen- und Ladungsausgleich erhält man die obigen Teilgleichungen für Oxidation und Reduktion.
Durch Addition der Teilgleichungen ergibt sich dann die vollständige Redoxgleichung:

$$3\,CH_3CH_2OH + Cr_2O_7^{2-} + 8\,H^+ \longrightarrow 2\,Cr^{3+} + 3\,CH_3CHO + 7\,H_2O$$

Die Oxidationszahl des C-Atoms von –I im Ethanol verändert sich zu +I, die des Cr-Atoms von +VI nach +III. Es werden insgesamt 6 Elektronen ausgetauscht.

4.3 Der Mechanismus ist der einer radikalischen Substitution (S_R).

1) Zunächst wird das Chlormolekül unter Lichteinfluss homolytisch in zwei Chlorradikale gespalten (Startreaktion):

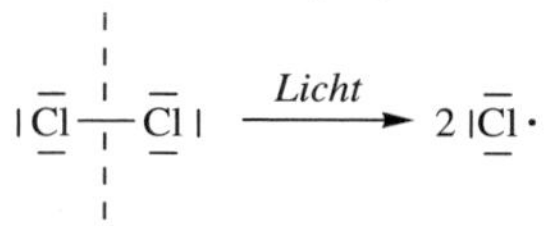

2) Als nächster Schritt reagiert ein Chlorradikal mit der Methylgruppe des Acetophenons unter Bildung von Chlorwasserstoff und einem Acetophenonradikal:

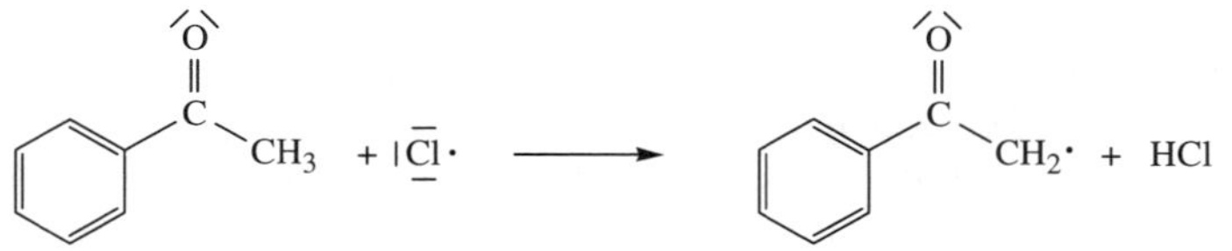

3) Es entsteht (ohne Licht) eine Kettenreaktion, da neue Chlorradikale gebildet werden:

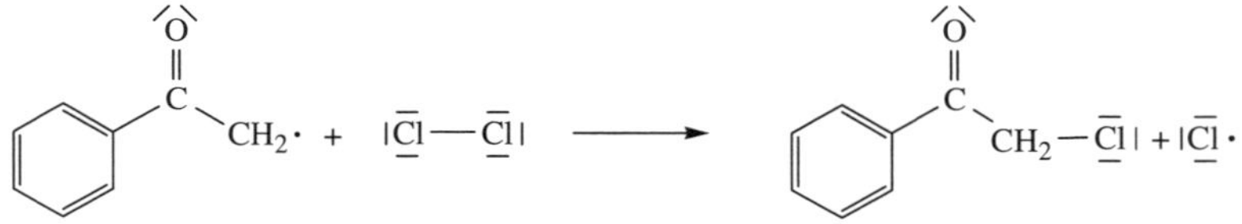

4) Die Kettenreaktion wird gestoppt, indem sich das Acetophenon-Radikal mit einem Chlor-Radikal verbindet, was als Kettenabbruch bezeichnet wird:

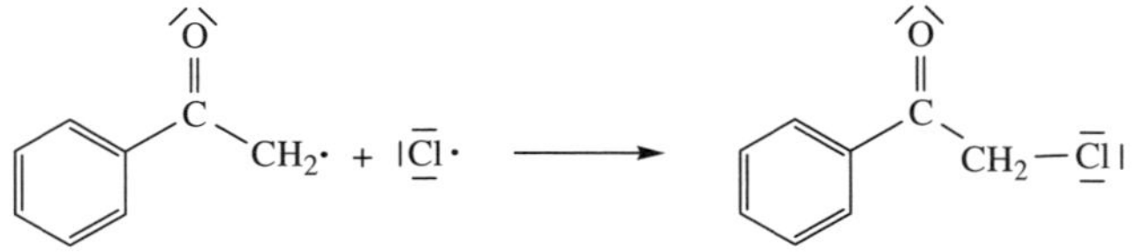

Alternativ ist ein Kettenabbruch auch durch die Kombination zweier anderer Radikale, also zweier Acetophenon- oder zweier Chlor-Radikale möglich:

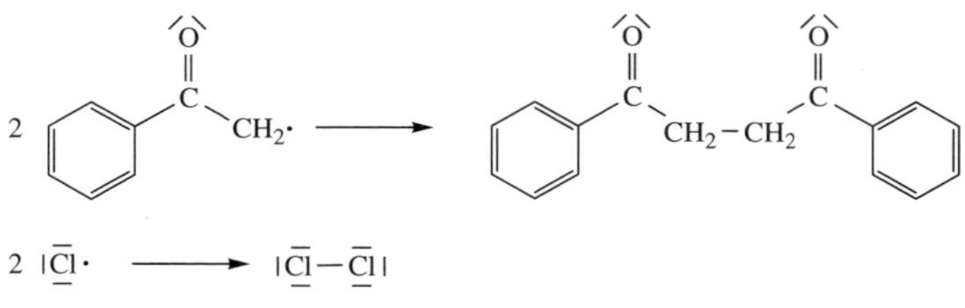

Unter diesen Bedingungen reagieren die Ring-C–H-Bindungen nicht, da sich dann das sehr stabile mesomere Benzolsystem (Benzen) auflösen würde. Radikalreaktionen finden zunächst immer an den Seitenresten des Benzolsystems statt.

4.4 Die Reaktion von zwei Molekülen Ethanal zu Acetaldol ist eine Additionsreaktion:

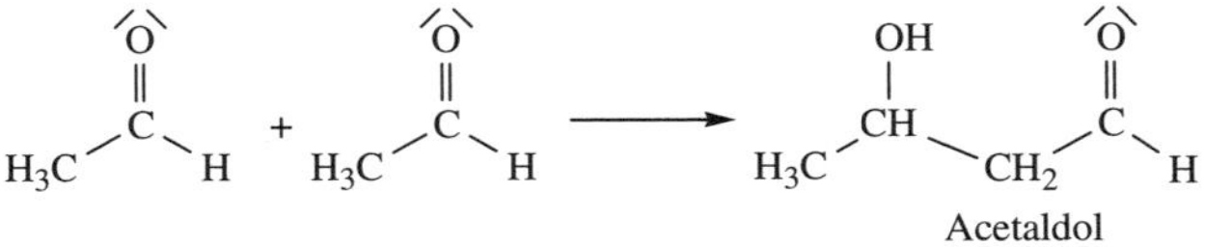

Acetaldol

Die Methylgruppe in Nachbarschaft zur Carbonylgruppe ist C–H-acide, daher kann mithilfe eines Katalysators ein Proton abgespalten werden, gefolgt vom nucleophilen Angriff des Carbanions am positiv polarisierten C-Atom der anderen Carbonylgruppe. Die folgende Reaktion zum Crotonaldehyd wird Aldolkondensation genannt:

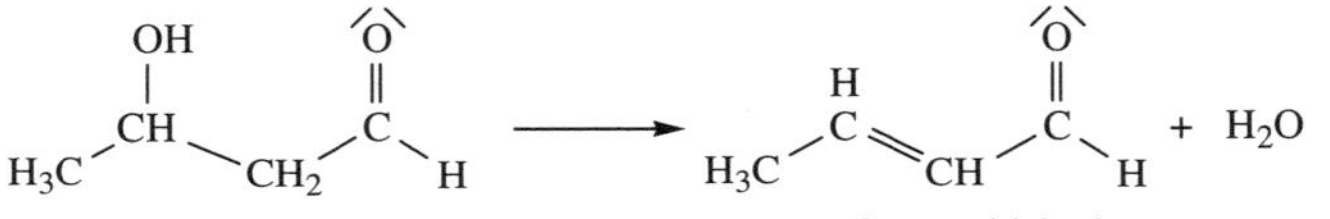

Crotonaldehyd

Leistungskurs Chemie (Hessen)
Abiturprüfung 2014

Aufgabe A

Chemische Spezialeffekte im Film — BE

Kaum ein Film kommt ohne Spezialeffekte aus, wobei die Chemie eine nicht unerhebliche Nebenrolle spielt. Blitzeffekte, Explosionen, Blutspritzer und Alienschleim gehören zum Repertoire vieler Actionfilme. Obwohl viele der Effekte heute am Computer generiert werden, bedienen sich viele Regisseure und Special-Effect-Artists chemischer Reaktionen, die unter kontrollierten Bedingungen bestimmte Effekte erzielen.
Heutige Science-Fiction-Filme kommen beispielsweise kaum ohne widerlichen Alienschleim aus. Stellt man in einem Western die Arbeit eines Fotografen dar, so lässt man diesen mit Blitzlichtpulver hantieren. Für gezielte Explosionseffekte bei Schießereien verwendet man kleine Portionen von rauchschwachem Schießpulver, die auch Nitroglycerin enthalten können.
Um bei Stunts Verletzungen zu vermeiden, werden Äxte, Beile, Schwerter oder ähnliche Waffen häufig aus dem vergleichsweise weichen Kunststoff Polyurethan verwendet.

1.1 Zur Herstellung des Alienschleims verwendet man Polyvinylalkohol und Tetrahydroxoborat-Anionen. Material 1 beschreibt die Herstellung von Polyvinylalkohol sowie dessen Weiterreaktion zum Alienschleim.
Formulieren Sie den Reaktionsmechanismus der radikalischen Polymerisation von Vinylacetat mit zwei möglichen Abbruchreaktionen. Verwenden Sie als Startermolekül ein allgemeines Peroxid mit der Formel R–O–O–R.
Formulieren Sie einen Strukturformelausschnitt des Polyvinylalkohols.
Entwickeln Sie einen Strukturformelausschnitt des im Alienschleim enthaltenen vernetzten Makromoleküls aus Polyvinylalkohol und Tetrahydroxoborat. — 11

1.2 In einem bereits im 19. Jahrhundert eingesetzten Blitzlichtgemisch wird Magnesiumpulver mit Kaliumpermanganat ($KMnO_4$) zur Reaktion gebracht. Hierbei entstehen Magnesiumoxid, Kaliumoxid (K_2O) und Mangandioxid. Alle an der Reaktion beteiligten Stoffe sind Feststoffe. Formulieren Sie hierfür die Reaktionsgleichung. Geben Sie die für die Reaktion wesentlichen Oxidationszahlen an und zeigen Sie anhand der Elektronenübergänge, dass es sich um eine Redoxreaktion handelt.
Berechnen Sie mithilfe von Material 2 die Standardreaktionsenthalpie $\Delta_R H^0$ bezogen auf diese Reaktionsgleichung. — 11

1.3 Die Herstellung von Nitroglycerin ist in Material 3 beschrieben.
Formulieren Sie für die Bildung des Nitryl-Kations in der Nitriersäure die Reaktionsgleichung.
Entwickeln sie für die Reaktion einer funktionellen Gruppe des Glycerins zum Monoester den Reaktionsmechanismus.
Formulieren Sie die Strukturformel des Nitroglycerins. 9

1.4 Polyurethane werden aus Diisocyanaten (OCN–R–NCO) und Diolen hergestellt.
Formulieren und erläutern Sie den Reaktionsmechanismus für die Reaktion eines Diols mit einem Diisocyanat. Benennen Sie den Polyreaktionstyp.
Formulieren Sie außerdem einen charakteristischen Strukturformelausschnitt für ein Polyurethan aus den Monomeren Pentandiisocyanat und Butandiol. 9

40

Material 1: Herstellung von Polyvinylalkohol und Alienschleim

Polyvinylalkohol:
Aus Vinylacetat wird durch radikalische Polymerisation Polyvinylacetat synthetisiert. Das entstandene Polyvinylacetat wird danach zu Polyvinylalkohol umgesetzt. Nach dieser Reaktion liegen im Polymer anstelle der Acetatgruppen dann Hydroxylgruppen vor.

Alienschleim:
Zur Herstellung des Alienschleims lässt man eine Lösung aus Polyvinylalkohol mit Tetrahydroxoborat unter Abspaltung von Wasser reagieren, sodass ein vernetztes Makromolekül entsteht.

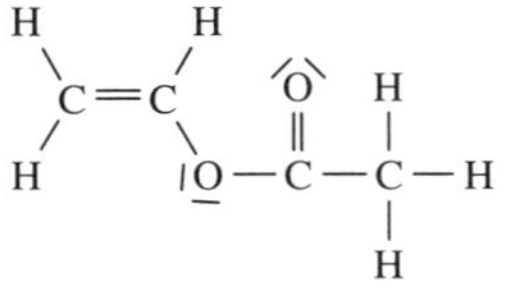

Vinylacetat (Ethansäureethenylester)

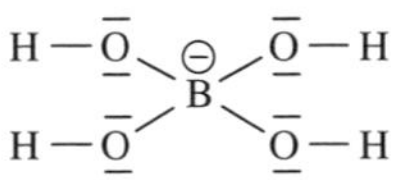

Tetrahydroxoborat-Anion

Material 2: Molare Standardbildungsenthalpien

	molare Standardbildungsenthalpie $\Delta_f H_m^0$ [kJ · mol^{-1}]
Kalium (s)	0
Kaliumoxid (s)	–363
Kaliumpermanganat (s)	–837
Mangan (s)	0
Mangandioxid (s)	–520
Magnesium (s)	0
Magnesiumoxid (s)	–602

Material 3: Vorgang der Nitroglycerinherstellung

Nitroglycerin ist der Trisalpetersäureester von Glycerin (Propan-1,2,3-triol), das heißt alle drei funktionellen Gruppen des Glycerins wurden umgesetzt.
Zu seiner Herstellung benötigt man zunächst Nitriersäure, ein Gemisch aus konzentrierter Salpetersäure und konzentrierter Schwefelsäure. In diesem Gemisch werden Nitryl-Kationen (NO_2^+) als reagierende Teilchen gebildet.
Ein NO_2^+-Ion lagert sich dann direkt an eine Hydroxylgruppe des Glycerinmoleküls an und es entsteht unter Abspaltung eines H^+-Ions zunächst der Monoester des Glycerins.

Materialgrundlage:
Aylward, G. H, Findlay, T. J. V.: Datensammlung Chemie in SI-Einheiten, Weinheim 1999.
www.chemgapedia.de/vsengine/vlu/vsc/de/ch/9/mac/copolymere/polymeranalog.vlu/Page/vsc/de/ch/9/mac/copolymere/polymeranalog/pva.vscml.html
www.versuchschemie.de/topic,10475,-Slime+aus+Borax+und+Polyvinylalkohol.html
www.chids.de/dachs/praktikumsprotokolle/PP0171Glycerintrinitratdarstellung.pdf

Aufgabe B

Konservierungsstoffe BE

Der deutsche Chemiker August Wilhelm von Hofmann entdeckte 1859 die Sorbinsäure als einen Naturstoff, der in geringer Menge aus Vogelbeeren gewonnen werden kann. In der Vogelbeere selbst kommt die Parasorbinsäure vor. Heute wird Sorbinsäure als bekannter Konservierungsstoff (E 200) vielen Lebensmitteln zugesetzt; sie schützt z. B. Wein vor Hefen und Schimmelpilzen. Sorbinsäure kann allerdings im Wein zu unerwünschten Stoffen wie z. B. Sorbinol umgesetzt werden, die den Geschmack beeinträchtigen. In Deutschland liegt daher die Höchstgrenze für den Zusatz von Sorbinsäure bei 0,2 g in einem Liter Wein. Auch Benzoesäure ist ein häufig verwendeter Konservierungsstoff, der z. B. Gemüsekonserven, Marinaden, Mayonnaise, Obstkonserven oder Salaten zugesetzt wird.

2.1 Sorbinsäure hat die in Material 1 dargestellte Struktur und einen pK_S-Wert von 4,76.
Benennen Sie die Sorbinsäure gemäß der IUPAC-Nomenklatur.
Berechnen Sie den pH-Wert einer wässrigen Sorbinsäure-Lösung von 0,2 g Sorbinsäure auf einen Liter Wasser. 6

2.2 Oscar Doebner stellte 1894 fest, dass Parasorbinsäure optisch aktiv ist.
Entwickeln Sie zu dem in Material 2 dargestellten Parasorbinsäure-Molekül die Strukturformel des enantiomeren Moleküls.
Erläutern Sie die optische Aktivität der einzelnen Enantiomere sowie die eines Gemisches, in dem die beiden Enantiomere in gleicher Konzentration vorliegen. 6

2.3 Sorbinsäure kann durch eine säurekatalysierte Reaktion von Parasorbinsäure (Material 2) mit Wasser hergestellt werden.
Diese Reaktion erfolgt in zwei Schritten. Im ersten Schritt reagiert Parasorbinsäure mit Wasser zu einer Hydroxycarbonsäure, die dann im zweiten Schritt zur gewünschten Sorbinsäure weiterreagiert.
Formulieren Sie für beide Reaktionsschritte jeweils die Reaktionsgleichung.
Beschreiben Sie jeden der beiden Reaktionsschritte und benennen Sie jeweils den Reaktionstyp. 9

2.4 Material 3 beschreibt einen Reaktionsweg von Sorbinol zu 5-Ethoxyhexa-1,3-dien.
Entwickeln Sie einen möglichen Reaktionsmechanismus für diese Reaktion, wobei Sie zu dem als Zwischenprodukt auftretenden Carbeniumion zwei mesomere Grenzstrukturen formulieren. 9

2.5 Benzoesäure kann durch eine Reaktion von Benzol (Benzen) mit Phosgen (Material 4) in zwei Schritten hergestellt werden. Im ersten Schritt reagiert Benzol mit Phosgen unter Einwirkung des Katalysators Aluminiumchlorid ($AlCl_3$) zu Benzoesäurechlorid und einem in wässriger Lösung sauer reagierenden Gas. Im zweiten Schritt wird Benzoesäurechlorid mit Wasser zum

gewünschten Produkt Benzoesäure und wiederum einem in wässriger Lösung sauer reagierenden Gas umgesetzt.
Formulieren und benennen Sie den Reaktionsmechanismus für den ersten Reaktionsschritt; geben Sie dabei auch mesomere Grenzstrukturen an.
Formulieren Sie für den zweiten Reaktionsschritt eine Reaktionsgleichung. 10

40

Material 1: Sorbinsäure

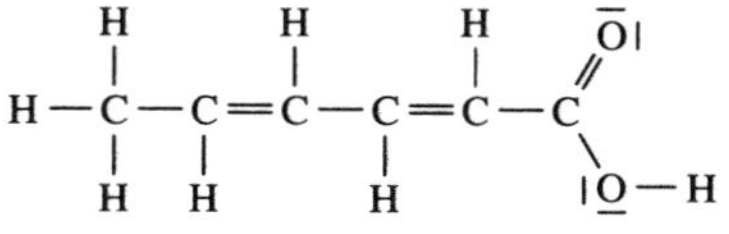

Material 2: Parasorbinsäure

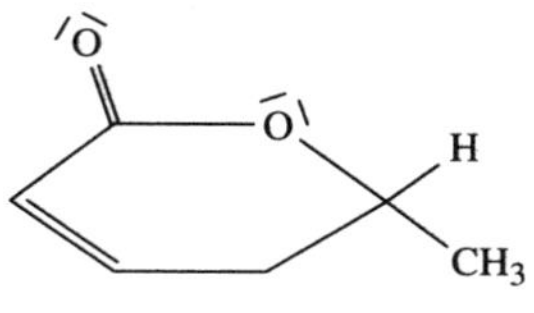

Material 3: Reaktionsweg von der Sorbinsäure zu 5-Ethoxyhexa-1,3-dien

Im Wein enthaltene Sorbinsäure kann durch Milchsäurebakterien zu Sorbinol reduziert werden. In saurem Milieu kann dann dieses Sorbinol mit Ethanol zu 5-Ethoxyhexa-1,3-dien weiterreagieren, das einen penetranten, an Geranien erinnernden Geruch aufweist. Dieser Weinfehler wird in der Weinliteratur mit dem Begriff Geranienton bezeichnet.
In der zum Weinfehler führenden Reaktion wird zunächst die Hydroxylgruppe des Sorbinols protoniert, danach bildet sich unter Wasserabspaltung ein mesomeriestabilisiertes Carbeniumion. Anschließend reagiert das Carbeniumion mit Ethanol.

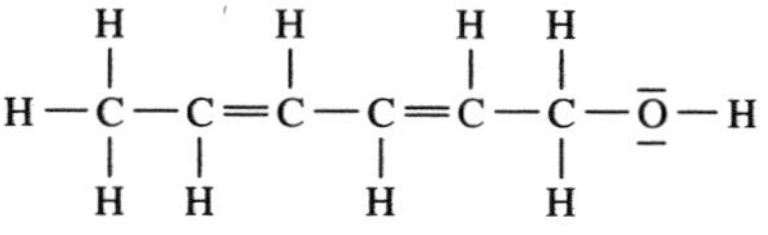

Sorbinol

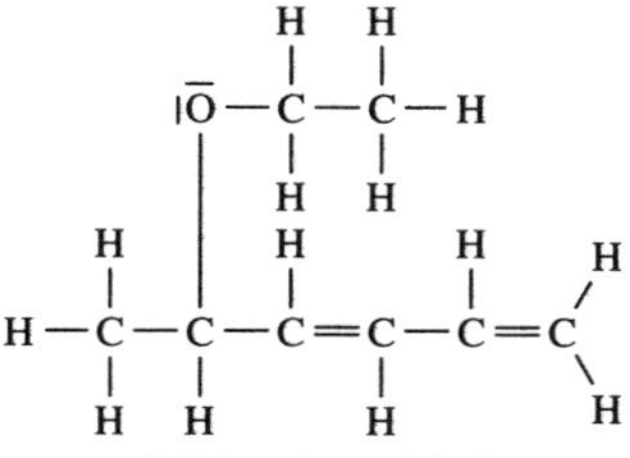

5-Ethoxyhexa-1,3-dien

Material 4: Formeln von Benzoesäure und Phosgen

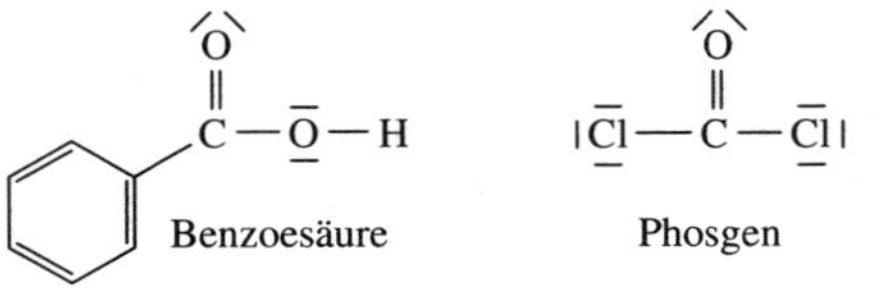

Materialgrundlage:
Kai Vrobel in: NiU – Chemie 4 (1993) Nr. 19 S. 34 ff.
www.buetzer.info/fileadmin/pb/pdf-Dateien/Sorbinsaeure_mit_Loesungen.pdf
http://de.wikipedia.org/wiki/Sorbins%C3%A4ure
www.kantonslabor-bs.ch/files/berichte/WeinGeranien05.pdf
K. P. Vollhardt, N. E. Schore: Organische Chemie, Weinheim 2011, S. 708 f.
das-labor.npage.de/get_file.php?id=16458391&vnr=168296
www.chemie.fu-berlin.de/chemistry/oc/oc2/aromaten.html

Aufgabe C

Pentosen

BE

Pentosen sind Monosaccharide, deren unverzweigte Kette fünf Kohlenstoffatome enthält. Wie bei den Hexosen existieren auch bei den Pentosen offenkettige Formen und Ringstrukturen sowie Aldosen und Ketosen.
Als Monosaccharide kommen einige Pentosen (Material 1) im Muskelgewebe (D-Ribose) und im Wein (z. B. D-Arabinose, D-Xylose) vor. Pentosen können auch zu Polysacchariden verknüpft sein. So ist z. B. der Ballaststoff Pentosan ein Polysaccharid, das aus den Monomeren D-Xylose und L-Arabinose aufgebaut ist (Material 2).
Mithilfe der Kiliani-Fischer-Synthese kann die Kohlenstoffkette eines Monosaccharids um ein Kohlenstoff-Atom verlängert werden, d. h. aus einer Aldopentose kann eine Aldohexose hergestellt werden (Material 3).

3.1 In wässriger Lösung liegen die Moleküle der D-Arabinose sowohl in 6-Ring-Struktur (Pyranoseform) als auch in 5-Ring-Struktur (Furanoseform) vor.
Geben Sie die Bedeutung der Bezeichnungen D und L für den Aufbau der Monosaccharide an.
Formulieren Sie die vier möglichen Ringstrukturen der D-Arabinose in der Haworth-Projektion. 9

3.2 Erläutern Sie für alle Bindungen und freien Elektronenpaare in der Aldehyd-Gruppe der Arabinose die Bindungsverhältnisse auf der Grundlage des Orbitalmodells. 9

3.3 Analog zu D-Glucose und D-Fructose reagieren auch D-Ribose und D-Ribulose mit Fehlingreagenz positiv.
Beschreiben Sie die Durchführung einer Fehling-Reaktion und die Beobachtung bei einem positiven Verlauf.
Erläutern Sie die positive Reaktion von D-Ribose und D-Ribulose mit Fehlingreagenz.
Formulieren Sie dazu eine erläuternde Strukturformel. 9

3.4 Im Pentosan sind β-D-Xylose-Moleküle β-1,4-glycosidisch zu einer Hauptkette verknüpft. In regelmäßigen Abständen ist ein α-L-Arabinose-Molekül über sein C_1-Atom glycosidisch an das C_2-Atom eines β-D-Xylose-Bausteines gebunden.
Zeichnen Sie einen möglichen Strukturformelausschnitt eines Pentosan-Moleküls aus zwei Xylose-Einheiten und einer Arabinose-Einheit (Material 2). 6

3.5 D-Arabinose wird nach der Kiliani-Fischer-Synthese umgesetzt (Material 3). Dabei entstehen zwei unterschiedliche Aldohexosen.
Formulieren Sie den Reaktionsmechanismus bis zur Bildung des Cyanhydrins und benennen Sie diesen.
Beschreiben Sie den Unterschied der beiden entstehenden Aldohexosen. 7

40

Material 1: Fischer-Projektionsformeln einiger D-Pentosen

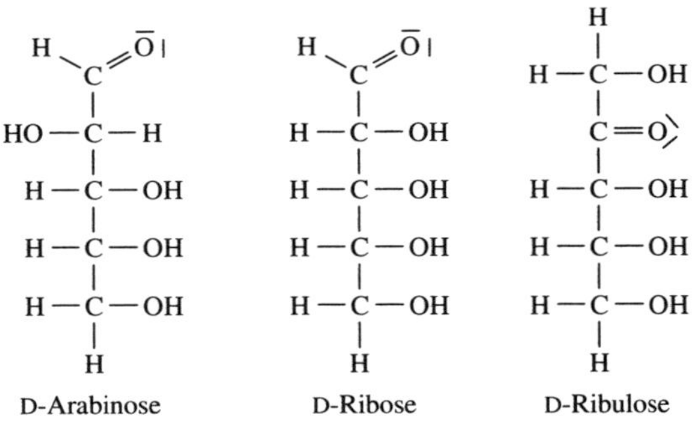

Material 2: β-D-Xylose und α-L-Arabinose in der Haworth-Projektion

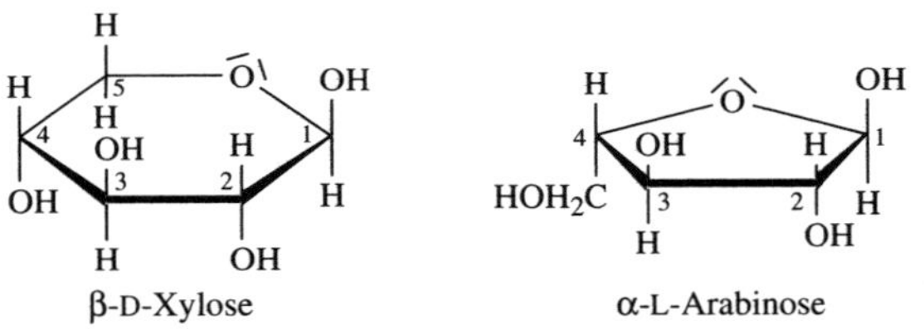

(Benennung nach Haworth-Konvention)

Material 3: Schema der Kiliani-Fischer-Synthese zur Kettenverlängerung bei Aldosen

Im ersten Teil der Synthese wird ein sogenanntes Cyanhydrin hergestellt. Dazu wird eine Aldose mit einer wässrigen Lösung von Natriumcyanid (NaCN) versetzt und anschließend eine anorganische Säure zugegeben. Als organisches Produkt enthält man ein Cyanhydrin.

Im zweiten Teil der Synthese wird ein Cyanhydrin in mehreren Schritten zu einem Aldehyd umgesetzt. Damit ist die Kohlenstoffkette um ein Kohlenstoff-Atom verlängert.

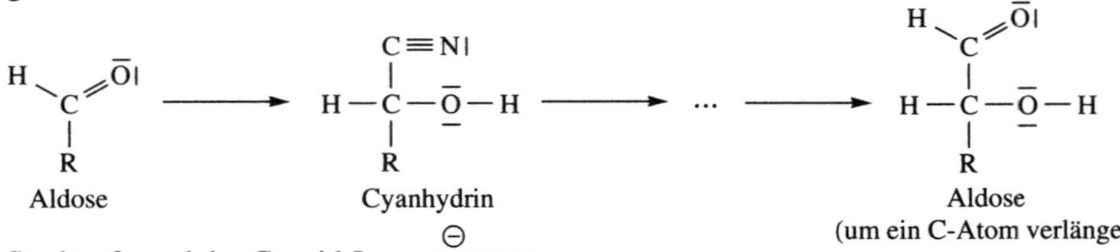

Strukturformel des Cyanid-Ions: 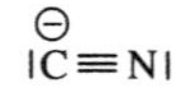

Materialgrundlage:
K. P. Vollhardt, N. E. Schore: Organische Chemie, Weinheim 2009, S. 1282.
www.roempp.com/prod/ (Stichwort: Pentosane)
www.lsbu.ac.uk/water/hyara.html
www.chempage.de/down/vorlesungen/oc/kolloq5.pdf

Aufgabe D

Carbonsäuren

BE

Alkane und Alkansäuren haben unterschiedliche physikalische und chemische Eigenschaften. In Material 1 sind die Siedetemperaturen von Butan, Butansäure und 2-Methylpropansäure angegeben.
Aminoalkansäuren können in zwei Schritten aus Alkensäuren hergestellt werden (Material 2).
Der am 12. März 1963 von der Deutschen Post der DDR herausgegebene Briefmarkenblock „Chemische Industrie“ bestand aus dem Kunststoff Dederon und nicht aus Papier. Für die technische Synthese des Kunststoffes Dederon verwendete man Caprolactam.

4.1 Erklären Sie die unterschiedlichen Siedetemperaturen der in Material 1 aufgeführten Stoffe unter Berücksichtigung aller auftretenden Wechselwirkungen. 8

4.2 Material 2 beschreibt die Herstellung von Aminoalkansäuren.
Formulieren Sie für die Herstellung von 4-Chlorbutansäure in Schritt 1 den Reaktionsmechanismus und für die Weiterreaktion zur entsprechenden Aminoalkansäure in Schritt 2 die Reaktionsgleichung. Benennen Sie für beide Reaktionsschritte jeweils den Reaktionsmechanismus. 9

4.3 Bei Schritt 1 der Aminoalkansäure-Synthese (Material 2) entstehen neben 4-Chlorbutansäure zwei weitere Chlorbutansäuren, die im Polarimeter unterscheidbar sind.
Zeichnen Sie die Strukturformeln dieser beiden weiteren Halogenalkansäuren und erklären Sie deren Bildung. 6

4.4 Für die drei Monochlorbutansäuren 2-Chlorbutansäure, 3-Chlorbutansäure und 4-Chlorbutansäure findet man in der Literatur die pK_S-Werte 4,52; 4,06 und 2,82.
Ordnen Sie den drei Monochlorbutansäuren die entsprechenden pK_S-Werte zu und begründen Sie die Zuordnung der pK_S-Werte. Erläutern Sie die Unterschiede in der Säurestärke. 7

4.5 Entwickeln Sie, ausgehend von 6-Aminohexansäure (Material 3), einen möglichen Reaktionsmechanismus für die säurekatalysierte Herstellung des Kunststoffs Dederon.
Im ersten Reaktionsschritt soll die Protonierung der Carboxylgruppe erfolgen. Die nicht an der Reaktion beteiligten Molekülteile können mit „R“ abgekürzt werden.
Benennen Sie den Reaktionstyp und zeichnen Sie einen charakteristischen Strukturformelausschnitt aus dem Makromolekül.
Formulieren Sie die Strukturformel von Caprolactam (Material 3). 10

40

Material 1: Siedetemperaturen im Vergleich

Substanz	**Siedetemperatur [°C]**
n-Butan	−0,5
Butansäure	164
2-Methylpropansäure	155

Material 2: Herstellung von Aminoalkansäuren

Im Schritt 1 reagiert eine Alkensäure mit einem Halogenwasserstoff zu einem Gemisch aus zwei verschiedenen Halogenalkansäuren. Im Schritt 2 reagieren die Halogenalkansäuren mit einem Überschuss an Ammoniak zu den entsprechenden Aminoalkansäuren weiter.

Material 3: 6-Aminohexansäure und Caprolactam

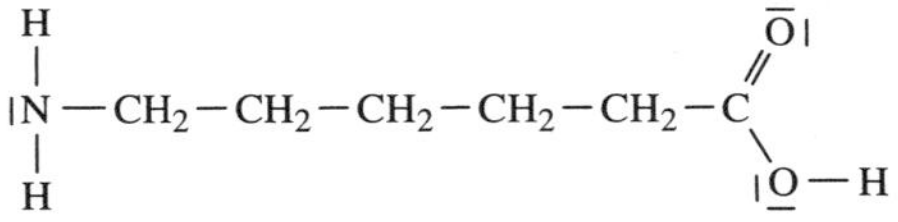

Die Strukturformel des Caprolactams kann man über eine Verknüpfung der beiden funktionellen Gruppen **eines** Moleküls der 6-Aminohexansäure unter Wasserabspaltung herleiten.

Materialgrundlage:
Hans Beyer, Wolfgang Walter: Lehrbuch der Organischen Chemie, Stuttgart 2004, S. 288 und S. 302.
G. H. Aylward, T. J. V. Findlay: Datensammlung Chemie in SI-Einheiten, Weinheim 1999, S. 98.
www.uni-tuebingen.de/uni/com/html/kapitel_7.pdf
www-oc.chemie.uni-regensburg.de/OCP/bio/oc2/ws02/Vorlsg-kap03.pdf
www.briefmarken.de/datenbank/index_briefmarkensuche.php
www.chemie.fu-berlin.de/chemistry/kunststoffe/amid.htm

Lösungsvorschläge

Aufgabe A

1.1 Das Peroxid dient zur Erzeugung des Startradikals R–O·. Je nach Bedingungen wird eine Kettenreaktion initiiert, bei der mehr oder weniger lange Polyvinylacetatketten entstehen.

Erzeugung des Startradikals:

$$R-\overline{\underline{O}}-\overline{\underline{O}}-R \longrightarrow 2\,R-\overline{\underline{O}}\cdot$$

Kettenreaktion:

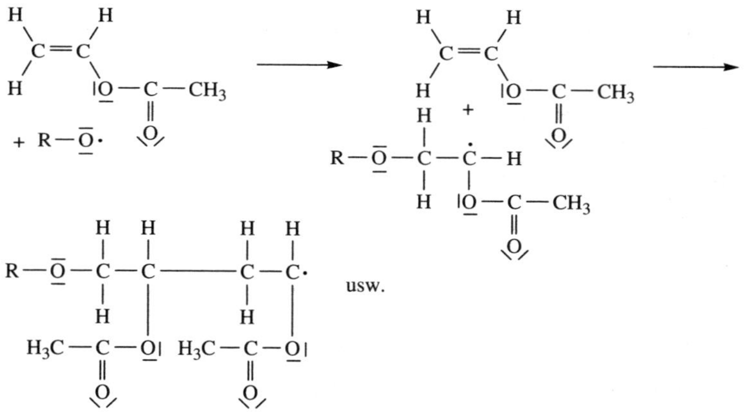

Es ist sinnvoll, den Acetylrest z. B. mit R_3 zu benennen und die mehr oder weniger langen Polyvinylacetatketten mit R_1 und R_2.

R_3 =

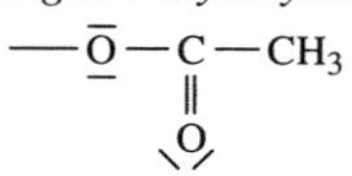

Dann sind die Reaktionen wie z. B. die Abbruchreaktionen einfacher zu zeichnen:

Abbruchreaktionen:

a) Zwei Polymer-Radikale reagieren miteinander:

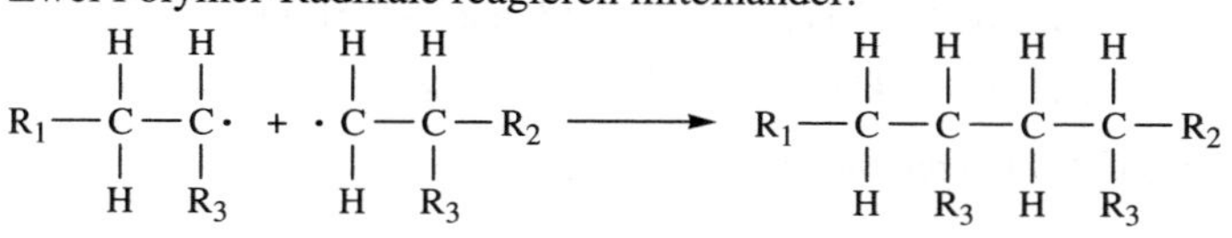

b) ein Start-Radikal reagiert mit einem Polymer-Radikal:

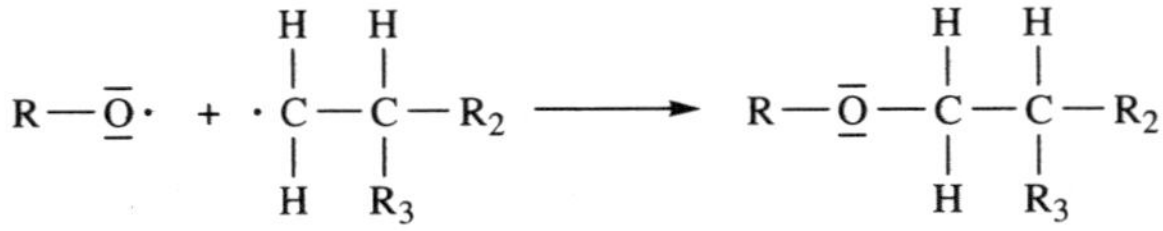

Ausschnitt aus der Polymerkette des Polyvinylalkohols:

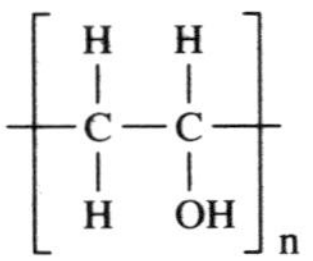

Die Vernetzung erfolgt mit dem Tetrahydroxoborat-Anion unter Abspaltung von Wasser:

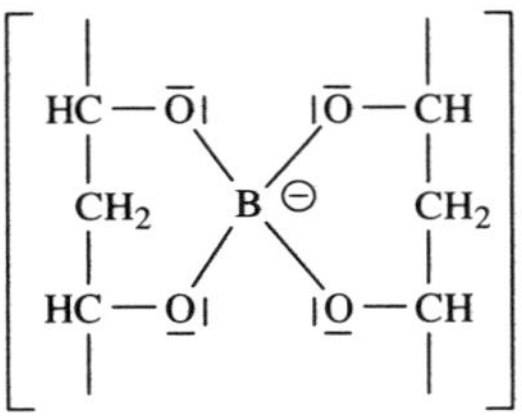

1.2 Ox.: $3\,\overset{0}{\mathrm{Mg}} \longrightarrow 3\,\overset{+\mathrm{II}}{\mathrm{Mg}}\mathrm{O} + 6\,e^-$

Red.: $2\,\mathrm{K}\overset{+\mathrm{VII}}{\mathrm{Mn}}\mathrm{O_4} + 6\,e^- \longrightarrow \mathrm{K_2O} + 2\,\overset{+\mathrm{IV}}{\mathrm{Mn}}\mathrm{O_2}$

Das Magnesiumatom ist Elektronenspender. Das Manganatom im Permanganat ist Elektronenfänger. Es gehen 6 Elektronen über.

Gesamtgleichung: $3\,\mathrm{Mg} + 2\,\mathrm{KMnO_4} \longrightarrow 3\,\mathrm{MgO} + \mathrm{K_2O} + 2\,\mathrm{MnO_2}$

Die Reaktionsenthalpie berechnet sich nach:

$$\sum{}_{\mathrm{R}} H^0 = \sum{}_{\mathrm{f}} n \cdot H^0_{\mathrm{m}}(\text{Produkte}) - \sum{}_{\mathrm{f}} n \cdot H^0_{\mathrm{m}}(\text{Edukte})$$

aus den Standardbildungsenthalpien.

$$\begin{aligned}\sum{}_{\mathrm{R}} H^0 = {} & [3\,\mathrm{mol} \cdot (-602\,\mathrm{kJ} \cdot \mathrm{mol}^{-1}) + 1\,\mathrm{mol} \cdot (-363\,\mathrm{kJ} \cdot \mathrm{mol}^{-1}) \\ & + 2\,\mathrm{mol} \cdot (-520\,\mathrm{kJ} \cdot \mathrm{mol}^{-1})] - [3\,\mathrm{mol} \cdot (-0\,\mathrm{kJ} \cdot \mathrm{mol}^{-1}) \\ & + 2\,\mathrm{mol} \cdot (-837\,\mathrm{kJ} \cdot \mathrm{mol}^{-1})] = -1\,535\,\mathrm{kJ},\end{aligned}$$

bezogen auf den obigen Stoffmengenumsatz.

1.3 *Die konzentrierte Schwefelsäure wirkt als stärkere Brönsted-Säure hier als Protonenspender, die Salpetersäure als Protonenfänger. Unter intramolekularer Wasserabspaltung entsteht dann das Nitryl-Kation.*

Reaktionsgleichung zur Bildung des Nitryl-Kations:

$$HNO_3 + H_2SO_4 \longrightarrow NO_2^+ + HSO_4^- + H_2O$$

Als weitere Aufgabe soll der Mechanismus der Veresterung der OH-Gruppen des Glycerins an einem Beispiel formuliert werden. Das Nitryl-Kation muss dazu in der Strukturformel entwickelt werden:

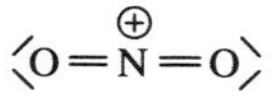

Reaktionsmechanismus:
Das Sauerstoffatom der OH-Gruppe greift das positiv geladene Stickstoffatom des Nitryl-Kations an. Es wird ein Proton abgespalten:

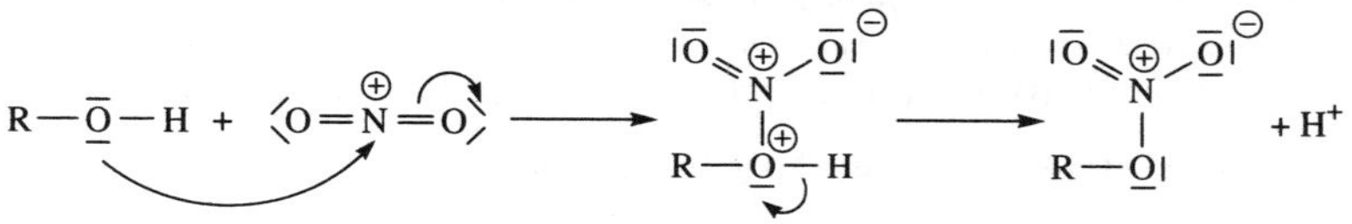

Der Salpetersäure-Ester ist mesomeriestabilisiert:

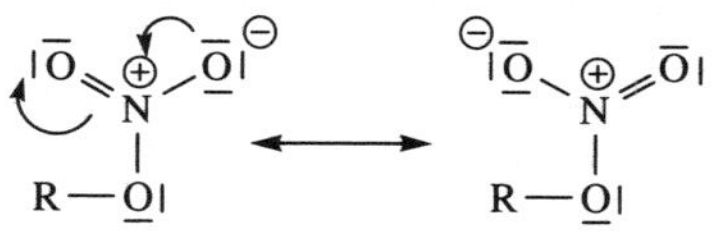

Strukturformel des Nitroglycerins:

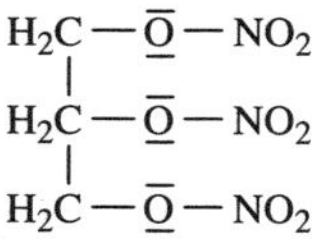

1.4 Reaktionsmechanismus eines Diols mit einem Diisocyanat:

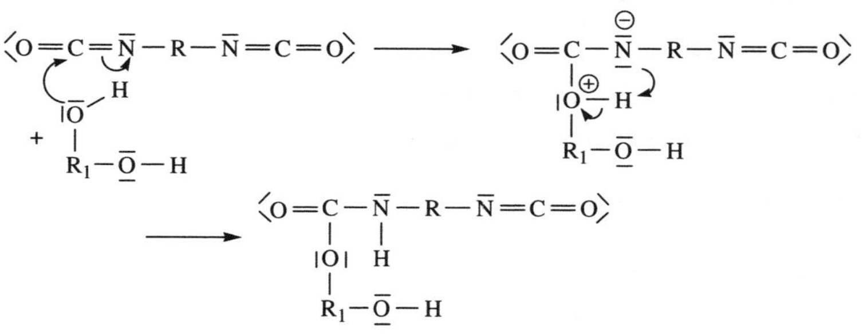

Es handelt sich um eine nucleophile Addition (Polyaddition), wobei das negativ polarisierte Sauerstoffatom der Hydroxylgruppe zunächst das positiv polarisierte C-Atom der Isocyanatgruppe angreift. Die CN-Doppelbindung geht unter Bildung eines Zwitterions auf, welches sich durch einen Protonentransfer stabilisiert. Die entstandene Verbindung ist ein Urethan.

Die Reaktion von Pentandiisocyanat und Butan-1,4-diol führt zu einem Polyurethan. Der sich wiederholende Ausschnitt des Polymers ist:

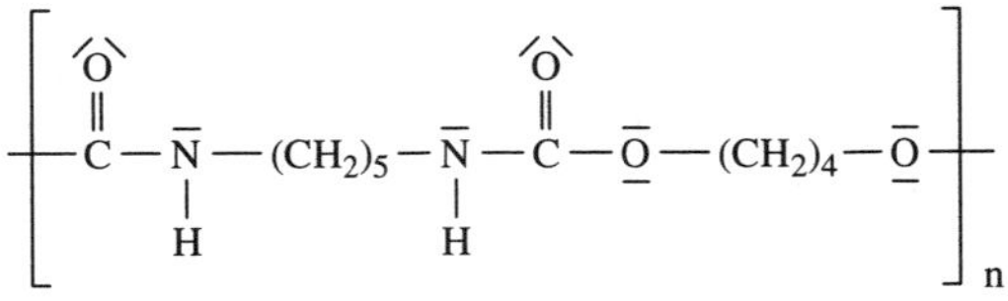

Aufgabe B

2.1 *Sorbinsäure ist eine zweifach ungesättigte Carbonsäure mit 6 C-Atomen. Zählt man die Kette durch, ist zwischen C2 und C3 sowie zwischen C4 und C5 eine Doppelbindung. Beide Doppelbindungen stehen in Konjugation zueinander.*

Die IUPAC-Bezeichnung ist: Hexa-2,4-diensäure.

Allerdings geht aus der Strukturformel so nicht hervor, ob die Substituenten an den Doppelbindungen cis- oder trans-ständig sind (cis wird auch als Z, trans als E bezeichnet).
Stehen beide z. B. trans (E), dann ist die Bezeichnung (2E,4E)-Hexa-2,4-diensäure. Dies wäre auch für diese isomere Sorbinsäure die exakte Bezeichnung nach IUPAC.

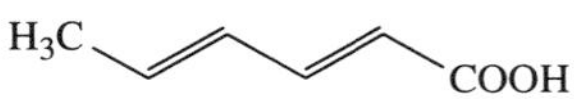

Zum Berechnen des pH-Werts muss die Stoffmenge berechnet werden: $n = \frac{m}{M}$

Wobei n die Stoffmenge in mol, m die Masse der Säure in 1 Liter Lösung und M die molare Masse der Sorbinsäure ist.

$$n = \frac{0{,}2\ \text{g}}{112\ \text{g} \cdot \text{mol}^{-1}} = 1{,}79 \cdot 10^{-3}\ \text{mol}$$

Daraus ergibt sich für die Konzentration: $c = 1{,}79\ \text{mol} \cdot \text{L}^{-1}$

Für schwache Säuren gilt in erster Näherung:

$$\text{pH} = \frac{1}{2}\left(\text{p}K_\text{S} - \lg\left[\frac{c_0(\text{HA})}{\text{mol} \cdot \text{L}^{-1}}\right]\right)$$

Einsetzen der Werte ergibt:

$$\text{pH} = \frac{1}{2}\left(4{,}76 - \lg\left[\frac{1{,}79 \cdot 10^{-3}\ \text{mol} \cdot \text{L}^{-1}}{\text{mol} \cdot \text{L}^{-1}}\right]\right) \approx 3{,}75$$

2.2 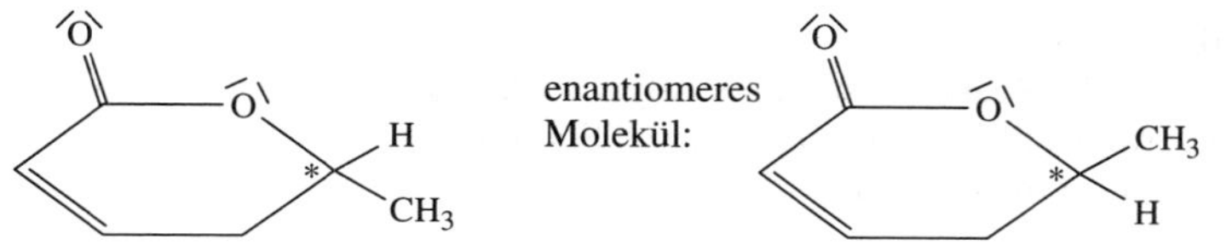

Die optische Aktivität bei solchen Molekülen ergibt sich aus der Asymmetrie von C-Atomen. Im vorliegenden Fall sind an einem der C-Atome der Moleküle jeweils 4 verschiedene Substituenten gebunden. Diese asymmetrischen C-Atome werden allgemein durch ein Sternchen gekennzeichnet. Aufgrund der tetraedrischen Anordnung der Substituenten ergeben sich zwei Moleküle (Enantiomere), die sich wie Bild und Spiegelbild verhalten. Daher wird dieses Phänomen auch als Spiegelbildisomerie oder optische Isomerie bezeichnet, letzteres, weil die Schwingungsebene von linear polarisiertem Licht um einen bestimmten Winkel entweder nach rechts ((+)-Isomer) oder nach links ((–)-Isomer) gedreht wird.
Ein Racemat, also ein Gemisch, in dem beide Enantiomere in gleicher Konzentration vorliegen, wird die Schwingungsebene nicht drehen, da das eine Enantiomer die Schwingungsebene von linear polarisiertem Licht um den gleichen Betrag nach rechts dreht wie das andere nach links.

2.3 *In dieser Teilaufgabe ist kein Reaktionsmechanismus verlangt.*

1. Syntheseschritt:
Der zyklische Ester, ein Lacton, wird säurekatalytisch geöffnet. Ein Wassermolekül bindet am dann positiv geladenen C5-Atom. Durch Abspaltung eines Protons stabilisiert sich das Produkt, die Hydroxycarbonsäure (D- oder L-Isomer).

Gemäß der IUPAC-Nomenklatur wird die vorliegende Hydroxycarbonsäure als 5-Hydroxy-hexa-2-ensäure bezeichnet.

Der Reaktionstyp ist eine (Ester-)Hydrolyse.

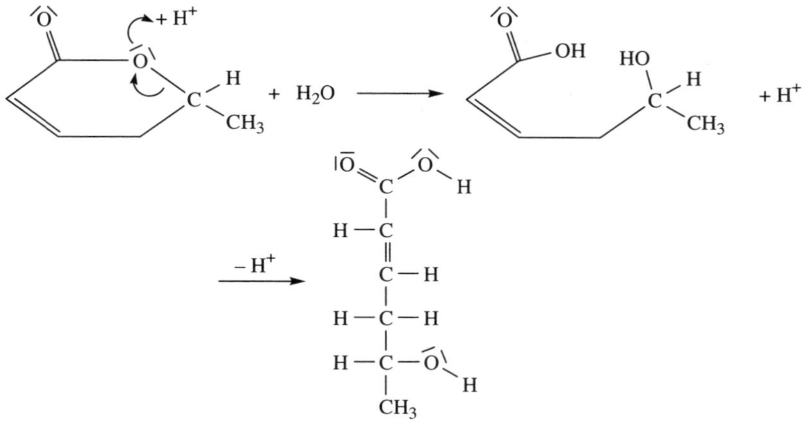

2. Syntheseschritt:
Auch die zweite Reaktion ist säurekatalysiert. Aus der Hydroxycarbonsäure wird ein Wassermolekül abgespalten, wodurch Sorbinsäure entsteht.
Dies bezeichnet man als Eliminierung.

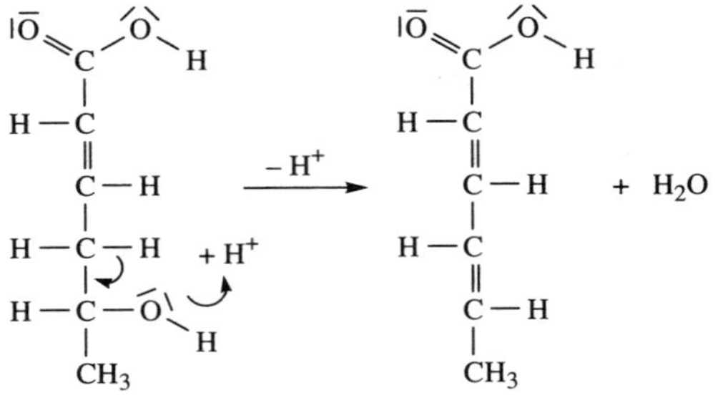

2.4 *In Material 3 wird der Syntheseweg zum 5-Ethoxyhexa-1,3-dien aufgezeigt. Zunächst findet eine Gärung statt, wobei die Carboxylgruppe der Sorbinsäure zu einer Hydroxylgruppe reduziert wird (Oxidationsstufe von +III auf –I). Im Sauren kann nun eine Protonierung dieses Alkohols stattfinden, mit anschließender Abspaltung eines Wassermoleküls (Eliminierung) und der Bildung einer Doppelbindung. Am C5-Atom des Carbeniumions wird eine positive Ladung erzeugt, welche nucleophil von der OH-Gruppe des Ethanols angegriffen wird. Dabei wird ein Ether gebildet.*

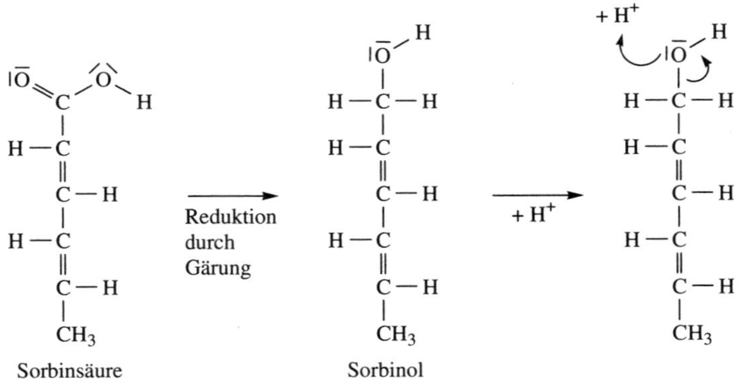

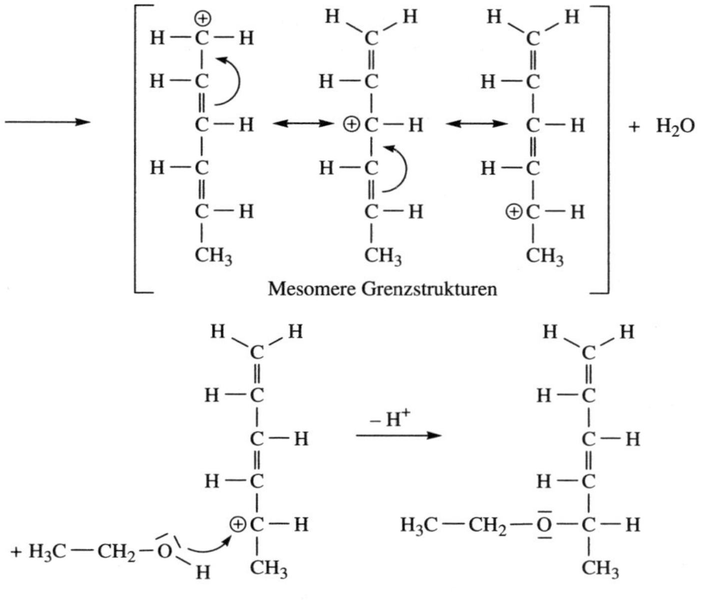

2.5 Es handelt sich um eine elektrophile Substitution an einem Aromaten (S_E).

Dazu wird ein Katalysator, der als Lewissäure (Elektronenpaarakzeptor) wirkt, benötigt, um ein elektrophiles Teilchen zu erzeugen. Die Reaktion ist als Friedel-Crafts-Reaktion (-Acylierung) bekannt.

Erzeugung des elektrophilen Carbeniumions:

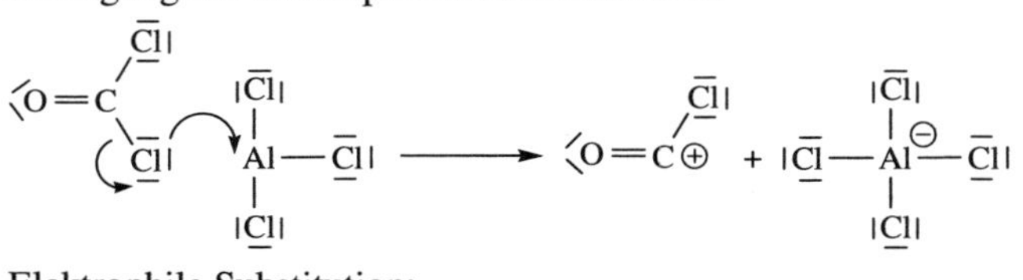

Elektrophile Substitution:

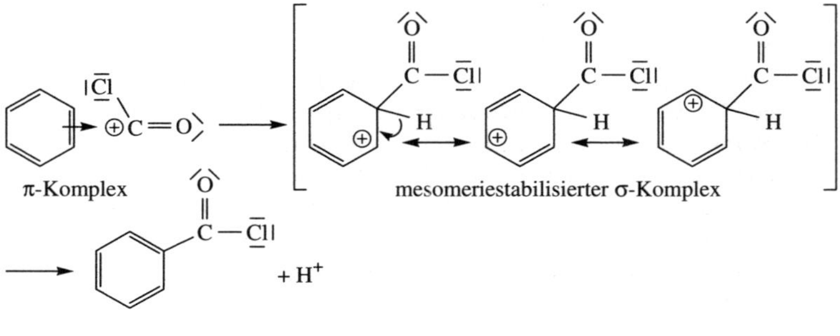

Die Reaktion verläuft zunächst unter Bildung eines π-Komplexes, dann wird das aromatische System im σ-Komplex aufgebrochen. Schließlich erfolgt die Rearomatisierung unter Abspaltung eines Protons.

Rückbildung des Katalysators unter Bildung von Chlorwasserstoff:

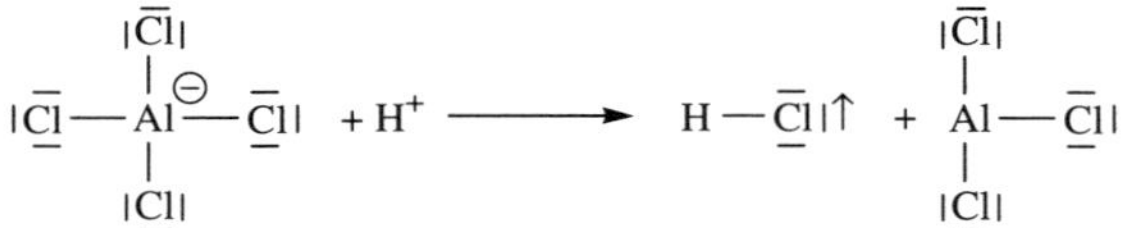

Reaktionsgleichung Benzoesäurechlorid mit Wasser:

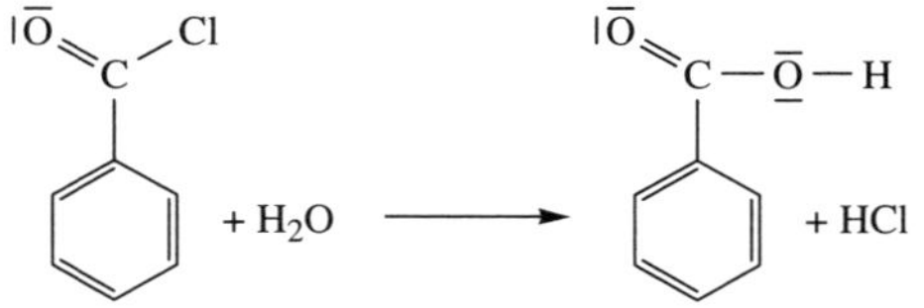

Aufgabe C

3.1 In der sogenannten Fischer-Projektion der Kohlenhydrate wird das Monosaccharid als Kette gezeichnet, wobei das am höchsten oxidierte C-Atom (Aldehydgruppe) nach oben zeigt. Steht die OH-Gruppe am zur Aldehydgruppe am weitest entfernten asymmetrischen C-Atom nach rechts, liegt die D-Konfiguration vor, steht sie nach links, handelt es sich um die L- Konfiguration.
Beispiel Arabinose:

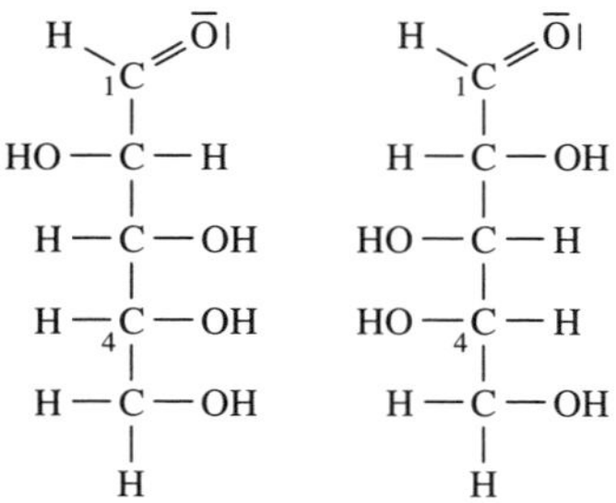

D-Arabinose L-Arabinose

Beide Moleküle nennt man auch Enantiomere, sie verhalten sich wie Bild und Spiegelbild und können durch Drehung nicht zur Deckung gebracht werden.
Die Ringstrukturen können aus der Fischer-Projektion abgeleitet werden. Alle OH-Gruppen, die in der Fischer-Projektion nach rechts weisen, stehen unterhalb, alle anderen oberhalb der Ringebene. Durch die Ringbildung (Halbacetal) entsteht ein neues asymmetrisches C-Atom. Es lassen sich zwei Anomere unterscheiden: die α-Form mit der OH-Gruppe unterhalb und die β-Form mit der OH-Gruppe oberhalb der Ringebene.

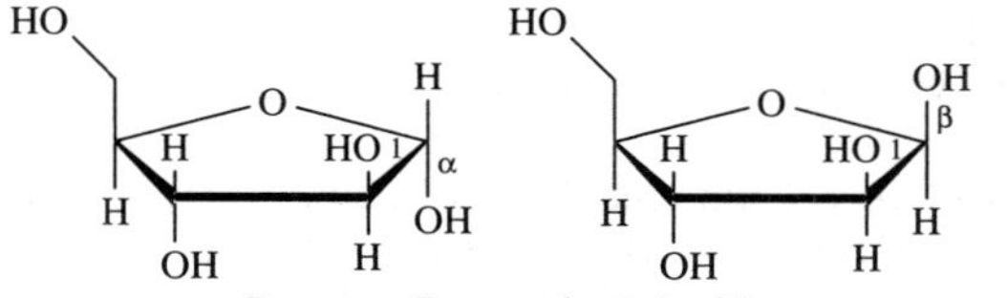

Furanose-Formen der D-Arabinose

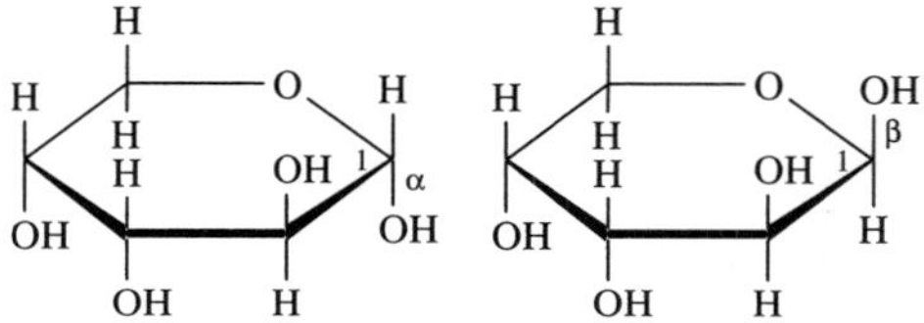

Pyranose-Formen der D-Arabinose

3.2 *Mit „Bindungsverhältnissen auf der Grundlage des Orbitalmodells“ ist die Hybridisierung der einzelnen C-Atome gemeint.*

Das Carbonyl-C-Atom ist sp^2-hybridisiert, die Bindungswinkel sind hier 120°. Auch das Carbonyl-O-Atom ist sp^2-hybridisiert, die beiden freien Elektronenpaare stehen im Winkel von etwa 120° in einer Ebene nach außen. Zwischen C1- und Carbonyl-O-Atom besteht eine π- und eine σ-Bindung. Zum sp^3-hybridisierten C2-Atom erfolgt eine σ-Bindung durch Überlappung mit dem sp^2-C1-Orbital. Ebenso wird eine σ-Bindung mit dem s-Orbital des H-Atoms gebildet. Insgesamt ist die Aldehydgruppe planar gebaut.

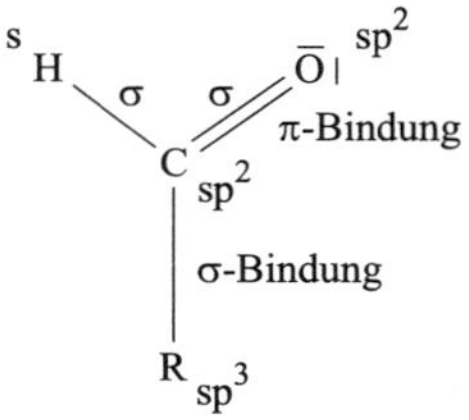

3.3 *Aus dem Material ist ersichtlich, dass D-Glucose eine Aldohexose, D-Fructose eine Ketohexose ist. Analog dazu ist auch die D-Ribose eine Aldopentose und D-Ribulose eine Ketopentose.*

Durchführung der Fehling-Reaktion:
Fehling-I- und Fehling-II-Reagenz werden zu gleichen Teilen gemischt. Fehling-I-Reagenz ist eine Kupfersulfatlösung, Fehling-II-Reagenz eine alkalische Lösung von Natriumtartrat. Natriumtartrat dient zum Komplexieren des Cu^{2+}-Ions, da sonst schwerlösliches $Cu(OH)_2$ ausfallen würde. Es entsteht eine tiefblaue Lösung. Beim Erhitzen dieser Lösung mit einem der oben genannten Zucker färbt sich das Fehling-Reagenz von einem tiefen Blauton über einen Grün-gelbbraunton. Schließlich entsteht ein ziegelroter Niederschlag.

Grund für die positive Reaktion:
Eigentlich sind nur Aldehyde, nicht aber Ketone, mit Fehling-Reagenz zur Carbonsäure oxidierbar.
Die D-Ribose weist in der offenen Form eine Aldehyd-Gruppe auf, die mithilfe der Fehling-Reaktion nachgewiesen wird. Dass auch die Ribulose oxidiert werden kann, hängt damit zusammen, dass die Ketopentose über ein Endiol im Alkalischen in die Aldopentose umgewandelt wird.
Die entsprechende Umlagerung erfolgt basenkatalysiert.

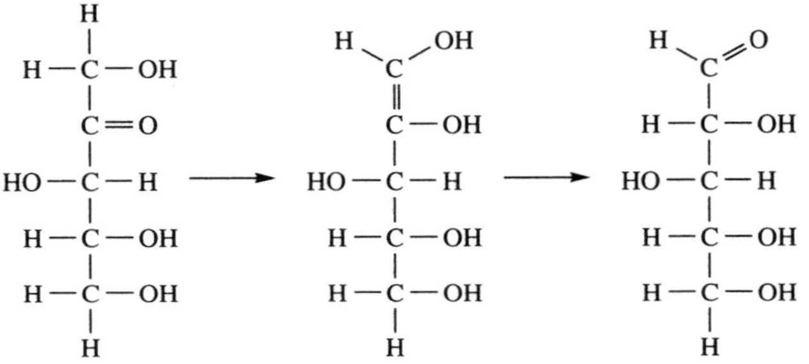

Ketoform — Endiol — Aldoform

Möglicher Mechanismus:

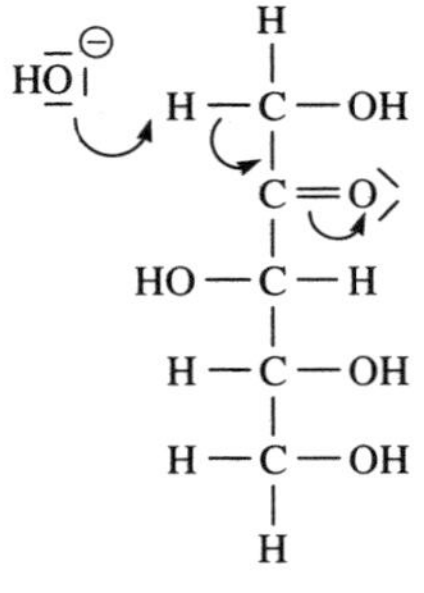

3.4 *In Material 2 ist die β-D-Xylose dargestellt, weitere Informationen stehen im Aufgabentext. Die Kette ist β-1,4-glycosidisch verknüpft. Der zweite Ring muss wie gezeigt um 180° gedreht werden:*

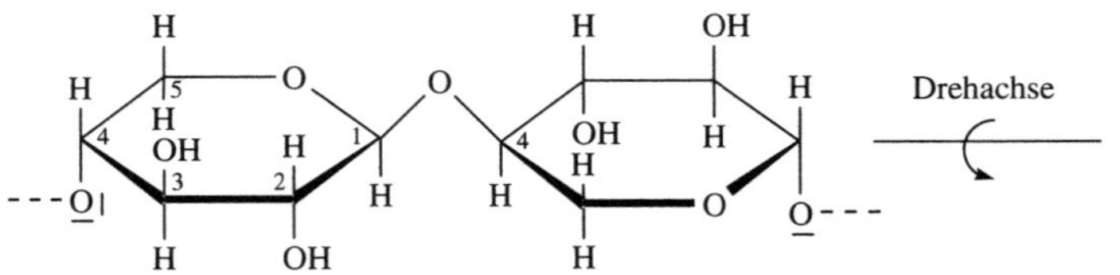

In 2-Position des β-D-Xylose-Bausteins soll nun eine α-L-Arabinose über ihr C1-Atom gebunden sein.
Die Formel und die Nummerierung der α-L-Arabinose werden im Material angegeben.

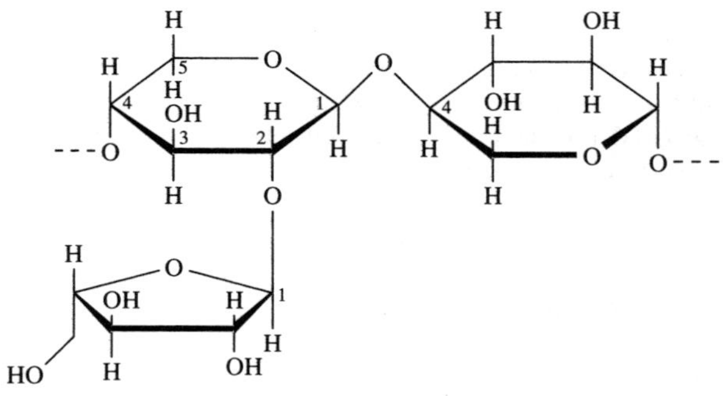

3.5 *Material 3 zeigt die einzelnen Syntheseschritte zur Kettenverlängerung:*

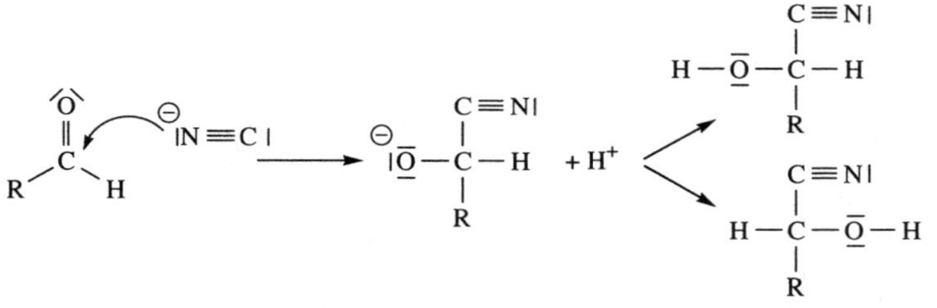

Der Weg zur Aldose ist im Material aufgezeigt, soll aber nicht ausgeführt werden.

Reaktionsmechanismus: nucleophile Addition.

Unterschied der beiden Aldohexosen:
Zunächst kommt es zu einer nucleophilen Addition von Cyanid an die Carbonylgruppe der Aldose. Da der Angriff auf das Carbonyl-C-Atom von zwei Seiten erfolgen kann, bilden sich hierbei zwei diastereomere Cyanhydrine und damit auch zwei diastereomere Aldosen.

Anschließend kommt es durch Hydrolyse des Nitrils zur Carbonsäure. Hierbei handelt es sich zunächst um eine nucleophile Addition von Wasser an die Dreifachbindung, dann erfolgt eine Umlagerung und schließlich eine nucleophile Substitution, da die Aminogruppe gegen eine OH-Gruppe ausgetauscht wird. Dann folgt eine Reduktion mit Wasserstoff am Katalysator.

Aufgabe D

4.1 Als Sieden bezeichnet man den Übergang von der flüssigen in die gasförmige Phase. Dazu müssen die Moleküle getrennt werden. In der Regel wird die Energie, die nötig ist, um diese Trennung zu erreichen durch Erwärmen zugeführt. Der Prozess ist abhängig von den zwischenmolekularen Bindungen und der Molekülmasse.

Im Fall des **Butans**, bei dem es sich um ein unpolares Kohlenwasserstoffmolekül handelt, treten nur schwache Bindungskräfte, die sog. Van-der-Waals-Kräfte, auf. Diese werden auf das Entstehen von induzierten (temporären) Dipolen zurückgeführt, die aufgrund der Molekülbewegung auftreten (Ladungsverschiebungen). Daher liegt die Siedetemperatur des Butans mit –0,5 °C relativ niedrig.
Butansäure hat zwar auch einen unpolaren Molekülrest, weist aber eine polare Carboxylgruppe auf. Carboxylgruppen können untereinander Wasserstoffbrücken, also starke zwischenmolekulare Kräfte, ausbilden. Dadurch ergibt sich die hohe Siedetemperatur der Butansäure.

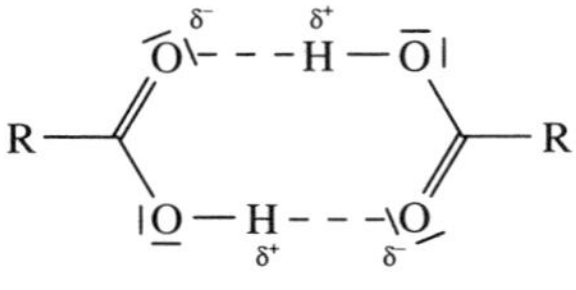

Bei der **2-Methylpropansäure** ist die Molekülmasse gleich der von Butansäure, auch die polaren Carboxylgruppen sind gleich. Die Siedetemperatur ist aber 9 °C niedriger als bei der Butansäure. Der Grund dafür ist, dass sich die Kohlenwasserstoffreste der beiden Moleküle in ihrer räumlichen Struktur unterscheiden: Der 2-Methylpropylrest ist verzweigt, dadurch mehr kugelförmig gebaut und hat folglich eine geringere Oberfläche als der *n*-Butylrest. Daher wirken im Fall der 2-Methylpropansäure bei sonst gleichem hydrophoben Rest und gleicher Molekülmasse (Konstitutionsisomere) geringere Van-der-Waals-Kräfte.

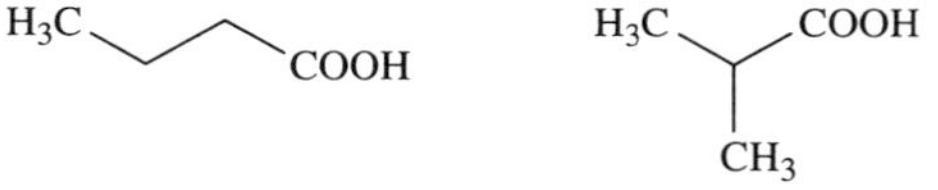

Butansäure 2-Methylpropansäure

4.2

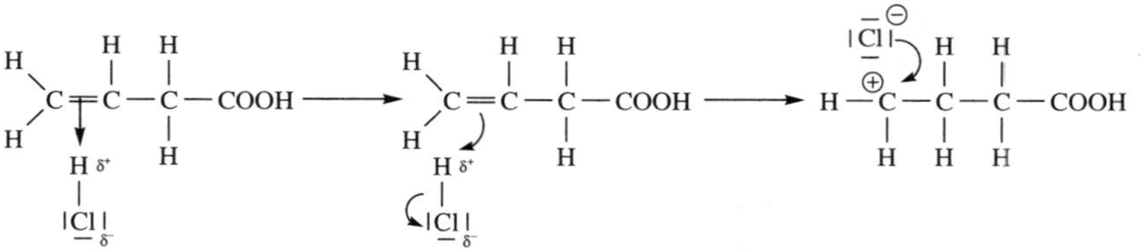

π-Komplex σ-Komplex

Bei dieser Reaktion handelt es sich um eine elektrophile Addition (A_E) an eine Doppelbindung.

Das polare Chlorwasserstoffmolekül greift mit seinem positiv polarisierten H-Atom die elektronenreiche Doppelbindung elektrophil an. Es bildet sich ein π-Komplex. Nun erfolgt die Bildung eines Carbeniumions. Im Prinzip kann sowohl in Position 4 als auch in Position 3 eine positive Ionenladung gebildet werden. Das entstandene Carbeniumion wird als σ-Komplex bezeichnet.

Daraus würde dann durch einen nucleophilen Angriff des Chlorid-Ions von der Rückseite her entweder 4-Chlor- oder 3-Chlorbutansäure entstehen. Gemäß der Markownikow-Regel würde hauptsächlich 3-Chlorbutansäure gebildet, weil hier das Carbeniumion durch den +I-Effekt der Methyl- bzw. Alkylreste (bzw. Hyperkonjugation) im Gegensatz zu Position 4 stabilisiert wird.

Die Bildung der Aminoalkansäure soll nur als Reaktionsgleichung (keine Strukturformeln) formuliert werden.

$$Cl-CH_2-CH_2-CH_2-COOH + NH_3 \longrightarrow$$
$$H_2N-CH_2-CH_2-CH_2-COOH + HCl$$

Bei dieser Reaktion handelt es sich um eine nucleophile Substitution (S_N).

4.3 Bei der in Aufgabe 4.2 beschriebenen elektrophilen Addition, können sowohl 4-Chlor- als auch 3-Chlorbutansäure gebildet werden. Da die beiden weiteren Produkte „mit dem Polarimeter unterscheidbar sind“, muss es sich um optisch aktive Moleküle handeln. Tatsächlich hat 3-Chlorbutansäure in Position C3 ein asymmetrisches C-Atom mit vier verschiedenen Substituenten. Es gibt daher zwei Diastereomere:

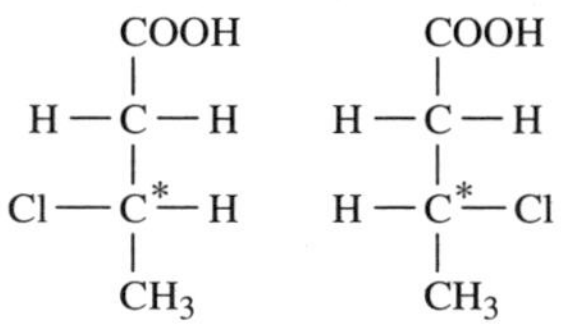

Fischer-Projektionen der enantiomeren 3-Chlorbutansäuren (das asymmetrische C-Atom ist mit einem * gekennzeichnet)

4.4 2-Chlorbutansäure ist die stärkste Säure mit $pK_S = 2{,}82$, danach folgt 3-Chlorbutansäure mit $pK_S = 4{,}06$ und schließlich 4-Chlorbutansäure mit $pK_S = 4{,}52$. Der Grund dafür ist die von 2-Chlor- bis 4-Chlorbutansäure zunehmende Entfernung des Chlor-Atoms von der Carboxylgruppe. Dadurch nimmt der Einfluss des –I-Effekts des Chloratoms auf die Abspaltung des Protons in der Carboxylgruppe ab. Je näher das elektronenziehende Chlor-Atom an der Carboxylgruppe sitzt, desto mehr wird deren Polarität erhöht und desto leichter wird ein Proton abgespalten.

4.5

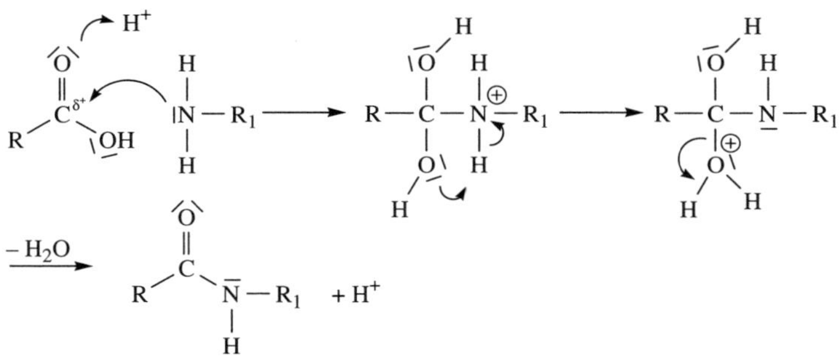

Bei der säurekatalysierten Amidbildung lagert sich im ersten Schritt ein Proton an das Carbonyl-Sauerstoff-Atom an. Es bildet sich ein Carbeniumion. Der Aminstickstoff bildet mit seinem freien Elektronenpaar eine Elektronenpaarbindung zum positiv polarisierten Kohlenstoff-Atom aus. Das Stickstoff-Atom ist nun positiv geladen. Durch einen Protonentransfer zu einer der beiden Hydroxyl-Sauerstoff-Atome entsteht eine gute Abgangsgruppe. Unter Mitnahme seines Elektronenpaars spaltet sich ein Wasser-Molekül ab. Von der noch vorhandenen Hydroxyl-Gruppe wird unter Ausbildung einer Carbonyl-Gruppe ein Proton abgespalten. Ein Carbonsäureamid ist entstanden.

Normalerweise bildet sich in saurer Lösung aus einer Carbonsäure und einem Alkylamin keine Säureamidbindung aus, sondern das Alkylammonium-Kation und das Anion der Carbonsäure durch Protonenübergang:

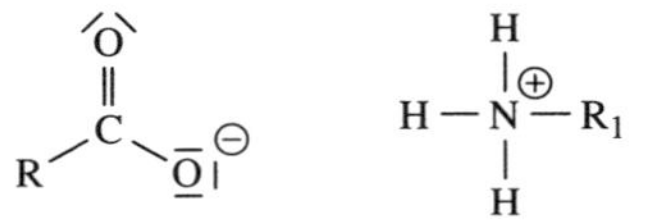

Dieses Salz (das sogenannte AH-Salz bei der Nylon-Synthese) lagert sich aber bei höheren Temperaturen unter Abspaltung von Wasser zum Amid um.

Der Reaktionstyp ist die (Poly)kondensation.

Strukturformelausschnitt:

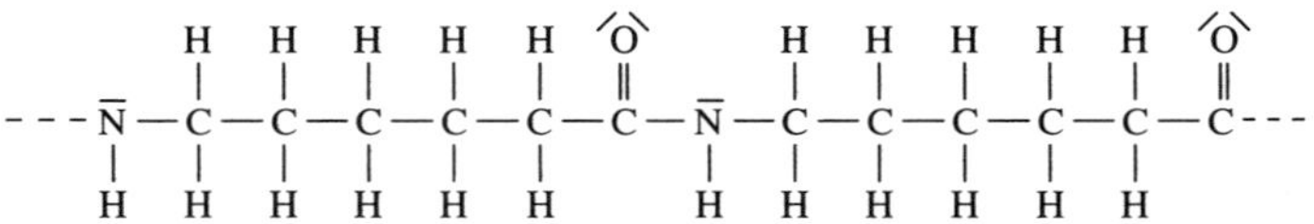

Strukturformel von Caprolactam:

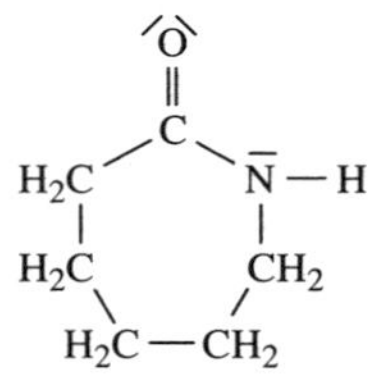

Lactame sind ringförmige Amide.

Grundkurs Chemie (Hessen)
Abiturprüfung 2015

Aufgabe A

Chemie der Küchenzwiebel BE

Die Küchenzwiebel, *Allium cepa*, ist eine sehr alte Nutz-, Gewürz- und Heilpflanze. Diese enthält neben ca. 90 % Wasser als Hauptbestandteil vor allem Kohlenhydrate aus der Gruppe der Fructane. Diese Fructane bestehen aus vielen Fructose-Einheiten und einem Glucose-Rest am Anfang eines Moleküls. Die Verknüpfung der Fructose-Bausteine zu einem Fructan in der Zwiebelzelle erfolgt durch das enzymatisch wirkende Protein Fructan-Fructosyltransferase. Ein weiteres Kohlenhydrat, das Monosaccharid Rhamnose, ist für den Geschmack von Küchenzwiebeln mit verantwortlich.
Weitere Inhaltsstoffe der Küchenzwiebel sind organische Säuren wie Äpfel-, Oxal- und Zitronensäure sowie Mineralstoffe wie zum Beispiel Natrium-, Kalium-, Calcium- oder Magnesium-Ionen und Vitamine.

1.1 Formulieren Sie auf der Grundlage von Material 1 die Fischer-Projektionsformel von D-Rhamnose und die Haworth-Strukturformeln für α-D-Rhamnose (6-Ring), α-D-Glucose (6-Ring) und β-D-Fructose (5-Ring).
Erläutern Sie die Bezeichnungen D und L, α und β sowie die Begriffe asymmetrisches Kohlenstoffatom und Enantiomere am Beispiel der Rhamnose. 9

1.2 Formulieren Sie an einem selbst gewählten Beispiel die Reaktionsgleichung für eine positive Fehling-Reaktion, geben Sie die wesentlichen Oxidationszahlen an und zeigen Sie anhand der Elektronenübergänge, dass es sich um eine Redoxreaktion handelt.
Erklären Sie das Verhalten von Rhamnose-Lösung gegenüber Fehling-Reagenz. 9

1.3 In Material 2 ist der Aufbau von Fructan beschrieben.
Formulieren Sie einen Strukturformel-Ausschnitt aus einem Fructan-Molekül, indem Sie eine α-D-Glucoseeinheit und drei β-D-Fructoseeinheien miteinander verknüpfen.
Beschreiben Sie den Aufbau und die räumliche Struktur der löslichen Stärke (Amylose) und erläutern Sie eine Nachweisreaktion, mit deren Hilfe man Amylose von Fructan unterscheiden kann. 10

1.4 Das Protein Fructan-Fructosyltransferase ist aus verschiedenen Aminosäuren aufgebaut. Material 3 gibt eine Auswahl natürlich vorkommender Aminosäuren.

Benennen Sie die Aminosäure Leucin nach den IUPAC-Regeln und formulieren Sie einen Strukturformelausschnitt aus einer Aminosäurekette mit der Abfolge Glycin, Threonin, Leucin, Asparaginsäure.
Erläutern Sie das Zustandekommen der Sekundär- und der Tertiärstruktur eines Proteins. 9

1.5 In zwei verschiedenen Experimenten wird zu einer wässrigen Lösung der Aminosäure Glycin
1. eine saure Lösung
2. eine alkalische Lösung gegeben.
In beiden Fällen verändert sich der pH-Wert kaum.
Formulieren Sie für diese beiden Reaktionen der Aminosäure Glycin (Material 3) jeweils eine Reaktionsgleichung in Strukturformeln. Gehen Sie dabei in beiden Fällen von der Zwitterionen-Struktur aus.
Erklären Sie die nur geringe Veränderung des pH-Wertes in diesen beiden Experimenten. 10

1.6 Eine Portion roher Zwiebeln von 50 g enthält 14 mg Calcium-Ionen.
Berechnen Sie für diese Stoffportion die Stoffmenge n in mol. 3

30

Material 1: Fischer-Projektionen von drei Monosacchariden

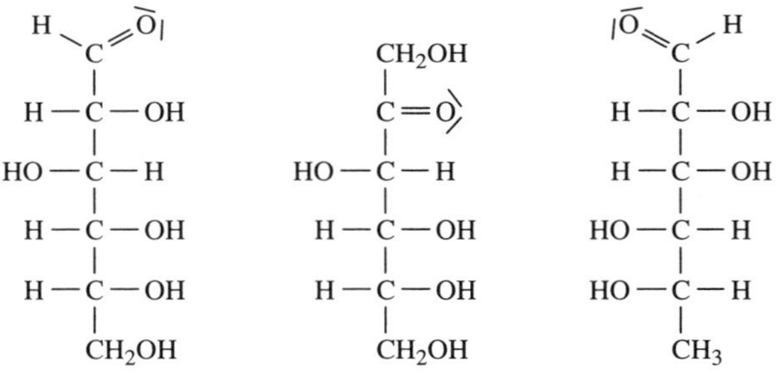

D-Glucose D-Fructose L-Rhamnose

Material 2: Aufbau von Fructan

Ein Fructan-Molekül besteht aus einem α-D-Glucose- und vielen β-D-Fructose-Bausteinen. Dabei ist als Starter ein Molekül α-D-Glucose mit einem Molekül β-D-Fructose (5-Ring) 1,2-glycosidisch verknüpft.
Dieser erste Fructosebaustein ist dann mit weiteren β-D-Fructosebausteinen jeweils 6,2-glycosidisch verknüpft.

Material 3: Natürlich vorkommende Aminosäuren (nur die Reste sind angegeben)

Name	**Rest**
Asparaginsäure	$-CH_2-COOH$
Glycin	$-H$
Leucin	$-CH_2-CH(CH_3)_2$
Threonin	$-CH(OH)-CH_3$

Materialgrundlage:
Elmadfa, Aign, Fritzsche: GU Nährwertkompass, München, 1988, S. 24 f.
http://daten.didaktikchemie.uni-bayreuth.de/umat/zwiebel/zwiebel.htm
http://www.lebensmittellexikon.de/s0000150.php
http://www.deutsche-zwiebel.de/die-zwiebel/gesundheit/

Aufgabe B

Schwefelsäure BE

Bereits im 13. Jahrhundert konnte man Schwefelsäure (H_2SO_4) durch die Zersetzung von Eisensulfat herstellen, sie wurde damals z. B. in der Medizin auf die Ränder schlecht heilender Wunden gegeben. Heute ist Schwefelsäure eine Schlüsselchemikalie in der chemischen Industrie und gehört zu den am meisten produzierten Chemikalien weltweit. Als Herstellungsprozess hat sich das Kontaktverfahren (Material 1) etabliert. Das für die Schwefelsäureherstellung notwendige Schwefeldioxid gewinnt man entweder aus elementarem Schwefel oder durch die Aufarbeitung von schwefelhaltigen Erzen.
In der chemischen Industrie wird Schwefelsäure hauptsächlich als Reaktionspartner oder als Katalysator eingesetzt. Verdünnte Schwefelsäure kann in Behältern aus Polyethen, Polypropen oder Polyvinylchlorid gelagert werden.

2.1 In Material 1 ist das Kontaktverfahren zur Herstellung von Schwefelsäure beschrieben.
Formulieren Sie für jeden der drei Reaktionsschritte dieses Kontaktverfahrens die Reaktionsgleichung.
Geben Sie die Strukturformel für Schwefelsäure an und formulieren Sie für die Oxidation des Schwefeldioxids zu Schwefeltrioxid das auf die Reaktionsgleichung bezogene Massenwirkungsgesetz. 8

2.2 Die Ausbeute von Schwefeltrioxid ist von verschiedenen Reaktionsbedingungen abhängig. In Material 2 sind Bedingungen für den Reaktionsschritt 2 des Kontaktverfahrens angegeben.
Beschreiben und erklären Sie den Einfluss der Temperatur auf die Ausbeute an Schwefeltrioxid. Auch eine Druckveränderung hat Auswirkungen auf die Schwefeltrioxid-Ausbeute.
Erläutern Sie, wie eine Änderung des Druckes zur Erhöhung dieser Ausbeute genutzt werden kann.
Erläutern Sie zudem den Einfluss des Reaktionsschritts 3 in Material 1 auf die Lage des Schwefeldioxid-Schwefeltrioxid-Gleichgewichts. 12

2.3 Große Mengen Schwefeldioxid fallen auch bei der sogenannten Verhüttung von schwefelhaltigen Erzen an. Ein Beispiel ist die Reaktion von Zink(II)-sulfid (ZnS) mit elementarem Sauerstoff, dabei entsteht neben Schwefeldioxid auch Zink(II)-oxid (ZnO).
Formulieren Sie für diese Reaktion die Reaktionsgleichung, geben Sie die wesentlichen Oxidationszahlen an und zeigen Sie anhand der Elektronenübergänge, dass es sich hierbei um eine Redoxreaktion handelt. 7

2.4 Konzentrierte Schwefelsäure reagiert mit Wasser in zwei Schritten. Formulieren Sie die beiden Reaktionsgleichungen. Berechnen Sie die Konzentration an H_3O^+-Ionen in einer Schwefelsäure-Lösung mit einem pH-Wert von 0,5. 5

2.5 Erhitzt man ein Gemisch aus konzentrierter Schwefelsäure und Ethanol auf etwa 175 °C, entsteht unter anderem ein Gas, das Bromwasser entfärbt. Die Schwefelsäure dient bei dieser Reaktion als Katalysator. Formulieren Sie für diese säurekatalysierte Reaktion von Ethanol die Reaktionsgleichung in Strukturformeln und benennen Sie das organische Produkt. Formulieren und benennen Sie für die Reaktion des gasförmigen Produkts mit Brom den Reaktionsmechanismus. 10

2.6 Der Kunststoff Polyvinylchlorid (PVC), der auch zur Lagerung von verdünnter Schwefelsäure verwendet werden kann, kann aus Vinylchlorid (Chlorethen) unter Einwirkung eines Starters wie Dibenzoylperoxid (Material 3) hergestellt werden. Formulieren und benennen Sie den Reaktionsmechanismus für diese Reaktion. 8

30

Material 1: Herstellung von Schwefelsäure (H_2SO_4) nach dem Kontaktverfahren

Die Synthese von Schwefelsäure nach dem Kontaktverfahren findet in drei Schritten statt:

Schritt 1: Gewinnung von Schwefeldioxid
Schwefeldioxid wird üblicherweise gewonnen, indem Schwefel mit dem Sauerstoff der Luft reagiert. diese Reaktion ist stark exotherm.

Schritt 2: Oxidation des Schwefeldioxids zu Schwefeltrioxid
Schwefeldioxid wird im sogenannten Kontaktofen mit Sauerstoff zu Schwefeltrioxid oxidiert. Hierbei handelt es sich um eine Gleichgewichtsreaktion. Der Anteil an Schwefeltrioxid im Gleichgewicht ist von verschiedenen Faktoren abhängig.

Schritt 3: Absorption von Schwefeltrioxid
In einem Absorber wird Schwefeltrioxid mit 96 %iger Schwefelsäure vermischt. Das Schwefeltrioxid reagiert mit dem Wasseranteil in dieser Säure zu Schwefelsäure und wird damit aus dem Reaktionsgemisch entfernt.

Material 2: Ausbeute an Schwefeltrioxid in Abhängigkeit von der Temperatur

Temperatur	Ausbeute an Schwefeltrioxid
400 °C	98 %
450 °C	95 %
500 °C	91 %
600 °C	76 %

Bei den hier angegebenen Temperaturen sind alle an der Reaktion beteiligten Stoffe gasförmig.

Material 3: Dibenzoylperoxid

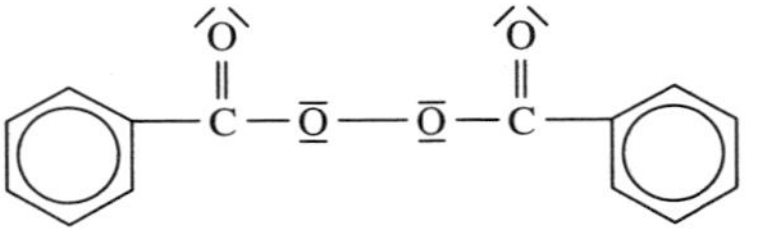

Materialgrundlage:
J. Falbe, M. Regitz (hrsg.): Römpp-Lexikon Chemie, Band 5, Stuttgart 1998, S. 4008 ff.
W. Glöckner, W. Jansen, R. G. Weißenhorn (Hersg.): Handbuch der experimentellen Chemie, Sekundarbereich II, Band 1, Köln 2002, S. 326 ff.
K. P. Vollhardt, N. E. Schore, Organische Chemie, Weinhein 2007, S. 540 ff.
http://m.schuelerlexikon.de/mobile_chemie/Grosstechnische_Herstellung_von_Schwefelsaeure.htm
http://www.seilnacht.com/Lexikon/Doppelko.htm

Aufgabe C

Propansäure und Propandisäure BE

Propansäure kommt als natürlicher Bestandteil in ätherischen Ölen vor und kann von bestimmten Mikroorganismen bei Gärungsvorgängen gebildet werden.
Chemisch kann Propansäure auf unterschiedliche Arten hergestellt werden. Eine in der Industrie verbreitete Synthese ist die Reaktion von Ethen mit Kohlenstoffmonooxid und Wasser zu Propansäure. Eine zweite Möglichkeit ist die Oxidation von Propan-1-ol zu Propansäure.
Propansäure ist eine schwache organische Säure, die aufgrund ihrer antimikrobiellen Wirkung als zugelassenes Konservierungsmittel (E280) für Kosmetika und industriell hergestellte Backwaren wie abgepacktes Schnittbrot oder Fertigbackbrot Verwendung findet. Ester der Propansäure kommen in der Aromen- und Riechstoffindustrie zum Einsatz.
Propandisäure kommt in der Natur zum Beispiel im Saft der Zuckerrübe vor. Ihre industrielle Synthese ist in Material 3 beschrieben. Bei höheren Temperaturen ist Propandisäure nicht stabil und zersetzt sich.

3.1 Formulieren Sie die Reaktionsgleichung für die Synthese von Propansäure aus Ethen, Kohlenstoffmonooxid und Wasser. Verwenden Sie für die organischen Substanzen Strukturformeln.
Für die Oxidation von Propan-1-ol kann man Mangandioxid (MnO_2) in saurer Lösung verwenden, dabei entstehen als weiteres Produkt auch Mn^{2+}-Ionen.
Formulieren Sie die Reaktionsgleichung für diese Oxidation von Propan-1-ol. Zeigen Sie anhand der wesentlichen Oxidationszahlen und der Elektronenübergänge, dass es sich um eine Redoxreaktion handelt. 9

3.2 Propansäure und Octansäure unterscheiden sich deutlich in ihrer Wasserlöslichkeit.
Geben Sie die Strukturformel von Octansäure an und erläutern Sie die Wasserlöslichkeit von Propansäure und Octansäure im Vergleich. 7

3.3 Geben Sie die Strukturformeln der in Material 1 aufgeführten Säuren an und ordnen Sie diesen Säuren jeweils einen pK_S-Wert aus Material 1 zu.
Erläutern Sie die unterschiedlichen pK_S-Werte anhand der Strukturen. 9

3.4 Das Fruchtaroma ist ein typisches Merkmal verschiedener Obstarten. Ein Aromastoff, der einen Geruch nach Apfel hat, ist beispielsweise der in Material 2 angegebene Ester. Erhitzt man diesen Ester über längere Zeit mit Natronlauge, beobachtet man, dass der apfelartige Geruch langsam verschwindet.

Benennen Sie den Ester und geben Sie die Strukturformeln und Namen der Ausgangsstoffe für die Synthese dieses Esters an.
Formulieren und benennen Sie den Mechanismus der Reaktion des Esters mit einer Lauge. 8

3.5 Material 3 beschreibt die Herstellung von Propandisäure.
Formulieren Sie für die drei Reaktionsschritte jeweils die Reaktionsgleichung, verwenden Sie dabei für die organischen Verbindungen Strukturformeln.
Erläutern Sie für Reaktionsschritt 1 den auf dem feuchten Indikatorpapier angezeigten pH-Wert.
Benennen Sie für Reaktionsschritt 1 den Reaktionsmechanismus und für Reaktionsschritt 2 den Reaktionstyp. 11

3.6 Erwärmt man Propandisäure auf etwa 140 °C, zerfällt sie in eine organische Säure und ein Gas, das Kalkwasser milchig trübt.
Formulieren Sie für den Zerfall von Propandisäure eine Reaktionsgleichung. Verwenden Sie dabei für die organischen Substanzen Strukturformeln.
Erläutern Sie die Reaktion des entstehenden Gases mit Kalkwasser (Calciumhydroxidlösung) mit Hilfe einer Reaktionsgleichung. 6

30

Material 1: Alkansäuren und pK_S-Werte

Alkansäuren
Propansäure
2-Chlorpropansäure
3-Chlorpropansäure

pK_S-Werte (Alkansäuren)
2,90
4,11
4,87

Material 2: Ester mit Apfelaroma

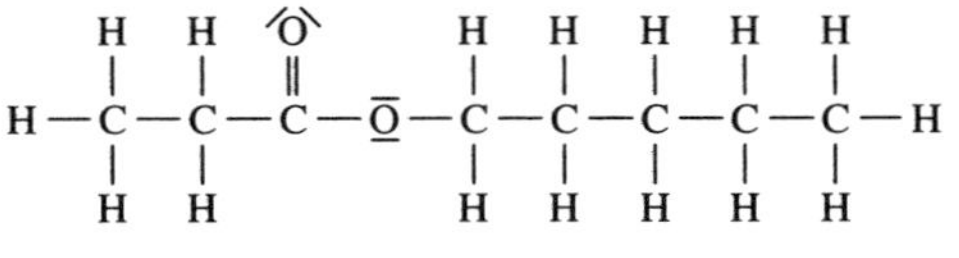

Material 3: Herstellung von Propandisäure

Propandisäure lässt sich aus Ethansäure in drei Schritten herstellen.

Schritt 1: Ethansäure reagiert mit Chlorgas unter Wirkung von UV-Licht zu 2-Chlorethansäure und einem Gas, das auf feuchtem Indikatorpapier einen pH-Wert von etwa 1 anzeigt.

Schritt 2: 2-Chlorethansäure reagiert mit Cyanid-Ionen zu Cyanethansäure und einem weiteren Teilchen.

Schritt 3: Cyanethansäure reagiert mit Wasser zu Propandisäure, dabei spaltet sich Ammoniak ab.

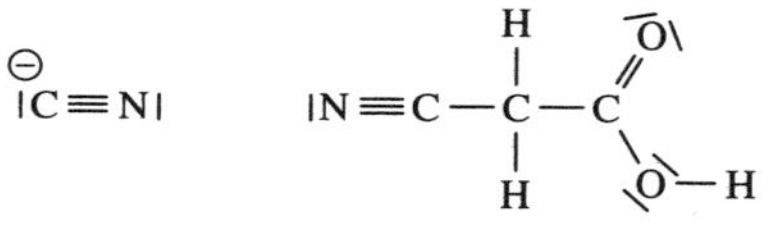

Cyanid-Ion Cyanethansäure

Materialgrundlage:
G. H. Aylward, T. J. V. Findlay: Datensammlung Chemie in SI-Einheiten, Weinheim 1999, S. 98 f.
Hans Beyer, Wolfgang Walter: Lehrbuch der Organischen Chemie, Stuttgart 2004, S. 243 f, 250.
J. Falbe, M. Regitz (hrsg.): Römpp-Lexikon Chemie, Band 4, Stuttgart 1998, S. 2512.
J. Falbe, M. Regitz (hrsg.): Römpp-Lexikon Chemie, Band 5, Stuttgart 1998, S. 3575 f.
K. P. Vollhardt, N. E. Schore, Organische Chemie, Weinhein 2007, S. 540 ff.

Lösungsvorschläge

Aufgabe A

1.1 Die **Fischer-Projektion** von L-Rhamnose ist im Material 1 gezeichnet. Die D-Rhamnose ist das Enantiomer zur L-Rhamnose, beide verhalten sich demnach wie Bild und Spiegelbild zueinander.

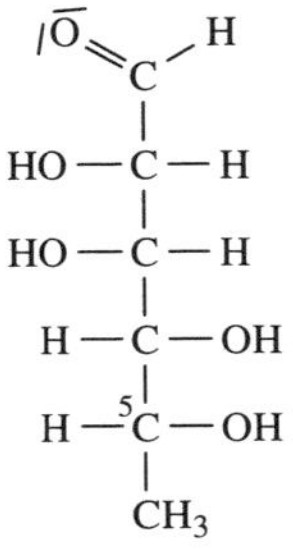

D-Rhamnose

Nach Fischer ist bei der Rhamnose die Stellung der OH-Gruppe an C-Atom 5 (C5) für die Zuordnung zur D- bzw. L-Konfiguration verantwortlich. Bei der D-Konfiguration steht diese nach rechts, bei L nach links.

Für die Bestimmung der D- oder L-Konfiguration in Zuckermolekülen ist immer die Konfiguration an dem vom höchst oxidierten C-Atom (steht in der Fischer-Projektion oben) am weitesten entfernten asymmetrischen C-Atom (hier C5) ausschlaggebend.

In der **Haworth-Projektion** entsteht durch Ringschluss zwischen der Aldehydgruppe und der OH-Gruppe an C5 ein **Halbacetal** mit einem neuen asymmetrischen C-Atom (C1). An diesem C-Atom kann die OH-Gruppe entweder oberhalb (β-Isomer) oder unterhalb (α-Isomer) der Ringebene stehen.
Solche neugebildeten Chiralitätszentren werden auch als anomere Zentren bzw. das betroffene C-Atom als anomeres C-Atom bezeichnet. Isomere, die sich nur in der Konfiguration an diesem C-Atom unterscheiden, werden daher auch **Anomere** genannt.

Als asymmetrische C-Atome bezeichnet man solche C-Atome, die 4 verschiedene Substituenten besitzen.

Hayworth-Projektionen:

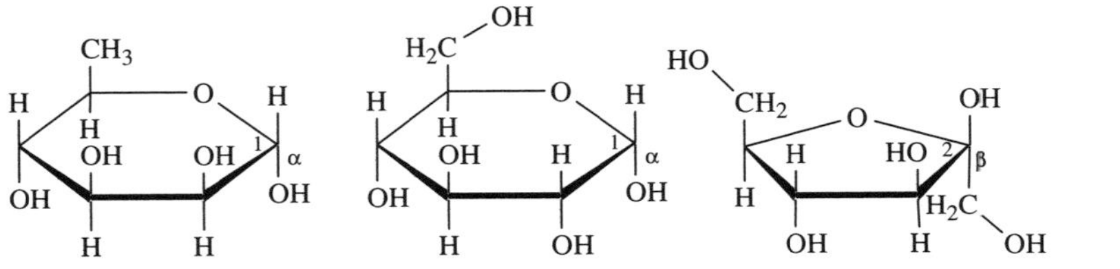

α-D-Rhamnose α-D-Glucose β-D-Fructose

1.2 Rhamnose zeigt eine positive Fehling-Reaktion, da der vorhandene Ring sich in Lösung auch wieder öffnen kann. Es liegt eine **freie Aldehydgruppe** vor.

In dem Fall kann sich auch ein Redukton (Endiol) bilden:

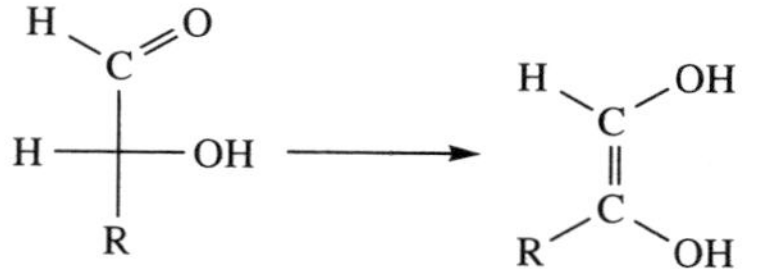

Fehling-Reaktion:

$$R{-}CHO + 2\,Cu^{2+} + 4\,OH^- \longrightarrow Cu_2O + R{-}COOH + 2\,H_2O$$

Oxidation:

$$R{-}\overset{+I}{C}HO \longrightarrow R{-}\overset{+III}{C}OOH + 2\,e^-$$

Das Aldehyd wird zur Carbonsäure oxidiert. Die Oxidationszahl des Carbonyl-C-Atoms ändert sich dabei von +I nach +III und wird zur Carbonsäure, folglich werden 2 Elektronen abgegeben.

Reduktion:

$$2\,\overset{+II}{Cu^{2+}} + 2\,e^- \longrightarrow \overset{(+I)\cdot 2}{Cu_2O}$$

Die Reduktion führt zu einem ziegelroten Niederschlag, dem Kupfer(I)-oxid. Es werden 2 Elektronen aufgenommen.

Im alkalischen Milieu entsteht das Salz der Carboxylgruppe:

$$R{-}COOH + OH^- \longrightarrow R{-}COO^- + H_2O$$

1.3 **Strukturausschnitt von Fructan:**

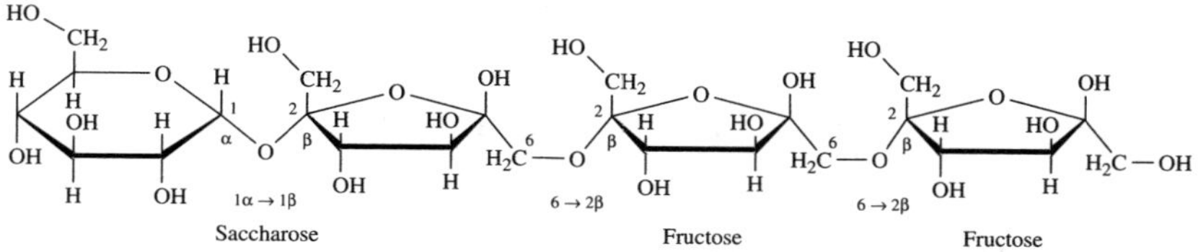

Die ersten zwei Moleküle bilden Saccharose mit einer α,β-1,2-Verbindung, die folgenden Fructosemoleküle sind β-2,6 glykosidisch verbunden.

Amylose (Stärke) ist aus Glucosemolekülen aufgebaut, die α-1,4 glykosidisch verbunden sind. Diese bilden durch innermolekulare Wasserstoffbrücken ein geschraubtes (helikales) Makromolekül, in dessen Hohlräume sich Iodmoleküle einlagern können. Daher kann Amylose mithilfe von Iod-Kaliumiodid-Lösung nachgewiesen werden. Es bildet sich die sog. Iodstärke, ein blauvioletter Komplex. **Fructan** dagegen ist wie Cellulose linear gebaut und weist keine Hohlräume zur Einlagerung von Iodmolekülen auf.

Im Folgenden sind zwei α-D-Glucosemoleküle (wie in der Maltose und Amylose) α–1,4 glykosidisch verbunden einmal in der Haworth-Projektion und in der Sesselkonformation dargestellt. Bei letzterer ist das Abknicken des zweiten Ringes deutlich erkennbar.

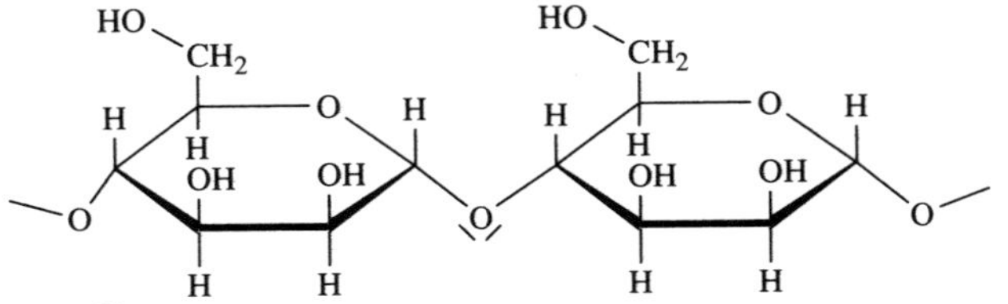

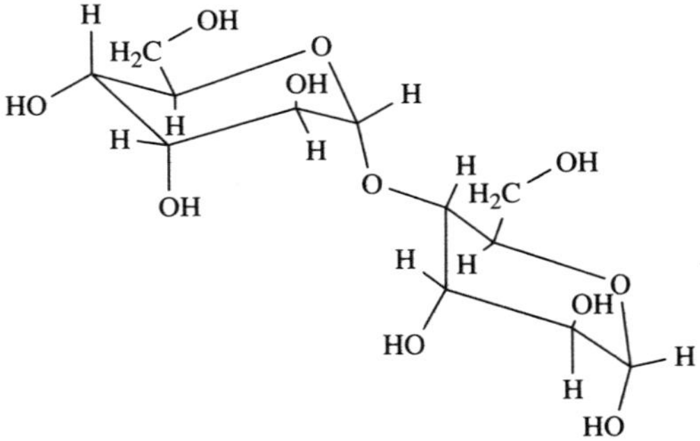

1.4 Die Benennung der Aminosäure Leucin nach IUPAC ist: 2-Amino-4-methylpentansäure.

Struktur eines Peptids mit der Sequenz Gly, Thr, Leu, Asp:

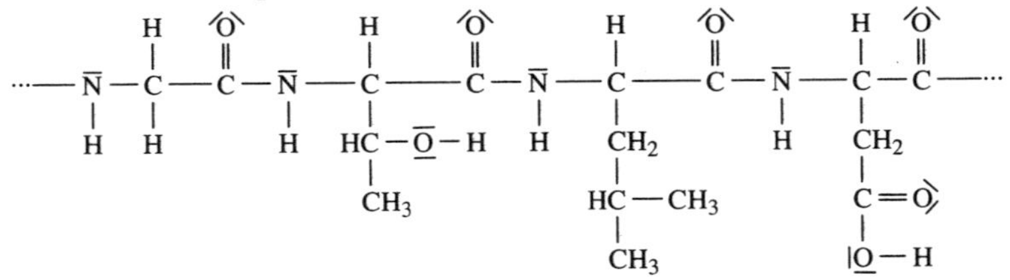

Glycin Threonin Leucin Asparaginsäure

Vorherrschende Elemente der **Sekundärstruktur** sind die **α-Helix** und die **β-Faltblattstruktur**. Erstere entsteht durch innermolekulare Wasserstoffbrücken zwischen den Peptidbindungen, letztere durch zwischenmolekulare Wasserstoffbrücken zwischen den Peptidbindungen der Aminosäure-Ketten, wobei diese entweder parallel oder antiparallel miteinander verknüpft sein können.

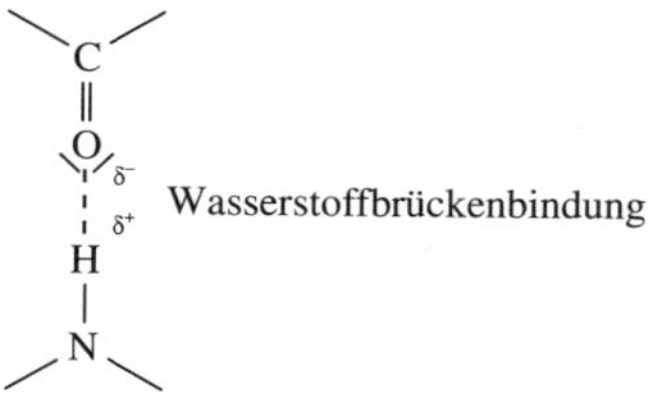

Die **Tertiärstruktur** entsteht durch Bindungen zwischen den Seitenresten der Aminosäuren, die aus der polymeren Polyamid-Struktur herausragen. Folgende Bindungstypen kommen vor: Disulfidbrücken der Cysteinseitenreste –S–S–, Wasserstoffbrücken, ionische Bindungen zwischen geladenen Seitenresten z. B. der Asparaginsäure und Lysin und hydrophoben Wechselwirkungen durch Van der Waals-Kräfte.

1.5 Die beiden Experimente führen zu **Protolyse-Reaktionen** der Carboxyl- sowie der Aminogruppe:

(1) 

(2) 

In der Reaktion (1) bildet sich aus dem Zwitterion das entsprechende Kation, wohingegen bei der Reaktion (2) das zugehörige Anion entsteht.

Der **pH-Wert** bleibt trotz Zugabe von H_3O^+-Ionen (1) bzw. OH^--Ionen (2) konstant. Der Grund dafür ist die Pufferwirkung der Aminosäure. Das Carboxylat-Anion des Zwitterions reagiert mit den H_3O^+-Ionen genau wie das Ammoniumion mit den OH^--Ionen zu Wasser, folglich verändert sich der pH-Wert nicht.

1.6 Die molare Masse von Calcium kann aus dem Periodensystem abgelesen werden: $M = 40\ \text{g} \cdot \text{mol}^{-1}$.

Calciumatome haben die gleiche Masse wie die Ionen, da die Elektronenmasse hier vernachlässigt werden kann.

Es gilt für die Stoffmeng n:

$$n = \frac{m}{M} = \frac{14 \cdot 10^{-3}\ \text{g}}{40\ \text{g} \cdot \text{mol}^{-1}} = 3{,}5 \cdot 10^{-4}\ \text{mol}$$

Die 50 g rohen Zwiebeln enthalten $3{,}5 \cdot 10^{-4}$ mol Calcium-Ionen.

Aufgabe B

2.1 Die **Verbrennung von Schwefel**, welcher aus der Entschwefelung von Erdöl bei dessen Raffination anfällt, ist der erste Schritt:

$$S + O_2 \longrightarrow SO_2$$

Es folgt die **katalytische Oxidation** von Schwefeldioxid zu Schwefeltrioxid:

$$SO_2 + \frac{1}{2}\,O_2 \rightleftharpoons SO_3$$

oder

$$2\,SO_2 + O_2 \rightleftharpoons 2\,SO_3$$

Schließlich kommt es zur **Absorption von Schwefeltrioxid** in verdünnter Schwefelsäure und deren Konzentrierung:

$$SO_3 + H_2O \longrightarrow H_2SO_4$$

Folgende **Strukturformel** kann für die Schwefelsäure formuliert werden:

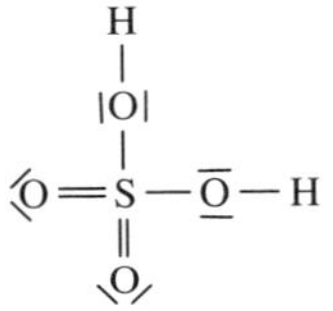

Schwefel als Element der 3. Hauptgruppe kann eine 12er-Schale bilden.

Das **Massenwirkungsgesetz** für Schritt 2 lautet:

$$K = \frac{c(SO_3)}{c(SO_2) \cdot c^{\frac{1}{2}}(O_2)} \quad \textit{oder} \quad K = \frac{c^2(SO_3)}{c^2(SO_2) \cdot c(O_2)}$$

2.2 Das Massenwirkungsgesetz (MWG) allgemein beschreibt das Verhältnis der Konzentrationen der Produkte zu denen der Edukte. Die Gleichgewichtskonstante ist temperatur- und druckabhängig.

Temperatureinfluss: Da die Bildung von SO_3 (MWG unter 2.1) eine exotherme Reaktion ist, wird nach dem Prinzip vom kleinsten Zwang von LE CHATELIER/BRAUN die endotherme Reaktion bei steigender Reaktionstemperatur bevorzugt ablaufen. In der Folge sinkt die Bildung und damit die Ausbeute von SO_3.

Druckeinfluss: Da die Zahl der Moleküle sich bei der Bildung von SO_3 verringert, wird das Gleichgewicht bei steigendem Reaktionsdruck auf die Seite des Produkts verschoben. Folglich steigt die Ausbeute an Schwefeltrioxid.

Durch die **Entnahme des SO_3** aus dem Gleichgewicht (Schritt 3) wird die Reaktion ebenfalls auf die Seite des Produkts unter Bildung von SO_3 verschoben.

Die Rolle eines Katalysators wird in der Aufgabenstellung nicht angesprochen. Er beschleunigt die Einstellung des Gleichgewichts.

2.3 Die genannte Reaktion läuft nach folgender Gleichung ab:

Oxidation

$$2\,\overset{-II}{ZnS} + 3\,\overset{0}{O_2} \longrightarrow 2\,Zn\overset{-II}{O} + 2\,\overset{+IV}{S}O_2$$

Reduktion

Der Schwefel im Zinksulfid wird durch Sauerstoff oxidiert, dadurch werden 6 Elektronen frei. Diese werden auf den elementaren Sauerstoff übertragen, der zu einem Oxid reduziert wird. Jedes Sauerstoffatom nimmt dabei 2 Elektronen auf. Insgesamt werden bei dieser **Redoxreaktion** also 12 Elektronen ausgetauscht.

2.4 **Protolysegleichungen** der Schwefelsäure:

$$H_2SO_4 + H_2O \longrightarrow H_3O^+ + HSO_4^-$$

$$HSO_4^- + H_2O \longrightarrow H_3O^+ + SO_4^{2-}$$

Schwefelsäure ist eine starke Säure und protolysiert daher vollständig:
Mit $pH = -\lg c(H_3O^+)$ gilt:

$$c(H_3O^+) = 10^{-pH}\ mol \cdot L^{-1} = 10^{-0,5}\ mol \cdot L^{-1} = 0,3\ mol \cdot L^{-1}$$

Eine Schwefelsäure-Lösung mit dem pH-Wert 0,5 hat eine H_3O^+-Konzentration von 0,3 mol $\cdot$ L^{-1}

2.5 Bei der beschriebenen Reaktion handelt es sich um die säurekatalysierte Eliminierung von Wasser:

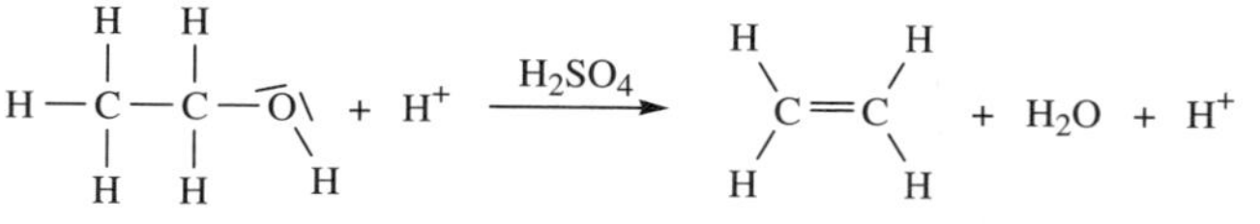

Das entstehende Produkt ist **Ethen**, welches eine wässrige braune Bromlösung entfärbt.

Die Entfärbung von Bromwasser durch Alkene ist der typische Nachweis für eine Doppelbindung.

Dabei wird das Brom an die Doppelbindung addiert. Es handelt sich um eine **elektrophile Addition**. Diese Reaktion verläuft in drei Schritten:

(1) **Elektrophiler** Angriff des positiv polarisierten Bromkations an der hohen Elektronendichte der C = C-Doppelbindung. In der Folge kommt es zur Ausbildung des σ-Komplexes (Übergangszustand) und der heterolytischen Spaltung des Brommoleküls:

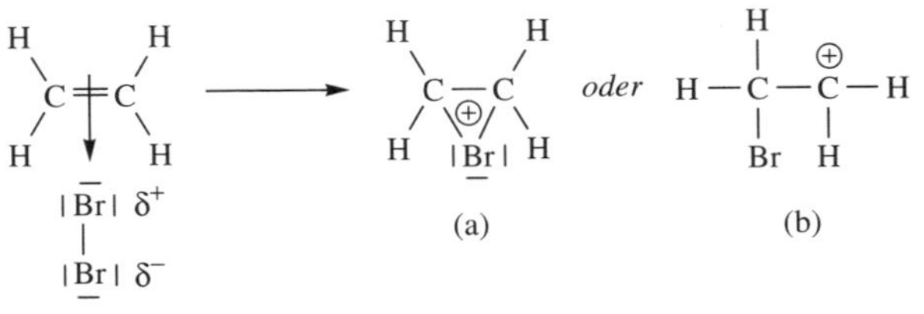

π-Komplex σ-Komplex

Aus dem π-Komplex (Tradukt) entsteht ein σ-Komplex (Interdukt), der verschieden dargestellt werden kann (a und b). Die cyclische Struktur (a) wird auch als Bromonium-Ion bezeichnet. Die positive Ladung ist über den neu entstandenen Ring verteilt, der Ladungsschwerpunkt liegt allerdings beim Brom. Die Struktur (b) dagegen stellt ein Brom-Carbenium-Ion dar, da hier die positive Ladung am Kohlenstoff lokalisiert ist. Eine stereochemische Betrachtung der Reaktion könnte Aufschluss über die Struktur des Zwischenproduktes geben.

(2) Der entstandene σ-Komplex wird nun rückseitig vom entstandenen Bromid-Ion **nukleophil** angegriffen:

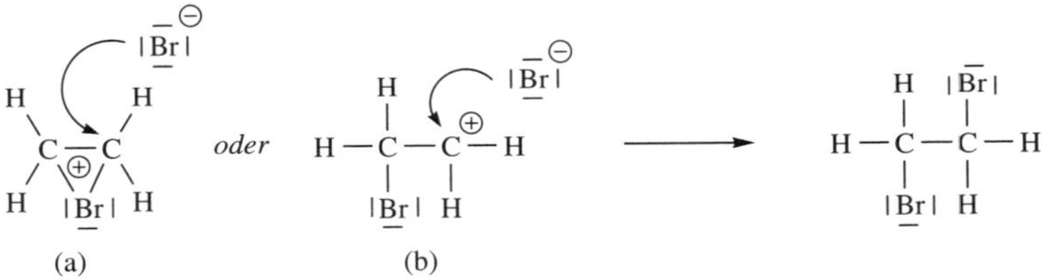

Wird für den nukleophilen Angriff das Bromonium-Ion (a) gewählt, muss dieser von der Rückseite erfolgen. Es entsteht **1,2-Dibromethan** als Produkt.

Der nukleophile Angriff auf das Bromonium-Ion ist chemisch gesehen logischer, da dann noch keine vollzogene sp^3-Hybridiserung erfolgt ist.

2.6 Die beschriebene Reaktion von Chlorethen (Trivialname: Vinylchlorid) zu PVC verläuft nach dem Mechanismus der **radikalischen Polymerisation**.

(1) Entstehung eines **Startradikals:**

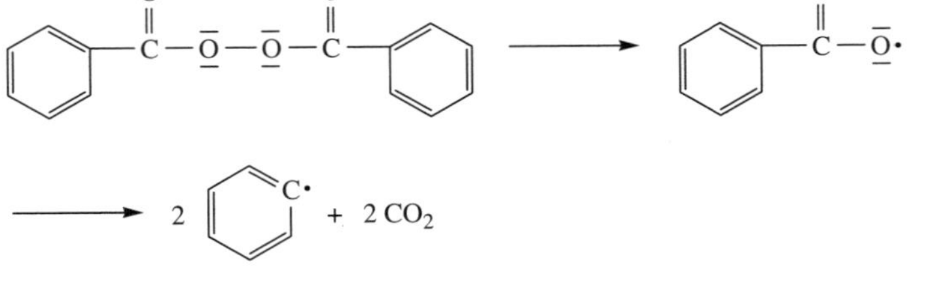

Das im Material genannte Dibenzoylperoxid wird homolytisch gespalten. Anschließend erfolgt eine Decarboxylierung unter Entstehung eines Benzen-Radikals (Benennung als R).

(2) **Start** der Kettenreaktion:

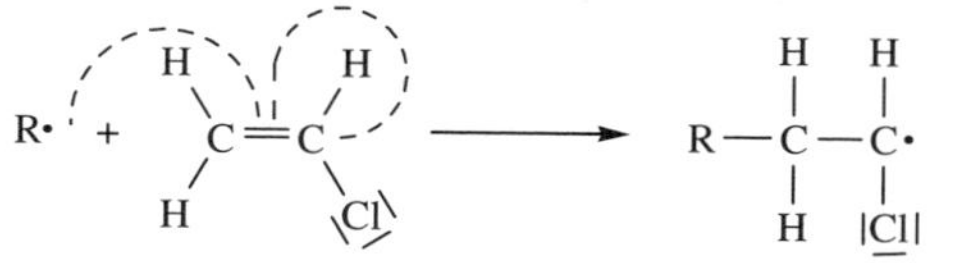

Das Starterradikal greift die Elektronendichte der Doppelbindung des Vinylchlorids an. Es entsteht ein größeres Radikal, das die Kettenreaktion einleitet.

(3) **Kettenwachstum:**

Die Kettenreaktion bildet immer größere Radikale und schließlich ein sog. Makroradikal.

(3) **Kettenabbruch**, z. B. durch Rekombination:

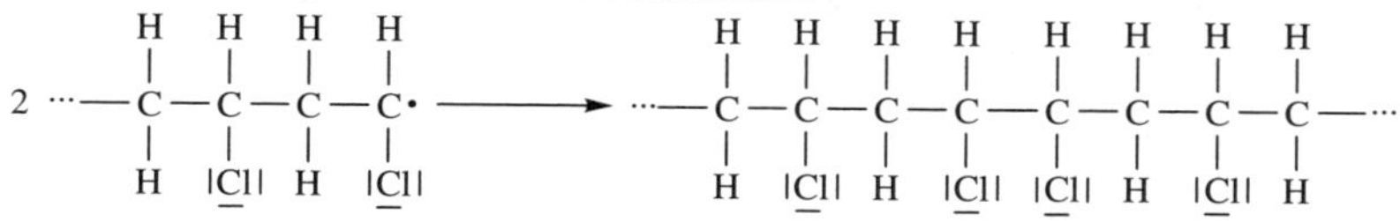

Alternativ kann auch eine Disproportionierung als Kettenabbruch aufgeführt werden. Dabei bildet sich eine Bindung zwischen einem Radikal und einem H-Atom (benachbart zum radikalischen C-Atom) eines zweiten Radikals. Neben dem gewünschten Makromolekül entsteht noch ein Alken.

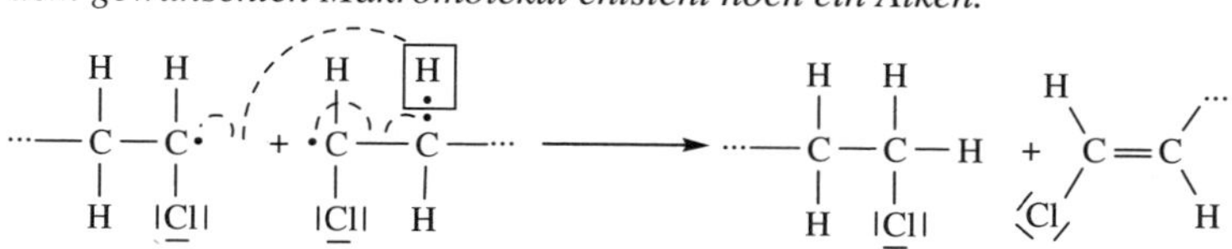

Aus dem Makroradikal entsteht durch eine beliebige Kettenabbruchreaktion ein stabiles Makromolekül, hier das Polyvinylchlorid (PVC) mit den sich wiederholenden Einheiten:

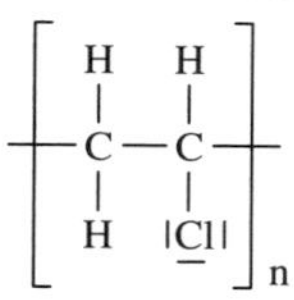

Aufgabe C

3.1 Die Synthese von Propansäure läuft nach folgender **Gleichung** ab:

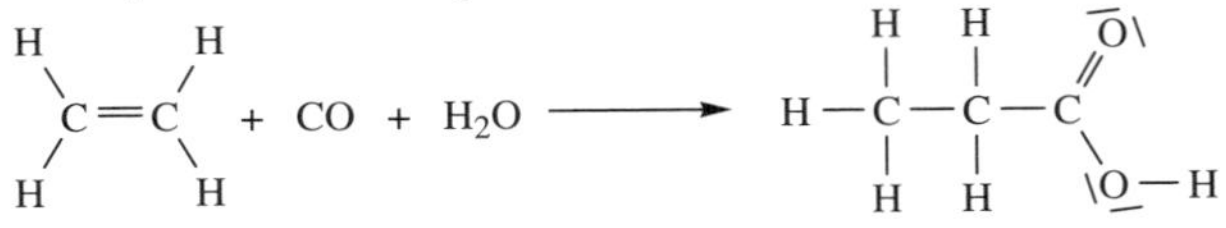

Redoxgleichung für die Reaktion von Propan-1-ol mit Mangandioxid im sauren Milieu:

Ox.: $H_3C-CH_2-\overset{-I}{C}H_2-OH \longrightarrow H_3C-CH_2-\overset{+III}{C}OOH + 4\,e^- + H_2O$

Red.: $\overset{+IV}{Mn}O_2 + 4\,H^+ + 4\,e^- \longrightarrow 2\,\overset{+II}{Mn}{}^{2+} + 2\,H_2O$

Redox: $H_3C-CH_2-CH_2-OH + 2\,MnO_2 \longrightarrow$

$H_3C-CH_2-COOH + 2\,Mn^{2+} + 3\,H_2O$

Bei der Oxidation des Propanols werden 4 Elektronen frei. Diese werden von den 2 Mangan-Atomen im Mangandioxid aufgenommen. Parallel zu den Elektronenübergängen laufen bei dieser Redoxreaktion auch Protonenübergänge ab.

3.2 Strukturformel der **Octansäure:**

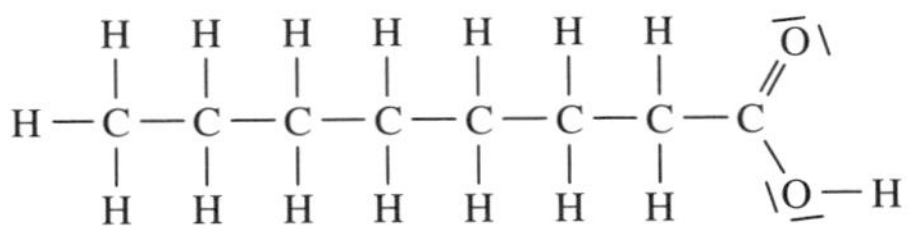

Die Kurzschreibweise bietet sich hier an, wird aber nicht immer als als "vollwertige" Strukturfomel gewertet.

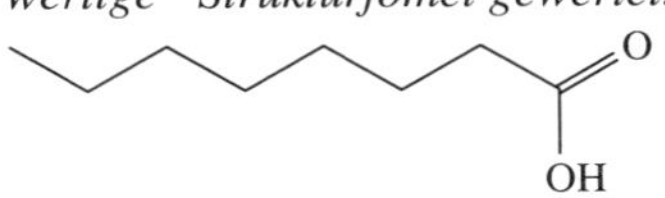

Octansäure hat einen längeren hydrophoben Kohlenwasserstoffrest als Propansäure, der die schlechtere **Wasserlöslichkeit** bedingt. Der polare Anteil (Carboxylgruppe) der Kohlenwasserstoffsäuren können Wasserstoffbrückenbindungen zum polaren Wassermolekül ausbilden. Die Kohlenwasserstoffreste allerdings sind unpolar und werden daher nicht hydratisiert. Je größer der unpolare Kohlenwasserstoffrest ist, umso schlechter löslich sind die Alkansäuren, da der polare Carboxylrest an Einfluss verliert.

3.3

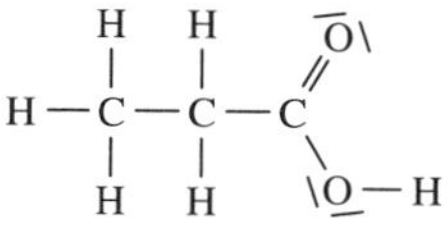

Propansäure

$pK_S = 4{,}87$

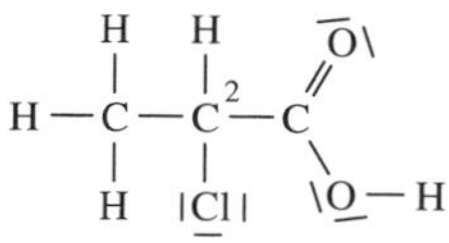

2-Chlorpropansäure

$pK_S = 2{,}9$

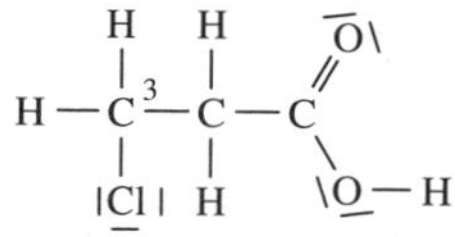

3-Chlorpropansäure

$pK_S = 4{,}11$

Säuren sind nach BRÖNSTED definitionsgemäß Protonenspender, der zugehörige Protonenempfänger (Base) ist im Allgemeinen Wasser. Der pK_S-Wert gibt die Säurestärke an, also ein Maß dafür Protonen an H_2O-Moleküle abzugeben und H_3O^+-Ionen zu bilden. Je kleiner der pK_S-Wert umso stärker ist die Säure und umso schneller gibt diese ihre Protonen an Wasser ab.

Definition: $pK_S = -\lg K_S$

Propansäure hat einen pK_S-Wert ähnlich die Essigsäure ($pK_S = 4{,}87$). Durch den (+I)-Effekt des Alkylrests ist die Abgabe des endständigen Protons (der Carboxylgruppe) gehindert. Bei 2-Chlorpropansäure wirkt der elektronenabziehende (–I)-Effekt des stark elektronegativen Chloratoms. In der Folge wird die Fähigkeit das endständige Proton abzuspalten stark erhöht. 2-Chlorpropansäure ist daher eine mittelstarke Säure ($pK_S = 2{,}9$). Der elektronenabziehende (–I)-Effekt hat keine große Reichweite, wirkt wesentlich nur über eine Bindung.

Bei 3-Chlorpropansäure liegt eine CH_2-Gruppe zwischen der Carboxylgruppe und dem Chloratom, der elektronenabziehende Effekt und damit auch die Säurestärke wird dadurch abgeschwächt ($pK_S = 4{,}11$).

3.4 Der gezeigte Ester heißt **Propansäurepentylester**.

Er kann aus Propansäure (a) und Pentan-1-ol (b) säurekatalytisch synthetisiert werden:

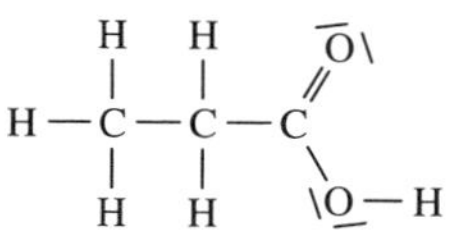

(a)

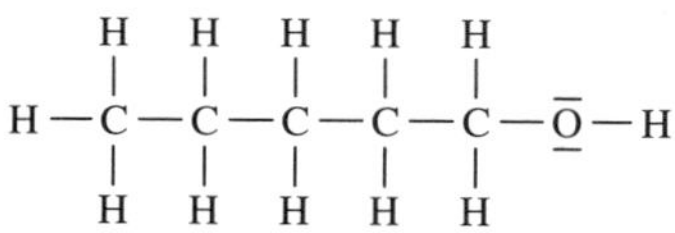

(b)

Die Kurzschreibweise bietet sich hier ebenfalls an, wird aber nicht immer als als "vollwertige" Strukturfomel gewertet.

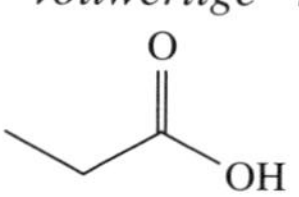

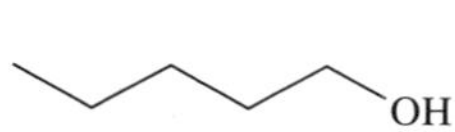

Ester können mit Natronlauge gespalten werden. Dabei entstehen der entsprechende Alkohol (hier Pentan-1-ol) und das Natriumsalz der Säure. Diese Reaktion wird auch **„Verseifung"** genannt.

Im Prinzip ist das eine **nukleophile Substitution** bzw. **alkalische Hydrolyse**:

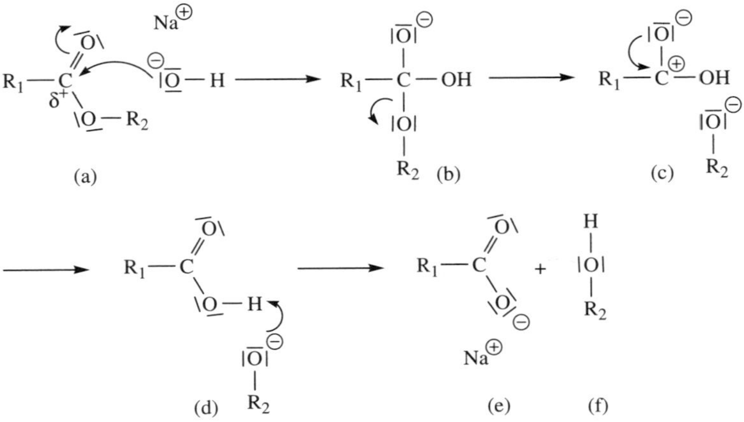

Es ist legitim und empfehlenswert hier den Propylrest der Propansäure mit R_1 und den Pentylrest des Pentanols mit R_2 zu ersetzen.

Zunächst führt der nukleophiler Angriff des Hydroxid-Ions der Natronlauge an dem positiv polarisierten C-Atom (a) zur Bildung eines entsprechenden Anions (Übergangszustand, b). Durch Abspaltung des Alkoholatmoleküls (c) und eines Protonentransfers (d) entstehen am Ende das Anion der Säure (e), welches anschließend mit dem Natrium-Ion der Natronlauge ein Salz bildet, und ein Alkanol (f).

3.5 Die Propandisäure hat folgende **Strukturformel**:

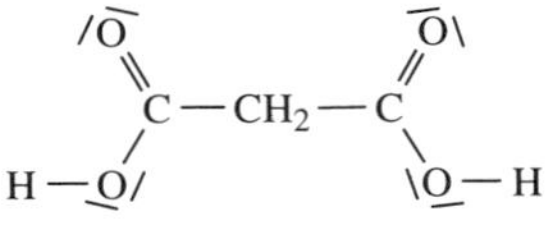

Der **Schritt 1** der Synthese läuft nach folgender Gleichung ab:

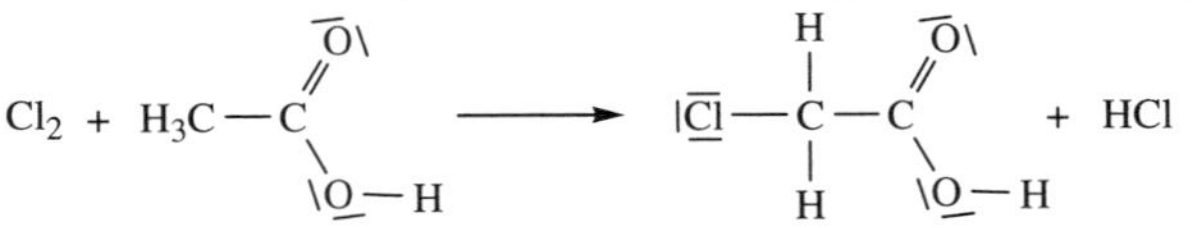

Der Reaktionsmechanismus ist der einer **radikalischen Substitution** (S_R), da für für den Ablauf der Reaktion UV-Licht benötigt wird.

Der pH-Wert von 1 (sauer) wird durch die Bildung von Chlorwasserstoff, welcher mit Wasser zu Salzsäure reagiert, bedingt.

Reaktionsgleichung für **Schritt 2** der Synthese:

Diese Reaktion verläuft gemäß einer (nukleophilen) **Substitution** (S_N).

Schritt 3 der Propandisäure-Synthese:

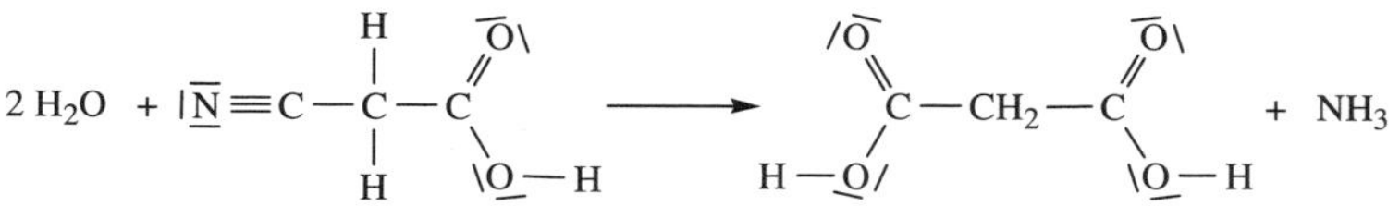

3.6 Dicarbonsäuren, wie hier die Propandisäure, spalten leicht **Kohlenstoffdioxid** ab (decarboxylieren), wenn sie erhitzt werden.

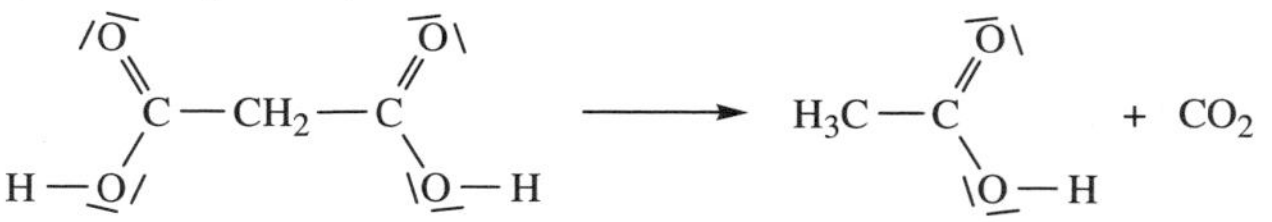

Der **Nachweis** gelingt durch Einleiten von Kohlenstoffdioxid in „Kalkwasser“, einer wässrigen Lösung von Calciumhydroxid. In der Folge entsteht eine Trübung der klaren Lösung durch Ausfallen von schwerlöslichem Calciumcarbonat:

$$CO_2 + Ca^{2+} + 2\,OH^- \longrightarrow CaCO_3\downarrow + H_2O$$

Leistungskurs Chemie (Hessen)
Abiturprüfung 2015

Aufgabe A

Citronensäure BE

Der säuerliche Geschmack vieler Früchte, wie z. B. Zitronen, Orangen, Preiselbeeren und Ananas, wird vorwiegend durch die darin enthaltene Citronensäure (Material 1) verursacht. Gibt man feste Citronensäure in kaltes Wasser, so entsteht eine saure Lösung, die kalklösend wirkt und sich zum Entkalken von Wasserhähnen, Duschköpfen etc. eignet. Beim Entkalkungsvorgang entsteht ein Gas, das in Calciumhydroxidlösung durch die Bildung eines Niederschlages identifiziert werden kann. Ein Strukturisomer von Citronensäure ist Isocitronensäure. Diese unterscheidet sich von Citronensäure durch die Stellung der Hydroxygruppe. Von Isocitronensäure existieren vier verschiedene Stereoisomere.
Früher wurde Citronensäure ausschließlich aus Zitronensaft gewonnen. Dessen Gehalt an Citronensäure kann mit einer Titration bestimmt werden, wenn man vereinfachend davon ausgeht, dass die saure Wirkung des Zitronensaftes ausschließlich auf der Anwesenheit von Citronensäure beruht. Im Jahre 1880 entwickelten Grimaux und Adam eine mehrstufige Synthese von Citronensäure aus 1,3-Dichlorpropanon (Material 2).

1.1 Beim Entkalkungsvorgang protolysiert die in der wässrigen Lösung enthaltene Citronensäure letztendlich vollständig, wobei die abgespaltenen Protonen mit dem festen Kalk (Calciumcarbonat) reagieren.
Formulieren Sie die Reaktionsgleichung für das Auflösen von Kalk durch diese Citronensäurelösung, wobei Sie auch das in der Citronensäurelösung vorhandene Säurerestion als Strukturformel mit einbeziehen.
Formulieren Sie die Reaktionsgleichung zur Nachweisreaktion für das entstehende Gas. 6

1.2 Formulieren Sie eine Strukturformel für die zur Citronensäure strukturisomere Isocitronensäure und die die dazugehörenden Stereoisomere.
Erläutern Sie das Vorhandensein dieser vier verschiedenen Formen. 7

1.3 Frisch gepresster Zitronensaft mit einem Volumen von $V = 5$ mL wird mit Natronlauge der Konzentration $c = 1 \text{ mol} \cdot \text{L}^{-1}$ titriert. Bei vollständiger Titration der Säure im Zitronensaft werden bis zum Umschlagspunkt 7,2 mL Natronlauge benötigt.
Berechnen Sie die Konzentration der im Zitronensaft enthaltenen Citronensäure sowie die Masse der Citronensäure in 5 mL frisch gepresstem Zitronensaft. 8

1.4 Material 2 zeigt eine Übersicht der mehrstufigen Synthese von Citronensäure. Entwickeln Sie für Schritt 1 sowie für Schritt 3 der Synthese von Citronensäure aus 1,3-Dichlorpropanon den jeweiligen Reaktionsmechanismus, benennen Sie beide Reaktionsmechanismen und begründen Sie Ihre Entscheidung für den Reaktionsmechanismus in Schritt 3.
Hinweis: Die für den jeweiligen Reaktionsmechanismus nicht relevanten Molekülgruppen können mit R abgekürzt werden. 14

1.5 Ein Derivat der Citronensäure (Material 3) wird unter der Bezeichnung ATBC als ungiftiger Weichmacher für Kunststoffe und in Nagellacken verwendet. Erläutern Sie den molekularen Aufbau dieses Weichmachers. 5

40

Material 1: Citronensäure

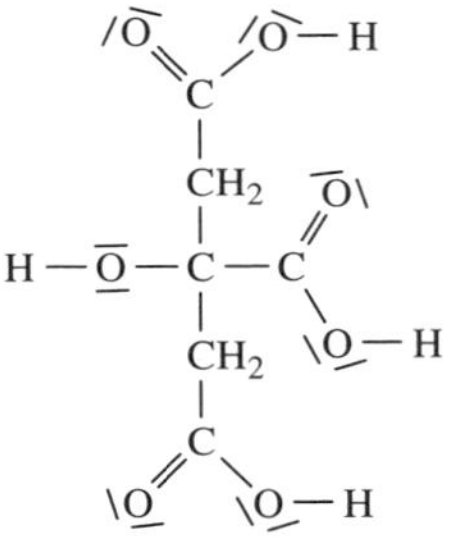

Material 2: Mehrstufige Synthese von Citronensäure aus 1,3-Dichlorpropanon

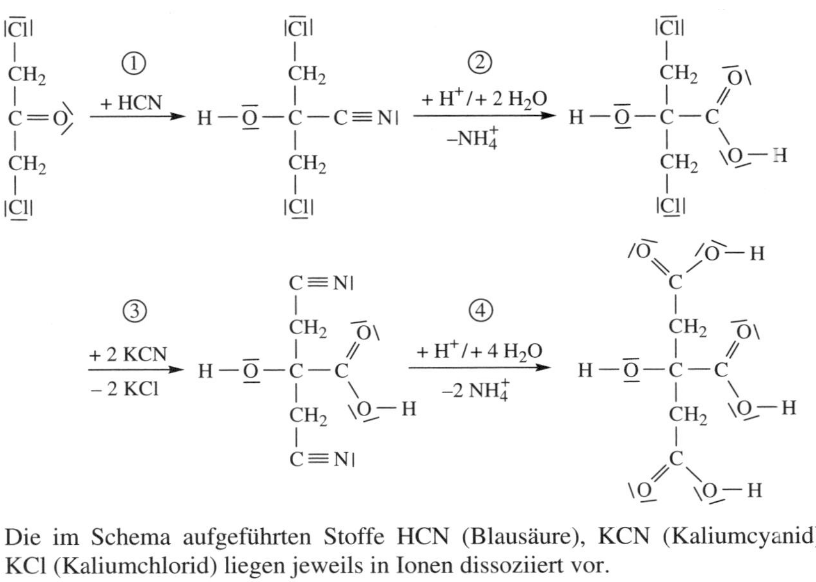

Die im Schema aufgeführten Stoffe HCN (Blausäure), KCN (Kaliumcyanid) und KCl (Kaliumchlorid) liegen jeweils in Ionen dissoziiert vor.

Material 3: Formel des Weichmachers ATBC

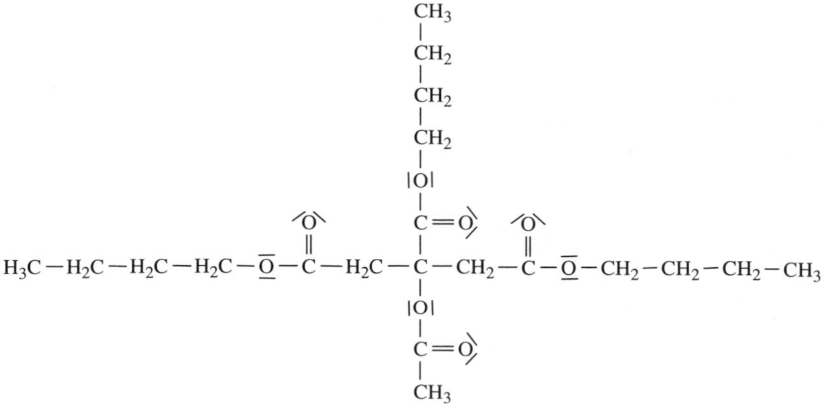

Materialgrundlage:
Hans Beyer, Wolfgang Walter: Lehrbuch der Organischen Chemie, Stuttgart 2004, S. 371.
K. P. Vollhardt, N. E. Schore, Organische Chemie, Weinhein 2007, S. 862 und S. 1023.
http://www.chemiephysikskripte.de/potent/potent.htm
http://www.zeno.org/Lueger-1904/A/Zitronens%C3%A4ure

Aufgabe B

Ketchup und Mayonnaise BE

Die beliebtesten Soßen zu Pommes frites sind Ketchup und Mayonnaise. Ketchup wird hauptsächlich aus Tomaten bzw. Tomatenmark, Essig, Zucker, Zwiebeln und Gewürzen hergestellt. Mayonnaise ist eine Öl-Wasser-Emulsion, die aus pflanzlichen Ölen, Eigelb, Zucker, Salz, Gewürzen und Essig produziert wird. In vielen Ketchup- und Mayonnaiseprodukten findet sich unter anderem das Verdickungsmittel Xanthan.

2.1 Für die rote Farbe des Ketchups ist das in Tomaten enthaltene Carotinoid Lycopin verantwortlich. Die Farbigkeit ist auf die zahlreichen konjugierten Doppelbindungen im Lycopin-Molekül (Material 1) zurückzuführen. Versetzt man Ketchup mit Brom als Reaktionspartner, so verändert sich die Farbe; nach einiger Zeit ist das Gemisch nahezu farblos.
Formulieren Sie anhand eines charakteristischen Strukturformelausschnittes für die Reaktion von Lycopin mit Brom den Reaktionsmechanismus und benennen Sie ihn.
Erläutern Sie die Entfärbung des Ketchups. 9

2.2 Die saure Geschmacksnote des Ketchups wird überwiegend durch die Protolyse der im Ketchup enthaltenen Essigsäure (Ethansäure) hervorgerufen. Diese Essigsäure wird hergestellt, indem man eine Ethanol-haltige Flüssigkeit (z. B. Wein) unter Luftzutritt langsam über Buchenholzspäne rieseln lässt, die mit Essigsäurebakterien besetzt sind. Dabei entstehen aus Ethanol und Sauerstoff schließlich Essigsäure und Wasser.
Formulieren Sie unter Verwendung von Strukturformeln mit bindenden und nicht bindenden Elektronenpaaren die Reaktionsgleichung für die beschriebene Essigsäurebildung.
Zeigen Sie anhand der wesentlichen Oxidationszahlen und der Elektronenübergänge, dass es sich dabei um eine Redoxreaktion handelt.
Erläutern Sie ausführlich für das Säurerestion der Ethansäure die Bindungsverhältnisse der beiden C-Atome sowie die hier vorliegende Mesomerie auf der Grundlage des Orbitalmodells. 14

2.3 Sonnenblumenöl und andere pflanzliche Öle sind die Hauptbestandteile von Mayonnaise. In Material 2 sind drei der im Sonnenblumenöl enthaltenen Fettsäuren angegeben.
Formulieren Sie die Reaktionsgleichung zur Bildung eines Triglycerids aus Propan-1,2,3-triol und jeweils einem Molekül Ölsäure, Linolsäure und Palmitinsäure.
Hinweis: Sämtliche organische Stoffe sollen in Halbstruktur- oder Strukturformelschreibweise und mit bindenden und nicht bindenden Elektronenpaaren an den funktionellen Gruppen dargestellt werden. 7

2.4 Das Verdickungsmittel Xanthan ist ein von Bakterien gebildetes, lang kettiges und verzweigtes Kohlenhydrat. Material 3 stellt einen Ausschnitt aus dem Xanthanmolekül dar. Bausteine des Xanthans sind die beiden Monosaccharide Glucose und Mannose (Material 4), die im Makromolekül unterschiedlich miteinander verknüpft und zum Teil gegenüber ihrem Ursprungszustand chemisch verändert sind.
Benennen Sie die Verknüpfungen zwischen den Abschnitten A1 und A2 (Hauptkette), A1 und B, B und C sowie C und D und benennen sie das Monosaccharid in Abschnitt A1.
Erklären Sie die chemischen Veränderungen der Monosaccharid-Bausteine in den Abschnitten B und C. 10

40

Material 1: Lycopin

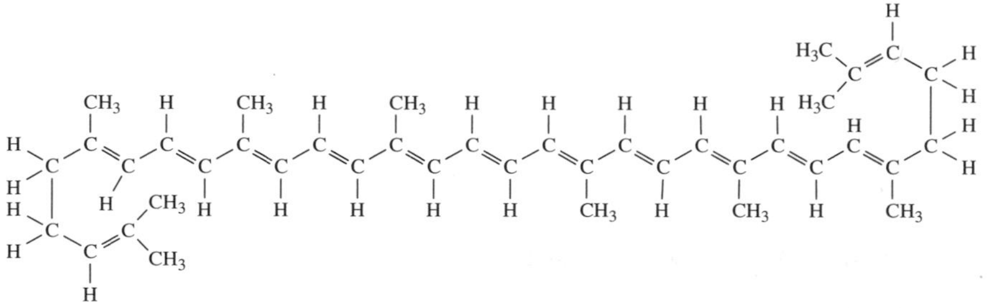

Material 2: Fettsäuren im Sonnenblumenöl

Fettsäure	IUPAC-Bezeichnung
Ölsäure	(Z)-Octadec-9-ensäure
Linolsäure	(Z,Z)-Octadeca-9,12-diensäure
Palmitinsäure	Hexadecansäure

Material 3: Ausschnitt aus dem Polysaccharid Xynthan

Die Abschnitte A1, A2, B, C, D kennzeichnen verknüpfte Glucose- oder Mannose-Bausteine, die zum Teil gegenüber ihrem Ursprungszustand chemisch verändert sind. Die Abschnitte A1 und A2 wiederholen sich und bilden damit die Hauptkette des Xanthan-Moleküls.

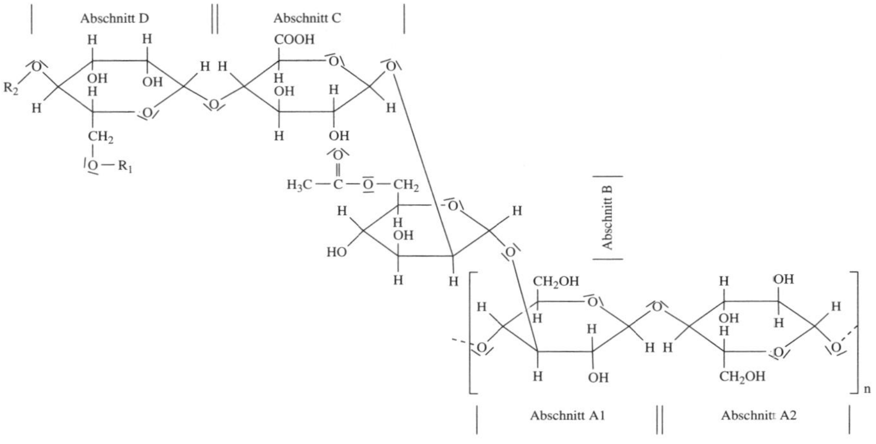

Material 4: Fischerprojektionsformel D-Mannose

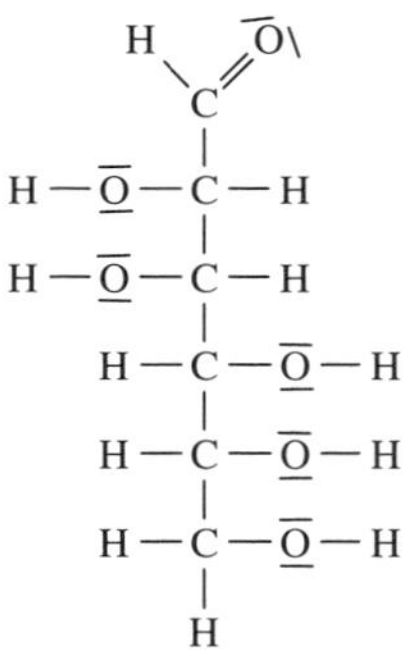

Materialgrundlage:
K. Roth: Chemische Köstlichkeiten, Weinheim 2010, S. 20 f.
http://www.chemieunterricht.de/dc2/ch/chv-015.htm
http://www.chemieunterricht.de/dc2/essig/hac-15.htm
https://roempp.thieme.de/roempp4.0/do/data/RD-24-00015

Aufgabe C

Ethen – Rohstoff und Pflanzenhormon

BE

Ethen ist eines der wichtigsten Produkte der Petrochemie und damit Ausgangsstoff für viele Synthesen. Mehr als die Hälfte des zur Verfügung stehenden Ethens wird zur Herstellung von Kunststoffen verwendet.
Im Obst- und Gemüseanbau wird zur Beschleunigung der Reife und zur Steuerung der Blütenbildung der Pflanzenwachstumsregulator Ethephon (2-Chlorethylphosphonsäure, Material 1) verwendet. Nach Aufnahme in die Pflanze setzt Ethephon das eigentlich wirksame Ethen frei.
Die Doppelbindung im Ethenmolekül kann mithilfe einer wässrigen oder leicht alkalischen Kaliumpermanganat-Lösung nachgewiesen werden (Baeyer-Probe). Dabei kommt es zu einer Entfärbung der vorher violetten Lösung und zur Bildung eines braunen Niederschlags, als weiteres Produkt entsteht Ethan-1,2-diol.
Ethan-1,2-diol ist ein wichtiger Ausgangsstoff für Kunststoffsynthesen, z. B. für die Herstellung von Polyethylennaphthalat (PEN).

3.1 Ethephon (Material 1) reagiert mit Wasser unter Freisetzung von Ethen, wobei unter anderem Phosphorsäure (H_3PO_4) und Chloridionen entstehen.
Formulieren Sie für die Reaktion von Ethephon und Wasser eine mögliche Reaktionsgleichung unter Verwendung von Strukturformeln mit bindenden und nicht bindenden Elektronenpaaren. 5

3.2 Beim Nachweis von Ethen mit der Baeyer-Probe reagiert Ethen in einer ersten Redox-Reaktion mit den MnO_4^-- Ionen der wässrigen Kaliumpermanganat-Lösung zu Ethan-1,2-diol und zu MnO_3^-- Ionen. Die entstehenden MnO_3^-- Ionen sind instabil und reagieren in einer zweiten Redox-Reaktion ohne weiteren Reaktionspartner zu schwer löslichem Braunstein (Mangandioxid) und zu MnO_4^{2-}- Ionen.
Formulieren Sie für die erste Reaktion die Reaktionsgleichung und zeigen sie anhand der wesentlichen Oxidationszahlen und der Elektronenübergänge, dass es sich um eine Redoxreaktion handelt.
Erklären Sie anhand der Reaktionsgleichung und der Oxidationszahlen für die zweite Reaktion den Unterschied der beiden Redox-Reaktionen. 10

3.3 Der thermoplastische Kunststoff Polyethylennaphthalat (PEN) wird aus Ethan-1,2-diol und 2,6-Naphthalindicarbonsäuredimethylester (Material 2) hergestellt. Dabei entsteht als einziges Nebenprodukt Methanol.
Beschreiben Sie allgemein Bau und Eigenschaften eines thermoplastischen Kunststoffes.
Formulieren Sie unter Verwendung von Strukturformeln mit bindenden und nicht bindenden Elektronenpaaren für die Synthese von Polyethylennaphthalat (PEN) eine Reaktionsgleichung, in der Sie beispielhaft zwei Moleküle Ethan-1,2-diol mit zwei Molekülen 2,6-Naphthalindicarbonsäuredimethylester reagieren lassen.

Bestimmen Sie auf der Grundlage der Strukturformel des Reaktionsprodukts die kleinstmögliche Wiederholungseinheit von Polyethylennaphthalat (PEN).
Entwickeln Sie für die Synthese von Polyethylennaphthalat (PEN) einen möglichen säurekatalysierten Reaktionsmechanismus. Für den Reaktionsmechanismus nicht relevante Molekülgruppen können mit R (z. B. R_1, R_2) abgekürzt werden. 15

3.4 Bei der vollständigen Verbrennung von Ethen entstehen Kohlenstoffdioxid und Wasser. Dabei beträgt die Reaktionsenthalpie bezogen auf ein Mol Ethen $\Delta_R H_m^0 = -1410\ \text{kJ} \cdot \text{mol}^{-1}$.
Geben Sie jeweils eine Definition für die Begriffe Reaktionsenthalpie und Standardbildungsenthalpie an.
Formulieren Sie die Reaktionsgleichung für die vollständige Verbrennung von Ethen und berechnen Sie mithilfe von Material 3 die molare Standardbildungsenthalpie ($\Delta_R H_m^0$) von Ethen. Gehen Sie für die Berechnung davon aus, dass dich Ausgangsstoffe und Endprodukte jeweils im Standardzustand (25 °C, 1 bar) befinden. 10

40

Material 1: Ethephon (2-Chlorethylphosphonsäure)

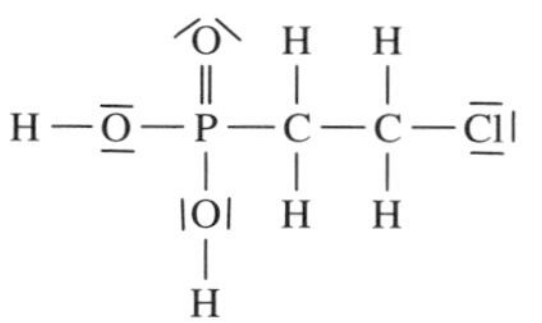

Material 2: 2,6-Naphthalindicarbonsäuredimethylester

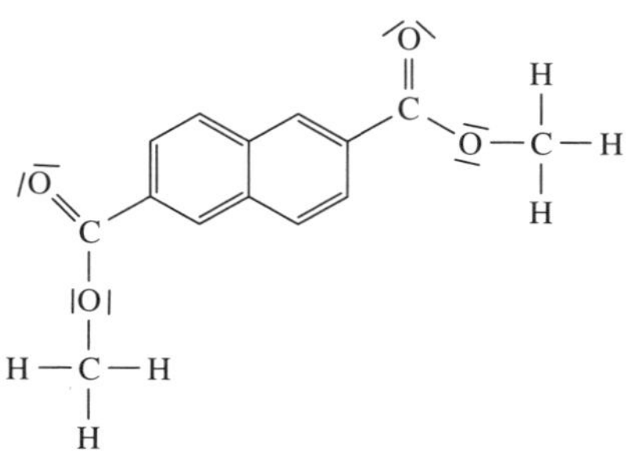

Material 3: Molare Standardbildungsenthalpien

	molare Standardbildungsenthalpie $\Delta_f H_m^0$ [$kJ \cdot mol^{-1}$]
Kohlenstoff (s) (Graphit)	0
Kohlenstoffdioxid (g)	–393
Kohlenstoffmonooxid (g)	–111
Ethan (g)	–74
Sauerstoff (g)	0
Wasserstoff (g)	0
Wasser (g)	–242
Wasser (l)	–286

Materialgrundlage:
G. H. Aylward, T. J. V. Findlay: Datensammlung Chemie in SI-Einheiten, Weinheim 1999.
https://roempp.thieme.de/roempp4.0/do/data/RD-05-01890
https://roempp.thieme.de/roempp4.0/do/data/RD-05-01978
http://www.patent-de.com/20060928/DE60119293T2.html
K. P. Vollhardt, N. E. Schore, Organische Chemie, Weinhein 2007, S. 1042.

Aufgabe D

Derivate der Schwefelsäure BE

Sulfurylchlorid (Material 1) ist eine farblose, an der Luft schwach rauchende, erstickend riechende Flüssigkeit, die sich bei längerem Stehen oder beim Erhitzen zu Schwefeldioxid und elementarem Chlor zersetzt. Diese Zersetzungsreaktion lässt sich zeitlich gut dokumentieren (Material 2).
Mit wenig Wasser reagiert Sulfurylchlorid zu Chlorwasserstoff und Chloroschwefelsäure (Material 3), mit viel Wasser dagegen zu Chlorwasserstoff und Schwefelsäure. Chloroschwefeläure und Methylbenzol (Toluol) sind die Ausgangsstoffe zur Synthese des Süßstoffes Saccharin (Material 4).

4.1 Formulieren Sie jeweils die Reaktionsgleichung für die Reaktion von Sulfurylchlorid mit Wasser zu Chlorwasserstoff und Schwefelsäure sowie für die Reaktion der Zersetzung von Sulfurylchlorid.
Entscheiden Sie für beide Reaktionsgleichungen jeweils anhand der wesentlichen Oxidationszahlen, ob es sich um eine Redoxreaktion handelt oder nicht, und geben Sie im positiven Fall die Elektronenübergänge an. 10

4.2 Material 2 zeigt die zeitliche Dokumentation der Zersetzungsreaktion von Sulfurylchlorid. Zeichnen Sie anhand dieser Daten ein Konzentration-Zeit-Diagramm für die Zersetzung von Sulfurylchlorid und geben Sie eine Definition für den Begriff Reaktionsgeschwindigkeit an.
Berechnen Sie die durchschnittliche Reaktionsgeschwindigkeit für diesen Zerfall im Zeitintervall von 100 Minuten bis 200 Minuten.
Erläutern Sie die Veränderung der Geschwindigkeit einer chemischen Reaktion bei einer Temperaturerhöhung. 10

4.3 Die Synthese des Saccharins, ausgehend von Methylbenzol, lässt sich in fünf Schritte zerlegen (Material 4). Im ersten Schritt dieser Synthese reagiert Methylbenzol mit Chloroschwefelsäure unter Abspaltung von Chlorwasserstoff zu o-Toluolsulfonsäure.
Formulieren Sie für diesen ersten Reaktionsschritt den Reaktionsmechanismus. Gehen Sie dabei vereinfachend davon aus, dass als Reaktionspartner und damit als angreifendes Teilchen ein SO_3-Molekül (Material 5) dient.
Benennen Sie den Reaktionsmechanismus sowie die Teilschritte der Reaktion.
Erläutern Sie die dirigierende Wirkung der Methylgruppe für die drei möglichen Stellungen des Substituenten am Ring auch mithilfe aller denkbaren mesomeren Grenzformeln im σ-Komplex. 14

4.4 Formulieren Sie für den 3. und 4. Schritt der Saccharinsynthese das jeweilige organische Produkt in Strukturformeln und erläutern Sie die Reaktion in Schritt 5. 6

40

Material 1: Sulfurylchlorid

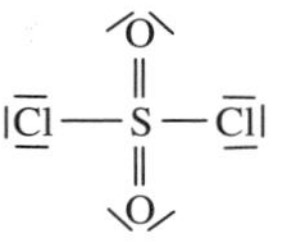

Material 2: Zersetzung von Sulfurylchlorid – zeitliche Dokumentation

t [min]	$c(SO_2Cl_2)$ [mol · L^{-1}]
0	0,0450
100	0,0394
200	0,0345
300	0,0302
500	0,0233
700	0,0179

Material 3: Chlorschwefelsäure

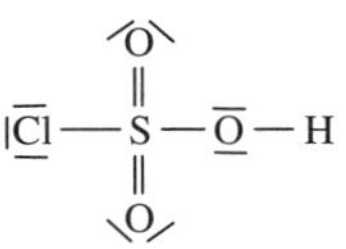

Material 4: Synthese des Süßstoffes Saccharin in fünf Schritten

Schritt 1 und 2: Von Methylbenzol (Toluol) zu ortho-Toluolsulfonsäurechlorid (vereinfacht)

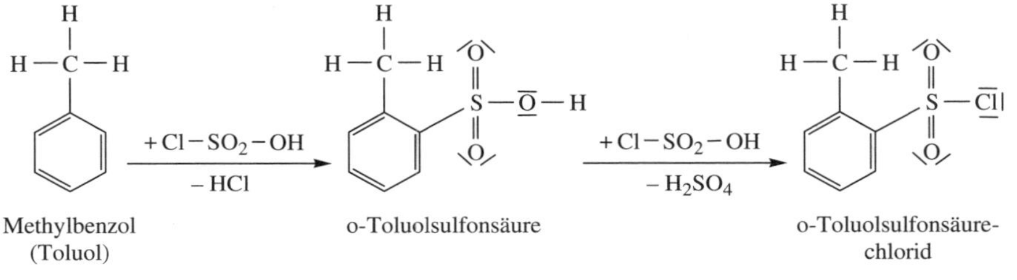

Schritt 3 bis 5: Von ortho-Toluolsulfonsäurechlorid zu Saccharin

Schritt 3:

o-Toluolsulfonsäurechlorid wird mit Ammoniak zur Reaktion gebracht. Dabei entstehen Chlorwasserstoff und eine organische Verbindung, die eine Aminogruppe trägt.

Schritt 4:

Im organischen Produkt aus Schritt 3 wird mithilfe von Kaliumpermanganat die Methylgruppe zu einer Carboxygruppe oxidiert.

Schritt 5:

Das organische Produkt aus Schritt 4 wird zu Saccharin umgesetzt.

Saccharin

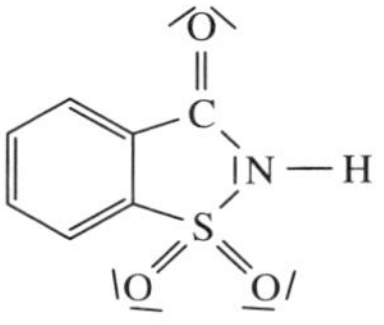

Material 5: Schwefeltrioxid

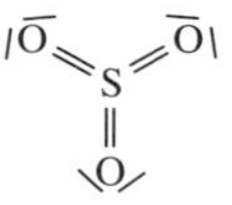

Materialgrundlage:

E. Breitmaier, G. Jung: Organische Chemie, Stuttgart 2005, S. 425.

C. Mortimer: Chemie – Das Basiswissen der Chemie, Stuttgart 2007, S. 267.

http://www.google.de/patents/EP0042530B1?cl=de

https://roempp.thieme.de/roempp4.0/do/data/RD-19-04919

http://swisseduc.ch/chemie/sulfonamide/sulfanilamid_theorie/docs/sulf_03_synth_theorie_lsg.doc

http://daten.didaktikchemie.uni-bayreuth.de/umat/rekorde_oc2/saccharin_aspirin.htm

W. Asselborn, M. Jäckel, K. T. Risch: Chemie heute – Sekundarbereich II, Hannover 2009, S. 78.

Karin Arnold: Chemie Oberstufe Gesamtband, Allgemeine Chemie, Physikalische Chemie, Organische Chemie, Schülerbuch, Cornelsen 2010, S. 109.

Lösungsvorschläge

Aufgabe A

1.1 Die **vollständige Protolyse** der Citronensäure führt pro mol Citronensäure zu 1 mol des Trianions und 3 mol Oxoniumionen.

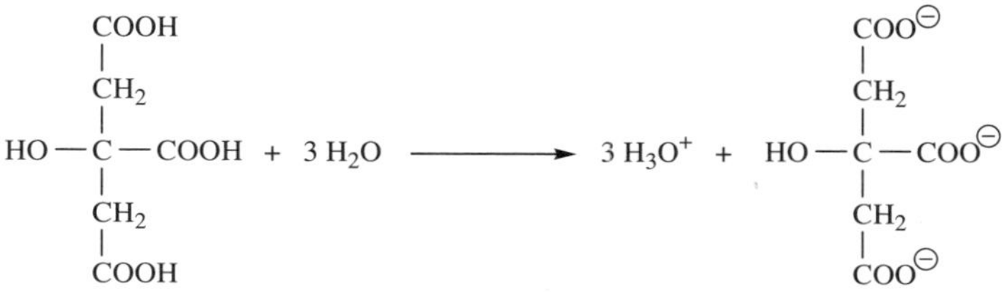

Die Oxoniumionen reagieren mit dem Kalk ($CaCO_3$) unter Bildung von Kohlensäure (H_2CO_3), die zu CO_2 und H_2O zerfällt. Außerdem wird das Tri-Calciumsalz der Citronensäure gebildet.

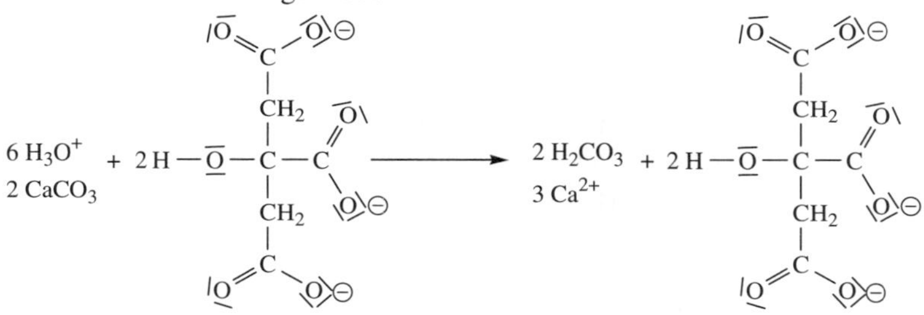

$$H_2CO_3 \longrightarrow CO_2\uparrow + H_2O$$

Es reicht hier auch nur die stöchiometrische Zahl der H_3O^+-Ionen einzusetzen.

Zum **Nachweis** des gebildeten Kohlenstoffdioxids wird „Kalkwasser", eine wässrige Lösung von Calciumhydroxid ($Ca(OH)_2$ verwendet. Das Einleiten des Gases in diese Lösung führt zu einer Trübung, da festes schwerlösliches Calciumcarbonat ausfällt.

$$CO_2 + 2\,Ca^{2+} + 2\,OH^- \longrightarrow CaCO_3\downarrow + H_2O$$

1.2 *Aus dem Text zur Aufgabe geht hervor, dass die Isocitronensäure sich von der Citronensäure nur in der Stellung der OH-Gruppe unterscheidet. Die Sruktur (1) ist das natürliche Stereoisomer.*

Die 4 **Stereoisomere** der Isocitronensäure in der Fischer-Projektion:

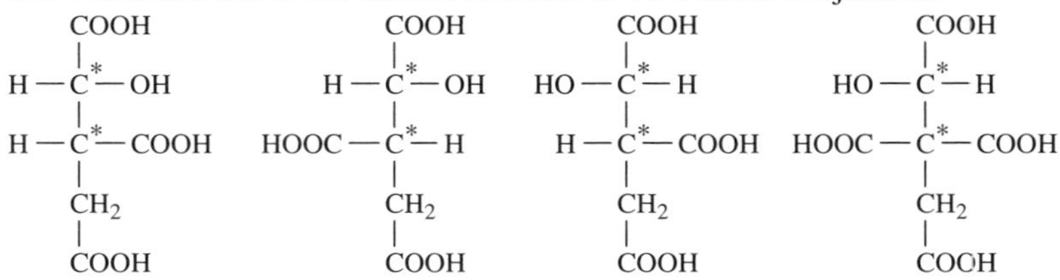

(1) (2) (3) (4)

Die hier dargestellten Stereoisomere werden auch als **Diastereomere** bezeichnet. In einem Molekül mit 2 **asymmetrischen C-Atomen** (hier C_2 und $C_{3,}$ mit * gekennzeichnet) in einem existieren genau 4 (unterschiedliche) Diastereomere. Bei der Isocitronensäure unterscheiden sich die Stereoisomere durch die Anordnung der Hydroxylgruppe (C_2) bzw. Carboxygruppe (C_3) Asymmetrische C-Atome sind solche, die 4 verschiedene Substituenten gebunden haben.

1.3 Der Ansatz zur Berechnung der enthaltenen Konzentration ist:

$c(\text{Säure}) \cdot V(\text{Säure}) = c(\text{Lauge}) \cdot V(\text{Lauge})$.

Da jedoch die Citronensäure 3 Protonen bei vollständiger Protolyse abgeben kann, muss die Säurekonzentration verdreifacht werden:

$3 \cdot c(\text{Säure}) \cdot V(\text{Säure}) = c(\text{Lauge}) \cdot V(\text{Lauge})$

Daraus folgt:

$$c(\text{Säure}) = \frac{1}{3} \cdot \frac{c(\text{Lauge}) \cdot V(\text{Lauge})}{V(\text{Säure})} = \frac{1}{3} \cdot \frac{1\,\text{mol} \cdot \text{L}^{-1} \cdot 7{,}2\,\text{mL}}{5\,\text{mL}}$$
$$= 0{,}48\,\text{mol} \cdot \text{L}^{-1}$$

Die Citronensäure hat eine molare Masse $M = 192\ \text{g} \cdot \text{mol}^{-1}$. Damit ergibt sich:

$$m(Säure) = c\,(\text{Säure}) \cdot V\,(\text{Säure}) \cdot M\,(Säure)$$
$$= 0{,}48\,\text{mol} \cdot \text{L}^{-1} \cdot 5 \cdot 10^{-3}\,\text{L} \cdot 192\,\text{g} \cdot \text{mol}^{-1}$$
$$\approx 0{,}461\,\text{g}$$

In der beschriebenen Titration enthielten 5 mL des verwendeten Zitronensafts ca. 0,461 g Citronensäure der Konzentration von 0,48 mol · L^{-1}.

Bei Säure-Base-Reaktionen sind in sauren Lösungen die H_3O^+-Ionen bzw. in basischen Lösungen die Hydroxid-Ionen (OH^-) die sog. Äquivalentteilchen. Eine 1 M Citronensäurelösung ist 3 molar an H_3O^+-Ionen. Früher wurde hier der Begriff Normalität verwendet: Eine 1 M Citronensäurelösung ist 3 normal.

1.4 Im **ersten Schritt** wird eine Cyanogruppe an das Carbonyl-C-Atom addiert, es handelt sich also um eine **nukleophile Addition (A_N)**. Cyanwasserstoff katalysiert diese Reaktion durch Protonierung des Carbonyl-Sauerstoffatoms.

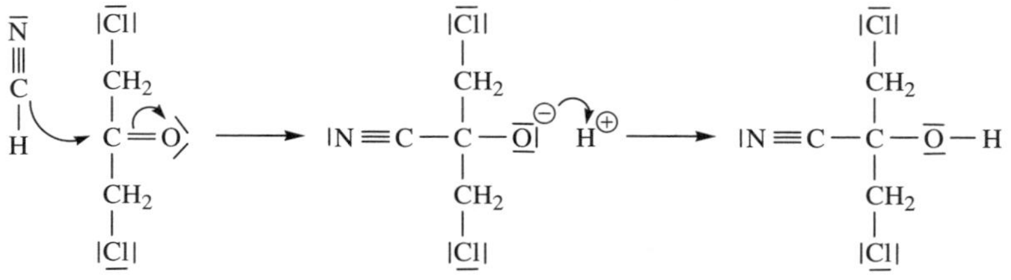

Nukleophiler Angriff Protonentransfer

Alternativ kann auch zunächst der Carbonyl-Sauerstoff protoniert werden und anschließend der nukleophile Angriff erfolgen.

Im **Schritt 3** findet eine **bimolekulare nukleophile Substitution (S_N2)** statt:

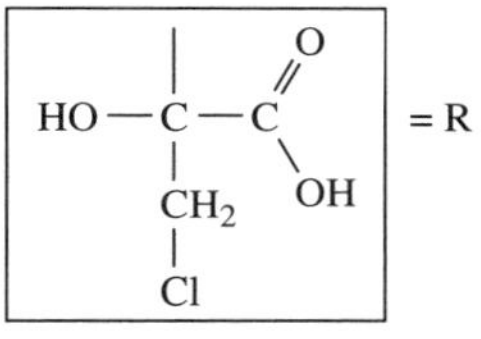

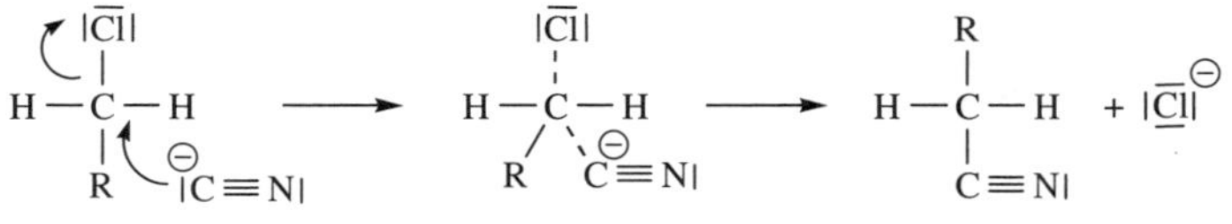

(1) (2) (3)

Wie in der Aufgabenstellung empfohlen, ist es angebracht die nicht an der Reaktion beteiligten Molekülgruppen mit R zu bezeichnen. Dabei sind mehrere Varianten möglich.

Es erfolgt in zunächst nukleophiler Angriff des Cyanid-Ions an der Rückseite des positiv polarisierten C-Atom (1). In der Folge bildet sich ein Übergangszustand (2), in dem die Cyanidgruppe noch nicht gebunden und das Chlorid als Abgangsgruppe noch nicht abgespalten ist. Über diesen sp^2-Hybridzustand erfolgt ein Umklappen der Konfiguration (Konfigurationsumkehr) zum sp^3-Hybrid.
Die nukleophilen Substitutionen an primären C-Atomen erfolgen nach einem solchen S_N2-Mechanismus. Im Unterschied zum S_N1-Mechanismus wird kein Carbokation gebildet, da dieses hier nicht durch einen positiven induktiven Effekt (z. B. einer Methylgruppe) stabilisiert werden kann.

1.5 Der Weichmacher enthält mehrere **Esterstrukturen**. Die 3 Carboxylgruppen der Citronensäure sind je mit Butanol-1-ol verestert und die OH-Gruppe mit einem Molekül Ethansäure.

2.1 Es handelt sich hier um eine **elektrophile Addition (A_E)** an die Doppelbindungen des Lycopins. Dieser Reaktionsmechanismus wird typischerweise am Beispiel einer Doppelbindung in 2 Schritten entwickelt:

(1) **Elektrophiler** Angriff des positiv polarisierten Bromkations an der hohen Elektronendichte der C = C-Doppelbindung. In der Folge kommt es zur Ausbildung des σ-Komplexes (Übergangszustand) und der heterolytischen Spaltung des Brommoleküls:

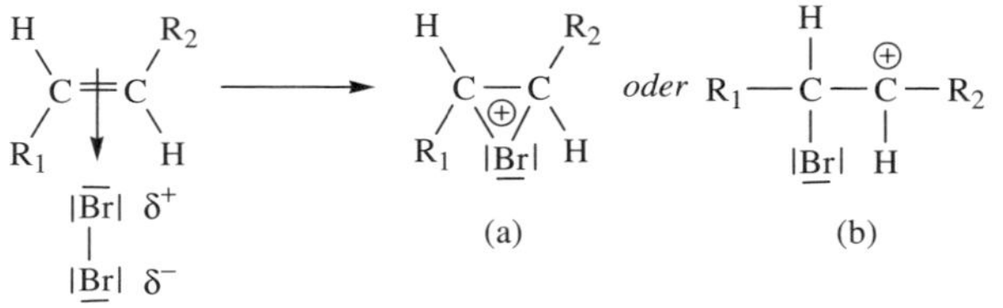

π-Komplex σ-Komplex

Aus dem π-Komplex (Tradukt) entsteht ein σ-Komplex (Interdukt). Dabei sind zwei verschiedene Strukturen dieses Zwischenproduktes möglich (a und b). Die cyclische Struktur (a) wird auch als Bromonium-Ion bezeichnet. Die positive Ladung ist über den neu entstandenen Ring verteilt, der Ladungsschwerpunkt liegt allerdings beim Brom. Die Struktur (b) dagegen stellt ein Brom-Carbenium-Ion dar, da hier die positive Ladung am Kohlenstoff lokalisiert ist. Eine stereochemische Betrachtung der Reaktion könnte Aufschluss über die Struktur des Zwischenproduktes geben.

(2) Der entstandene σ-Komplex wird nun rückseitig vom entstandenen Bromid-Ion **nukleophil** angegriffen. Es entsteht **n,(n + 1)-Dibromethan:**

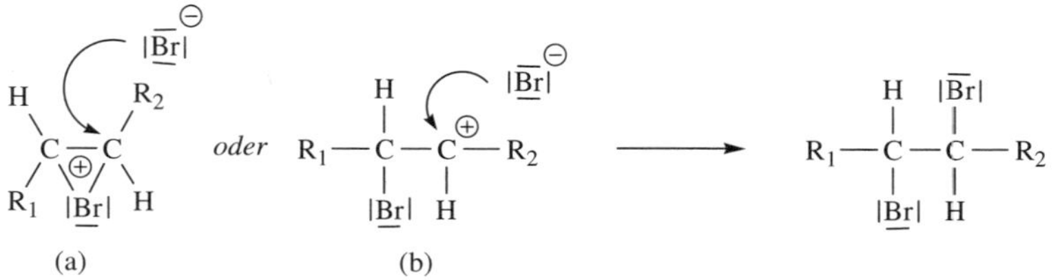

Die rote Farbe geht verloren, da das konjugierte Doppelbindungs-System dadurch aufgelöst wird. Betrachtet man die Elektronenverteilung in einer Doppelbindung, so erkennt man, dass die Elektronendichte zwischen den C-Atomen stark erhöht ist. Durch die sp^2-Hybridisierung ist das Molekül planar gebaut, die π-Bindungen ragen aus dieser Ebene oberhalb und unterhalb heraus. Diese sind von einem positiv geladenen Teilchen (Elektrophil) leicht angreifbar.

2.2 Die biotechnologische **Synthese der Essigsäure** kann nach folgender Gleichung formuliert werden:

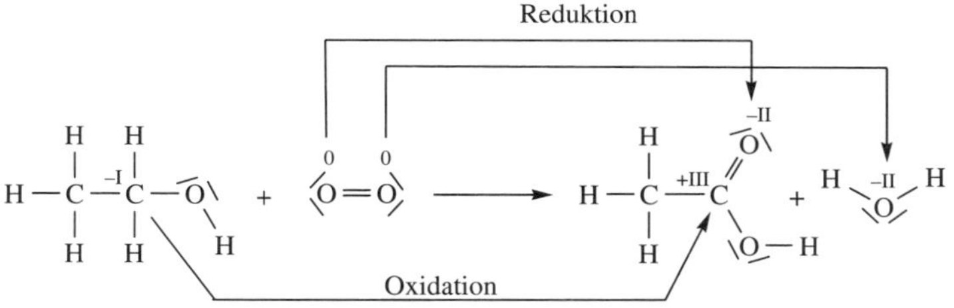

Das C1-Atom des Ethanols wird um 4 Stufen oxidiert. Dabei werden 4 Elektronen abgegeben. Diese werden von zwei Sauerstoffatomen im O_2-Molekül aufgenommen, die dadurch reduziert werden. Es handelt sich demnach um eine **Redoxreaktion**.

Das **C1-Atom** der Ethansäure sowie die O-Atome sind **sp^2-hybridisiert**, folglich ist die Carboxylgruppe planar gebaut. Der Bindungswinkel zwischen den beiden σ-Bindungen beträgt 120°.
Das **C2-Atom** ist **sp^3-hybridisiert**, hat also eine Tetraeder-Struktur. An den Ecken bilden sich entsprechend mit den s-Orbitalen der H-Atome 3 σ-Bindungen aus. Zwischen den beiden C-Atomen entsteht folglich eine sp^3-sp^2-σ-Bindung.
Durch Überlappung der 2 anderen sp^2-Hybridorbitale des C1-Atoms mit jeweils einem sp^2-Orbital des Sauerstoffs bilden sich weitere 2 σ-Bindungen entlang der Atomachsen aus.
Senkrecht zu der Ebene der Carboxylgruppe stehen die 3 p-Elektronen des C1- sowie der beiden O-Atome, die demnach eine π-Bindung nach beiden Seiten oberhalb und unterhalb der σ-Bindungen bilden können. Daher bildet sich ein **delokalisertes π-Elektronensystem mit 4 Elektronen** (1 mehr als p-Orbitale durch die Ladung von –1) über alle 3 Atome aus und die negative Ladung ist folglich über den ganzen Bereich verteilt, die Bindungen sind alle gleichwertig:

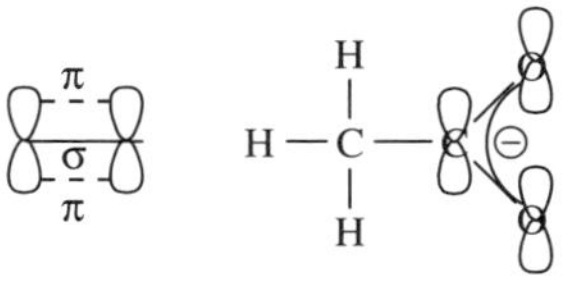

Die π-Elektronen der Doppelbindung im Carboxylat-Anion stehen in Konjugation (a) mit den nichtbindenden Elektronenpaaren des negativ geladenen Sauerstoffatoms. Es lassen sich daher zwei gleichwertige Grenzstrukturen (b) formulieren. Durch die symmetrische Anordnung und Delokalistion der Doppelbindungselektronenpaare ist diese Struktur mesomeriestabilisiert.
Die Mesomeriestabilisierung des Anions ist auch ein Grund für die Säureeigenschaften der Carbonsäuren.

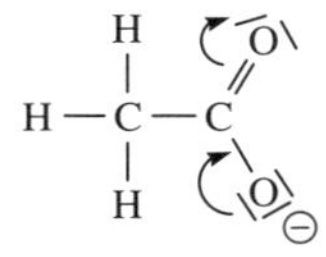

(a)

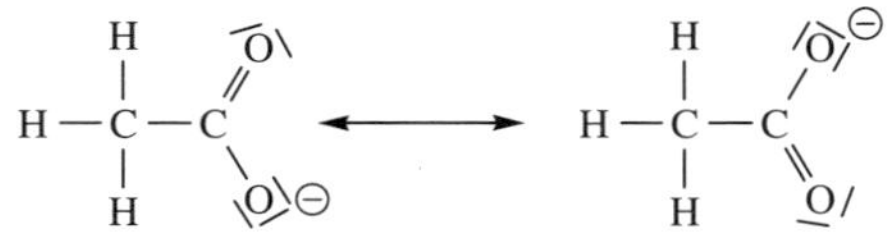

(b)

2.3 Die Fettsäuren haben die folgenden Strukturformeln (Kurzschreibweise):

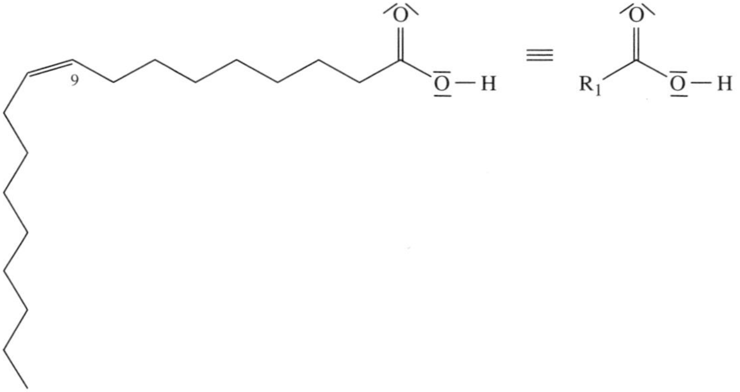

Die Ölsäure ((Z)-Octadec-9-ensäure) ist eine ungesättigte Fettsäure. Die Doppelbindung an Position 9 hat die Konfiguration Z (früher cis).

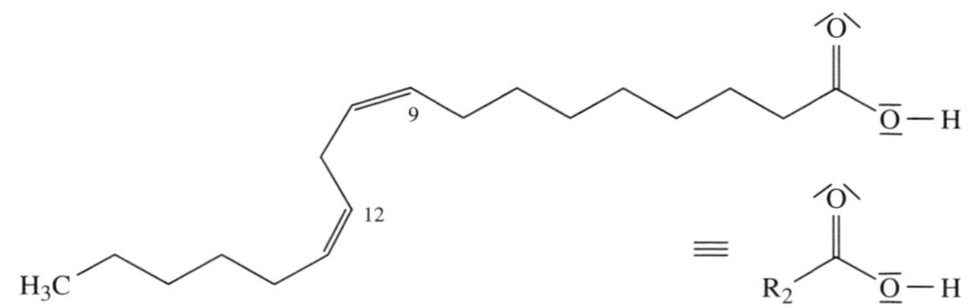

Die Linolsäure ((Z,Z)-Octadec-9,12-diensäure) ist eine zweifach ungesättigte Fettsäure, beide Doppelbindungen Z konfiguriert.

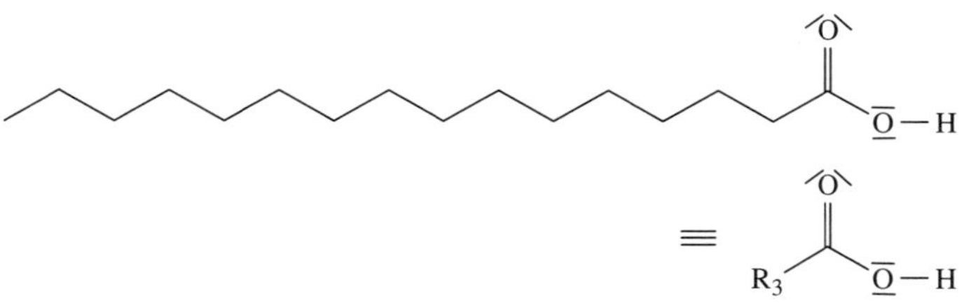

Palmitinsäure (Hexadecansäure) ist eine gesättigte Fettsäure.

Die Bildung eines Triglycerids aus Glycerin (Propan-1,2,3-triol) mit den genannten Fettsäuren läuft nach der folgenden **Reaktionsgleichung** ab:

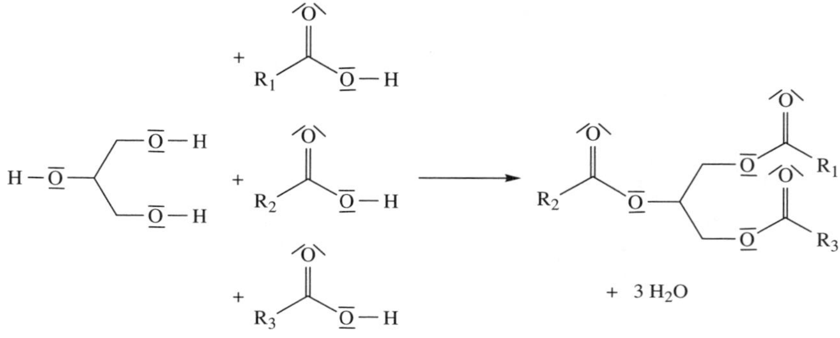

In der Lewis-Valenzstrichformel werden strukturellen Folgen der (Z)-Konfiguration der Fettsäuren nicht deutlich. Diese sind jedoch in der Aufgabenstellung auch nicht verlangt. Daher wäre auch folgende Darstellung möglich:

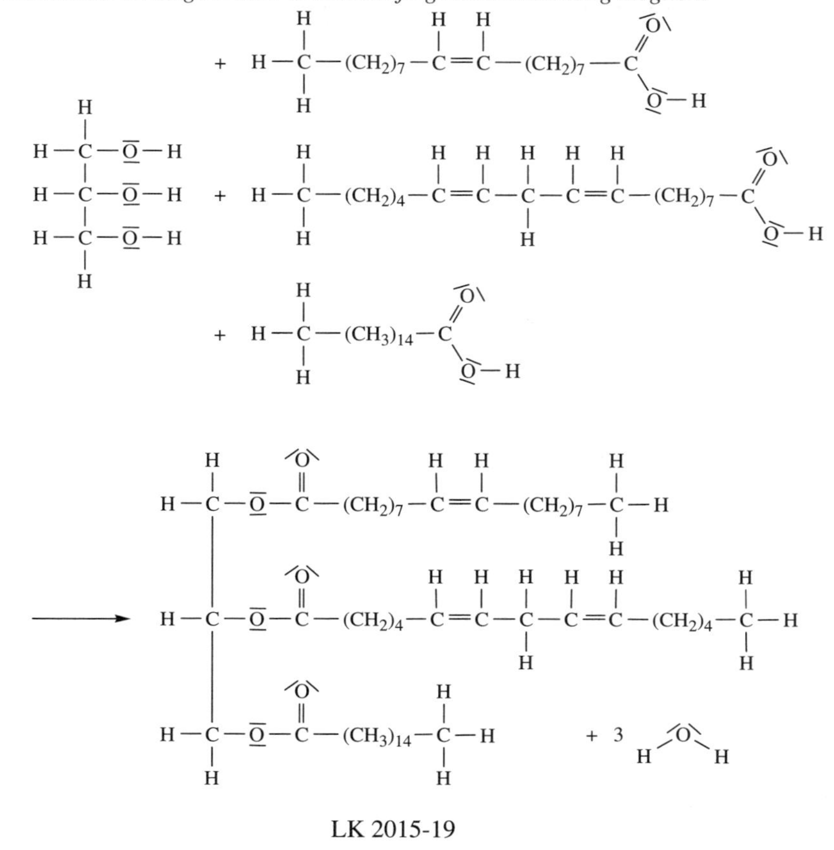

2.4 Monosacharide können verschieden verknüpft sein, womit auch deren Eigenschaften zusammenhängen.
Die beiden Moleküle in **Abschnitt A1 und A2** sind Glucosemoleküle, wobei die Ebene des zweiten Rings um 180 ° gedreht wurde. Es handelt sich um eine β-1,4-glykosidische Verknüpfung wie in der Cellulose. Zwischen **Abschnitt A1 und B** ist es eine α-1,3 glykosidische Verknüpfung zwischen einer 6-Acetylmannose und Glucose.
Zwischen **Abschnitt B und C** besteht eine β-1,2 Verknüpfung und zwischen **Abschnitt C und D** eine β-1,4-glykosidische Bindung.

Das **Monosaccharid** in Abschnitt A1 ist eine β-D-Glucose.
In **Abschnitt B** ist die Mannose **acetyliert**, d. h. die Hydroxygruppe am C6-Atom ist mit Ethansäure verestert. In **Abschnitt C** ist die OH-Gruppe am C6-Atom zur **Carboxylgruppe oxidiert**.

Aufgabe C

3.1 Ethephon reagiert mit Wasser nach folgender Reaktionsgleichung:

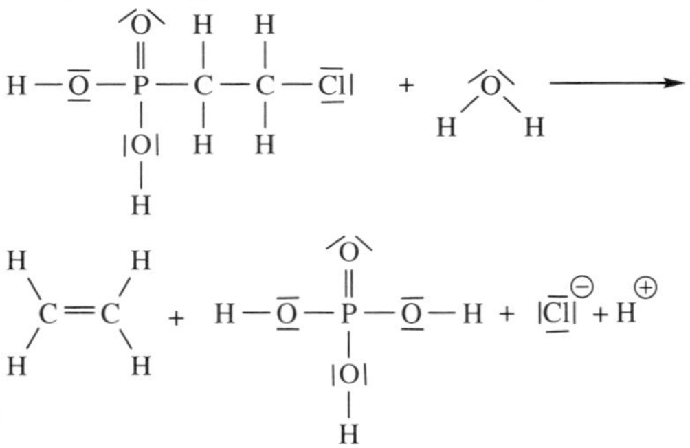

3.2 Im ersten Schritt der Baeyer-Probe läuft folgende Redoxreaktion ab:

$$\text{Ox.:}\quad H_2\overset{-II}{C}{=}\overset{-II}{C}H_2 + 2\,OH^- \longrightarrow HO{-}\overset{-I}{C}H_2{-}\overset{-I}{C}H_2{-}OH + 2\,e^-$$

$$\text{Red.:}\quad \overset{+VII}{Mn}O_4^- + 2\,e^- + 2\,H^+ \longrightarrow \overset{+V}{Mn}O_3^- + H_2O$$

$$\text{Redox:}\quad MnO_4^- + C_2H_4 + H_2O \longrightarrow MnO_3^- + HO{-}CH_2{-}CH_2{-}OH$$

Bei dieser Redoxreaktion werden zwei Elektronen ausgetauscht. Die beiden C-Atome im Ethen geben je 1 Elektron ab und werden oxidiert. Das Manganatom im Permanganat nimmt die Elektronen auf und wird zu dem instabilen Manganat(V) reduziert.

Bei der zweiten Reaktion wird ein Manganatom des Manganat(V) mit der Oxidationsstufe +V zu Manganat(VI) oxidiert und das andere Maganatom zu Braunstein reduziert:

$$2\,\overset{+V}{Mn}O_3^- \longrightarrow \overset{+VI}{Mn}O_4^{2-} + \overset{+IV}{Mn}O_2$$

Eine solche Redoxreaktion, bei der ein Molekül bzw. Molekül-Ion in eine höhere Oxidationsstufe und in eine niedrigere zerfällt, wird aus als **Disproportionierung** bezeichnet.

3.3 Thermoplastische Kunststoffe bestehen aus **linearen Polymerketten**, die z. B. durch **Van der Waals-Kräfte** (schwache Kräfte) zusammen gehalten werden. Diese zwischenmolekularen Kräfte sind Wechselwirkungen zwischen induzierten Dipolen von weitgehend unpolaren bzw. wenig polaren Molekülteilen, die von den kontaktierten Oberflächen der Moleküle abhängen. Sie werden beim Erwärmen gelöst, sodass sich die Molekülteile (Polymerketten) verschieben können. Dies bewirkt die **plastische Verformbarkeit** der Thermoplasten.
Der Kunststoff PEN entsteht aus den Monomeren 2,6-Naphthalindicarbonsäuredimethylester und Ethan-1,2.diol:

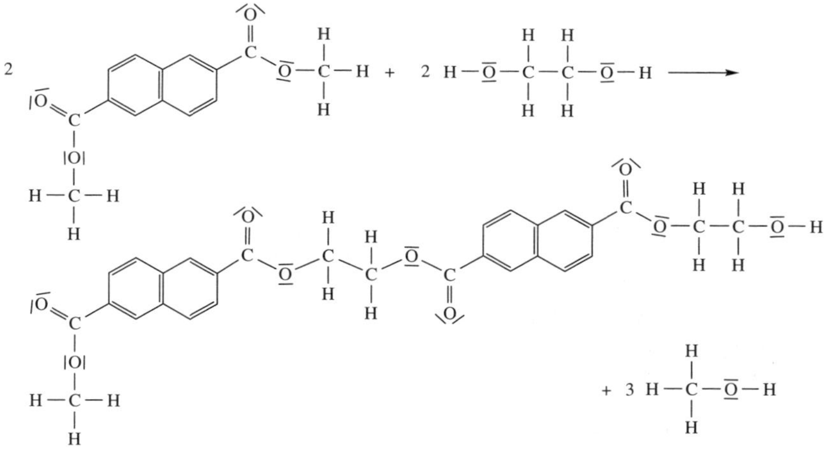

Die sich wiederholende **kleinste Moleküleinheit** ist:

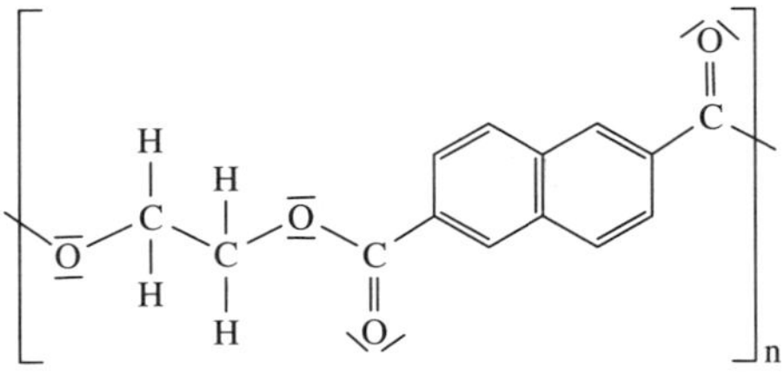

Der Reaktionsmechanismus folgt dem Prinzip einer Estersynthese, in diesem Fall findet sogar eine **Umesterung** statt (R_1 entspricht dem Rest von 2,6-Naphthalindicarbonsäuredimethylester und R_2 dem Rest von Ethan-1,2.diol):

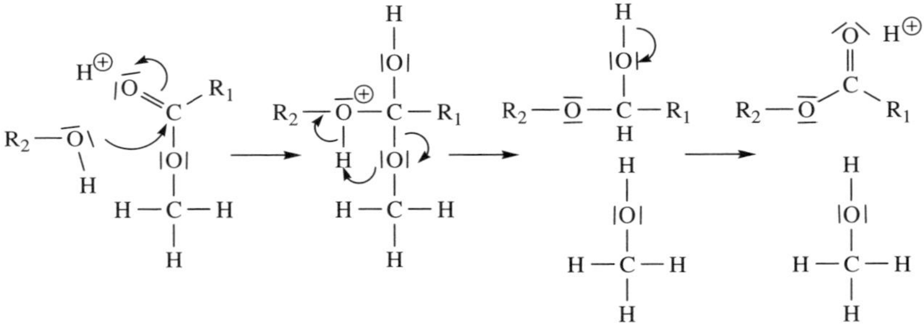

(1) (2) (3) (4)

Diese Polyestersynthese verläuft säurekatalytisch durch einen nukleophilen Angriff eines freien Elektronenpaares eines Sauerstoffatom des Ethan-1,2-diols an einem protonierten C-Atom des 2,6-Naphthalindicarbonsäuredimethylesters (1). Es entsteht ein Übergangszustand (Oxonium-Ion, 2), aus dem durch einen Protonentransfer ein Methanolat-Anions abgespalten wird. Es bildet sich ein positiv geladenes Carbenium-Ion (3). Der neue Ester entsteht schließlich unter Abspaltung des Protons (4).

3.4 Die **Standardbildungsenthalpie** in der Einheit $kJ \cdot mol^{-1}$ ist die Energie, die bei der Bildung von einem Mol eines Stoffes aus den Elementen unter Standardbedingungen (101,3 kPa und 25 °C) frei wird oder erforderlich ist. Sie kann ein negatives Vorzeichen (exotherme Reaktion), oder ein positives Vorzeichen annehmen (endotherme Reaktion).

Die **Reaktionsenthalpie** (hier eine Verbrennungsenthalpie) ist die Differenz der Summen der Standardbildungsenthalpien der Produkte und der Edukte.
Für die Berechnung der Reaktionsenthalpie gilt:

$$\Delta_R H^0 = \sum n \cdot \Delta_f H^0(\text{Produkte}) - \sum n \cdot \Delta_f H^0(\text{Edukte})$$

Zunächst muss für die Berechnung die **Reaktionsgleichung** formuliert werden:

$$C_2H_{4\,(g)} + 3\,O_{2\,(g)} \longrightarrow 2\,CO_{2\,(g)} + 2\,H_2O_{(g)}$$

Gegeben sind:

Reaktionsenthalpie: $\Delta_R H^0 = -1419\ kJ \cdot mol^{-1}$, *Substitution* : z. B. $\equiv$ (r)

Standardbildungsenthalpie für $CO_2\,(g)$: $\Delta_f H^0 = -393\ kJ \cdot mol^{-1} \equiv (y)$

Standardbildungsenthalpie für $H_2O(l)$: $\Delta_f H^0 = -286\ kJ \cdot mol^{-1} \equiv (z)$

Gesucht ist:

Standardbildungsenthalpie für $C_2H_4\,(g)$: $\Delta_f H^0 \qquad \equiv (x)$

Die Aufgabenstellung sollte genau gelesen werden, da zur Irreführung im Material 3 z. B. die Standardbildungsenthalpie auch für Wasser im gasförmigen Aggregatzustand und außerdem für weitere Stoffe angegeben sind.

Die Standardbildungsenthalpie von Elementen in der stabilsten Form ist definitionsgemäß 0 kJ · mol^{-1}. Daher entfällt der Term für den Sauerstoff. Es gilt:

$$\sum n \cdot \Delta_f H^0(\text{Edukte}) = n \cdot \Delta_f H^0(\text{Ethen}) = \sum n \cdot \Delta_f H^0(\text{Produkte}) - \Delta_R H^0$$

$$\begin{aligned} 1\,mol \cdot \Delta_f H^0(\text{Ethen}) &= [2\,mol \cdot (-393\,kJ \cdot mol^{-1}) + 2\,mol \cdot (-286\,kJ \cdot mol^{-1})] \\ &\quad -(-1410\,kJ \cdot mol^{-1}) \\ &= +52\,kJ \end{aligned}$$

Die Standardbildungsenthalpie für Ethen beträgt demnach 52 kJ · mol^{-1}.

Die Berechnung kann auch mithilfe der oben angezeigten Substitutionen formuliert werden:

$x = (2 \cdot y + 2 \cdot z) - (r) = 52\ kJ \cdot mol^{-1}$

Die Standardbildungsenthalpie von Ethen ist also positiv. Daher wäre die Synthese aus den Elementen theoretisch eine endotherme Reaktion. Diese Reaktion ist jedoch hypothetisch, sie ist so nicht durchführbar.

Aufgabe D

4.1 **Hydrolyse** von Sulfurylchlorid:

$$SO_2Cl_2 + 2\,H_2O \longrightarrow H_2SO_4 + 2\,HCl$$

Die **Oxidationszahlen** für die Atome betragen:
S-Atom: +VI; O-Atom: –II; Cl-Atom: –I; H-Atom: +I

Es ist **keine** Redoxreaktion, da bei den Edukten als auch bei den Produkten die gleichen Oxidationszahlen vorliegen. Es findet demnach keine Elektronenübertragung statt.

Zersetzung von Sulfurylchlorid:

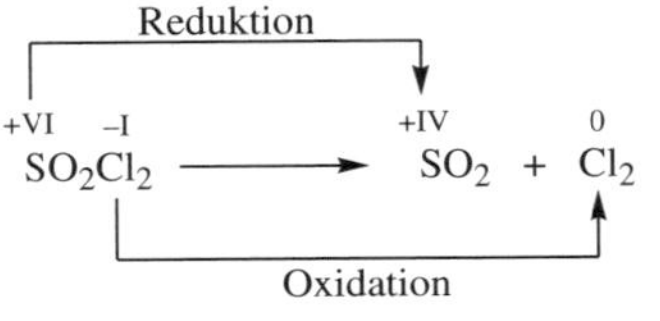

In diesem Fall handelt es sich um eine **Redoxreaktion**:
Die beiden Chlor-Atom im Sulfurylchlorid-Molekül zu elementarem Chlor oxidiert und geben dabei jeweils ein Elektron ab.
Das Schwefel-Atom wird reduziert, d. h. die 2 Elektronen werden aufgenommen.
Es findet also eine **Elektronenübertragung** statt.
Die Oxidationszahl der Sauerstoff-Atome bleiben unverändert.

4.2 Die gegebenen Messwerte können folgendermaßen dargestellt werden:

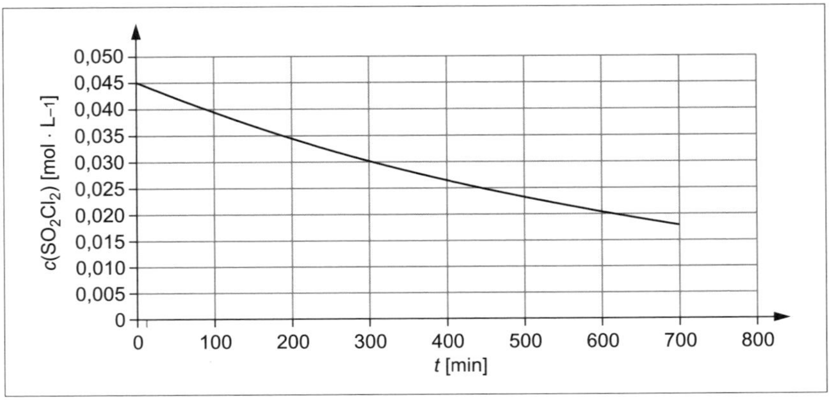

Abb.: Konzentrations-Zeit-Diagramm der Zersetzung von Sulfurylchlorid

Die **Reaktionsgeschwindigkeit** beschreibt in dem Beispiel die zeitliche Konzentrationsänderung von Sulfurylchlorid in mol · L^{-1}.

Nach der Definition gilt:

$$v = \frac{\Delta c}{\Delta t}$$

Berechnung der durchschnittlichen Reaktionsgeschwindigkeit für das Zeitintervall 100 bis 200 Minuten:

$$\Delta c = 3{,}94 \cdot 10^{-2} - 3{,}45 \cdot 10^{-2}\ \text{mol} \cdot \text{L}^{-1}$$

$$\frac{\Delta c}{\Delta t} = \frac{0{,}49 \cdot 10^{-2}\ \text{mol} \cdot \text{L}^{-1}}{100\ \text{min}}$$

$$= 4{,}9 \cdot 10^{-5}\ \text{mol} \cdot \text{L}^{-1} \cdot \text{min}^{-1}$$

Das Ergebnis kann auch auf Sekunden bezogen angegeben werden: $8{,}17 \cdot 10^{-7}$ mol $\cdot$ L^{-1} $\cdot$ s^{-1}.

Die Reaktionsgeschwindigkeit ist stark **temperaturabhängig**.
Es gibt eine exponentiellen Zusammenhang, die in der sog. **RGT-Regel** Ausdruck findet. Diese besagt, dass pro 10 Grad Temperaturerhöhung sich die Reaktionsgeschwindigkeit verdoppelt bzw. verdreifacht.

Alternativ kann die Temperaturabhängigkeit auch mit der kinetischen Gastheorie (Maxwell-Boltzmann-Verteilung) begründet werden. Diese besagt, dass bei höheren Temperaturen mehr Moleküle mit gleicher Masse mit höherer Geschwindigkeit anzutreffen sind, deren kinetische Energie nimmt daher zu.
Eine Erklärung liefert auch die Kollisonstheorie, nach der Reaktionen durch unelastische Zusammenstöße von Molekülen stattfinden. Eine Zunahme der Molekülgeschwindigkeiten erhöht die Zahl dieser Kollisionen. Nach dieser Theorie führt eine Verdopplung der Temperatur auf der Kelvin-Skala zu einer Erhöhung der quadratisch gemittelten Geschwindigkeit um den Faktor $\sqrt{2} = 1{,}4141\ldots$, es besteht also ein exponentieller Zusammenhang.

4.3 Bei der **Saccharin-Synthese** findet eine Zweitsubstitution statt. Im Folgenden ist der erste Reaktionsschritt der Synthese aufgezeigt Dabei wird vereinfachend Schwefeltrioxid als Reaktionspartner verwendet:

Elektrophiler Angriff von SO_3:

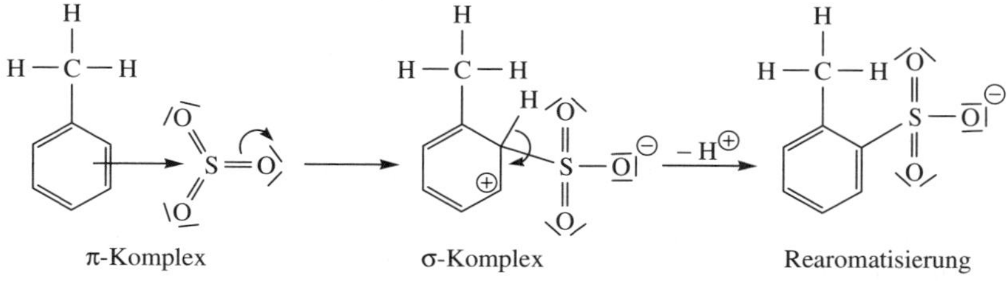

Der Reaktionsmechanismus entspricht einer **elektrophilen Substitution (S_E)**.

Die **dirigierende Wirkung** der Methylgruppe wird anhand der Grenzstrukturen des σ-Komplexes (R ≡ Sulfonsäuregruppe) erklärt.

Die verschiedenen Angriffs-Positionen im Benzenring für eine Zweitsubstitution bei X als Erstsubstituent sind:

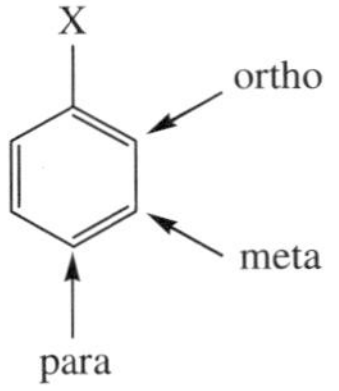

Die **Zweitsubstitution** kann theoretisch an jeder Position erfolgen. Dabei sind jeweils drei Grenzstrukturen des σ-Komplexes denkbar, um die positive Ladung im Ring zu delokalisieren. Das Elektrophil bindet in der Position, bei der die positive Ladung (Elektronenmangel) im Ring am besten ausgeglichen und damit stabilisiert wird.

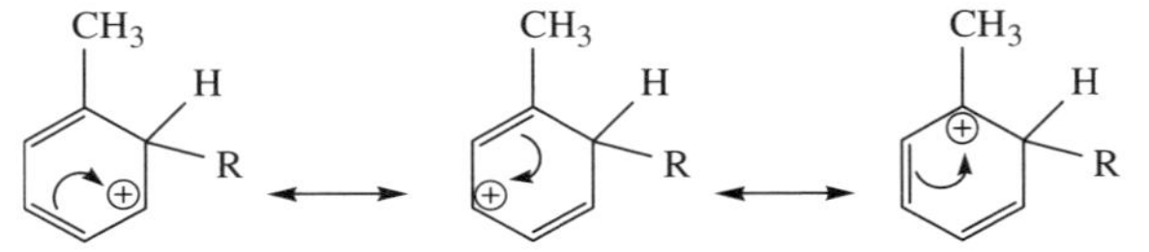

ortho-Substitution

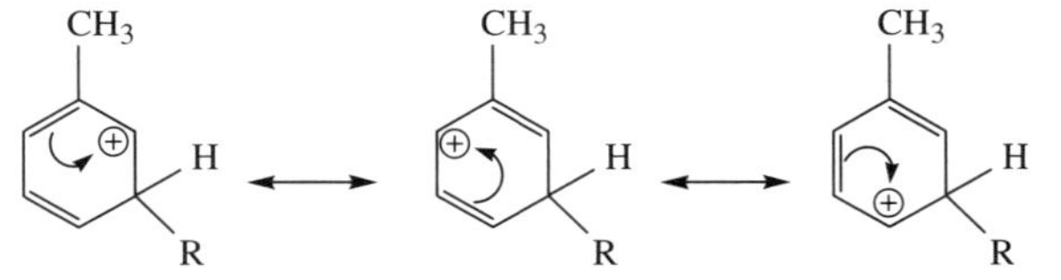

meta-Substitution

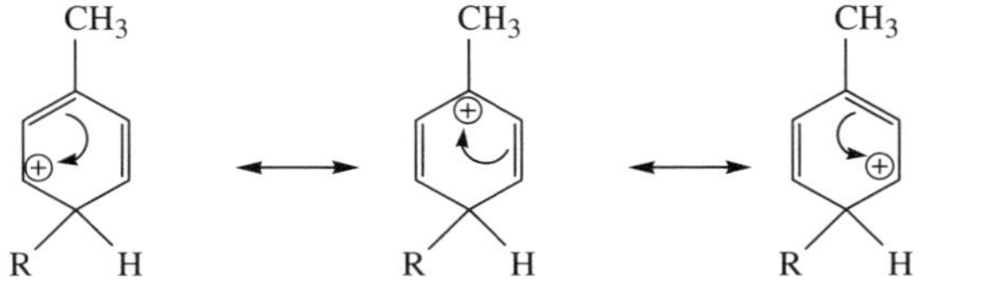

para-Substitution

Bei der gegebenen elektrophilen Zweitsubstitution wirkt die Methylgruppe (mit den α-ständigen σ-C-H-Bindungen) durch einen +I-Effekt als Elektronendonator. Dadurch kann eine benachbarte positive Ladung abgeschwächt und dadurch der σ-Komplex stabilisiert werden. Solche σ-Komplexe treten nur bei einer Zweitsubstitution in *ortho-* und *para-*Stellung auf. Daher dirigiert die Methyl- (bzw. Alkylgruppen im Allgemeinen) bei der Zweitsubstitution in *ortho-* und *para-*Stellung.

Alternativ kann auch mit der Hyperkonjugation argumentiert werden. Durch die Zuführung von σ-C-H-Bindungselektronen in das leere p-Orbital des σ-Komplexes wird dieser stabilisiert und dessen Bildung damit wahrscheinlicher.

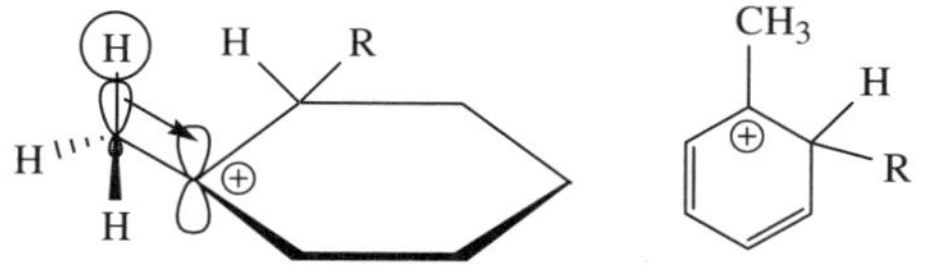

4.4 *Der Schritt 3 beschreibt die Oxidation der Methylgruppe zur Carbonsäure. Anschließend wird das so entstandene o-Toluolsulfonsäurechlorid mit Ammoniak zur Reaktion gebracht (Schritt 4).*

Die Produkte aus Schritt 3 und 4 der Saccharin-Synthese:

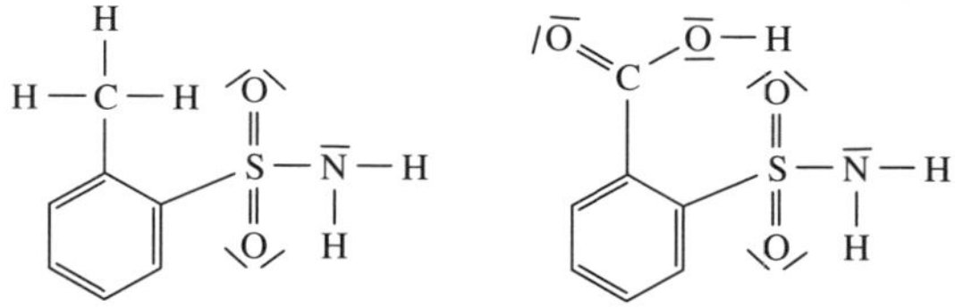

Schritt 3 Schritt 4

In Schritt 5 entsteht durch eine **nukleophile Reaktion** der Aminogruppe mit der Carbonsäure unter Wasserabspaltung ein zyklisches Säureamid (Kondensation). Dieses wird auch als **Lactam** bezeichnet.

Zur Erläuterung dieses Reaktionsschritts ist die Reaktionsgleichung nicht unbedingt erforderlich:

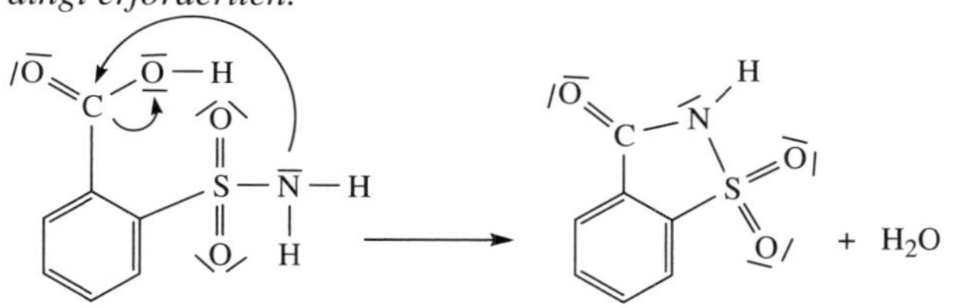